Fontes Christiani

EGERIA
REISEBERICHT

FONTES CHRISTIANI

Zweisprachige Neuausgabe christlicher Quellentexte
aus Altertum und Mittelalter

Herausgegeben von
Norbert Brox, Wilhelm Geerlings, Gisbert Greshake,
Rainer Ilgner, Rudolf Schieffer

Band 20

EGERIA

REISEBERICHT

LATEINISCH
DEUTSCH

HERDER

FREIBURG · BASEL · WIEN
BARCELONA · ROM · NEW YORK

EGERIA

ITINERARIUM

REISEBERICHT

MIT AUSZÜGEN AUS

PETRUS DIACONUS

DE LOCIS SANCTIS

DIE HEILIGEN STÄTTEN

ÜBERSETZT UND EINGELEITET
VON
GEORG RÖWEKAMP

UNTER MITARBEIT
VON DIETMAR THÖNNES

HERDER

FREIBURG · BASEL · WIEN
BARCELONA · ROM · NEW YORK

Abdruck des von A. Franceschini und R. Weber edierten lateinischen Textes aus CCL 175 mit freundlicher Genehmigung des Verlages Brepols, Turnholt.

Fontes-Redaktion:
Rosalie Hellmann, Nicolaus Klimek, Horst Schneider,
Bettina Windau

Gedruckt mit Unterstützung der
Alfried Krupp von Bohlen und Halbach-Stiftung

Die Deutsche Bibliothek – CIP-Einheitsaufnahme

Aetheria :
Itinerarium = Reisebericht / Egeria. Mit Auszügen aus De locis sanctis = Die heiligen Stätten / Petrus Diaconus. [Gesamtw.] übers. und eingeleitet von Georg Röwekamp unter Mitarb. von Dietmar Thönnes. – Freiburg im Breisgau ; Basel ; Wien ; Barcelona ; Rom ; New York : Herder, 1995
 (Fontes Christiani ; Bd. 20)
 Einheitssacht. des beigef. Werkes : Liber de locis sanctis
 ISBN 3-451-22143-8 kartoniert
 ISBN 3-451-22243-4 gebunden
NE: Röwenkamp, Georg [Hrsg.] ; Petrus <Diaconus> : De locis sanctis ; GT

Umschlagbild: Marmorplatte eines Lesepults,
Ravenna, S. Apollinare Nuovo, 6. Jh.

Alle Rechte vorbehalten – Printed in Germany
© Verlag Herder Freiburg im Breisgau 1995
Satz: Nicolaus Klimek, Bochum
Herstellung: Freiburger Graphische Betriebe 1995
ISBN 3-451-22143-8 kartoniert
ISBN 3-451-22243-4 gebunden

INHALTSVERZEICHNIS

Einleitung

I. Der Text	9
II. Die Autorin des Itinerariums	12
1. Der Name der Pilgerin	12
2. Stand, Herkunft und Persönlichkeit der Egeria	13
III. Die Reise der Egeria	21
1. Zur Datierung	21
2. Der Reiseverlauf	29
3. Die Art der Reise	33
IV. Palästina im 4. Jahrhundert	40
1. Die Quellen	40
2. Zur Geschichte	43
V. Zur Topographie Jerusalems im 4. Jahrhundert	50
1. Der Anastasiskomplex	50
2. Der Zion	59
3. Der Ölberg	62
Die Eleonakirche 63 — Der Imbomon 64 — Der Ort des Gebetes Jesu 66 — Der Ort des Verrats und der Gefangennahme 68	
4. Betanien/Lazarium	69
5. Betlehem	71
VI. Die Jerusalemer Liturgie im 4. Jahrhundert	72
1. Allgemeines	72
2. Liturgische Tagzeiten — Stundenliturgie	76
Stundenliturgie am Wochentag	78
Stundenliturgie am Sonntag	82
3. Das Kirchenjahr	84
Epiphanie 84 — Der 40. Tag nach Epiphanie 86 — Die Fastenzeit und das Fasten 87 — Die „große Woche" 89 — Ostern 96 — Die Osteroktav und die Osterzeit 98 — Der 40. Tag nach Ostern 99 — Pfingsten 100 — Kirchweihe 102	

    4. Taufe und Taufvorbereitung 104
VII. Zur Theologie des Itinerariums 107
VIII. Zu Text und Übersetzung 115

TEXT UND ÜBERSETZUNG

1. Teil: Beschreibung der Reisen 118
    Die Reise zum Sinai (1, 1 – 9, 7) 118
        Die Hinreise 118 — Der Sinai 124 — Der Horeb 132 — Beim Dornbusch 136 — Die Rückreise nach Faran 142 — Von Faran nach Klysma 144 — Von Klysma nach Arabia (Das Land Goschen) 148 — Ramses und Arabia 152 — Von Arabia nach Jerusalem 158

    Die Reise zum Berg Nebo (10, 1 – 12, 11) 160
        Der Jordan 162 — Livias 162 — Die Mosequelle 166 — Der Nebo 168

    Die Reise zum Grab des Ijob (13, 1 – 16, 7) 176
        Sedima/Salem 178 — Änon 180 — Tischbe und der Bach Kerit 184 — Das Grab des Ijob 188

    Die Reise nach Mesopotamien (17, 1 – 21, 5) 190
        Von Jerusalem nach Antiochia 190 — Von Antiochia nach Edessa 192 — Edessa 194 — Haran 204

    Die Rückreise nach Konstantinopel (22, 1 – 23, 10) . 214
        Von Antiochia nach Seleukia 214 — Das Grab der Thekla 216 — Von Seleukia nach Konstantinopel 218 — Konstantinopel 220

2. Teil: Beschreibung der Liturgie in Jerusalem . . . 224
    Stundenliturgie 224
        Stundenliturgie an den Wochentagen (24, 1–7) 224
            Vigilien 224 — Morgenlob 226 — Sext und Non 226 — Lucernar 228

        Stundenliturgie am Sonntag (24, 8 – 25, 6) 230
            Vigilien 230 — Morgenlob mit Eucharistie 234

Das liturgische Jahr 238
  Epiphanie (25,6 – 26) 238
    Nach den Vigilien 238 — Die Oktav von Epiphanie 240 — Der 40. Tag nach Epiphanie 242
  Die Fastenzeit (27,1 – 29,6) 242
    Die Sonntage 244 — Die Wochentage 246 — Das Fasten 250 — Die siebte Woche 252 — Der Lazarus-Samstag 254
  Die „große Woche" (30,1 – 37,9) 256
    Sonntag (Palmsonntag) 256 — Montag 260 — Dienstag 262 — Mittwoch 264 — Donnerstag (Gründonnerstag) 264 — Freitag (Karfreitag) 268
  Ostern und Pfingsten (38,1 – 44,3) 278
    Die Ostervigilien 278 — Die Osteroktav 280 — Der Sonntag nach Ostern 282 — Die Osterzeit 284 — Der 40. Tag nach Ostern 284 — Pfingsten 286 — Nach Pfingsten 292
  Taufe und Taufunterweisung (45,1 – 47,5) 294
    Anmeldung 294 — Katechesen vor der Taufe 296 — Katechesen nach der Taufe (Mystagogische Katechesen) 300
  Kirchweihe (48,1 – 49,3) 304

Anhang

Petrus Diaconus, Die heiligen Stätten
  Einleitung 310
  Text und Übersetzung in Auszügen 315

Karten und Pläne
  1. Der Vordere Orient und seine Provinzen 360
  2. Das Nildelta und die Sinaihalbinsel 361
  3. Das zentrale Sinaimassiv 362
  4. Der Großraum Syrien 363
  5. Palästina (Orte und Straßen) 364
  6. Jerusalem 365
  7. Der Anastasiskomplex 366

Abkürzungen
　　Werkabkürzungen 367
　　Allgemeine Abkürzungen 370
　　Bibliographische Abkürzungen 370

Bibliographie
　　Quellen 374
　　Literatur 383

Register
　　Bibelstellen 391
　　Ortsnamen 394
　　　　Biblische und Antike 394 — Moderne 397
　　Personen 398
　　　　Biblische und Apokryphe 398 — Antike und Mittelalterliche 399 — Moderne 401
　　Sachen 403

EINLEITUNG

I. Der Text

Der italienische Gelehrte Gian-Francesco Gamurrini entdeckte 1884 in Arezzo, in der Bibliothek des Klosters St. Flora der Fraternità S. Maria, eine Handschrift aus dem 11. Jahrhundert. Diese Handschrift stammte aus dem Benediktinerkloster Monte Cassino und enthielt unter anderem einen Pilgerbericht, der offensichtlich von einer Frau an ihre „verehrten Damen Schwestern" (20,5) geschrieben worden war. Anfang und Ende des Berichtes fehlten; ebenso fehlte das äußere Blatt der zweiten von drei Quaternionen (Bund von vier gefalteten Blättern).

Dieses Fragment darf als der erste Pilgerbericht angesehen werden, der von einer Pilgerin selbst verfaßt wurde. Zwar gab es auch andere Pilgerreisen vornehmer Damen ins Heilige Land im 4. und 5. Jahrhundert, doch sind diese nicht von ihnen selbst beschrieben worden.[1] Vor allem Authentizität zeichnet deshalb das Itinerarium aus dem Codex Arretinus vor anderen Pilgerberichten seiner Zeit aus. Hinzu kommt die Ausführlichkeit dieses „Itinerariums".

Itinerarien waren in römischer Zeit bloße Wegbeschreibungen mit Angaben über das Straßennetz und Entfernungen gewesen. In christlicher Zeit wurden nun vor allem Itinerarien für Pilgerreisen verfaßt und durch Hinweise auf

---

[1] Reisen sind bekannt von MELANIA D.Ä., MELANIA D.J. und einer gewissen SILVIA (siehe unten 12) sowie von der römischen Patrizierin PAULA mit ihrer Tochter EUSTOCHIUM. Letztere hat HIERONYMUS, *epist.* 108 (CSEL 55,306–351), beschrieben. Er berichtet *epist.* 77,7 (CSEL 55,43f) auch von einer gewissen FABIOLA und *epist.* 122,1 (CSEL 56, 56) von einer ARTEMIA, Gattin des RUSTICUS, die Pilgerreisen unternommen haben.

das Gesehene beziehungsweise zu Sehende erweitert.² Das Itinerarium des Codex Arretinus ist bereits eine Weiterentwicklung dieser Gattung: Die Angaben über die Reiseroute werden von den Erzählungen der Pilgerin überlagert. Weil es sich zudem um ein Itinerarium in Form von Briefen handelt (23,10), wird der Text zuweilen auch als „Pilgerbericht", „Reisetagebuch" oder „Brieftagebuch" bezeichnet. Dennoch hat sich die Bezeichnung „Itinerarium" eingebürgert.³

Gamurrini veröffentlichte 1887 zum ersten Mal den Codex Arretinus *(editio princeps)* — bis heute die einzige Handschrift, die das „Itinerarium" enthält — und nannte diesen Teil des Codex „Peregrinatio Silviae"⁴. Zahlreiche weitere Ausgaben folgten. 1965 erschien die Ausgabe von Franceschini/Weber im Band „Itineraria et alia Geographica" des Corpus Christianorum.⁵ Diese Ausgabe liegt dem Text des vorliegenden Bandes zugrunde.

Inzwischen kennt man zwei Textzeugen, aus denen Teile des verlorengegangenen Textes zu rekonstruieren sind:

1. Der *Liber de locis sanctis* des Petrus Diaconus⁶, Bibliothekar im Kloster Monte Cassino, geschrieben 1137, enthält bearbeitete Passagen aus dem „Itinerarium", da das

---

² Das Itinerarium des Pilgers von Bordeaux (CCL 175,1–26) folgt weitgehend diesem Schema, so daß man die dort „erzählte" Reise sogar für eine literarische Fiktion gehalten hat. Zur Gattung „Itinerarium" vgl. RADKE, *Itineraria* 1488–1490.

³ MARAVAL: *Journal de Voyage*; VÄÄNÄNEN: *Journal-Épitre*. Vgl. auch VACCARI, *Itinerarium* 264 f.

⁴ Vgl. GAMURRINI, *Peregrinatio*. Das Fragment selbst befindet sich im *Codex Arretinus* VI, 3, *saec.* XI, *fol.* 16–37. Zum Namen Silvia siehe unten 12.

⁵ Vgl. CCL 175,37–90.

⁶ Das Werk *De locis sanctis* befindet sich im *Codex Casinensis* 361, *saec.* XII, *fol.* 67–80. Die für die Ergänzung des vorliegenden Itinerariums wichtigen Passagen sind in CCL 175,93–103 abgedruckt und finden sich im Anhang dieses Bandes. Die Parallelstellen zu den erhaltenen Teilen des Itinerariums finden sich im Testimonienapparat.

I. DER TEXT

Werk des Petrus auf drei Quellen zurückgeht, die von ihm kompiliert wurden. Er benutzte
— den (auch unabhängig von Petrus erhaltenen) *Liber de locis sanctis* von Beda Venerabilis aus dem frühen 8. Jahrhundert,
— ein ansonsten unbekanntes Werk, wohl aus dem Anfang des 12. Jahrhunderts, und
— das *Itinerarium* aus dem Codex Arretinus[7].

2. Eine Handschrift aus dem 9. Jahrhundert — also älter als der Codex Arretinus selbst —, die 1909 in der Nationalbibliothek von Toledo entdeckt wurde, enthält einige wenige Bruchstücke aus dem „Itinerarium".[8] Allerdings hilft nur eines der Fragmente bei der Rekonstruktion einer fehlenden Textstelle.[9]

Der Text des Itinerariums gliedert sich deutlich in zwei Teile: Der erste Teil (1–23) schildert die Reisen der Pilgerin durch den Sinai und Teile Ägyptens, ins Ostjordanland, ins obere Mesopotamien sowie durch Kleinasien. Der zweite Teil (24–49) stellt eine Beschreibung der Liturgie in Jerusalem dar. Die beiden Teile sind wahrscheinlich in umgekehrter Reihenfolge geschrieben worden: Da die Pilgerin ihren Bericht in mehreren Etappen schreibt, wie der Hinweis auf weitere Briefe (23,10) zeigt, ist zu vermuten, daß der Bericht über die Liturgie Jerusalems in der Stadt selbst verfaßt wurde, während der Bericht über die Reisen erst später verfaßt wurde.[10] Wer aber war die Pilgerin?

---

[7] Dem PETRUS DIACONUS hat möglicherweise die Handschrift aus Arezzo selbst vorgelegen, die ja aus Monte Cassino stammt.
[8] Die sogenannten *Excerpta Matritensia* finden sich im *Codex Matritensis, Bibl. Nat. Tolet.* 14,24, *saec.* IX, *fol.* 8–9. Sie wurden erstmals veröffentlicht von BRUYNE, *Fragments* 481–484. Im vorliegenden Band befinden sie sich jeweils im Testimonienapparat.
[9] Siehe unten 188 Anm. 105 zu *Itin. Eger.* 16,4.
[10] Vgl. dazu SMIRAGLIA, *Testo di Egeria* 107f.

II. DIE AUTORIN DES ITINERARIUMS

1. Der Name der Pilgerin

Durch den Verlust von Anfang und Ende des Itinerariums ist auch der Name der Autorin, den sie dort möglicherweise genannt hat, aus dem Manuskript nicht mehr festzustellen.

Gamurrini glaubte 1887, daß die Autorin mit einer adeligen Dame und Schwester des Präfekten Rufinus von Aquileia namens Silvia oder Silvania zu identifizieren sei. Von ihr hatte Palladius eine Palästinareise um das Jahr 383 berichtet.[11] Gamurrini gab dem Text deshalb den Titel *Sanctae Silviae Peregrinatio*.[12] Ihm schloß sich Geyer 1898 an.[13]

Im Jahr 1903 entdeckte dann der Benediktiner Férotin die zahlreichen Übereinstimmungen zwischen dem Itinerarium und der Reise einer Frau, die der galicische Mönch Valerius von Bierzo († 691) in einem Brief an seine Mitbrüder beschrieben hatte.[14] Es stellte sich heraus, daß dieser Brief tatsächlich mit dem Itinerarium in Zusammenhang steht und Valerius eine Handschrift des Berichtes kannte.[15] Aber obwohl Valerius dreimal den Namen der Nonne nennt, läßt er sich dennoch nicht mit Sicherheit bestimmen, da die acht überlieferten Handschriften des Briefes[16] sehr verschiedene Formen kennen: Egeria, Echeria, Etheria, Heteria, Aetheria, Eiheria und Eucheria.[17] Da der Name

---

[11] Vgl. PALLADIUS, *h. Laus.* 55,1 (148 BUTLER).
[12] Vgl. GAMURRINI, *Peregrinatio*.
[13] Vgl. GEYER, *Sanctae Silviae, quae fertur, peregrinatio ad loca sancta*.
[14] Der lateinische Text dieses Briefes wurde erstmals veröffentlicht von GARCÍA; eine kritische Ausgabe von DÍAZ Y DÍAZ findet sich in SCh 296,336–348; eine deutsche Übersetzung bei PÉTRÉ/VRETSKA, *Pilgerreise* 262–271. Vgl. auch NATALUCCI, *Epistola*.
[15] Vgl. FÉROTIN, *Véritable auteur* 367–397.
[16] Vgl. DÍAZ Y DÍAZ, *Lettre* 329–332.
[17] Vgl. dazu MARAVAL, *Égérie* 16f.

Egeria (neben dem häufigen Namen Etheria) am besten belegt ist, hat sich in der Forschung inzwischen die Bezeichnung „Itinerarium Egeriae" für den Pilgerbericht eingebürgert.[18]

Morin versuchte diese Egeria mit einer Frau in Verbindung zu bringen, die Ende des 4. Jahrhunderts durch Palästina reiste und von deren anscheinend anstößigem Betragen Hieronymus berichtet: „Wir sahen neulich jemanden schamlos durch den ganzen Orient rasen: Man redete über das Alter, die Aufmachung, das Benehmen und den Gang, über die unpassende Gesellschaft und die außerordentlichen Mahlzeiten, den königlichen Aufwand eines Nero und die Nächte eines Sardanapal"[19]. Bei aller Neigung zur Übertreibung, die man bei Hieronymus zuweilen feststellen kann, paßt diese Beschreibung aber nicht zu dem, was man aus dem Valeriusbrief und dem Itinerarium der Egeria erschließen kann.

2. Stand, Herkunft und Persönlichkeit der Egeria

Die Anrede der Adressatinnen des Itinerariums als *dominae sorores*, als „Damen Schwestern" (46,1.4)[20] spricht dafür,

---

[18] Für diese Entscheidung sprechen auch folgende Momente: LAMBERT, *Egeria* 71–94, verweist auf den *Liber Glossarum* (Spanien um 750), auf eine Katalognotiz der Bibliothek von Saint-Martial in Limoges und auf eine (nicht mehr vorhandene) Urkunde im Archiv der Abtei Celanova (935), wo sich jeweils der Name Egeria findet. Vgl. MARAVAL, *Égérie* 16–19; DEVOS, *Nouvelle Égérie* 45–49, und VACCARI, *Itinerarium* 259 bis 264.

[19] HIERONYMUS, *epist.* 54,13 (CSEL 54,479f). Da der Brief ca. 395 geschrieben ist, würde er auch die Datierung erleichtern. Vgl. zum Ganzen MORIN, *Passage* 174–186. Möglicherweise ist die Passage eher gegen MELANIA D. Ä. gerichtet. HIERONYMUS, *epist.* 57,12 (CSEL 54,526) und *epist.* 125,18 (CSEL 56,138), vergleicht die ausschweifende Gastfreundschaft der MELANIA und des RUFINUS mit NERO und SARDANAPAL.

[20] Auch sonst nennt sie ihre Adressatinnen schon einmal *dominae sorores venerabiles*, „verehrte Damen Schwestern" (20,5).

daß Egeria Mitglied einer Frauengemeinschaft war. Der Brief des Valerius nennt sie *sanctimonialis* (Nonne) und *virgo* (Jungfrau).[21] Daraus schloß man, daß sie eine „Klosterfrau" war. Die Tatsache, daß ihr offensichtlich Achtung und Wertschätzung entgegengebracht werden, und eine spätere Katalognotiz aus der Bibliothek in Limoges, die von einer Äbtissin Egeria spricht *(Itinerarium Egerie abatisse),* hat man als Hinweise darauf gesehen, daß sie sogar Vorsteherin einer Klostergemeinschaft war.[22] Allerdings erscheint es äußerst unwahrscheinlich, daß eine Äbtissin für mehrere Jahre ihren Konvent verläßt, ihre Heimreise nur zu gern hinauszögert (23, 10) und in derart freier Weise über Zeit und Geld verfügen kann.[23] Deshalb hat man auch vermutet, daß Egeria den Bericht für ihre Oberen verfaßt hat.[24] Aus der Anrede „Schwester" muß man aber nicht einmal auf eine Klostergemeinschaft schließen: Der Ausdruck *sorores* für Mitglieder eines Klosters wird erst im 4. Jahrhundert üblich.[25] Auch die Ausdrücke *sanctimonialis* und *virgo* bei Valerius lassen keine Rückschlüsse auf den Stand der Egeria zu: *Virgo* kann im 4. Jahrhundert noch ganz allgemein die gottgeweihte Jungfrau meinen.[26] Und auch wenn Valerius *virgo* und *sanctimonialis* im Sinne von Klosterfrau versteht, so ist doch unsicher, ob er diese Information dem Manuskript verdankt oder ob er sich nur eine Nonne als Pilgerin vorstellen kann.[27] Vermögensver-

---

[21] Vgl. VALERIUS, *epist.* 1.5 (SCh 296, 336. 346).
[22] So beispielsweise GAMURRINI, *Peregrinatio* XXXII.
[23] Vgl. SIVAN, *Who was Egeria?* 70 f. Vgl. auch SINISCALCO/SCARAMPI, *Pellegrinaggio* 21–23.
[24] Vgl. BLUDAU, *Pilgerreise* 215 f; FÉROTIN, *Véritable auteur* 391 f.
[25] Vgl. BASTIAENSEN, *Observations* 23 f. Auch die entsprechende Anrede *domini fratres* findet sich — ohne Bezug zu einer Klostergemeinschaft — in den Briefen des AMBROSIUS und AUGUSTINUS sowie bei HIERONYMUS.
[26] Vgl. FÉROTIN, *Véritable auteur* 380.
[27] Vgl. MARAVAL, *Égérie* 23.

II. DIE AUTORIN DES ITINERARIUMS 15

hältnisse und Freizügigkeit der Pilgerin legen eher die Vermutung nahe, daß Egeria Mitglied eines Kreises von religiösen Frauen der Oberschicht war, wie sie sich im 4. Jahrhundert häufiger im Römischen Reich finden.[28]

Sicher ist nämlich, daß Egeria keine einfache Frau gewesen ist. Eine Reise, wie sie von ihr beschrieben wird, setzt neben erheblichen finanziellen Mitteln auch Beziehungen, Förderer und nicht zuletzt gewisse Landes- und Sprachkenntnisse voraus, die Egeria stellenweise auch unter Beweis stellt. Dieser Eindruck wird dadurch bestätigt, daß sie vom jeweiligen Ortsklerus oder sogar vom Ortsbischof persönlich freundlich aufgenommen oder begleitet wird.[29] In den gefährlichen Gegenden außerhalb des regulären Straßensystems erhält sie durch römische Soldaten Geleitschutz.[30] Nicht zuletzt aus diesem Grund hat man die Pilgerin für Galla Placidia oder eine andere Verwandte des Kaisers Theodosius gehalten, der aus Galicien stammte und seine spanische Familie nach Konstantinopel kommen ließ.[31] Und Galicien ist nicht nur die Heimat des Valerius, sondern möglicherweise auch der Pilgerin.

Wenn man davon ausgeht, daß es sich bei dem von ihr gebrauchten Vergleich des Eufrat mit der Rhône (18,2)

---

[28] Vgl. MARAVAL, *Égérie* 23–27, und MOHRMANN, *Monachisme* 166 bis 169, die darauf hinweist, daß ausgesprochen asketische Züge im Bild der Egeria fehlen. Zur Diskussion von Egerias „Stand" vgl. DEVOS, *Nouvelle Égérie* 54–57; *Egeriana III* 376 f; *Egeriana IV* 243–246 sowie SIVAN, *Holy Land Pilgrimage* 528–535; NATALUCCI, *Egeria* 37–55; CONDE, *Monacato* 29–40.

[29] Vgl. z. B. 19,5 und 20,2. Der schon ältere Bischof von Arabia reiste ihr sogar entgegen (8,4 f).

[30] Diese besondere Art der Reisebegleitung durch eine militärische Eskorte stand sicher nur höhergestellten Persönlichkeiten zu; vgl. 7,2.4 und 9,3. Vgl. dazu auch SOLZBACHER, *Mönche* 125.

[31] Zur Identifizierung der Pilgerin mit GALLA PLACIDIA vgl. KÖHLER, *Manuscrit* 141 f, und DONNER, *Pilgerfahrt* 71. Eine Verbindung zu THEODOSIUS vermutet auch HUNT, *Holy Land* 164–166. Er verweist auf die gleichzeitige Ankunft von Theodosius und der Pilgerin in Konstantinopel Ende 380.

nicht um angelesenes Wissen handelt, kann man daraus schließen, daß sie aus Aquitanien oder Galicien, das heißt Südfrankreich oder Nordspanien, stammt und diesen Fluß auf ihrer Reise überquert hat.[32] Nach dem Brief des Mönches Valerius ist sie „an der äußersten Küste des westlichen Ozeans" *(extremo occidui maris oceani litore)* aufgebrochen.[33] Auch aufgrund mancher sprachlichen Besonderheiten kann man Nordspanien als Herkunftsort für wahrscheinlicher halten als Südgallien.[34]

Über sich selbst spricht Egeria bedauerlicherweise kaum; die einzige direkte Bemerkung macht sie in einem Nebensatz: „Ich bin nämlich ziemlich neugierig" (16,3: *ut sum satis curiosa*). Dieser Neugier — für ihre Gastgeber sicher manchmal anstrengend — verdanken wir die zahlreichen Informationen des Pilgerberichtes.

Ansonsten erhält der Leser über Egerias Persönlichkeit nur indirekt Auskunft: Mehrfach berichtet sie von ihrem großen „Verlangen", die heiligen Stätten zu besuchen — tatsächlich leistet sie mit ihrer Reise Erstaunliches: Rastlos zieht sie durch den gesamten Orient und nimmt immer neue Ziele in ihren Reiseplan auf (z.B. 17,1; 23,10).[35] Gleichzeitig ist sie überzeugt, daß alle diese Reisen auf „Weisung Gottes" erfolgen (3,2.4; 10,1; 17,1.3; 19,13).

Egerias Sprache ist von den Veränderungen des Lateinischen in der Spätantike geprägt. Sie schreibt ihren Bericht in einem schlichten, vulgär gefärbten Spätlatein. Dabei ist

---

[32] Vgl. MARAVAL, *Égérie* 19, und DONNER, *Pilgerfahrt* 122 Anm. 133. BLUDAU, *Pilgerreise* 236–237, versucht, weitere Indizien für diese Lokalisierung der Heimat Egerias zu finden.
[33] Vgl. VALERIUS, *epist.* 5 (SCh 296, 346). Vgl. auch *Itin. Eger.* 19,5.
[34] Vgl. FÉROTIN, *Véritable auteur* 390f; BLUDAU, *Pilgerreise* 233. MEISTER, *De Itinerario* 363–392, meint dagegen, „Gallizismen" zu entdecken.
[35] Ihre Rastlosigkeit schildert sehr plastisch DONNER, *Pilgerfahrt* 75 bis 77.

das Itinerarium „ein unschätzbares Dokument einer Sprache ..., der die Zukunft gehören sollte"[36].

Sie ist gekennzeichnet durch deutliche Veränderungen auf den Gebieten der Laut- und Formenlehre, auf dem der Syntax, der Stilistik und des Wortschatzes.[37] Anakoluthe sind keine Seltenheit, besonders dann nicht, wenn versucht wird, komplexe Zusammenhänge in klassisch langen Sätzen zu erzählen.[38] Der Text verrät Nähe zum Bibellatein: Er ist gekennzeichnet durch die Parataxe des „biblischen et-Stils" und einen ausgesprochen demonstrativen Stil, der sich in der lateinischen Bibel, das heißt in diesem Fall in der Vetus Latina, findet.[39] Dabei wirkt die Aneinanderreihung zahlreicher Satzelemente für den modernen Leser monoton und ermüdend.

Andererseits ist die Ausdrucksweise der Gattung des Textes vollkommen angemessen: So wie die Pilgerreise Schritt für Schritt fortschreitet, Etappe an Etappe und Gottesdienst an Gottesdienst reiht, so soll der Pilgerbericht, der ein Satzelement an das andere reiht, zum lesenden Mitvollzug der Schritte einer Pilgerreise bewegen. Häufig sorgt der Stil des Textes für ein „ehrfürchtiges Stocken"[40]. Und die Schwestern sollen im Rahmen der Lektüre bestimmte Passagen der Bibel zusätzlich nachlesen (5, 8). Diese Zielsetzung des Textes ist auch der Grund, warum Egeria

---

[36] DOBLHOFER, *Reiseschilderungen* 5. VÄÄNÄNEN, *Journal-Épitre*, weist auf zahlreiche Eigenheiten hin, die sich später in den verschiedenen romanischen Sprachen finden.
[37] Der gesamte Kommentar von LÖFSTEDT ist dem Phänomen dieser Veränderungen im Spätlatein gewidmet. Vgl. auch die Zusammenfassung bei DOBLHOFER, *Reiseschilderungen* 4f.
[38] Vgl. z. B. 1,2; 2,2; 14,2; 30,1 und DOBLHOFER, *Reiseschilderungen* 4.
[39] Vgl. BERSCHIN, *Biographie* 159–161. Vgl. auch LÖFSTEDT, *Philologischer Kommentar* 11. Er beginnt seinen Kommentar mit dem Aufweis, daß auch ein Wort wie *tamen* in diesem Latein nur mehr anknüpfende Funktion hat.
[40] Vgl. SPITZER, *Epic Style* 874–886. Er spricht beispielsweise von der Funktion des häufig gebrauchten *ipse*, das zu „rest in awe" veranlaßt.

als Person kaum in Erscheinung tritt — ebensowenig wie ihre Führer: Der Bericht ist eben nicht als persönliches Tagebuch gedacht, sondern einzig und allein für die Leserinnen bestimmt.[41]

So kann man Egeria auch nicht als ungebildet bezeichnen. Ihre Sprache ist deshalb auch nicht Vulgärlatein im Sinne von Umgangssprache — von der gesprochenen Sprache ist auch ihr Stil weit entfernt.[42] Ihre Versuche, sich gewählt auszudrücken, sind zwar als mühsam zu erkennen, und gelingen nur selten;[43] es gibt auch kaum Anklänge an poetische Texte.[44] An einigen Stellen gelingt jedoch eindrucksvoll die Übertragung des Landschaftseindrucks in die Satzmelodie.[45] Und die Abstimmung des Stils auf den lesenden Nachvollzug zeigt deutlichen „Stilwillen"[46]. Zumindest in einem gewissen Umfang besitzt Egeria auch Griechischkenntnisse.[47]

---

[41] Erzählungen von persönlichen Begegnungen empfindet Egeria selbst als Abweichung; sie ermahnt sich dann selbst, zur Sache zurückzukommen (23,4). Vgl. ähnlich auch 25,10.
[42] Vgl. SPITZER, *Epic Style* 880 mit Anm. 1, der sich auf MEISTER, *De Itinerario*, beruft. Vgl. auch LÖFSTEDT, *Philologischer Kommentar* 8, und OORDE, *Lexicon* 14.
[43] Vgl. LÖFSTEDT, *Philologischer Kommentar* 10f und bes. 145. Als Beispiel nennt er — mit Berufung auf MEISTER — sogenannte „umgekehrte Ausdrücke", wo beim Versuch, die Volkssprache zu vermeiden, gerade dadurch Fehler entstehen.
[44] Eine Ausnahme bildet vielleicht der mehrfache Gebrauch von *locus amoenus*, „idyllischer Ort" (15,2 und PETRUS DIACONUS, *loc. sanct.* Y 12); vgl. zu diesem Topos CURTIUS, *Europäische Literatur* 202–206.
[45] Vgl. BERSCHIN, *Biographie* 160: In 1,1 wird in der Passage *ad quendam locum ... vallem* das tiefe Tal durch zwei Einschnitte im Hauptsatz markiert. Bei der Formulierung *vallem infinitam ingens, planissima et valde pulchram* wird durch das Nebeneinander der Adjektive eindrucksvoll die Weite der Ebene „gemalt".
[46] Vgl. SPITZER, *Epic Style* 895.
[47] Sie bezieht sich an mehreren Stellen auf griechische Ausdrücke und Formulierungen (vgl. z. B. 7,7; 8,3 und 15,3); häufig allerdings sind die Kasus, die sie benutzt, falsch; vgl. BLUDAU, *Pilgerreise* 223–227. Zu sämtlichen Gräzismen vgl. MILANI, *Grecismi* 200–234.

„Bildung" bezieht sich in Egerias Umgebung eben vor allem auf die Schrift. So ist auch Egeria selbst in einem gewissen Umfang an exegetischen Fragen interessiert — sie läßt sich von einem Bischof exegetische Fragen beantworten (20,9–13) und gibt selbst eine Erklärung zu einem Textproblem (7,1). Die Bibel ist für sie auf der Pilgerfahrt so etwas wie ein „Reiseführer": Sie sucht die Orte „immer nach der Heiligen Schrift" (z. B. 5,12) auf. Aber auch apokryphe Schriften sind ihr bekannt (19,16; 23,5); sie ist sogar an Abschriften ihr unbekannter Werke interessiert (19,19). Zu archäologischen und historischen Fragen erfährt man bei Egeria wenig — Ausnahmen sind ihre Bezeichnung eines Baustils als „altertümlich" (19,18), die Beschreibung eines Ruinenhügels (13,3) und die Erwähnung einer Doppelstatue in Ramses (8,2). Beiläufig erwähnt Egeria die Perserkriege (19,8; 20,12).[48] Dies alles tritt bei ihr — trotz ihrer Neugier — zugunsten einer religiösen Betrachtung in den Hintergrund: Sie interessiert sich nur für religiös bedeutsame Stätten und Landschaften — Egeria betreibt „religiöse Geographie"[49].

So wie Egeria sich fast ausschließlich für die heiligen Stätten interessiert, so informiert sie ihre Mitschwestern auch fast ausschließlich über die Lebensweise der Mönche und Bischöfe, denen sie begegnet und die sie bewundert (17,1; 20,13; 21,3). Über die Gebräuche der Bevölkerung hört man nur am Rande, wenn Egeria — wie im Falle der Sarazenen — sehr beeindruckt ist (6,2).

Egeria ist deshalb auch unkritisch gegenüber den Informationen, die sie von ihren Reiseführern erhält — zumal wenn es sich um Mönche handelt: Auch wenn sie ihr — historisch-kritisch betrachtet — „falsche" Überreste und Trümmer biblischer Stätten zeigen, „erkennt" sie diese

---

[48] Vgl. aber PETRUS DIACONUS, *loc. sanct.* Y, mit einigen Informationen zu ägyptischen Städten.
[49] DONNER, *Pilgerfahrt* 78.

dennoch und beschreibt sie mit den Worten der Bibel. Der Reiseführer bestimmt, was sie sieht. So kommt es auch zu religiös motivierten Übertreibungen.[50] Egeria „sieht" mehr, als man eigentlich sehen kann — sie „sieht" mit den Augen des Glaubens.[51] Die Andachten an den heiligen Stätten dienen dazu, sich die biblische Geschichte „vor Augen zu führen" — die Lesung der jeweiligen Stelle vergegenwärtigt das vergangene Ereignis.

Dogmatische Fragen scheinen Egeria nicht zu interessieren; der volkstümlich nizänische Glaube des Westens drückt sich nur in der Formel *Deus noster Iesus* aus, die Egeria mehrfach verwendet (10,2; 17,1; 19,19). Auch die häufige Formulierung *iubente Deo* wird man nicht mit der Vorstellung einer persönlichen Inspiration verwechseln dürfen.[52] Die mehrfache Betonung ihrer Unwürdigkeit und der Gnade Gottes (z.B. 5,12) darf man ebenfalls nicht als Ausfluß einer bewußten Gnadentheologie verstehen, sondern als Attitüde, die in Egerias christlichen Kreisen bereits gebräuchlich geworden ist. Der häufige Hinweis darauf, daß die Mönche „so freundlich" oder „so gnädig waren" *(dignari)*, sie zu empfangen oder zu begleiten, ist möglicherweise aus liturgischer Sprache übernommen.[53]

In späteren Zeiten ist Egeria vor allem als Beispiel einer tapferen Frau und Pilgerin interessant. Im 7. Jahrhundert gibt Valerius seine Bewunderung mit folgenden Worten wieder: „Wer kann erfassen, welche Angst vor dem zukünftigen Gericht in ihrem Herzen schauderte, welche sehnsüchtige Liebe nach der allerhöchsten Güte in ihr floß und

---

[50] Vgl. z.B. die Schilderung des Ausblicks vom Sinai (3,8) oder vom Nebo (12,4f).
[51] Zur religiösen Weltsicht Egerias siehe unten 111f.
[52] So LAMBERT, *Sœur* 30. Im Hintergrund stand LAMBERTS Versuch, Egeria mit einer von HIERONYMUS, *epist.* 133,4 (CSEL 56,248), erwähnten „Schwester der Galla" in Verbindung zu bringen, die umherreiste und dabei eine dem Priscillianismus verwandte Irrlehre verbreitete.
[53] Vgl. MOHRMANN, *Monachisme* 167f.

wie sehr die göttliche Hoffnung und der Glaube (in ihr) gebrannt haben, daß sie die Wege der ganzen Welt nicht geängstigt, stürmische Meere und gewaltige Flüsse sie nicht abgehalten, die Ungeheuerlichkeit und schreckliche Unwirtlichkeit der Berge sie nicht verwirrt haben, die grausame Wildheit schlimmer Völker sie nicht erschreckt hat, ehe sie nicht, mit unerschütterlicher Tapferkeit, jedes sehnsüchtige Verlangen mit Hilfe des Herrn bis zum Ende erfüllt gesehen hatte?"[54] Allerdings sind inzwischen die Zeiten auch deutlich unsicherer geworden, als sie es im 4. Jahrhundert waren. Und Valerius geht es nun nicht mehr um geographische Einzelheiten, sondern um Bilder für die geistliche „Reise", zu der er auch seine Mitbrüder animieren will: „Wenn wir auch nicht imstande sind, die gleichen Verdienste wie diese Frau mit ihrem unaussprechlichen Beispiel zu erreichen und so die Gnade Gottes zu verdienen, müssen wir uns trotzdem — weil es viele verdienstvolle Wege gibt, die zum einen Vaterland im Himmelreich führen — in Mühen und Nachtwachen, mit Fasten und häufigem Beten und den verschiedenen Verpflichtungen der Regel Tag und Nacht vorbereiten ..."[55]

III. Die Reise der Egeria

1. Zur Datierung

Auch das Datum der Reise ist seit langem umstritten: Als sichere Eckdaten konnte man zunächst nur die Jahre 363 und 540 ansetzen: Zum einen schreibt Egeria, daß ihr ein Bischof erzählt, die Stadt Nisibis werde von den Persern beherrscht (20, 12). Damit bezieht er sich auf die Übergabe der Stadt an die Perser durch Kaiser Jovinian im Jahr 363. Zum anderen hat Egeria die Kirchen und Klöster am Sinai offensichtlich noch nicht in der Form gesehen, die ihnen

---

[54] VALERIUS, *epist.* 4 (SCh 296, 344–346). [55] Ebd. 6 (SCh 296, 346–348).

Kaiser Justinian zwischen 527 und 557 gab.[56] Auch hat sie Antiochia noch vor der Zerstörung durch die Perser im Jahr 540 gesehen.[57]

Außerdem war sicher, daß Egerias Pilgerreise etwa vier Jahre dauerte, denn sie schreibt, daß sie nach dreijährigem Aufenthalt im Heiligen Land daran gedacht habe, in die Heimat zurückzukehren, sich dann aber noch dazu entschlossen habe, nach Mesopotamien zu reisen (17,1).

Gamurrini hatte wegen seiner Identifizierung der Pilgerin mit Silvia eine Datierung zu Beginn der 80er Jahre des 4. Jahrhunderts vorgenommen.[58] Meister dagegen argumentierte aus sprachlichen Gründen für die Mitte des 6. Jahrhunderts.[59] Ihm schloß sich, mit Bedenken, zunächst auch Löfstedt an.[60] Die Untersuchung der Jerusalemer Liturgie im 5. Jahrhundert aber ergab dann, daß die von Egeria beschriebene Liturgie ein älteres Stadium repräsentiert.[61] Nicht zuletzt die von Egeria beschriebene Provinzeinteilung weist in die Zeit gegen Ende des 4. Jahrhunderts; und auch Philologen schließen inzwischen die Frühdatierung um 400 nicht mehr aus.[62]

Für einen glaubwürdigen, noch genaueren Datierungsversuch hatte bereits Baumstark 1911 folgende Kriterien

---

[56] Vgl. 3,3 und 4,7. SOLZBACHER, *Mönche* 326 Anm. 11, weist darauf hin, daß es hier — obwohl das *argumentum e silentio* vielfach überstrapaziert worden ist — sinnvoll ist, aus ihrem Schweigen die entsprechenden Schlüsse zu ziehen, weil Egeria die Gegend am Sinai sehr präzise beschreibt und das Klosterkastell sicher erwähnt hätte.
[57] Vgl. dazu 17,3; 18,1 und 22,1.
[58] Vgl. GAMURRINI, *Peregrinatio*.
[59] Vgl. MEISTER, *De Itinerario* 341–363.
[60] Vgl. LÖFSTEDT, *Philologischer Kommentar* 6.
[61] Das zum Vergleich herangezogene Armenische Lektionar aus der Zeit zwischen 417 und 438 setzt Kirchbauten und Feste voraus, die zu Egerias Zeit nachweislich noch nicht vorhanden sind; vgl. RENOUX, *Codex arménien* 1, 171–181.
[62] So z.B. CAMPOS, *Documento*, und VÄÄNÄNEN, *Journal-Épitre*. Vgl. auch MARAVAL, *Égérie* 35f. 51f, der auch auf die veränderte Einschätzung von LÖFSTEDT im Jahr 1959 verweist.

genannt: Die im Itinerarium beschriebenen allgemeinen kirchlichen Verhältnisse, die erwähnten Bauten, die kirchlichen und liturgischen Verhältnisse in Jerusalem und die zu erschließenden geschichtlichen Tatsachen müssen insgesamt einem bestimmten Zeitraum eindeutig zuzuordnen sein.[63]

Paul Devos hat inzwischen in zahlreichen Beiträgen dargelegt, wie seiner Meinung nach, unter Berücksichtigung dieser Kriterien, die beschriebene Reise auf die Jahre 381–384 datiert werden kann.[64] Folgende Argumente sprechen für seine Hypothese:

— Egeria nennt die Bischöfe von Batanis und Edessa (19,5) sowie den von Haran (20,2) *confessor*. Dieser Titel wurde Christen verliehen, die wegen ihres Glaubens gelitten hatten, aber nicht als Märtyrer gestorben waren. Von den Bischöfen Eulogius von Edessa († 387) und Protogenes von Haran (Bischof seit 381) ist bekannt, daß sie unter dem arianischen Kaiser Valens (364–378) in die Thebais verbannt wurden und erst 378 zurückkehren konnten. Ähnliches gilt für Abraham von Batanis (Bischof seit 372)[65]. Deshalb ist der Zeitraum zwischen 381 (Bischofsweihe des Protogenes) und 387 (Tod des Eulogius) für den Aufenthalt Egerias in der Gegend von Edessa anzunehmen.[66]

— Da Egeria Haran bei Edessa am 22. April erreicht (20,5), Jerusalem aber sicher nicht vor Ostern verlassen

---

[63] Vgl. BAUMSTARK, *Alter* 33 f.
[64] Vgl. v. a. DEVOS, *Égérie à Édesse*; *Égérie à Bethléem*; *Date*.
[65] Vgl. DEVOS, *Date* 171–175. Darauf hatte erstmals BAUMSTARK, *Alter* 75 f, hingewiesen. Vgl. auch MARAVAL, *Égérie* 31 Anm. 2.
[66] MARAVAL, *Égérie* 35 Anm. 1, fügt als Gründe für die Datierung der Anwesenheit Egerias in der Gegend von Edessa hinzu: Egeria erwähnt kein Christusbild in Edessa; die Verehrung eines solchen Bildes wird in der *Doctrina Addai* vom Ende des 4. Jh. jedoch erwähnt. Auch die Provinzeinteilung im ostsyrischen Raum stimmt mit dem Zeitraum 381–384 überein.

hat, muß die Abreise dort im Jahr 384 erfolgt sein: Denn innerhalb des Zeitraums 381–387 wurde Ostern nur in diesem Jahr so früh gefeiert — nämlich am 24.3. —, daß genügend Zeit blieb, Haran vor dem Märtyrerfest am 23. April zu erreichen.[67]

— Egeria beschreibt in ihrer Darstellung der Jerusalemer Liturgie ein Fest, das am 40. Tag nach Ostern in Betlehem gefeiert wird (42). Es scheint kein Fest der Himmelfahrt zu sein; diese wird Egeria zufolge am 50. Tag nach Ostern auf dem Ölberg gefeiert (43,5). Laut dem Armenischen Lektionar aus Jerusalem aber wird (Mitte des 5. Jahrhunderts) am 18. Mai in Betlehem das Gedächtnis der unschuldigen Kinder begangen.[68] Im Jahr 383 fiel dieser 18. Mai mit dem 40. Tag nach Ostern zusammen. Egeria beschreibt also anscheinend den Verlauf der Osterzeit des Jahres 383, die sie in Jerusalem verbringt.[69]

Die aus diesen Argumenten resultierende Datierung der Reise Egerias auf den Zeitraum 381–384 wird inzwischen von zahlreichen Forschern übernommen.[70] Es bleiben aber Zweifel und Unsicherheiten, die eine endgültige Datierung unmöglich machen — auch wenn andererseits keine dieser Unsicherheiten die Datierung von Devos ausschließt:

— Die von Devos als Grundlage seines Datierungsversuches herangezogene Benennung von drei Bischöfen als *confessor* ist nicht eindeutig. Zwar werden bis zum Ende der Verfolgungen nur solche Christen als *confessor* bezeichnet, die gelitten haben; ab dem 4. Jahrhundert wird der Begriff aber zunehmend zu einem Ehren-

---

[67] Vgl. DEVOS, *Date* 175–178. Für den Weg benötigt man etwa vier Wochen.
[68] Vgl. *Lect. Arm.* 55 Ms. P (355 RENOUX).
[69] Vgl. DEVOS, *Égérie à Bethléem* 103–107.
[70] So WILKINSON, MARAVAL, SOLZBACHER, SINISCALCO/SCARAMPI, BASTIAENSEN. Kritisch dagegen bleibt DONNER.

titel für alle, die durch ihr christliches Leben ein Bekenntnis ablegen. Nicht zuletzt Mönche und einfache Bischöfe können als „Bekenner" angesehen werden.[71]
— Die Datierung des von Egeria beschriebenen Festes am 40. Tag nach Ostern auf den 18. Mai 383 ist nicht möglich. Egeria spricht ausdrücklich nicht vom Datum des Festes (wie z.B. 20,5), sondern vom *dies quadragesimarum*. Ein solches Fest am „40. Tag" wird auch nach Epiphanie erwähnt. Das Fest scheint also in irgendeiner Form zum Osterzyklus zu gehören.[72] Möglicherweise war zwar dieser 40. Tag nach Ostern in Jerusalem und Betlehem mit dem Gedenken der unschuldigen Kinder verbunden, und der Bischof predigte so tatsächlich „passend zu Tag und Ort" (42). Dennoch aber ist das Jahr der Reise nicht vom 18. Mai her zu bestimmen: Das Fest der unschuldigen Kinder wurde möglicherweise (bei den Armeniern) erst dann auf einen bestimmten Tag verlegt, als der 40. Tag nach Ostern zum Himmelfahrtsfest wurde — also nach Egeria.[73] Außerdem ist der Tag, auf den das Fest der unschuldigen Kinder verlegt wurde, laut der ältesten Fassung des Armenischen Lektionars der 9. und nicht der 18. Mai.[74]
Weitere Unklarheiten betreffen zum einen die Frage, ob Egeria das *Onomastikon* des Eusebius benutzt hat oder nicht, zum anderen die von Egeria erwähnten beziehungsweise nicht erwähnten Bauten. Je nachdem wie man die

---

[71] Vgl. schon EUSEBIUS, *h.e.* 5,19,3 (206 SCHWARTZ). Zur Entwicklung des Begriffs vgl. auch KÖTTING, *Stellung des Konfessors* 22f.
[72] Vgl. dazu auch BASTIAENSEN, *Passages* 272–274.
[73] Vgl. schon BAUMSTARK, *Weihnachten und Himmelfahrt* 335.
[74] Vgl. *Lect. Arm.* 55 Ms. J (335 RENOUX). DEKKERS, *Datum*, identifizierte ähnlich wie DEVOS den 40. Tag Egerias mit einem festen Datum, und zwar mit dem 31. Mai — dieser Tag ist laut *Lect. Georg.* 1001 (2,13 TRACHNISCHVILI) Kirchweihfest der Geburtsbasilika. Da nur im Jahr 417 der 31. Mai mit dem 40. Tag nach Ostern zusammentraf, datierte er auch den Pilgerbericht in diese Zeit.

Aussagen der Egeria und die archäologischen Befunde interpretiert, können hier Argumente für und gegen die Datierung von Devos gewonnen werden. Grundsätzlich ist festzuhalten, daß Egeria Jerusalem im verlorengegangenen Teil ihres Reiseberichtes beschrieben hat; aus der Nichterwähnung eines Baus im Rahmen der Liturgiebeschreibung können keine sicheren Schlüsse gezogen werden.[75]

— Es gibt Hinweise darauf, daß Egeria das *Onomastikon* benutzt hat. Unsicher ist indes, ob es ihr in der griechischen Urfassung des Eusebius vorlag[76], oder ob sie die um 390 entstandene lateinische Bearbeitung des Hieronymus verwandt hat — einzelne Ausdrücke und Ortsnamen scheinen direkt aus der Hieronymus-Fassung zu stammen[77]. Manche Forscher halten es aber auch für möglich, daß Egeria das *Onomastikon* gar nicht benutzt hat.[78]

— Egeria spricht bei ihrem Besuch in Edessa von der „Kirche und dem Martyrium des hl. Thomas"; die besuchte Kirche ist „außerordentlich groß und neu errichtet" (19,3). Das paßt gut zu der Hauptkirche von Edessa, in die am 22. August 394 die Gebeine des hl. Thomas übertragen wurden.[79] Wann allerdings diese Kirche (neu) errichtet wurde, ist nicht sicher festzustellen. Sie wurde im Verlauf der Perserkriege mehrfach zerstört und wiederaufgebaut. So kann das „Martyrium" des Thomas (wie auch sonst bei Egeria) ein kleiner Grabbau außerhalb der Kirche sein — dann ist eine

---

[75] Da einige Bauten in der Forschung häufig mit Hilfe des — vermeintlich datierten — Pilgerberichtes der Egeria datiert werden (so z. B. die Bauten auf dem Imbomon und in Getsemani), ist hier die Gefahr von Zirkelschlüssen gegeben.
[76] So MARAVAL, *Égérie* 180f Anm. 1.3.
[77] Vgl. ZIEGLER, *Onomastikon* bes. 83f.
[78] So WILKINSON, *Egeria's travels* 6 Anm. 2.
[79] Vgl. *Chron. Edess.* 38 (CSCO 1,6).

Datierung vor 394 möglich.[80] Es kann sich aber auch um das „Martyrium" des Thomas in der Kirche handeln — dann ist eine Datierung nach 394 wahrscheinlich.[81]

— Das von Egeria besuchte Grab des Ijob in Karnion (13,1; 16,5) wird ansonsten nicht vor 400 erwähnt. Noch Johannes Chrysostomus erwähnt in einer Predigt aus dem Jahr 397 nur den Asche-/Misthaufen des Ijob.[82] Auch beginnt das Auffinden von Heiligengräbern in Palästina erst Ende des 4. Jahrhunderts.[83] Egeria aber berichtet davon, daß Auffindung und Bauarbeiten schon länger zurückliegen (16,5–6). Andererseits darf das *argumentum e silentio* nicht überstrapaziert werden; Chrysostomus ist in seiner Predigt an einem Grab einfach nicht interessiert — ob man es nun bereits zeigt oder nicht.

— Die Baugeschichte der Kirche auf dem Berg Nebo ist noch unklar. Es kann nicht mit Sicherheit nachgewiesen werden, daß der von Egeria beschriebene Memorialbau (12,1) schon im Jahr 384 bestand.[84]

— Die von Egeria erwähnte Kirche auf dem Zion (39,5; 43,3) spielt in der Jerusalemer Liturgie ihrer Zeit eine bedeutende Rolle. Um 348 erwähnt Bischof Cyrill eine „obere Kirche der Apostel"; um 404 erwähnt Hieronymus eine Zionskirche für das Jahr 384/85. Die byzan-

---

[80] Vgl. MORIN, *Passage* 179f, und DEVOS, *Égérie à Édesse* 381–392; *Date* 182f.

[81] Ein (altes) Martyrium außerhalb der Kirche ist allerdings für Edessa nicht bezeugt; vgl. KIRSTEN, *Edessa* 577. Mit diesem Argument datierte erstmals WEIGAND, *Datierung*, den Pilgerbericht nach 394. Ihm folgte LAMBERT, *Sœur* 1–4. Dagegen DEVOS, *Égérie à Édesse* 381–392.

[82] Vgl. JOHANNES CHRYSOSTOMUS, *hom. ad pop. Ant.* 5 (PG 49,69).

[83] Habakuk und Micha zwischen 379 und 395, Stephanus 415, Sacharja 415, Mose vor 500; vgl. STEMBERGER, *Juden und Christen* 93–98.

[84] Vgl. PICCIRILLO, *Pellegrinaggio* 211f; vgl. aber auch die Antwort von DEVOS, *Egeriana IV* 374f.

tinische Zionsbasilika wird aber wahrscheinlich erst unter Bischof Johannes II. (387–417) errichtet.[85] Nur wenn bereits ein Vorgängerbau in die Liturgie mit einbezogen wurde, ist eine Frühdatierung des Itinerariums möglich.[86]

— Auf dem Imbomon, der Spitze des Ölbergs, erwähnt Egeria zwar Sitzgelegenheiten, aber keine Kirche (31,1). Um 384 hat der später dort errichtete Bau wohl noch nicht gestanden. Das kann als Argument für eine Frühdatierung angesehen werden.[87] Ein sicheres Zeugnis für die Existenz des Baus gibt es allerdings nicht vor 392.[88] Daher ist eine Datierung des Berichts auf die Zeit vor 392 wahrscheinlich.

— Auch in Betanien erwähnt Egeria nicht ausdrücklich eine Kirche. Im *Onomastikon* des Hieronymus wird — im Gegensatz zur Fassung des Eusebius — eine „nun errichtete Kirche" erwähnt.[89] Bei den Gottesdiensten am Lazarusgrab versammeln sich zur Zeit der Egeria die Gläubigen in der Nähe des Grabes, unter freiem Himmel (29,3–6). Andererseits legt Egerias Ausdruck „Lazarium", der auf den ganzen Ort übergeht, die Existenz eines so genannten Gebäudes auch zu ihrer Zeit nahe. Die kleine Kirche des 4. Jahrhunderts, die man ergraben hat, bot möglicherweise keinen Platz für die Gläubigen.

---

[85] Vgl. CYRILL, *cat.* 16,4 (2,208–210 REISCHL/RUPP), und HIERONYMUS, *epist.* 108,9 (CSEL 55,315). Zur byzantinischen Kirche vgl. BIEBERSTEIN/BLOEDHORN, *Jerusalem* 2,118–120.
[86] Vgl. dazu PIXNER, *Messias*, und siehe unten 59–62.
[87] So DEVOS, *Nouvelle Égérie* 52 f, der auch vermutet, daß das Himmelfahrtsfest am 40. Tag nach Ostern, von dem Egeria nicht berichtet, möglicherweise im Zusammenhang mit dem Bau der Kirche eingeführt wurde.
[88] Vgl. DEVOS, *Approches* 266 mit Hinweis auf HIERONYMUS, *comm. in Soph.* 1,15 (CCL 76a, 673).
[89] Vgl. HIERONYMUS, *onomast.* (GCS 11/1, Eusebius 3/1, 59).

— Ein gewichtiges neues Argument für die Frühdatierung des Itinerariums ergibt sich meines Erachtens aus der Analyse von Egerias Aussagen zu Getsemani. Die von ihr erwähnte *ecclesia elegans* am Ölberg (36,1) wird normalerweise mit der Getsemani-Kirche am Fuß des Berges identifiziert, die unter Kaiser Theodosius (379 bis 395) errichtet wurde. Die *ecclesia elegans* muß aber mit einer Kirche am Hang des Ölbergs (der Eleonakirche?) identisch sein[90]: Egeria berichtet eindeutig, daß man von dort aus nach Getsemani hinabsteigt, wo man der Gefangennahme gedenkt (36,3). Genauso beschreibt es das Armenische Lektionar aus Jerusalem. Eine Kirche in Getsemani erwähnt Egeria nicht. Tatsächlich wird diese Kirche wohl erst kurz vor 390 errichtet.[91]

Im Folgenden und in der Übersetzung wird jeweils auf die zeitliche Zuordnung der Reiseabschnitte nach Devos verwiesen. Trotz mancher Unsicherheiten ist die Datierung der Reise auf die Jahre 381–384 nicht unmöglich. Unstrittig ist in jedem Fall, daß der Bericht ein Bild vom Zustand der heiligen Stätten und der dort gefeierten Liturgie gegen Ende des 4. Jahrhunderts gibt.

2. *Der Reiseverlauf*

In den Jahren ihrer Reise hat Egeria unter ziemlichen Anstrengungen eine weite Reise zurückgelegt, und obwohl der erste Teil des Pilgerberichts nicht erhalten geblieben ist, kann man aus den Beschreibungen Egerias und den Angaben bei Valerius und Petrus Diaconus verschiedene Rück-

---

[90] Zu dieser Identifizierung siehe unten 66–68.
[91] Der erste Zeuge für den Kirchbau ist HIERONYMUS, *onomast.* (GCS 11/1, Eusebius 3/1, 75). Zum Bau vgl. BIEBERSTEIN/BLOEDHORN, *Jerusalem* 243 f. Hier kommt es häufig zu einem typischen Zirkelschluß: Da Egeria die Kirche (angeblich) vor 384 gesehen hat, muß sie auch vor 384 errichtet sein.

schlüsse ziehen. Nicht zuletzt die Jahreszeit von einzelnen Reisen ist aus Egerias Bericht zu entnehmen.

Aus ihrer angenommenen Heimat Galicien reist die Pilgerin — wohl auf dem Landweg — nach Konstantinopel, wie es auch schon andere Pilger, deren Berichte erhalten geblieben sind, getan haben.[92] Von dort zieht sie, ebenfalls auf dem Landweg, weiter nach Jerusalem. Der später von ihr beschriebene Rückweg (23,7) ist ihr bekannt[93]: Über Bithynien, Galatien und Kappadokien erreicht sie, nach Überquerung des Taurus durch die „Kilikische Pforte", Tarsus und folgt der Küste bis Antiochia am Orontes. Dort beginnt später Egerias Rückweg (22,1). Der übliche Pilgerweg folgte dann weiter der Küstenstraße *(via maris)* bis Cäsarea. Jerusalem selbst war von dort über die südliche Route Lydda/Diospolis und Emmaus/Nikopolis oder über Samaria zu erreichen.[94] Egeria scheint eher die nördliche Route benutzt zu haben, wenn sie nicht insgesamt eine Route durch das Hinterland wählt: Sie verweist später auf einen Teil dieses Weges (16,7) und besucht Emmaus beziehungsweise Kirjat-Jearim erst später.[95] (Nach der Chronologie von Devos erreicht Egeria Jerusalem im Herbst 381.)

Von Jerusalem aus unternimmt Egeria zahlreiche Reisen. Zunächst bricht sie (nach Devos Ende 381 oder Anfang 382) zu einer ersten Ägyptenreise auf. Diese Reise führt sie von Jerusalem aus über Aschkelon und Pelusium nach

---

[92] Vgl. z.B. *Itin. Burdig.* 549–570 (CCL 175,1–8), wo der Weg über Arles (Rhôneüberquerung!), Turin, Mailand, Aquileia, Sirmium, Serdica/Sofia beschrieben wird. Vgl. auch KUBITSCHEK, *Itinerarstudien* 3–15, wo das Itinerar einer Reise von Gadez (Spanien) nach Konstantinopel beschrieben wird.
[93] Vgl. *Itin. Burdig.* 571–585 (CCL 175,8–13), wo der Weg über Chalkedon, Nikomedien, Tarsus, Antiochia und Tyrus nach Cäsarea beschrieben ist. Vgl. auch GERONTIUS, *vit. Mel.* 56 (SCh 90,238).
[94] Vgl. z.B. *Itin. Burdig.* 585–589 (CCL 175,13f), wo der Weg über Samaria beschrieben wird, und HIERONYMUS, *epist.* 108,8f (CSEL 55,313–315), wo der Weg über Diospolis und Nikopolis beschrieben ist.
[95] Vgl. PETRUS DIACONUS, *loc. sanct.* L 2.

Alexandria. Dann reist sie den Nil aufwärts über Taphnae/Tanis, Memfis, Babylon/Kairo bis nach Heliopolis.[96] Schließlich reist sie in die Thebais, die Wüste im Umkreis des oberägyptischen Theben, um die dortigen Mönche zu besuchen.[97] Auch das „Land Goschen", das sie im östlichen Nildelta lokalisiert, wird von ihr besucht (7,1). (Von Ägypten kehrt sie, laut Devos, wahrscheinlich 382, sicher aber vor dem 18. Mai 383, nach Jerusalem zurück.)

Daraufhin reist Egeria (laut Devos im Sommer 383) durch Samaria und Galiläa. Sie besucht Bet-El, Schilo, Sichem, Samaria/Sebaste, die Gilboaberge, Jesreël, den Kleinen Hermon, Schunem, Nain, En-Dor, den Tabor und Nazaret. Auch den Karmel besteigt sie. Nach einem Aufenthalt in Tiberias sucht sie die Stätten des Wirkens Jesu am See Gennesaret auf: Kafarnaum, Tabgha, den Berg der Seligpreisungen (Eremos) und Chorazin.[98]

Des weiteren berichtet Petrus Diaconus von einem Besuch in Mamre und Hebron sowie von einer Reise nach Jericho, wo Egeria auch den Berg der Versuchung besteigt.[99] In der Umgebung Jerusalems besucht Egeria Betlehem, Anatot, Gibea, Timnat-Serach und Kirjat-Jearim.[100]

Eine zweite Ägyptenreise führt Egeria dann im Winter (laut Devos ab Ende 383) über Aschkelon, Pelusium und Klysma/Suez zum Sinai. Über den Beginn dieser Reise

---

[96] Vgl. dazu PETRUS DIACONUS, *loc. sanct.* V 7b – Y 3.
[97] Vgl. dazu 7,1; 9,6. Vgl. auch VALERIUS, *epist.* 1 (SCh 296,338), wo von „berühmten Koinobien der Mönchsgemeinschaften" und von den „Arbeitsstätten der Anachoreten" in der Thebais die Rede ist. Von einem Besuch der PAULA bei den Mönchen der Thebais berichtet auch HIERONYMUS, *epist.* 108,14 (CSEL 55,324f).
[98] Vgl. PETRUS DIACONUS, *loc. sanct.* P 3 – V 7. Vom Besteigen der Berge Karmel, Tabor, Hermon und „Heremus" berichte auch VALERIUS, *epist.* 3 (SCh 296,342–344).
[99] Vgl. PETRUS DIACONUS, *loc. sanct.* N 1 – P 2. Die Besteigung des Berges der Versuchung berichtet VALERIUS, *epist.* 3 (SCh 296,344).
[100] Vgl. PETRUS DIACONUS, *loc. sanct.* L.

besitzen wir den Bericht des Petrus Diaconus, der hier das Itinerarium der Egeria als einzige Quelle benutzt zu haben scheint und die entsprechende Passage ausführlich wiedergibt.[101] Egeria folgt von Klysma aus, wo sie das Wunder am Schilfmeer lokalisiert, zunächst der Westküste der Sinaihalbinsel und gelangt dann über das Gebiet von Faran zum Eingang des *Wadi er-Raha*, wo ihr die sogenannten „Lustgräber" gezeigt werden. Hier setzt der erhaltene Teil ihres Berichtes ein, der dann zunächst den Weg zum Berg Sinai beschreibt. Sie besteigt unter anderem den Moseberg und den Horeb und besucht mehrere Gedenkstätten in dem Tal, das am Fuß der beiden Berge liegt (1,1 – 5,10). (Devos datiert ihren Aufenthalt am Sinai auf die Zeit von Samstag, den 16., bis Dienstag, den 19. Dezember 383.)

Nach dem Aufenthalt im Sinaimassiv zieht Egeria auf dem gleichen Weg zurück bis Klysma und von dort (erneut) in das östliche Nildelta — für sie das biblische Land Goschen. Dabei folgt sie — in umgekehrter Reihenfolge — dem angeblichen Weg der Israeliten bei ihrem Auszug aus Ägypten, der ihr zufolge in Ramses im Land Goschen begann und nach Klysma am „Schilfmeer" führte. Insgesamt zählt sie vierzehn Orte auf, die sie mit dem Exodus in Verbindung bringt.[102] Mitte Januar kehrt sie nach Jerusalem zurück, nachdem sie am 6. Januar in Arabia bei Ramses das Epiphaniefest mitgefeiert hat. Der Weg führt sie erneut über Taphnae/Tanis und Pelusium (5,11 – 9,7).

Die nächste Reise unternimmt Egeria (laut Devos im Februar 384), zum Berg Nebo, dem Sterbeort des Mose im Ostjordanland (10,1 – 12,11). Eine weitere Reise führt sie anschließend (laut Devos Ende Februar/Anfang März 384) von Jerusalem aus über Sedima/Salem in der Bucht von Bet-Schean nach Karnion in Südsyrien, wo sie das Grab des Ijob besucht (13,1 – 16,7).

---

[101] Vgl. PETRUS DIACONUS, *loc. sanct.* Y 4–16.
[102] Vgl. auch VALERIUS, *epist.* 2 (SCh 296, 340–342).

Zwischen den Reisen muß sie immer wieder längere Zeit in Jerusalem verbracht haben, da sie alle Festzeiten dort (Epiphanie, Fastenzeit, Osterzeit, Kirchweihe) aus eigener Anschauung kennt.[103]

Schließlich macht sich Egeria (laut Devos am Ostermontag, dem 25. März 384) auf den Heimweg, der sie zunächst wieder nach Antiochia führt. Dort entschließt sie sich zu einer Reise nach Mesopotamien, auf der sie bis nach Edessa gelangt, wo sie das Grab des Apostels Thomas und den „Palast des Abgar" besucht. Ein Abstecher führt sie in das südlich von Edessa gelegene Haran, die Heimat Abrahams, wo sie am 22. April eintrifft. Die Weiterreise nach Ur in Chaldäa ist nicht möglich, weil das Gebiet inzwischen von den Persern beherrscht wird (17,1 – 21,5).

Nach Antiochia zurückgekehrt, reist Egeria (nach Devos im Mai/Juni 384) über Tarsus und Seleukia, wo sie das Grab der Thekla besucht und ihre Freundin, die Diakonisse Marthana, trifft, auf dem bekannten Weg zurück nach Konstantinopel (22,1 – 23,10).

In Konstantinopel angekommen, schreibt sie den letzten Teil ihres Reiseberichtes, der uns erhalten ist, stellt aber noch beim Schreiben mögliche weitere Reisen in Aussicht, die sie unternehmen will — zunächst nach Ephesus, zum Grab des Apostels Johannes. Von diesen Reisen will sie ebenfalls in Briefen oder später persönlich berichten (23,10).

3. Die Art der Reise

Was die Art des Reisens angeht, so darf man zunächst annehmen, daß Egeria in einer Gruppe unterwegs ist. Immer wieder spricht sie von „wir" und „uns" — eine solche Pilgerreise unternimmt niemand allein. Eine derart weite

---

[103] Vgl. dazu die Beschreibung der Liturgie in den Kapiteln 24–49.

Reise, wie Egeria sie unternimmt, ist vor allem dank des römischen Straßensystems möglich. Die *viae publicae* verbanden alle Teile des Reiches miteinander. Dennoch bleibt eine Reise, vor allem in den Randbereichen des Imperiums, gefährlich: Hieronymus berichtet beispielsweise über die Gefährlichkeit der Strecke Beroia (Aleppo) — Edessa und vom Überfall auf eine Reisegruppe durch Arabernomaden mit Pferden und Kamelen.[104] Die Rückkehr von solchen Strecken auf den *agger publicus* wird von Egeria dankbar vermerkt (9,3).

Es ist anzunehmen, daß Egeria ein amtliches *diploma* besitzt und auf weiten Strecken den *cursus publicus*, die kaiserliche Post, benutzen kann. Somit reist sie möglicherweise zum Teil per Wagen. Die sogenannte *reda* war ein vierrädriger Reisewagen, mit dem auf gut ausgebauten Strecken bis zu 50 Kilometer am Tag zurückgelegt werden konnten.[105] Die *mansiones*, die Rastplätze dieses öffentlichen Beförderungssystems, das hochgestellten Persönlichkeiten zur Verfügung stand, geben bei Egeria häufig die Entfernung, sprich: die Tagesetappen, zwischen den einzelnen Orten an. Die Tagesetappen betragen, wenn man auf Tieren reitet — beispielsweise auf dem Weg zum Sinai — etwa 30 Kilometer.[106]

Während der Reise wird in den *mansiones* auch übernachtet. Im Gegensatz zu den *mutationes*, die nur zum Pferdewechsel dienen, haben diese auch eine Art Herbergsbetrieb. Auf den gefährlichen Strecken erhält Egerias

---

[104] Vgl. HIERONYMUS, *vit. Malch.* 4 (PL 23,57f).
[105] Auf die Wagen im Römischen Reich wird auch hingewiesen bei PETRUS DIACONUS, *loc. sanct.* Y 5.
[106] Vgl. SOLZBACHER, *Mönche* 155 mit Bezug auf PETRUS DIACONUS, *loc. sanct.* Y 4. Ähnlich auch der Pilger von Bordeaux, der für die ca. 3400 Meilen von Bordeaux nach Jerusalem 170 Tage braucht; vgl. CASSON, *Reisen* 378.

Gruppe Geleitschutz durch römische Soldaten. Dort übernachtet sie auch in den *castra* des Militärs.[107]

In den Orten, wo Egeria sich für einige Zeit aufhält, nimmt sie in der Regel die Gastfreundschaft der örtlichen Geistlichkeit, häufiger auch des Bischofs in Anspruch. Abgesehen von Egerias gesellschaftlicher Stellung, die ihr diese Möglichkeit gab, kommt in der christlichen Gesellschaft der frühchristlichen Zeit der Gastfreundschaft — als Ausübung christlicher Nächstenliebe — ein wichtiger Platz zu. Klöster werden deshalb im Osten des Reiches häufig in der Nähe von wichtigen Straßen errichtet. Egeria selbst spricht von den *ospitia*, in denen die Jerusalem-Pilger wohnen (25,7).[108] Um sich am jeweiligen Ort ausweisen zu können, werden den Pilgern von ihren Heimatbischöfen sogenannte „Friedensbriefe" ausgestellt.[109]

Vor Ort reitet Egerias Pilgergruppe auf Eseln oder Kamelen (6,1f; 11,4; 14,1)[110], unwegsame Strecken geht man zu Fuß (3,2; 11,4). Hier wird Egeria von Mönchen und Klerikern oder sogar den Bischöfen der jeweiligen Gegend geführt.[111] Diese Männer zeigen und erläutern ihr auch die an den einzelnen Orten vorhandenen Sehenswürdigkeiten.

---

[107] Zum Reisen in der Antike vgl. GORCE, *Voyages;* CASSON, *Reisen* 188–265. 361–395; WILKINSON, *Jerusalem Pilgrims* 16–28.

[108] Solche „Hospize" (der Ausdruck ist eine Übersetzung des griechischen ξενοδόχιον) entstanden im Verlauf des 4. Jh. vielfach in der Nähe des Bischofshauses oder bei Klöstern; vgl. HILTBRUNNER, *Herberge;* PUZICHA, *Christus peregrinus* 6–65, und STERNBERG, *Orientalium* 147–157.177–189. Daß die Ausübung der *humanitas* von einzelnen Mönchen auch als Belastung empfunden werden konnte, berichtet JOHANNES CASSIAN, *coll.* 19,5f (SCh 64, 42–45).

[109] Vgl. CASSON, *Reisen* 387.

[110] GREGOR VON NYSSA, *epist.* 2,6f (15 PASQUALI), weist im Zusammenhang mit seiner Kritik an Pilgerreisen auf die Unanständigkeit des Reitens für Nonnen hin.

[111] Vgl. z.B. 1,2; 8,4; 10,3; 12,7; 19,5 etc. Egeria nennt diese Führer häufig „Heilige"; vgl. dazu 1,2 unten 119 mit Anm. 2. Zumindest in späterer Zeit konnte man in dieser Gegend auch Eskorten von Arabern mieten, die eine Reisegruppe führte und beschützte; vgl. CASSON, *Reisen* 380f.

Ende des 4. Jahrhunderts werden Egeria bereits zahlreiche Orte gezeigt, die Anfang des Jahrhunderts noch unbekannt sind.[112] Die Neugier der Egeria (und anderer Pilger) ist ein Grund dafür, warum es zu immer neuen „Identifizierungen" biblischer Stätten kommt.[113]

Mehrfach betont Egeria, daß alle Orte immer nach der Heiligen Schrift aufgesucht werden (z. B. 5,12), die als Reiseführer dient. Am entsprechenden Ort wird aus dem mitgeführten „Kodex" gelesen (10,7). Außerdem werden auch andere Stätten mit religiöser Bedeutsamkeit in die Reise mit einbezogen — sei es Mönchsniederlassungen, seien es Heiligengräber. Die von ihr besuchten Stätten lassen sich verschiedenen Kategorien zuordnen. Sie besucht Landschaften, aber auch Ruinen[114] und schließlich Gedächtnisstätten im eigentlichen Sinne. Letztere sind zum einen Häuser, Höhlen oder Gräber von Heiligen des Alten Testaments, zum anderen sogenannte Martyrien und schließlich Plätze des Wirkens Jesu. Die alttestamentlichen Stätten werden christlicherseits teilweise von den Juden übernommen beziehungsweise gemeinsam mit ihnen genutzt[115], teilweise aber auch neu geschaffen[116]. Martyrien sind kleine Grabbauten, meist über den Gräbern von Märtyrern, die architektonisch auf antike Vorbilder zurückge-

---

[112] Der Pilger von Bordeaux berichtet beispielsweise noch nichts von Stätten in Galiläa oder dem Pfingstfest auf dem Zion.
[113] Vgl. z. B. 16,3 zum Bach Kerit, der an ganz verschiedenen Stellen gezeigt wird.
[114] DOBLHOFER, *Reiseschilderungen* 15, weist auf den Unterschied zu anderen spätantiken Reiseschilderungen hin. Während dort Ruinen von der Hinfälligkeit des Daseins sprechen, erzählen bei Egeria selbst diese von der Wahrheit des Glaubens.
[115] So z. B. die Grabhöhle Abrahams und der Patriarchen in Hebron; vgl. *Anon. Plac.* 30 (CCL 175,144).
[116] So die Gedächtnisstätten des Mose am Nebo und die des Ijob in Karnion.

hen.[117] Solche Martyrien besucht Egeria allerdings vornehmlich außerhalb Palästinas[118]; in Palästina selbst findet sich zunächst nur ein zentrales „Martyrium" in Jerusalem. Die Plätze des Wirkens Jesu schließlich werden seit Beginn des 4. Jahrhunderts verstärkt gesucht und — vor allem in Jerusalem — mehr und mehr auch in die Liturgie mit einbezogen.[119]

Egeria berichtet aber auch von Gottesdiensten, die unterwegs an bedeutsamen Orten gehalten werden. Diese Plätze nennt Egeria „heilige Orte" (z. B. 4,5; 5,11; 12,3) Die Andachten bestehen gewöhnlich aus einem Gebet, einem Psalm, einer biblischen Lesung und einem abschließenden Gebet.[120] Sie betont mehrfach, daß alle Texte dieser Andachten immer zum Ort passen (z. B. 4,4: *aptus loco*) — was sie auch bei der Liturgie Jerusalems immer wieder bewundert (z. B. 25,5; 29,4; 31,1; 35,4; 43,5; 47,5).[121] Seltener feiert die Gruppe Eucharistie. An den Orten, an denen sich sehr wichtige Ereignisse abgespielt haben, ist man aber bestrebt, wenn sich am Ort ein Priester findet, anstelle des Wortgottesdienstes „das Opfer zu feiern" *(oblationem facere)*.[122] Das geschieht auf dem Sinai (3,6),

---

[117] Anweisungen zum Bau solcher Martyrien finden sich im *Cod. Theod.* 9,17,7 (466 MOMMSEN). Die dabei verwandte Form des Zentralbaus prägt im Osten später alle Kirchbauten; vgl. dazu auch AUF DER MAUR, *Feste der Heiligen* 96–99. Zum „Martyrium" in Jerusalem siehe unten 53 f.
[118] Vgl. 7,7; 19,1.4; 22,2; 23,4.7.9.
[119] Egeria besucht die Stätten von Geburt, Leiden und Erhöhung in Jerusalem, aber auch die Plätze des Wirkens Jesu in Galiläa; vgl. PETRUS DIACONUS, *loc. sanct.* P 3; V.
[120] In 14,1 nennt Egeria alle Elemente einer solchen „Pilgerandacht". ZERFASS, *Schriftlesungen* 4–6, analysiert den Aufbau solcher Gottesdienste und setzt ihn in Beziehung zu dem von JUNGMANN postulierten klassischen liturgischen Grundmodell eines Wortgottesdienstes.
[121] Zur Bedeutung dieser Beobachtung für die Theologie der Pilgerreise und des Kirchenjahres siehe unten 107–109.
[122] Der bei Egeria häufige Begriff *missa* hat eine andere Bedeutung; siehe unten 74.

auf dem Horeb (4,3), am Dornbusch (4,8) und am Grab des Ijob (16,7).

4. Der Reisebericht und seine Quellen

Egeria schreibt den ersten Teil des Itinerariums im Anschluß an ihre Reisen, als sie bereits wieder in Konstantinopel ist. Sicher hatte sie sich unterwegs Notizen gemacht, mit deren Hilfe sie den Bericht zusammenstellt. Der zweite Teil, über die Jerusalemer Liturgie, sowie Berichte über die Hinreise und weitere Reisen von Jerusalem aus sind möglicherweise schon früher verfaßt und per Brief an die „verehrten Schwestern" geschickt worden.[123]

Auch im erhaltenen Teil des Itinerariums ist der Wachstumsprozeß an einigen Stellen noch zu erkennen. Der Bericht über die Reisen zum Sinai, zum Nebo und zum Grab des Ijob zeigt einen etwas anderen Stil als der über die Reise nach Mesopotamien: Bei der letzten Reise sind die Eindrücke noch frisch, der Bericht ist entsprechend ausführlich. Der letzte Abschnitt des ersten Teils (23,10) scheint bereits ein Nachtrag zum eigentlichen Reisebericht zu sein, den Egeria vor ihrer Abreise nach Ephesus schreibt — möglicherweise, bevor sie den in Konstantinopel verfaßten Teil des Berichtes an ihre Schwestern sendet.

Egeria hat für ihren Bericht mehrere Quellen benutzt. Die wichtigste ist die Bibel, auf die sie mehrfach verweist. Sie zitiert vorwiegend aus den historischen Büchern, das heißt aus Genesis, Exodus, Numeri, Deuteronomium oder aus den Büchern der Könige. Bei der Beschreibung der Jerusalemer Liturgie werden natürlich auch die Evangelien und die Apostelgeschichte zitiert. Die paulinischen Briefe spielen keine Rolle.[124] Egeria benutzt wahrscheinlich eine

---

[123] Vgl. SMIRAGLIA, *Testo di Egeria* 107f.
[124] Eine Ausnahme bildet vielleicht die Formulierung „im Leibe oder außerhalb des Leibes" in 20,13 und 23,10, die an 2 Kor 12,3 erinnert.

der altlateinischen Fassungen, die der Vetus Latina nahekommen.[125] Besonders Ortsnamen entnimmt sie häufig dieser Fassung der Schrift.[126] Die Benutzung der Bibel bei Gottesdiensten auch an abgelegenen Stätten zeigt, daß Egeria ein Exemplar auf ihrer Reise mit sich führt.

Zusätzlich werden aber auch apokryphe Schriften von ihr gelesen: In Edessa sind das die Abgar-Korrespondenz und das Thomasschrifttum, in Seleukia die Theklaakten. Zwar ist im 4. Jahrhundert im großen und ganzen geklärt, welche Bücher „kanonisch" sind (so in 20,10), aber vor Ort halten sich Bücher mit fast kanonischer Geltung. Allerdings sieht es so aus, als würden sie in den Wallfahrtsandachten nicht offiziell vorgetragen. Es ist sozusagen private Lektüre.[127]

Neben der Bibel, die Egerias wichtigste Quelle ist, scheint Egeria, wie bereits erwähnt, das *Onomastikon* des Eusebius zumindest gekannt zu haben — ob nun in der Übersetzung des Hieronymus oder nicht.[128] Ob Egeria ein anderes Werk des Eusebius gekannt hat, das dieser im *Onomastikon* erwähnt, in dem dieser die biblischen Orte klassifiziert, ist ebenfalls möglich, aber nicht sicher.[129] Daß sie während der Reise als Landesunkundige auch auf andere Itinerarien als „Reiseführer" zurückgegriffen hat, ist anzunehmen — dafür waren diese Entfernungslisten ja gedacht.

---

[125] Vgl. dazu ZIEGLER, *Hl. Schrift* 162–198; vgl. auch DONNER, *Pilgerfahrt* 78, und WILKINSON, *Egeria's travels* 5 f.

[126] Vgl. z. B. 7,5 oder 7,7, wo Egeria selbst darauf hinweist, daß sie die Ortsnamen aus der Schrift übernommen hat.

[127] MARAVAL, *Égérie* 203 Anm. 6, weist auf die Wahl des Wortes *legimus* anstelle von *lecta sunt* bei der Lesung von Apokryphen in 19,2 hin.

[128] Vgl. ZIEGLER, *Onomastikon* 71–82, mit Verweis v. a. auf Ortsnamen bei Egeria und im *Onomastikon*, die jeweils mit einer näheren Beschreibung versehen sind.

[129] Der Ausdruck „große Siedlung" (7,7: *come grandis* bzw. κώμη μεγίστη) scheint aus dem Werk „οἱ τόποι" des EUSEBIUS zu stammen; vgl. dazu WILKINSON, *Saint Jérôme* 251.

Egeria selbst berichtet, daß sie vielfach die Bischöfe, Priester und Mönche vor Ort nach den Geschichten der heiligen Stätten fragt. Das tut sie besonders dann, wenn die gezeigten Stätten im Widerspruch zur Schrift stehen — so am Grabmal des Nahor und Betuël in Haran (20,9f) und bei der Säule von Lots Frau (12,7). Auf diese Weise finden mündlich überlieferte Lokaltraditionen Eingang in das Itinerarium.[130]

IV. Palästina im 4. Jahrhundert

1. Die Quellen

Für die Geschichte Jerusalems und Palästinas ist eine der wichtigsten literarischen Quellen das Schrifttum des Eusebius. Das bereits erwähnte *Onomastikon* ist eine nach den biblischen Büchern geordnete, jeweils alphabetische Aufstellung der biblischen Ortsnamen, die mit Orten zur Zeit des Eusebius identifiziert und teilweise kurz beschrieben werden. Leider ist es nicht vollständig erhalten. In seiner *Kirchengeschichte* und dem *Leben Konstantins* gibt Eusebius darüber hinaus zahlreiche Auskünfte über die Frühgeschichte der Jerusalemer Kirche, über die Reise der Helena ins „Heilige Land" und über das Bauprogramm Konstantins.

Wichtige Informationen über den Zustand des Landes enthalten natürlich die frühchristlichen Pilgerberichte.[131] Durch den Vergleich der einzelnen Berichte lassen sich darüber hinaus auch Datierungen vornehmen. Neben dem Pilgerbericht der Egeria sind für die Situation der heiligen

---

[130] Vgl. auch WILKINSON, *Jerusalem Pilgrims* 36f.
[131] Die Texte finden sich in CCL 175; Übersetzungen bietet DONNER, *Pilgerfahrt*.

Stätten im 4. Jahrhundert vor allem folgende Schriften heranzuziehen:
— Das *Itinerarium Burdigalense*, der Bericht des Pilgers von Bordeaux, der im Jahr 333 Palästina besuchte und damit ein Bild des Landes und der Stadt in den ersten Jahren nach Konstantin gibt. Das Itinerarium ist äußerst knapp gehalten und besteht größtenteils aus Entfernungsangaben; im Bericht über Jerusalem und seine Umgebung finden sich aber auch Informationen über die besuchten Stätten.
— Die Beschreibung *De situ terrae sanctae* des (Archi-)Diakons Theodosius aus der Zeit zwischen 518 und 530. Der genannte Theodosius, möglicherweise aus Nordafrika, hat in diesem Bericht mehrere, sehr unterschiedliche Quellen verarbeitet und zusammengefaßt.
— Der *Breviarius de Hierosolyma*, eine Beschreibung Jerusalems aus der Zeit um 550, eine Art „Kurzführer" für Jerusalempilger.
— Der Bericht des *Anonymus Placentinus*, des anonymen Pilgers von Piacenza, der um 570 eine ausführliche und lebendige Beschreibung seiner Reise durch den Vorderen Orient verfaßt hat.
— Das Werk *De locis sanctis* des Abtes Adomnanus, in dem er eine Reise des gallischen Bischofs Arculf beschreibt, die dieser um 680 unternommen hat. Besonders wertvoll ist dieser Bericht nicht zuletzt wegen der beigefügten Grundrisse verschiedener Kirchen.
— Hinzu kommt der *Brief 108* des Hieronymus, der sich in Betlehem niedergelassen hatte und der in diesem Brief die Pilgerreise beschreibt, die er mit Paula und Eustochium im Jahr 385/386 unternommen hat. Sein Bericht ist voll allegorischer Anspielungen, bietet aber auch zahlreiche historische Informationen.[132] Auch in

---

[132] Der Text findet sich in CSEL 54.55; eine Übersetzung von Brief 108,6–14 bietet DONNER, *Pilgerfahrt* 146–170.

anderen Briefen aus Betlehem finden sich Hinweise auf den Zustand des Landes zu seiner Zeit.

Für die Rekonstruktion der in Jerusalem gefeierten Liturgie ist vor allem das sogenannte *Armenische Lektionar* von Jerusalem von Bedeutung. Dieses Lektionar in armenischer Sprache, das die Leseordnung der gesamten Jerusalemer Liturgie dokumentiert, wurde in verschiedenen Fassungen gefunden. Die älteste Fassung überliefert der armenische Codex Jerusalem 121 (Ms. J). Sie entstand zwischen 417 und 438 und gibt den Entwicklungsstand der Jerusalemer Liturgie zu diesem Zeitpunkt wieder. Zwei spätere Fassungen des Lektionars aus Paris (Ms. P) und Erivan (Ms. E) sowie das *Georgische Lektionar* aus dem 7. Jahrhundert vervollständigen das Bild.[133]

Schließlich sind die Schriften des Jerusalemer Bischofs Cyrill heranzuziehen, dessen *Katechesen* an die Jerusalemer Täuflinge Rückschlüsse auf die Situation der Stadt Mitte des 4. Jahrhunderts zulassen. Die unter seinem Namen überlieferten *Mystagogischen Katechesen* über Taufe und Eucharistie stammen wahrscheinlich von seinem Nachfolger Johannes und geben damit ein Bild vom Verlauf der Taufliturgie in Jerusalem um 400.[134]

Wichtiges Hilfsmittel bei der Rekonstruktion der Geschichte des Landes ist nicht zuletzt die Archäologie, die allerdings ihrerseits bei der Datierung von Bauten manchmal mit Hilfe der Pilgerschriften arbeitet, was nicht ohne Gefahr von Zirkelschlüssen ist. Hinzuweisen ist insbesondere auf die sogenannte „Madabakarte": In der Georgskirche des ostjordanischen Madaba wurde 1884 ein Mosaik-

---

[133] Text und Übersetzung der Fassungen des Armenischen Lektionars finden sich in PO 168; Text und Übersetzung des Georgischen Lektionars in CSCO 188/189. 204/205.

[134] Der Text aller Katechesen findet sich in der Ausgabe von REISCHL/RUPP, eine deutsche Übersetzung der Taufkatechesen in BKV² 41, der Mystagogischen Katechesen in FC 7.

fußboden aus dem 6. Jahrhundert entdeckt, der eine Landkarte Palästinas zeigt. Trotz erheblicher Zerstörungen sind große Teile Judäas und vor allem ein Stadtplan von Jerusalem gut zu erkennen. So gibt die Karte Aufschluß über zahlreiche Lokalisierungen der byzantinischen Zeit und den Zustand vieler Stätten um 570.[135]

2. Zur Geschichte

Der jüdische Staat wurde im Krieg der Jahre 66–73 von den Römern vernichtet. Jerusalem ist zerstört; nur auf dem Südwesthügel befindet sich ein Lager der *Legio X Fretensis*. Der Versuch der Jahre 132–135, einen neuen jüdischen Staat mit der Hauptstadt Jerusalem zu errichten — ausgelöst durch die Pläne Hadrians, Jerusalem zu einer heidnischen Stadt zu machen —, scheitert. Am Ende steht die vollkommene Verwüstung des Landes. Große Teile der jüdischen Bevölkerung sind getötet, viele werden als Sklaven verkauft, nur in Galiläa erhalten sich überwiegend jüdisch geprägte Gemeinwesen. Auch der Name *Iudaea* wird ausgelöscht; das Land erhält den von den Philistern abgeleiteten Namen *Palaestina*. Sitz des Statthalters bleibt Cäsarea am Meer. Ob Juden das Betreten Jerusalems verboten wird, ist unsicher[136]; die Stadt wird jedenfalls als heidnische Stadt wiederaufgebaut. Veteranen werden angesiedelt; die neue Stadt erhält nach dem Kaiser *Publius Aelius Hadrianus* den Namen *Colonia Aelia Capitolina*. Die Stadt besitzt einen Senat; ihr Gebiet reicht von der Grenze zu Samaria bis nach Hebron. Nach dem Muster jeder römischen Neugründung wird die Stadt durch die Hauptstraßen *Cardo* und *Decumanus* strukturiert, wobei in Jerusalem ein zweiter *Cardo* (der sogenannte Talcardo)

---

[135] Vgl. DONNER/KÜPPERS, *Mosaikkarte*.
[136] Ein entsprechendes Gesetz erwähnten EUSEBIUS, *h.e.* 4, 6,3 (128 SCHWARTZ), und HIERONYMUS, *hom. de nat.* (CCL 78,528). Vgl. aber BIEBERSTEIN/BLOEDHORN, *Jerusalem* 1,146 f.

hinzukommt. Die beiden in Nord-Süd-Richtung verlaufenden Straßen beginnen am heutigen Damaskustor und sind noch heute die Hauptverkehrswege der Jerusalemer Altstadt.

Der Tempelplatz, in den Vorkriegsplänen wohl noch als Standort eines Jupitertempels vorgesehen, was den Aufstand provozierte[137], wird nicht bebaut; nur zwei Statuen werden dort aufgestellt, von denen noch der Pilger von Bordeaux berichtet.[138] Das Zentrum der Stadt liegt nun weiter nördlich als das des alten Jerusalem — in einem Gebiet, das bisher außerhalb der Stadt lag: Über einem alten Steinbruch wird, westlich des *Cardo*, eine Plattform aufgeschüttet, auf der ein Tempelkomplex für die capitolinische Trias und Venus/Aphrodite errichtet wird.[139] Südlich davon befindet sich, nordwestlich des Kreuzungspunktes von *Cardo* und *Decumanus,* das Forum. Im Süden der neuen Stadt wird wieder ein Lager der *Legio X Fretensis* errichtet, das bis zur Verlegung der Legion nach Aila (Eilat) unter Diokletian bestehen bleibt.[140]

Einen Umschwung für die Geschichte des Landes und der Stadt bedeutet die Hinwendung Konstantins (306–337) zum Christentum.[141] Unter seiner Regierung beginnt man,

---

[137] Vgl. CASSIUS DIO, *hist.* 69 (446 CARY). EUSEBIUS, *h.e.* 4, 6, 4 (128 SCHWARTZ), berichtet, Jerusalem sei erst nach dem Aufstand wiederaufgebaut worden; wahrscheinlich ist die Darstellung des CASSIUS DIO zuverlässiger, daß HADRIAN im Rahmen seiner Orientreise 129–131 den Wiederaufbau anordnete.

[138] *Itin. Burdig.* 591 (CCL 175, 16) berichtet von zwei Statuen HADRIANS, HIERONYMUS, *comm. in Matth.* 4, 24, 15 (CCL 77, 226), von einer Reiterstatue HADRIANS. Die zweite Statue stellt vermutlich ANTONINUS PIUS dar; vgl. WILKINSON, *Egeria's travels* 157 Anm. 4 und 321.

[139] Der ursprüngliche Plan, auf dem Tempelplatz einen Jupitertempel zu errichten — CASSIUS DIO berichtet wohl fälschlich seine Ausführung —, wurde nach dem Aufstand wohl geändert.

[140] Vgl. zum Ganzen OTTO, *Jerusalem* 165–173; BIEBERSTEIN/BLOEDHORN, *Jerusalem* 1, 142–148.

[141] Sehr bald wird in der Jerusalemer Kirche am 22. Mai sein Gedenktag gefeiert; vgl. *Lect. Arm.* 56 (337 RENOUX).

aus Palästina das „Heilige Land" zu machen und aus Jerusalem die „Heilige Stadt". Beide Ausdrücke werden erst jetzt gebräuchlich.[142] Auch der Name Jerusalem für *Aelia* taucht wieder auf.[143] Eine entscheidende Rolle dabei spielen Eusebius, Bischof von Cäsarea und Berater des Kaisers, sowie Makarius, Bischof von Jerusalem. Letzterer erhält schon auf dem Konzil von Nizäa einen Ehrenvorrang.[144] Das schließlich von Konstantin verwirklichte Bauprogramm ist umfassender: In Mamre wird ein Abrahamsheiligtum errichtet. Im Großraum Jerusalem werden drei Kirchen gebaut, der Komplex der Grabeskirche, die Eleonakirche auf dem Ölberg und die Geburtskirche in Betlehem. Dieses Programm orientiert sich offensichtlich am christologischen Teil des Glaubensbekenntnisses. Die dort erwähnten Glaubenswahrheiten werden mit drei Orten verbunden — die Geburt Jesu mit Betlehem, Tod und Auferstehung mit dem Golgotafelsen und dem Grab, die Himmelfahrt mit dem Ölberg.[145] Förderung erfährt dieses Bauprogramm vor allem durch die Mutter Konstantins, die 327 als *Augusta*, als „Kaiserin", das Land bereist. Eusebius erwähnt sie im Zusammenhang mit dem Bau der Kirchen in Betlehem und auf dem Ölberg; durch die Kreuzauffindungslegende wird sie später auch mit der Grabeskirche in Verbindung gebracht.[146]

Auch wenn im Rahmen dieses Programms in erster Linie heidnische Heiligtümer zerstört werden, so ist doch auch

---

[142] Vgl. KEEL/KÜCHLER, Orte 1,286 f. Den Ausdruck „heiliges Land" fand man in Weish 12,3.
[143] Vgl. noch *Itin. Eger.* 9,7.
[144] Vgl. *can.* 7 des Konzils. MAKARIUS führt darüber hinaus die Teilnehmerliste des Konzils an. Vgl. auch BIEBERSTEIN/BLOEDHORN, *Jerusalem* 1,154, und OTTO, *Jerusalem* 175.
[145] Vgl. WILKINSON, *Jerusalem Pilgrims* 35 f.
[146] Vgl. zum Ganzen OTTO, *Jerusalem* 174–183; BIEBERSTEIN/BLOEDHORN, *Jerusalem* 1,153–156. Zu HELENAS Reise vgl. insbesondere HUNT, *Holy Land* 28–79.

ein antijüdischer Zug im Konzept nicht zu übersehen. Die Ablösung des alten Gottesvolkes durch das neue soll ebenso deutlich werden wie die Ablösung des alten Reichskultes. Der Anastasiskomplex über Golgota und Grab gilt als der „neue Tempel"; die Jerusalemer Liturgie will ebenfalls die Tempelliturgie ablösen.[147] Die Präsenz von Juden in Jerusalem ist nur für die Jahre 361–363 sicher belegt, als man unter Kaiser Julian beginnt, den Tempel wiederaufzubauen.[148] Ansonsten spielen sie im christlichen Jerusalem keine Rolle. Nach christlicher Überlieferung ist es ihnen nur am Tag der Zerstörung des Tempels, dem 9. Ab, erlaubt, auf den Tempelplatz zu kommen, um dort beim heiligen Felsen die Zerstörung des Heiligtums zu betrauern. Darauf deutet auch die Aussage des Pilgers von Bordeaux hin, der von einem *lapis pertusus*, einem durchlöcherten Stein, auf dem Tempelplatz berichtet, zu dem die Juden einmal im Jahr kommen, um zu klagen.[149]

Auch die Jerusalemer Christengemeinde ist nach 135 heidenchristlich geprägt; die Kontinuität zur judenchristlichen Gemeinde der Zeit vor 70 beziehungsweise 135 ist abgebrochen.[150] Allerdings werden eine Reihe von Überlieferungen bewahrt.[151] Wie weit bei den späteren Identifizierungen und Lokalisierungen von biblischen Stätten und

---

[147] Vgl. KLEIN, *Entwicklung* 162–169, und siehe unten 73.
[148] Vgl. dazu STEMBERGER, *Juden und Christen* 163–174.
[149] Vgl. *Itin. Burdig.* 592 (CCL 175,16). Weil solch ein Brauch später, nach der muslimischen Inbesitznahme des Tempelplatzes, nicht mehr möglich war, „wandert" dieser Brauch zur Westmauer, die deswegen von Nichtjuden „Klagemauer" genannt wird.
[150] EUSEBIUS, *h. e.* 4,5 (127f SCHWARTZ), listet die judenchristlichen Bischöfe bis 132 auf; in *h. e.* 5,12 (194 SCHWARTZ) berichtet er vom ersten heidenchristlichen Bischof MARKUS; in *h. e.* 5,25 (214 SCHWARTZ) von Bischof NARCISSUS, der gegen den quartodezimanischen Ostertermin kämpft; siehe dazu unten 96.
[151] Ein Beispiel stellt das Grab Jesu dar; siehe unten 50–52. Judenchristliche Gruppen halten auch an dem Brauch fest, in Richtung Jerusalem zu beten; vgl. EPIPHANIUS, *haer.* 19,3,5 (GCS 25, Epiphanius 1,220).

Gräbern, die in der Folge in immer größerer Zahl vorgenommen werden, auf jüdische/judenchristliche Traditionen zurückgegriffen wird, ist umstritten.[152] Zunächst ist eine gewisse „alttestamentliche Orientierung" der Frömmigkeit festzustellen — beim Pilger von Bordeaux bildet noch der Besuch des Tempelplatzes den Schwerpunkt seines Jerusalem-Besuches. Bald darauf aber sind die meisten Stätten des Wirkens Jesu „bekannt".[153]

Zentraler Bau des ganzen Landes ist zunächst die Anastasis in Jerusalem. Der Komplex wird nach dem Muster von Memorialbauten errichtet und ist sozusagen die Kirche des ersten Märtyrers. Der Bau bildet zusammen mit den anderen konstantinischen Basiliken das vornehmste Ziel aller Pilgerreisen nach Jerusalem; die Zahl der Stationen, die in der Stadt und im Land von den Pilgern ebenfalls besucht werden, wird allerdings immer größer und umfaßt nicht mehr nur die Orte der dogmatisch wichtigen Ereignisse.

Die Regierungszeit des Theodosius (379–395) bedeutet einen erneuten Aufschwung der Aktivitäten im „Heiligen Land".[154] Nun rücken zum einen die Ereignisse der Passion Jesu stärker in den Vordergrund: So entstehen weitere Kirchen am Ölberg, später auch über dem Haus des Hohenpriesters und dem Prätorium des Pilatus. Zum anderen gedenkt man zunehmend der Ereignisse des Lebens Jesu: In Jerusalem entstehen die Heiligtümer am Teich Betesda und am Teich Schiloach. Auch in Samaria und Galiläa werden Kirchen errichtet; allerdings sind sie zu Egerias Zeit noch recht klein — zumal wenn sie sich mitten in

---

[152] Vgl. PIXNER, *Messias*, und STEMBERGER, *Juden und Christen* 92–99.
[153] Vgl. dazu STEMBERGER, *Juden und Christen* 84. Vgl. aber auch DONNER, *Pilgerfahrt* 42, der die judenchristliche Herkunft des Pilgers von Bordeaux vermutet.
[154] Vgl. dazu HUNT, *Holy Land* 155–179. Auch der Gedenktag des THEODOSIUS wird in der Jerusalemer Kirche bald gefeiert; vgl. *Lect. Arm.* 12 (227–229 RENOUX).

jüdischen Gemeinwesen befinden.[155] Schließlich vermehrt sich seit dem Ende des 4. Jahrhunderts die Zahl der Kultstätten von Heiligen des Alten und Neuen Testaments.[156] Später entstehen noch, vor allem nach dem Konzil von 431, das Maria den Titel „Gottesgebärerin" zuerkannte, zahlreiche Marientraditionen, die aber zur Zeit der Egeria noch keine Rolle spielen.

Christliche Zentren im Orient bilden die Mönchssiedlungen, die sich bereits Mitte des 4. Jahrhunderts an zahlreichen Orten in Palästina und Umgebung finden. Außer in Ägypten, das als Ursprungsland des Mönchtums gilt, gibt es solche Mönchssiedlungen zu Egerias Zeit besonders im Sinai[157] und in der Judäischen Wüste[158]. Letztere stehen teilweise in einer engen Beziehung zur Stadt Jerusalem, die ihrerseits zahlreiche Klöster besitzt. Die ersten Klöster werden in einer gewissen „Opposition" zur Stadt auf dem westlichen Abhang des Ölbergs angelegt, vornehmlich von reichen Römerinnen, die sich dort niederlassen.[159] Im Zuge der „Christianisierung" der Stadt lassen sich immer mehr Mönche auch innerhalb der Stadt nieder und prägen das dortige Leben.[160]

---

[155] Zu den in Galiläa von einem Comes JOSEF errichteten Kirchen vgl. EPIPHANIUS, haer. 30, 4, 1 – 12, 9 (GCS 25, 338–348). Vgl. auch STEMBERGER, Juden und Christen 64–73. 106–124. 130 f.
[156] Einzelne Prophetengräber werden dabei aus jüdischer Tradition übernommen; vgl. JEREMIAS, Heiligengräber 24–106.
[157] Mose und Elija gelten als erste Anachoreten, deshalb werden auf der Sinaihalbinsel Faran und der Moseberg von den Mönchen für ihre Niederlassungen ausgewählt; vgl. SOLZBACHER, Mönche 109.
[158] Vgl. dazu KEEL/KÜCHLER, Orte 479–481.
[159] Vgl. zu den Niederlassungen von MELANIA D. Ä., MELANIA D. J. BIEBERSTEIN/BLOEDHORN, Jerusalem 1, 159 f. Zur Kritik an den Jerusalemer Zuständen von monastischer Seite vgl. auch HIERONYMUS, epist. 58, 2 (CSEL 54, 529): „Nicht, in Jerusalem gewesen zu sein, ist lobenswert, sondern in Jerusalem gut gelebt zu haben!" Vgl. auch BROX, Jerusalem 168–172.
[160] Vgl. zu den monastischen Zentren am Davidsturm und am Zion BIEBERSTEIN/BLOEDHORN, Jerusalem 1, 159 f. Zu Egerias Begegnungen mit dem Mönchtum vgl. MOHRMANN, Monachisme.

IV. PALÄSTINA IM 4. JAHRHUNDERT

Egeria berichtet, daß der Gottesdienst an den heiligen Stätten vor allem von Mönchen getragen wird.[161] Aber auch bei einzelnen Heiligtümern wie dem Nebo oder in Haran siedeln Mönche; teilweise werden die Traditionen und Heiligtümer sogar von ihnen erst geschaffen.[162] Und für viele Pilger gehört der Besuch der Mönche zumindest zu ihrer Reise dazu[163] — wenn er nicht sogar der Hauptgrund ist[164].

Von den ersten Pilgern berichtet Eusebius: Um 160 kommt Bischof Melito von Sardes nach Jerusalem; am „Schauplatz der Predigten und Taten" zieht er Erkundigungen über die (kanonischen) Bücher des Alten Testaments ein.[165] Zwischen 215 und 225 reist ein gewisser Alexander von Kappadokien nach Jerusalem; er kommt, „um hier zu beten und zur Erforschung der Stätten"[166]. Alexander wird in Jerusalem zum Bischof gewählt und stirbt später als Märtyrer. Origenes besucht die heiligen Stätten auch aus wissenschaftlicher Neugier. Er will „die Spuren Jesu" erforschen.[167] Aber noch um 320 berichtet Eusebius, das Hauptziel bei einer Pilgerreise nach Jerusalem sei der Ölberg, wo sich die Pilger überzeugen können, daß die Prophezeiung Jesu über den Untergang des Tempels wahr geworden ist.[168]

---

[161] Vgl. z. B. 24,1. Daraus entwickelt sich die spätere Gemeinschaft der „Spudaioi" an der Anastasis und schließlich die heutige „Bruderschaft des Heiligen Grabes".

[162] So z. B. im Sinai; vgl. SOLZBACHER, Mönche 110.

[163] Neben Egeria sind das auch der Pilger von Piacenza (Anon. Plac. 43 [CCL 175,151f]) sowie PAULA und EUSTOCHIUM (HIERONYMUS, epist. 108,14 [CSEL 55,324f]).

[164] Aus diesem Grunde reisen BASILIUS (epist. 223,2 [3,10f COURTONNE]) und JOHANNES CASSIAN (coll. praef. [CSEL 17,5]) durch den Orient und Ägypten.

[165] Vgl. EUSEBIUS, h. e. 4,26,13f (164 SCHWARTZ).

[166] EUSEBIUS, h. e. 6,11,13 (231 SCHWARTZ). Eine ähnliche Formulierung findet sich Itin. Eger. 13,1.

[167] Vgl. dazu KÖTTING, Peregrinatio 86f.

[168] Vgl. EUSEBIUS, d. e. 6,18.23 (GCS 23, Eusebius 6,278); vgl. auch KÜCHLER, Füße des Herrn 22f. 33f.

Das ändert sich mit Konstantin. Nicht zuletzt angezogen von den zahlreichen neuen Kirchen, werden die Pilger immer zahlreicher und prägen das Stadtbild. Durch Kaiserin Helena wird das Pilgern zudem „hoffähig". Zahlreiche Hospize werden errichtet; der Vorhof der Anastasis dient unter anderem zur Unterbringung der Pilger.[169] Schon bald kommt es auch zu Kritik an Jerusalem und am Pilgerbetrieb. Hieronymus kann schreiben: „Die Stätten der Kreuzigung und Auferstehung liegen in einer hektisch belebten Stadt, in der es Behörden, Garnisonen, Dirnen, Schauspieler und Witzbolde gibt ..."[170] Gregor von Nyssa rät den Mönchen, an die er schreibt, aus dem Leib zum Herrn zu wandern und nicht von Kappadokien nach Palästina.[171] Dennoch ist der Pilgerstrom nicht aufzuhalten; Cyrill vergleicht die Pilger aus allen Ländern mit den Hörern der Pfingstpredigt aus allen Völkern.[172]

V. Zur Topographie Jerusalems im 4. Jahrhundert

1. Der Anastasiskomplex

Das Neue Testament beschreibt die Hinrichtungsstätte und das Grab Jesu nicht genau. Der Golgota genannte Ort lag den Evangelien zufolge außerhalb der Stadt (vgl. Joh 19,20 und Hebr 13,12), das Grab in der Nähe (vgl. Joh 19,42). Gemäß der biblischen Schilderung war es mit einem

---

[169] Vgl. GERONTIUS, *vit. Mel.* 35 f (SCh 90, 192–196) und HUNT, *Holy Land* 20–22. Vgl. auch PALLADIUS, *h. Laus.* 46 (136 BUTLER), und HIERONYMUS, *epist.* 108,14 (CSEL 55,325), wo von den Hospizen der MELANIA und PAULA die Rede ist.
[170] Vgl. HIERONYMUS, *epist.* 58,4 (CSEL 54,532f).
[171] Vgl. GREGOR VON NYSSA, *epist.* 2,18 (18 PASQUALI). Zu seiner Argumentation und seiner eigenen Pilgerreise vgl. aber KÖTTING, *Wallfahrtskritik*.
[172] Vgl. CYRILL, *cat.* 17,16 (2,270–272 REISCHL/RUPP).

Rollstein versehen (vgl. Mk 16, 4; Joh 20, 1) und bestand aus einer Kammer, die man betreten konnte (vgl. Joh 20, 5).

Das zur Zeit Egerias als Ort von Golgota und Grab angesehene Gelände lag zur Zeit Jesu außerhalb der Stadt, in der Nähe von Mauer und Stadttor, und war ein aufgegebener Steinbruch. Innerhalb dieses Steinbruchs war ein Felsblock stehengelassen worden — möglicherweise, weil der Stein nicht als Baumaterial zu verwenden war. Die charakteristische Form mag ihm den Namen „Golgota" (Schädelstätte) eingebracht haben; die exponierte Lage nahe der nach Westen führenden Ausfallstraße könnte ihn für öffentliche Hinrichtungen prädestiniert haben. In die Wände des Steinbruchs wurden nach dessen Auflassung Gräber geschlagen; einige davon sind in der Kapelle des Josef von Arimathäa am westlichen Ende der Anastasis-Rotunde erhalten.

Beim Wiederaufbau der zerstörten Stadt durch Hadrian verschiebt sich das Zentrum der Stadt nach Norden; das Steinbruchgelände wird in die Stadt einbezogen und zum Stadtzentrum. Durch Aufschüttungen entsteht über den Gräbern eine Plattform, die mit einer Stützmauer eingefaßt wird und deren östlicher Rand an den *Cardo*, die neue Hauptstraße der Stadt stößt. Durch Öffnungen in der Stützmauer erreicht man von dort über Stufen die Plattform, aus der wohl nur der Golgotahügel herausragt. Auf der Plattform selbst werden ein Tempel beziehungsweise mehrere Heiligtümer errichtet, die der römischen Göttertrias Jupiter, Juno und Minerva sowie Venus/Aphrodite geweiht sind.[173]

---

[173] Von einem Heiligtum der Aphrodite/Venus berichtet EUSEBIUS, *vit. Const.* 3, 26 (GCS, Eusebius 1/1, 95), von Heiligtümern des Jupiter und der Venus HIERONYMUS, *epist.* 58, 3 (CSEL 54, 531); Jerusalemer Münzen zeigen die Trias; vgl. dazu BIEBERSTEIN/BLOEDHORN, *Jerusalem* 1, 144. Vgl. auch KRETSCHMAR, *Festkalender* 55, der vermutet, daß das Aphrodite/Venus-Heiligtum mit dem Golgotafelsen verbunden war.

Melito von Sardes spricht in seiner Osterhomilie aus der Zeit um 160 davon, daß Jesus „mitten in Jerusalem" gekreuzigt worden sei.[174] Das widerspricht dem biblischen Bericht, entspricht aber der Lage des Golgotafelsens auf der Tempelplattform im Stadtzentrum zur Zeit des Melito. Es erscheint daher nicht unmöglich, daß zu seiner Zeit dieser Felsen mit dem biblischen Golgota identifiziert wird.[175]

Konstantin läßt nach Zerstörung des Tempels, aber unter Verwendung zahlreicher hadrianischer Bauteile, ab 326 unter dem Architekten Zenobius im Bereich der Plattform eine fünfschiffige Basilika errichten, deren südliche Seitenschiffe an den Golgotafelsen stoßen. Diese Basilika mit dem davorliegenden Atrium ist 335 fertiggestellt und wird am 13. September geweiht.[176] Der Golgotafelsen selbst wird von den Bauleuten wohl quaderförmig behauen, so daß er sich in den Bau einpassen läßt. Östlich des Felsens wird nämlich die hadrianische Aufschüttung entfernt. Acht Meter unter dem Niveau der Basilika wird zunächst ein Atrium angelegt, das man über Treppen von der Basilika aus erreicht und in dessen südöstlicher Ecke der Golgotafelsen bis zu einer Höhe von etwa 10 m aufragt. Westlich davon wird das Grab Jesu entdeckt beziehungsweise wieder freigelegt.[177] Dieses Grab ist eines der in die Felswand geschnittenen Gräber und wird so behauen, daß nur ein Felsblock mit der Grabkammer stehen bleibt. Das umlie-

---

[174] Vgl. MELITO, *pass.* 72.94 (SCh 123, 100.116).
[175] Vgl. KRETSCHMAR, *Festkalender* 63 f.
[176] Vgl. EUSEBIUS, *vit. Const.* 3, 34–39 (GCS, Eusebius 1/1, 100). Weder er noch der Pilger von Bordeaux erwähnen die Anastasis — also war zu diesem Zeitpunkt wohl nur der Grabbau, nicht aber die Rotunde fertiggestellt.
[177] Vgl. EUSEBIUS, *vit. Const.* 3, 25–28 (GCS, Eusebius 1/1, 94–96). Diese Fundgeschichte enthält das gattungstypische Moment der Überraschung: Wider alle Hoffnung feiert auch das Grab seine Auferstehung; vgl. auch OTTO, *Jerusalem* 176 f.

gende Gelände wird so weit auf das Niveau des Atriums gebracht, daß über dem Grab ein monumentaler Rundbau mit Kuppel entstehen kann. Dabei werden die bereits erwähnten Grabkammern angeschnitten. Das Datum der Fertigstellung dieser Rotunde ist nicht gesichert — um 348, als Cyrill seine Katechesen hält, ist sie jedenfalls vollendet.[178]

Die Konzeption einer Basilika, die mit einer Rotunde, dem eigentlichen Memorialbau, verbunden ist, findet sich auch bei römischen Memorialbauten wie den Mausoleen des Augustus und des Hadrian sowie in den Kirchen S. Costanza und SS. Pietro e Marcellino. Der Bautyp für das vornehmste Mausoleum des Reiches wird somit aus der Hauptstadt übernommen.[179] Die Mauern der Rotunde sind bis heute zu einem guten Teil erhalten; die Basilika wurde 1009 endgültig zerstört und nie wieder aufgebaut.

Vom *Cardo* aus gesehen ergibt sich somit folgendes Bild für den von Egeria vorgefundenen Anastasiskomplex: Über Stufen erreichte man vom *Cardo* aus ein säulenumstandenes Atrium, das am östlichen Rand der hadrianischen Plattform lag. Egeria erwähnt die Türen, die zu diesem Atrium führen (43,7). Reste der Umfassungsmauer und die südliche Tür sind im russischen Alexanderhospiz freigelegt worden.

Westlich daran schloß sich die Basilika an, die, wie die konstantinischen Basiliken Roms, fünfschiffig war. Ausgrabungen haben gezeigt, daß für den Bau teilweise hadrianische Fundamente verwandt wurden und die Basilika 40 m lang war. Im Westen wurde das Hauptschiff durch eine mit vorgesetzten Säulen versehene Apsis abgeschlossen. Auf den Säulen standen von Konstantin gestiftete

---

[178] Vgl. CYRILL, *cat.* 18,33 (2,336 REISCHL/RUPP). Zur Baugeschichte des Komplexes vgl. OTTO, *Jerusalem* 176–183; BIEBERSTEIN/BLOEDHORN, *Jerusalem* 3,183–186; KRETSCHMAR, *Festkalender* 33–68; COÜASNON, *Church*, und CORBO, *Santo Sepolcro*.
[179] Vgl. BIEBERSTEIN/BLOEDHORN, *Jerusalem* 1,154.

Mischkrüge. Der Bau war laut Eusebius mit bunten Steinen verkleidet und mit einer goldüberzogenen Decke versehen.[180] Egeria berichtet darüber hinaus von Mosaiken, kostbaren Vorhängen und Geräten sowie zahlreichen Lampen in der Basilika (25, 8f). Der Bau wurde mit verschiedenen Namen bezeichnet. Egeria spricht von seiner Lage *in Golgotha* (z. B. 25, 1) und bevorzugt normalerweise die Bezeichnungen *ecclesia maior* (z. B. 25, 1) und *Martyrium* (z. B. 30, 1). Der Ausdruck *Martyrium* für die Basilika ist in Jerusalem offensichtlich üblich; seine Bedeutung entspricht aber nicht Egerias sonstigem Sprachgebrauch, wo das Wort im Sinne von Märtyrergrab/Grabbau benutzt wird, und wird deshalb von ihr erläutert: Die Kirche ist sozusagen auf Golgota errichtet, hinter dem Kreuz, und kann wegen des Leidens Jesu, sozusagen im übertragenen Sinne, Martyrium genannt werden (30, 1).[181]

Über die bereits erwähnten Treppen erreichte man das zweite Atrium, den säulenumstandenen Hof mit dem Golgotafelsen.[182] Dieser war von silbernen *cancelli* umgeben und — wohl von Norden her — zu besteigen.[183] Der Riß im Felsen — vielleicht einer der Gründe, warum er in dem Steinbruch stehengeblieben war — wurde nun mit dem Erdbeben beim Tod Jesu (vgl. Mt 27, 51) in Verbindung gebracht.[184] Auf dem Felsen befand sich möglicherweise ein Memorialkreuz — von Kaiser Thedosius II. wird berichtet,

---

[180] Vgl. zum gesamten Komplex EUSEBIUS, *vit. Const.* 3, 34–40 (GCS, Eusebius 1/1, 99–101).
[181] Auch architektonisch bezeichnet der Ausdruck ja richtiger die Anastasis (so 25, 3). CYRILL, *cat.* 14, 5f (2, 112 REISCHL/RUPP), benutzt den Ausdruck *Martyrium* für die Anastasis-Rotunde, bezeichnet aber auch in *cat.* 4, 10 (1, 100 REISCHL/RUPP) Basilika und Rotunde als „Golgota".
[182] EUSEBIUS erwähnt diese Tradition merkwürdigerweise nicht. Für ihn ist anscheinend nur die Grabeshöhle als Ort der Gotteserscheinung relevant; vgl. KRETSCHMAR, *Festkalender* 53.
[183] Zum Aussehen des Ortes vgl. *Brev.* 2 (CCL 175, 109f) und *Anon. Plac.* (CCL 175, 138f). Vgl. auch KRETSCHMAR, *Festkalender* 39f.
[184] Vgl. CYRILL, *cat.* 13, 39 (2, 102 REISCHL/RUPP).

daß er um 420 das alte Kreuz durch ein neues aus Gold ersetzt habe.[185] Der Hof wird von Egeria einmal als *basilica* bezeichnet (24,8), ein anderes Mal als Ort „vor dem Kreuz", als Hof „zwischen Kreuz und Anastasis" (37,4); man versammelt sich dort vor den sonntäglichen Vigilien und nach der Kreuzverehrung am Karfreitag. Auch die Bezeichnung „Garten" übernimmt man aus dem biblischen Text (Joh 19,41).[186]

An der westlichen Seite des Atriums befindet sich die Anastasis, ein Rundbau von 35 m Durchmesser, der im Innern aus einem Säulenkranz bestand, der die eigentliche Ädikula des Grabes umschloß. Die Außenmauern mit jeweils einer kleinen Apsis im Westen, Süden und Norden sind weitgehend mit den Grundmauern der heutigen Rotunde identisch. Der eigentliche Felsblock wurde mit einem weiteren Kranz von Säulen umgeben und wahrscheinlich von einem Baldachin gekrönt, so daß eine Ädikula entstand. Zwischen den Säulen befanden sich die von Egeria mehrfach erwähnten *cancelli*, eine Art Chorschranken; die Grotte selbst bestand aus einem Vorraum und der eigentlichen Grabkammer, in der sich auf der rechten Seite die Grabstätte in Form eines Bogenbankgrabes befand.[187] Der Stein, der das Grab den Evangelien zufolge verschloß, wurde ebenfalls gezeigt.[188] Der gesamte Bau war von einer

---

[185] Vgl. THEOPHANES, *chron.* (1,86 BOOR). Zum Goldkreuz vgl. auch *Brev.* 2 (CCL 175,110).

[186] Vgl. PETRUS DIACONUS, *loc. sanct.* C 1; CYRILL, *cat.* 13,32 (2,92 REISCHL/RUPP). Der Ausdruck ist bei JOHANNES möglicherweise vom Hohenlied inspiriert, das im Synagogengottesdienst an Pesach gelesen wird; bei CYRILL, *cat.* 14,9–11 (REISCHL/RUPP), wird die Ostererzählung ebenfalls vom Hohenlied her gedeutet!

[187] Zum Aussehen des Grabes vgl. *Anon. Plac.* 18 (CCL 175,138); ADOMNANUS, *loc. sanct.* 1,2,9–12 (CCL 175,188), und WILKINSON, *Egeria's travels* 242–252. Hinweise geben auch zahlreiche Pilgerampullen für heiliges Öl mit Darstellungen der Anastasis.

[188] Vgl. CYRILL, *cat.* 13,39 und 14,22 (2,102.136 REISCHL/RUPP), sowie HIERONYMUS, *epist.* 108,9 (CSEL 55,315).

goldenen Kuppel überwölbt.[189] Egeria nennt diesen Bau fast durchgehend *Anastasis* und übernimmt damit den in Jerusalem gebräuchlichen griechischen Terminus im Sinne von „Auferstehungskirche". Zweimal nennt sie den Bau auch *basilica* (24,10; 25,2), und nur einmal nennt sie den Grabbau, wie es ihrem sonstigen Sprachgebrauch entspricht, *martyrium (speluncae)* (25,3).[190] Cyrill aber benutzt diesen Ausdruck mehrfach für den gesamten Bau und beruft sich bei seiner Erklärung auf Zef 3,8 (LXX), wo ihm zufolge Gott selbst prophezeit, daß die Jerusalemer Hauptkirche nicht „Kirche", sondern eben *Martyrium* heißt.[191] Nicht nur das eigentliche Grab, sondern auch die Grabädikula wird von Egeria *spelunca*, Grotte, genannt.

Eine besondere Schwierigkeit stellt der von Egeria häufig gebrauchte Ausdruck *post Crucem* dar. Er kann zwar die gesamte Basilika bezeichnen (so 25,1)[192], bezieht sich aber meist auf einen bestimmten Ort in der Nähe des Golgotafelsens (so 24,7). Dort wird am Gründonnerstag Eucharistie gefeiert (35,2), und am Karfreitag findet dort die Kreuzverehrung statt (37,1). Der Ort ist sehr klein und mit Ein- und Ausgangstür versehen (37,3). Aus der Bezeichnung des Hofes westlich des Felsens als *ante Crucem* (37,4) ergibt sich, daß *post Crucem* auf der Ostseite des Felsens liegen muß. Wahrscheinlich meint also der Ausdruck eine Art Kapelle am Westende des nördlichen der beiden südlichen Seitenschiffe, wo der Felsen offen anstand.[193] Der Ort spielt in der Liturgie eine solche Rolle,

---

[189] Später wird diese Bauform für den Felsendom auf dem Tempelplatz übernommen, dessen gesamtes Konzept dem des Anastasiskomplexes ähnelt; vgl. BUSSE, *Tempel* 14–23.
[190] Das ist ja auch architekturgeschichtlich richtig; siehe oben 36 f.
[191] Vgl. CYRILL, *cat.* 14,5 f (2,112 REISCHL/RUPP).
[192] Vom Hof vor der Anastasis aus gesehen liegt ja die gesamte Basilika „hinter dem Kreuz".
[193] Vgl. KRETSCHMAR, *Festkalender* 33–37. 48–57.

daß beispielsweise in Mailand ebenfalls ein Platz „am Kreuz" eingerichtet wird.[194]

Das im Rahmen der Karfreitagsliturgie verehrte „Kreuz", das nach der Beschreibung Egerias in einem vergoldeten Reliquiar aufbewahrt und nur zur Kreuzverehrung herausgenommen wurde, befand sich normalerweise in einer Kapelle am Südrand des Ostatriums.[195] Auch Cyrill berichtet in seinen Katechesen vom Vorhandensein des Kreuzes und seiner Verehrung.[196] Die zahlreichen, über die ganze Welt verteilten Splitter, die er erwähnt, muß man sich wohl als Berührungsreliquien denken: Durch die Auflegung eines Holzsplitters auf das „heiltragende" Kreuz wurden die Splitter mit dessen Heilkraft erfüllt.[197]

Die eigentliche Legende von der Kreuzauffindung wird erstmals gegen Ende des 4. Jahrhunderts erzählt. Eusebius erwähnt sie — obwohl er die Tradition gekannt haben muß[198] — ebensowenig wie die Golgotatradition. Cyrill dagegen berichtet in seinem Brief an Kaiser Constantius im Jahr 351, das Kreuz sei zur Zeit Konstantins gefunden worden.[199] Von Ambrosius wird die Auffindung dann mit dem Besuch der Kaiserin Helena in Verbindung gebracht. Helena habe während der Bauarbeiten zur Basilika eine verschüttete Zisterne und in dieser drei Kreuze gefunden. Mit Hilfe der auch von Egeria erwähnten Kreuzesinschrift habe sie das wahre Kreuz identifiziert.[200] Die Legende ist wohl in Jerusalem entstanden und erklärte den Pilgern, warum das Kreuz in Jerusalem gezeigt wurde beziehungs-

---

[194] Vgl. WILKINSON, *Jerusalem (TRE)* 622.
[195] Vgl. *Brev.* 1 (CCL 175, 109) und *Anon. Plac.* 20 (CCL 175, 139).
[196] Vgl. CYRILL, *cat.* 4, 10; 10, 19; 13, 4 (1, 100. 286; 2, 54–56 REISCHL/RUPP).
[197] Vgl. dazu AUF DER MAUR, *Feste der Heiligen* 107.
[198] Vgl. KRETSCHMAR, *Festkalender* 61.
[199] Vgl. CYRILL, *epist. Const.* 3 (287 BIHAIN).
[200] Vgl. AMBROSIUS, *obit. Theod.* 40–49 (CSEL 73, 392–397).

weise wie es sich erhalten hatte.²⁰¹ Egeria selbst erwähnt die Auffindung kurz und bezeugt deren Datierung auf den Tag der Kirchweihe (48,1). Ob zu ihrer Zeit bereits die Zisterne unter der Grabeskirche als Ort der Kreuzauffindung gezeigt wird, ist unsicher.²⁰²

Egeria berichtet darüber hinaus über die Verehrung von Salomoreliquien im Anastasiskomplex (37,3), die unter anderem mit der Deutung der Kirche als „neuer Tempel" zusammenhängt. Die mit Salomos Ring verbundene Beschwörung der Dämonen war vom Pilger von Bordeaux noch mit dem Platz des alten Tempels in Verbindung gebracht worden.²⁰³ Dieser Tempel war durch den danebenliegenden Königspalast auch als Reichsheiligtum gekennzeichnet. Die Verehrung des Salbhornes der Könige von Juda in der Grabeskirche deutet nun diese als neues Reichsheiligtum. Außerdem werden in Jerusalem bei der Taufe alle Christen nach dem Vorbild Salomos gesalbt.²⁰⁴

Unsicher ist, ob die Opferung beziehungsweise Bindung Isaaks — obwohl von Egeria nicht berichtet — ebenfalls bereits mit dem Golgotahügel in Verbindung gebracht wird. Wenig später ist diese Tradition bezeugt.²⁰⁵ Insgesamt ist jedenfalls eine Deutung der Grabeskirche mit Bildern, die vom Tempel übernommen werden, festzustellen. Schon Eusebius hatte das Grab als „Allerheiligstes" bezeichnet. Den gesamten Bau hatte er als neuen Tempel angesehen, der gegenüber dem alten errichtet worden sei. Golgota und der Stein vor dem Grab entsprechen auch von ihrer Lage her dem Brandopfer- und dem Räucheraltar im Tempel.²⁰⁶ Cyrill

---

[201] Vgl. HEID, *Ursprung* 62 f.
[202] *Brev.* 1 (CCL 175,109) berichtet, daß der Altar des Martyriums „über" *(desuper)* dem Ort der Auffindung steht.
[203] Vgl. *Itin. Burdig.* 589 (CCL 175,15).
[204] Vgl. CYRILL, *myst. cat.* 3,6 (FC 7,130).
[205] Vgl. THEODOSIUS, *terr. sanct.* 7 (CCL 175,117). Zur Lesung vom Abrahamsopfer beim Golgotafelsen vgl. 35,2, unten 266 f mit Anm. 67.
[206] Vgl. EUSEBIUS, *vit. Const.* 3,28 (GCS, Eusebius 1/1,96) mit Bezug

sieht Golgota und die Anastasis als „Mitte der Welt" an — eine Vorstellung, die traditionell mit dem Tempel verbunden ist.[207] Wie weit es zu echten Übertragungen von Lokaltraditionen des Tempelplatzes auf die Grabeskirche kommt, ist aber unsicher.[208] Die Mythologisierung des Baus kann jedenfalls so weit gehen, daß Eusebius ihn mit dem „neuen Jerusalem" der Apokalypse in Verbindung bringt.[209]

2. Der Zion

„Zion" war ursprünglich ein Name des kanaanäischen Jerusalem gewesen, wurde aber dann wegen des daran haftenden religiösen Gehalts auf den Tempelberg übertragen. Schon in herodianischer Zeit nahm man an, daß der Südwesthügel mit dem Wohn- und Begräbnisort Davids, und damit mit dem Zion identisch war — dem höchsten Punkt des herodianischen Jerusalem.[210]

Dafür, daß dieser Hügel der Ort des Abendmahles und der Urgemeinde gewesen ist, gibt es keine sicheren literarischen oder archäologischen Belege.[211] Die Identifizierung

---

auf JOSEPHUS, *ant.* 8, 63–97 (2, 190–192 NIESE), und EUSEBIUS, *vit. Const.* 3, 33–37 (GCS, Eusebius 1/1, 99f). Vgl. auch WILKINSON, *Egeria's travels* 308–310.

[207] Vgl. CYRILL, *cat.* 13, 27 (2, 86 REISCHL/RUPP).
[208] Vgl. dazu KRETSCHMAR, *Festkalender* 81–111. *Brev.* 1f (CCL 175, 109f) bezeugt Traditionen wie Erschaffung Adams und Opferung Isaaks für die Grabeskirche, die von der jüdischen Tradition mit dem Tempel in Verbindung gebracht werden. Auch das Adamsgrab wird seit dem 2. Jh. von Juden auf dem Tempelplatz, seit dem 3. Jh. von Christen bei Golgota gesucht; vgl. DONNER, *Pilgerfahrt* 159f Anm. 73. Ob dabei aber Übernahme oder gleichzeitige Bildung von Traditionen vorliegt, ist kaum zu entscheiden.
[209] Vgl. EUSEBIUS, *vit. Const.* 3, 33 (GCS, Eusebius 1/1, 99). Vgl. auch HUNT, *Holy Land* 17f.
[210] Vgl. JOSEPHUS, *bell.* 5, 4, 1–2 (2/1, 128 MICHEL/BAUERNFEIND).
[211] Die Erwähnung des Essenertors bei JOSEPHUS, *bell.* 5, 4, 2 (2/1, 128 MICHEL/BAUERNFEIND) und die Identifizierung des daraus abgeleiteten Essenerviertels mit einer Siedlung von Judenchristen durch PIXNER, *Messias*, bleibt hypothetisch.

des Zion mit dem Ort des Pfingstgeschehens und der Urgemeinde ist auch dadurch erklärbar, daß die mit Pfingsten erfüllte Verheißung von Joël 3,1–5 (vgl. Apg 2,17–21) mit dem Namen Zion verbunden war. Die Tradition des Abendmahles auf dem Zion taucht überhaupt erst im 5. Jahrhundert auf.[212]

Literarisch bezeugt der Pilger von Bordeaux auf dem Zion, „wo David einen Palast hatte", die Ruinen von sieben Synagogen, von denen nur eine noch stehe.[213] Epiphanius von Salamis berichtet um 390 ebenfalls von einem Bau der Urgemeinde auf dem Zion, der die Zerstörung Hadrians überlebt habe.[214] Möglicherweise ist dieser Bau mit dem heutigen „Davidsgrab" identisch und wurde als angeblicher Ort der Urgemeinde später in die Zionskirche einbezogen. Eusebius erwähnt, daß auf dem Zion der „Thron des Jakobus", des ersten Leiters der Jerusalemer Gemeinde, gezeigt wird.[215] Cyrill erwähnt um 348 in seiner Katechese über den Heiligen Geist die „obere Kirche der Apostel" als Ort der Geistausgießung.[216] Möglicherweise handelt es sich dabei um einen Bau über dem Davidsgrab an Stelle des heutigen Abendmahlssaales — wenn die Bezeichnung „obere Kirche" nicht die Eleonakirche meint und allein durch den Ausdruck „Obergemach" in Apg 1,13 inspiriert ist. Hieronymus berichtet, daß Paula 385/386 bei der Geißelungssäule in der Zionskirche gebetet habe.[217] Von der Säule in der Zionskirche berichtet auch Egeria (37,1) — dem Pilger von Bordeaux war sie noch im Kajaphashaus gezeigt worden.[218] Man kann also zu dieser Zeit bereits von

---

[212] Vgl. zum Ganzen BIEBERSTEIN/BLOEDHORN, *Jerusalem* 2, 118–120; OTTO, *Jerusalem* 184–187.
[213] Vgl. *Itin. Burdig.* 592 (CCL 175, 16).
[214] Vgl. EPIPHANIUS, *mens.* 14 (PG 43, 260).
[215] Vgl. EUSEBIUS, *h. e.* 7, 19 (287 SCHWARTZ).
[216] Vgl. CYRILL, *cat.* 16, 4 (2, 210 REISCHL/RUPP).
[217] Vgl. HIERONYMUS, *epist.* 108, 9 (CSEL 55, 315).
[218] Vgl. *Itin. Burdig.* 592 (CCL 175, 16).

einem Kirchbau ausgehen, ohne daß etwas über dessen Aussehen gesagt werden könnte.[219] Unter Bischof Johannes II. (387 bis 417) und Kaiser Theodosius (379–395) wird jedenfalls nach 387 eine neue, die byzantinische Zionskirche errichtet. Die Einweihungspredigt des Johannes für diese Kirche ist möglicherweise erhalten.[220] Die „Synagoge" (das Davidsgrab) und die „obere Kirche" (der Abendmahlssaal) werden in diese Kirche einbezogen.[221] In der Folge wird sie „Hagia Sion" und „Mutter aller Kirchen" genannt.[222] Wahrscheinlich steht dieser Neubau nicht zuletzt mit dem Konzil von Konstantinopel 381 im Zusammenhang, das sich insbesondere mit dem Wesen des Heiligen Geistes befaßte.

Zur Zeit Egerias sind mit dem Zion neben der Geistausgießung die Ostererscheinungen im Jüngerkreis verbunden. Die Kirche steht am Ort der Geistausgießung, ist aber jetzt von anderer Art (43,3: *alia modo ecclesia est*) und scheint recht neu zu sein (39,5: *ubi ipsa ecclesia nunc in Syon est*).[223] Sie ist in die wöchentliche Liturgie sowie in die Feiern des Kirchenjahres eingebunden. In welchem Zustand Egeria die Kirche gesehen hat, ist aus ihren Beschreibungen nicht sicher zu entnehmen. Von der byzantinischen

---

[219] Der Versuch von PIXNER, *Messias*, im Apsismosaik der römischen Basilika S. Pudenziana eine realistische Darstellung der Zionskirche zu sehen, bleibt zweifelhaft; eher ist die Geburtskirche in Betlehem angedeutet. Die von ihm erwähnte Einweihungspredigt des JOHANNES für diesen Bau kann sich ebensogut auf die neue Zionskirche beziehen.
[220] Vgl. ESBROECK, *Homélie*. Sie wird auf etwa 395 datiert.
[221] Zum Bau vgl. OTTO, *Jerusalem* 187f. BIEBERSTEIN/BLOEDHORN, *Jerusalem* 2, 118–120, nennt als Baudatum 392–394. Zu der Möglichkeit, daß mit dem in späteren Kalendern als Begründer der Zionskirche genannten JOHANNES der erste Bischof dieses Namens gemeint sein könnte, vgl. DEVOS, *Nouvelle Égérie* 51f.
[222] Vgl. THEODOSIUS, *terr. sanct.* 7 (CCL 175,118).
[223] Vgl. PETRUS DIACONUS, *loc. sanct.* E, zur *Sancta Sion*. Die dort genannten Traditionen (Thron des Jakobus und Erscheinung des Auferstandenen) stimmen mit dem Zustand zur Zeit der Egeria überein.

Kirche ist nichts erhalten; nicht einmal ihr Grundriß ist anhand der bisherigen Ausgrabungen sicher zu bestimmen.

Diese neue Kirche zieht schließlich die Tradition des Abendmahles an sich, für das Egeria noch keinen Ort nennt; die *Doctrina Addai* und Hesychius von Jerusalem bezeugen erstmals die Verbindung mit dem Zion.[224] Aber auch noch später halten sich andere Traditionen. Theodosius beispielsweise berichtet um 550 von einer Abendmahlsgrotte am Ölberg, wo auch die Pilger in Erinnerung an das Mahl Jesu essen.[225] Das mag damit zusammenhängen, daß bis zur Errichtung der Zionskirche und der anderen Kirchen am Ölberg alle Traditionen der Passion mit der Eleonakirche verbunden werden mußten und wohl auch dort gefeiert wurden. Für viele blieben sie dort „haften".[226]

3. Der Ölberg

Der Ölberg als südlichster Ausläufer eines Höhenzuges bildet die Grenze der Stadt zur Wüste hin. Er ist nie in das Stadtgebiet Jerusalems einbezogen worden. Zur Zeit Jesu wird das Kidrontal bereits als Begräbnisstätte genutzt; am Hang des Ölbergs befinden sich Olivenhaine; die auf der Ostseite des Berges gelegenen Siedlungen wie Betfage und Betanien dienen anscheinend unter anderem zur Unterbringung der Pilger während der Wallfahrtsfeste.

Das Neue Testament erwähnt den Ölberg im Rahmen der Ankunft Jesu in Jerusalem (vgl. Mk 11,1 par.), den Garten Getsemani als Ort von Gebet, Verrat und Verhaftung (vgl. Mk 14,32 par.) und den Berg im allgemeinen als Ort der Himmelfahrt (vgl. Lk 24,50; Apg 1,12).

---

[224] Vgl. dann auch *Lect. Arm.* 39bis.ter (131–135 RENOUX).
[225] Vgl. THEODOSIUS, *terr. sanct.* 10 (CCL 175,119), so auch *Brev.* 7 (CCL 175,112).
[226] Vgl. BIEBERSTEIN/BLOEDHORN, *Jerusalem* I, 155.

— Die Eleonakirche

Die erste literarisch bezeugte Lokaltradition bezieht sich dann merkwürdigerweise aber auf eine Höhle am Ölberg, in der Jesus einen der Jünger nach seiner Kreuzigung belehrt haben soll.[227] Diese Tradition übernimmt Eusebius, der, wie erwähnt, den Ölberg wegen der dortigen Weissagung Jesu über Jerusalem und den Tempel für einen zentralen Ort hält. Gleichzeitig aber ist für ihn der Ölberg der Ort, „wo seine Füße standen" (vgl. Ps 132, 7: LXX Ps 131, 7; Sach 14, 4) — wobei das Bild von den Füßen Gottes auf dem heiligen Berg durch die Verbindung mit der Himmelfahrtserzählung auf Jesus bezogen und sozusagen „historisiert" wird. Ob schon zu seiner Zeit auf dem Ölberg tatsächlich die Fußspuren Jesu gezeigt wurden, ist unsicher.[228]

Die Tradition von der Himmelfahrt und deren Erwähnung im Credo ist jedenfalls der Hauptgrund, warum dort die erste Kirche auf dem Ölberg, die konstantinische Basilika errichtet wird. Die dreischiffige Kirche mit vorgelagertem Atrium wird um 330 über der Höhle errichtet.[229] Neben der Himmelfahrt gedenkt man hier auch des Abendmahls und des Pfingstfestes — die Jerusalemer Liturgie wird zunächst nur in der Grabeskirche und in der Eleonakirche gefeiert. Die Tradition von der Belehrung der Jünger bezieht man jetzt auch auf die vorösterliche Unterweisung. Der Pilger von Bordeaux sieht die Kirche mit der Höhle vor allem als Ort, wo Jesus vor seinem Leiden die Jünger belehrt habe.[230] Ihren Namen erhält die Basilika

---

[227] Vgl. *Acta Iohannis* 97. 102 (CCA 1, 207–209. 215).
[228] Vgl. dazu EUSEBIUS, *d.e.* 6, 18, 20–23 (GCS 23, Eusebius 6, 278); *vit. Const.* 3, 41–43 (GCS, Eusebius 1/1, 101 f). Schon HELENA soll ihm zufolge die Fußspuren Jesu verehrt haben. Zum alttestamentlichen Hintergrund des Bildes von den Füßen Gottes auf dem Ölberg vgl. KÜCHLER, *Füße des Herrn* 19 f; zu den antiken Parallelen KÖTTING, *Fußspuren*.
[229] Zum Bau vgl. BIEBERSTEIN/BLOEDHORN, *Jerusalem* 3, 286–288.
[230] Vgl. *Itin. Burdig.* 595 (CCL 175, 18).

vom Ölberg selbst, der auf Griechisch ὄρος ἐλαιών (Apg 1,12) heißt. Egeria meint zunächst den Ölberg selbst; die Ortsbezeichnung wird im Laufe der Zeit zum Kirchentitel. Seit 347 ist die Kirche auch Grabstätte der Jerusalemer Bischöfe; die alte Tradition vom Ölberg als Gerichtsplatz (vgl. Sach 14,4–21), die zu seiner Beliebtheit als Begräbnisplatz führt, lebt auch in christlicher Zeit fort. Zahlreiche Traditionen „wandern" später zu anderen Orten in Jerusalem — so Abendmahl und Pfingsten. Aber noch um 500 wird gelegentlich die Höhle mit dem Abendmahl in Verbindung gebracht.[231] Die Grundmauern der spätestens im 9. Jahrhundert zerstörten Eleonakirche sind freigelegt worden und so weit ergänzt worden, daß sie, zusammen mit der Grotte, besichtigt werden können.

Egeria bezeichnet den Berg (39,3; 43,3.5), aber vor allem die Kirche als „Eleona". Die Kirche spielt vor allem in der Liturgie des Kirchenjahres, das heißt in der Karwoche, in der Osterwoche und im Zusammenhang des Himmelfahrt-Gedächtnisses, eine wichtige Rolle. Zu ihrer Zeit haften die vorösterlichen Abschiedsreden und die nachösterlichen Belehrungen an der Höhle (35,2; 39,3). Außerdem gedenkt man möglicherweise hier des Gebetes Jesu vor der Verhaftung.[232] Die Himmelfahrt allerdings wird nicht (mehr) mit der Eleonakirche selbst in Verbindung gebracht, sondern mit dem „Gipfel" des Ölbergs.

— Der Imbomon
Wenn auch die Lokalisierung des Abschieds Jesu durch Lukas auf dem Ölberg nur aus theologischen Gründen

---

[231] Vgl. JOHANNES RUFUS, *vit. Petr.* (92 RAABE).
[232] Dazu siehe unten 66–68.

erfolgte[233], so suchte man Ende des 4. Jahrhunderts den „Ort" der Himmelfahrt. Dabei „mußte" man auf die höchste Erhebung des Ölbergs, eine kleine Kuppe nordöstlich der Eleona-Basilika stoßen, die der Pilger von Bordeaux als *monticulus* bezeichnet hatte.[234] Aus der Ortsbezeichnung „ἐν βουνῷ" („auf dem Hügel") entwickelt sich im Laufe der Zeit der Name „Imbomon" für den Platz.[235] Der Pilger von Bordeaux lokalisiert hier sogar die Verklärung.[236]

Egeria berichtet von Gottesdiensten auf dem Imbomon vor allem am Palmsonntag, wo dort die Palmprozession beginnt (31,1), und am Pfingsttag, wo man der Himmelfahrt gedenkt (43,5). Sie bezeichnet Imbomon als *locus;* eine Kirche erwähnt sie nicht. Allerdings berichtet sie von Sitzgelegenheiten für das Volk (31,1).[237] Zumindest im erhaltenen Teil des Berichtes erwähnt sie die Fußspuren Jesu, die man gegen Ende des Jahrhunderts auf dem Imbomon zu zeigen begann, nicht. Später wurde berichtet, das entsprechende Felsstück mitten auf dem Imbomon habe sich nicht mit Marmor überdecken lassen.[238]

Der byzantinische Bau auf dem Imbomon wurde durch die Römerin Poimenia errichtet, die auf ihrer Rückreise

---

[233] Mit dem Bild vom Auszug der Herrlichkeit Gottes aus dem Tempel (Ez 11) und vom Kommen Gottes zum Gericht (Sach 14,4) wird die „christliche" Erfahrung von der Herrlichkeit Gottes, von Abschied und Gericht beschrieben; vgl. KÜCHLER, *Füße des Herrn* 24–34.
[234] Vgl. *Itin. Burdig.* 595 (CCL 175,18).
[235] Vgl. DEVOS, *Egeriana IV* 252–254.
[236] Vgl. *Itin. Burdig.* 595 (CCL 175,18). Möglicherweise hat er die von ihm erwähnte Erläuterung, daß Jesus auf diesen Berg gestiegen sei, um (vor der Passion) zu beten, mit der ähnlichen Aussage in Lk 9,28 in Verbindung gebracht. Wahrscheinlicher erscheint es aber, daß er die alte Vorstellung der Gotteserscheinung auf dem Ölberg mit der Verklärung verbunden hat.
[237] WILKINSON, *Egeria's travels* 47f, vermutet, daß sich eine behelfsmäßige Ausstattung dort befunden hat.
[238] Vgl. PAULINUS, *epist.* 31,4 (CSEL 29,271f); vgl. auch *Anon. Plac.* 16 (CCL 175,137).

von Ägypten nach Jerusalem kam.[239] Eine genaue Datierung ist nicht möglich.[240] Der Rundbau bestand wohl aus einem offenen säulenumstandenen Hof und besaß zwei Exedren an seinem Zugang auf der Südseite — er war also ausdrücklich auf die Eleonakirche bezogen und bildete sozusagen die Rotunde der Basilika. Wegen dieser Konzeption, die dem Anastasiskomplex ähnelte, wurde die Rundkirche schon bald fälschlich mit Helena in Verbindung gebracht[241]; Gerontius schreibt sie dagegen seiner Gönnerin Melania der Jüngeren zu[242]. Die Kirche wurde im 10./11. Jahrhundert zerstört; der heutige kleine Rundbau über dem Felsen und die oktogonale Umfassungsmauer stammen aus der Kreuzfahrerzeit.

— Der Ort des Gebetes Jesu

Das Neue Testament berichtet, daß Jesus sich nach dem Abendmahl im Garten Getsemani aufgehalten habe und sich dann einen Steinwurf weit von den Jüngern entfernt habe, um zu beten (vgl. Lk 22,41). Ausgrabungen haben ergeben, daß der Hang des Ölberges in neutestamentlicher Zeit tatsächlich als „Ölbaumgarten" genutzt wurde und mehrere Ölkeltern besaß — „Gat Schemanim" bedeutet „Ölkelter".[243]

Kaiser Theodosius läßt am Fuß des Ölbergs vor 390 eine Kirche errichten, die einen Felsen mit einschloß. Zumindest seitdem galt dieser Ort am Fuß des Ölbergs als Ort des

---

[239] Vgl. JOHANNES RUFUS, *vit. Petr.* (30 RAABE). Vgl. auch DEVOS, *Pœmenia*; er zeigt, daß die dort erwähnte POIMENIA mit der POIMENIA in PALLADIUS, *h. Laus.* 35 (106 BUTLER), identisch ist.
[240] Zum Bau selbst vgl. BIEBERSTEIN/BLOEDHORN, *Jerusalem* 3, 299f.
[241] Vgl. PAULINUS, *epist.* 31, 4 (CSEL 29, 271f).
[242] Vgl. GERONTIUS, *vit. Mel.* 57 (SCh 90, 240). In Wirklichkeit hat sie nur das Martyrium des hl. Stephanus in den Säulenumgang eingebaut; vgl. dazu auch PETRUS DIACONUS, *loc. sanct.* I unten 325 mit Anm. 29.
[243] Vgl. KÜCHLER, *Füße des Herrn* 16f.

Gebetes Jesu.[244] In der Forschung wird die Kirche meist auch mit dem von Egeria erwähnten Ort des Gebetes Jesu in Verbindung gebracht.[245] Der Pilger von Bordeaux aber hatte den Felsen noch nur als Ort des Verrates durch Judas (und der Gefangennahme) angesehen.[246] Ort des Gebetes Jesu und Ort des Verrates sind auch bei Egeria deutlich getrennt: In der Nacht auf Karfreitag geht man von der Eleonakirche, wo man die Abschiedsreden liest, zunächst zum Imbomon hinauf. Von dort zieht man „zu dem Ort, wo der Herr gebetet hat" und wo eine „herrliche Kirche" *(ecclesia elegans)* steht (35,4 – 36,1). Nach einem Gottesdienst dort steigt man einen langen, steilen Weg hinunter (36,2) und erreicht erst dann Getsemani, wo man die Perikope von der Gefangennahme Jesu vorträgt (36,3). Mit der von Egeria genannten *ecclesia elegans* kann also nur eine Kirche im oberen Teil des Ölbergs gemeint sein. Genau dies ist auch die Situation im Armenischen Lektionar: Nach dem Gottesdienst in Eleona mit den Abschiedsreden geht man zum Imbomon und liest eine Perikope vom Gebet Jesu. Anschließend geht man zum „Ort der Jünger", liest noch einmal eine Perikope vom Gebet Jesu und steigt dann von dort aus nach Getsemani hinab.[247] „Ort der Jünger" aber ist normalerweise die Grotte der Eleonakirche — sie wird auch sonst „Apostoleion" oder „Matheteion" genannt.[248] Es kann sich also bei dem von Egeria erwähnten „Ort, wo der Herr gebetet hat", eigentlich nur um die Eleonakirche handeln, zu der man kurz zurückkehrt.[249] Auch die Angabe Egerias, daß alle in die Kirche gehen

---

[244] Vgl. HIERONYMUS, *onomast.* (GCS 11/1, Eusebius 3/1, 75).
[245] So auch BIEBERSTEIN/BLOEDHORN, *Jerusalem* 3, 243f.
[246] Vgl. *Itin. Burdig.* 594 (CCL 175,17).
[247] *Lect. Arm.* 40bis.ter (275 RENOUX).
[248] Vgl. GERONTIUS, *vit. Mel.* 49 (SCh 90,220): Ἀποστολεῖον; *Lect. Georg.* 642 (1, 93 TRACHNISCHVILI): Μαθητεῖον.
[249] So auch THIBAUT, *Ordre des offices* 32, und RENOUX, *Codex arménien* 2,196.

(36,1), paßt besser zur großen Eleonakirche als zur recht kleinen Getsemanikirche. Man hat also nach dem Bau der Eleona den Ort, wo die Jünger wachen sollten, und den Ort des Gebetes Jesu, die man beide in „Getsemani am Ölberg" (vgl. Mk 14, 26.32 par.) suchte, mit der Eleonagrotte und dem Imbomon in Verbindung gebracht beziehungsweise die Ereignisse dort liturgisch nachvollzogen. Beide Orte liegen tatsächlich etwa einen Steinwurf weit voneinander entfernt.[250] Diese liturgische Ordnung wird auch nach dem Bau der theodosianischen Kirche beibehalten.[251]

— Der Ort des Verrats und der Gefangennahme
Das Neue Testament bestimmt den Ort der Gefangennahme Jesu nicht näher. Der Hinweis auf den Garten ist die einzige dort gegebene Information.

Der Pilger von Bordeaux ist der erste Zeuge für einen bestimmten Ort als Platz des Verrates. Der von ihm genannte Felsen am Fuß des Ölbergs wird später in die um 390 errichtete Getsemani-Kirche des Theodosius einbezogen, die an der Stelle der heutigen „Kirche der Nationen" stand. Zumindest seitdem gilt der Platz auch als Ort des Gebetes Jesu.[252] Egeria scheint diese Kirche, wie gesagt, noch nicht gesehen zu haben — für sie ist Getsemani am Fuß des Ölbergs der Ort der Gefangennahme Jesu (36,3).

Seit dem 5. Jahrhundert werden der Verrat des Judas und die Gefangennahme mit einer Grotte etwas nördlich der theodosianischen Kirche, der heutigen Verratsgrotte, in

---

[250] In spätbyzantinischer Zeit ist nach der Zerstörung der theodosianischen Kirche ein *Gethsemani in summam scalam* bezeugt. Eine am Hang des Ölbergs bei *Dominus flevit* archäologisch nachgewiesene Kirche wird von manchen Forschern mit diesem Getsemani identifiziert bzw. für das ursprüngliche Getsemani gehalten; vgl. BIEBERSTEIN/BLOEDHORN, *Jerusalem* 3,268–270.
[251] Vgl. *Lect. Arm.* 40bis.ter (275 RENOUX).
[252] Dazu siehe oben 66–68. Zu dem recht kleinen Bau vgl. BIEBERSTEIN/BLOEDHORN, *Jerusalem* 3,243 f.

Verbindung gebracht. Möglicherweise hängt diese Verschiebung mit der Zerstörung der theodosianischen Kirche durch ein Erdbeben Anfang des 5. Jahrhunderts zusammen.[253]

4. Betanien/Lazarium

Für das Neue Testament ist Betanien der Wohnort Jesu während seines Aufenthaltes in Jerusalem (vgl. Mk 11,11 par.). Das Johannesevangelium präzisiert diese Auskunft, indem es Jesus im Haus von Marta und Maria und deren Bruder Lazarus wohnen läßt (vgl. Joh 12,1). Die Auferweckung des Lazarus ist in dieser Darstellung das letzte und größte „Zeichen", das Jesus tut. Sie provoziert den Todesbeschluß der Gegner Jesu und verweist bereits auf die Überwindung des Todes durch Jesus.

Die Lage des biblischen Betanien ist unbekannt. Möglich erscheint sogar, daß es erst im 4. Jahrhundert im Zusammenhang mit der Suche nach dem Grab des Lazarus und dem biblischen Ort zu einer Identifizierung mit einer tatsächlichen Siedlung kommt.[254]

Der Pilger von Bordeaux erwähnt das Grab des Lazarus, aber, genauso wie Eusebius im *Onomastikon,* keine Kirche.[255] Von einer solchen berichtet erst Hieronymus um 390.[256] Das Lazarusgrab besteht aus Vorraum und Grabkammer mit mehreren Bogenbankgräbern; die Kirche des 4. Jahrhunderts östlich der Grabanlage war eine kleine dreischiffige Basilika mit Atrium, deren Mosaiken noch teilweise erhalten sind, die aber bereits im 5. Jahrhundert einem größeren Neubau Platz machen mußte.[257]

---

[253] Vgl. THEODOSIUS, *terr. sanct.* 10 (CCL 175,119). Zum Ort vgl. BIEBERSTEIN/BLOEDHORN, *Jerusalem* 3,248f. Sollte die entsprechende Passage bei PETRUS DIACONUS, *loc. sanct.* I, auf Egeria zurückgehen, hat auch sie schon die Grotte mit der Gefangennahme verbunden.
[254] Vgl. BIEBERSTEIN/BLOEDHORN, *Jerusalem* 3,345f.
[255] Vgl. *Itin. Burdig.* 596 (CCL 175,18).
[256] Vgl. HIERONYMUS, *onomast.* (GCS 11/1, Eusebius 3/1, 59).
[257] Vgl. KROLL, *Spuren Jesu* 378f.

Zur Zeit Egerias scheint der Gottesdienst am „Lazarus-Samstag" vor dem Palmsonntag in Betanien unter freiem Himmel stattzufinden: Die Felder in der Nähe des Grabes sind voll von Menschen (29,5).[258] Der Name des Grabheiligtums „Lazarium" und die Formulierung, daß nicht nur der „Ort" selbst, sondern auch die Felder voll von Gläubigen sind, spricht jedoch für die Existenz des kleinen Kultbaus auch schon zu ihrer Zeit. Der Name „Lazarium" geht im Laufe der Zeit auf den Ort, der sich in der Umgebung des Grabes bildet, über — noch heute heißt das entsprechende arabische Dorf *el-Azariye*. Die Grabkammer befindet sich heute unter der später errichteten Moschee des Ortes.

Die von Egeria ebenfalls erwähnte Kirche am Ort der Begegnung von Jesus und der Schwester des Lazarus (29,4) kann nicht mit Sicherheit identifiziert werden. Möglicherweise aber ist der Ort mit dem heutigen Betfage identisch, das in byzantinischer Zeit noch auf der Spitze des Ölbergs gesucht wurde. Die Kirche lag dann an der Stelle der späteren Kreuzfahrerkirche in Betfage.[259] Wahrscheinlich war der Weg nach Betanien als Pilgerweg mit Stationen angelegt, deren Bedeutung sich steigerte: Nach dem Ort der Begegnung folgte das von Hieronymus erwähnte Haus von Marta und Maria, und schließlich gelangte man zum Lazarusgrab.[260]

---

[258] Von einem Gottesdienst am 6. Tag nach Epiphanie berichtet *Lect. Arm.* 7 (221 RENOUX).
[259] Vgl. BIEBERSTEIN/BLOEDHORN, *Jerusalem* 3,325f.
[260] Vgl. TAYLOR, *Bethany* 123. Er identifiziert auch das „Haus von Marta und Maria" mit der Felsgrotte etwa 500 m westlich des Lazarusheiligtums, in der zahlreiche christliche Graffiti aus byzantinischer Zeit gefunden wurden. Der Ort der Begegnung Jesu mit Marta und Maria wäre historisch richtiger östlich von Betanien am Weg nach Jericho zu suchen, wo heute die griechisch-orthodoxe Betanien-Kirche steht.

5. Betlehem

Matthäus und Lukas berichten von der Geburt Jesu in Betlehem. Das gesamte judäische Bergland südlich von Jerusalem war in neutestamentlicher Zeit ein Gebiet, in dem intensiv Viehzucht betrieben wurde — nicht zuletzt für den Jerusalemer Tempel. Die zahlreichen Höhlen in der felsigen Landschaft wurden von den Hirten als Stall benutzt.

Erstmals berichtet Justin aus Sichem/Neapolis um 160 von einer bestimmten Höhle in Betlehem, in der Jesus geboren wurde.[261] Origenes erwähnt sie ebenfalls und betont, daß dieser Ort sogar Heiden bekannt sei.[262] Cyrill spricht von einem „bewaldeten Ort"[263]; Hieronymus meint, daß die Höhle von den Römern absichtlich mit einem heidnischen Heiligtum überbaut worden sei: Er spricht von einem Hain des Adonis.[264]

Konstantin läßt — entsprechend seinem Programm — auch in Betlehem eine Kirche errichten. An eine fünfschiffige Basilika mit vorgelagertem Atrium schließt sich im Osten ein oktogonaler Zentralbau an, der genau über der Höhle liegt.[265] Der Pilger von Bordeaux besucht bereits die Kirche[266], und Hieronymus beklagt, daß die hölzerne Krippe durch eine silberne ersetzt worden sei[267].

Egeria erwähnt die Kirche in Betlehem im Zusammenhang mit der Feier von Epiphanie (25,8.12) und dem 40. Tag nach Ostern (42). Das an diesem Tag der Osterzeit gefeierte Fest hängt wahrscheinlich mit dem Gedächtnis

---

[261] Vgl. JUSTIN, *dial.* 78 (188–190 GOODSPEED).
[262] Vgl. ORIGENES, *c. Cels.* 1,51 (GCS [2], Origenes 1,101f).
[263] Vgl. CYRILL, *cat.* 12,20 (2,28 REISCHL/RUPP).
[264] Vgl. HIERONYMUS, *epist.* 58,3 (CSEL 54,532).
[265] Vgl. EUSEBIUS, *vit. Const.* 3,41–43 (GCS, Eusebius 1/1,101f). Zum Bau selbst vgl. KEEL/KÜCHLER, *Orte* 2,627–631.
[266] Vgl. *Itin. Burdig.* 598 (CCL 175,20).
[267] Vgl. HIERONYMUS, *hom. de nat.* (CCL 78,524f).

der unschuldigen Kinder zusammen. Eine „Grotte der unschuldigen Kinder" zeigt man noch heute im Höhlenkomplex unter der Geburtskirche.[268] Das immerhin 7 km von Jerusalem entfernte Betlehem wurde aber wohl nur an wenigen Tagen in die Liturgie mit einbezogen. Von dem konstantinischen Bau haben sich im Neubau des Justinian bedeutende Reste erhalten; als einziger Kirchbau des Landes wurde die Geburtskirche im Laufe der Jahrhunderte nie zerstört.

VI. Die Jerusalemer Liturgie im 4. Jahrhundert

1. Allgemeines

Egeria hat der Beschreibung der Stundenliturgie und des Kirchenjahres in Jerusalem einen eigenen Abschnitt ihres Reiseberichtes gewidmet (24–49). Sie fühlt sich verpflichtet, ihren Schwestern diese Beschreibung zu geben (24,1) — und zwar deswegen, weil man sich in ihren Kreisen für solche Dinge interessiert und weil die Gottesdienste entscheidend zu ihrer Pilgerreise (die die Schwestern ja nachvollziehen sollen) hinzugehört. Außerdem hält Egeria die Form der Jerusalemer Gottesdienste für äußerst bemerkenswert (47,5).

Wegen des verlorengegangenen Blattes der Handschrift fehlt die Beschreibung der Gottesdienste am Sonntag nach dem Morgenlob sowie der Anfang der Beschreibung des Kirchenjahres mit der Epiphaniefeier am 6. Januar in Betlehem. Im Verlauf der Beschreibung des Kirchweihfestes am 13. September bricht die Handschrift ab. Trotzdem ist der Bericht der Egeria die älteste und wichtigste Quelle für

---

[268] Vgl. auch Petrus Diaconus, *loc. sanct.* P 1.

die Frühgeschichte der Jerusalemer Liturgie und des Kirchenjahres überhaupt.[269]
Was Inhalt und Struktur der Jerusalemer Liturgie angeht, ist deutlich eine Beziehung zu Antiochia zu erkennen. Die Liturgie der syrischen Metropole bildete den Grundbestand der Ordnung in dem zum syrischen Großraum gehörigen Jerusalem, die nach dem Untergang der judenchristlichen Gemeinde neu erstellt werden mußte. Ähnliches gilt für die eucharistische Liturgie.[270] Liturgische Sprache ist Griechisch; für die einheimische Bevölkerung und die Pilger werden Lesungen und Predigten ins Syrische/Aramäische beziehungsweise Lateinische übersetzt (47,3f). Zu dieser Anlehnung an Antiochia kommt aber in Jerusalem zunehmend eine Tendenz zur Anknüpfung an den ehemaligen Tempelgottesdienst. Anders als beim jüdischen Grundbestand der christlichen Gebetspraxis geht es hier jedoch nicht um wirklich „jüdische Einflüsse" oder Orientierung am Gottesdienst der Synagoge, sondern um den Versuch, die Ablösung der alten Ordnung durch eine neue zu zeigen.[271] Der Bischof übernimmt in diesem Zusammenhang die Rolle des Hohenpriesters. Wie er betritt er allein das Allerheiligste zum Fürbittgebet und segnet das Volk von den Stufen aus.[272]

---

[269] Eine tabellarische Übersicht über die Feiern und Lesungen in dem Teil des Kirchenjahres, der uns aus dem Itinerarium zugänglich ist, bietet ZERFASS, *Schriftlesungen* 20–24; vgl. auch WILKINSON, *Egeria's travels* 262–277.

[270] Zum antiochenisch/westsyrischen Charakter der eucharistischen Liturgie vgl. KRETSCHMAR, *Abendmahlsfeier* 253–256. Zu den Ähnlichkeiten mit dem Stundengebet in *Const. apost.* siehe unten 79.81.

[271] Vgl. WILKINSON, *Egeria's travels* 298–310. Vgl. auch BAUMSTARK, *Liturgie comparée* 42.85.142f.195.

[272] Vgl. 24,2; 25,3; 33,2. Vgl. auch WILKINSON, *Egeria's travels* 303–305. Schon bei HEGESIPP und POLYCRATES VON EPHESUS wird der Herrenbruder Jakobus als Hoherpriester geschildert, der allein im Tempel für das Volk betet; vgl. EUSEBIUS, *h. e.* 2,23,6 (68 SCHWARTZ).

Eucharistie wird regelmäßig am Sonntag gefeiert (25,1 bis 4) und wohl auch am Mittwoch und Freitag nachmittag, wie man aus der indirekten Notiz der Egeria schließen kann (27,6). An diesen christlichen Fasttagen endet das Fasten mit diesem Gottesdienst auf dem Zion. In der Fastenzeit, in der nicht nur am Mittwoch und Freitag gefastet wird, fallen diese Feiern weg; an ihre Stelle tritt die Feier am Samstagmorgen, die das Wochenfasten beendet (27,9). Insgesamt schenkt Egeria der Eucharistiefeier nur relativ wenig Aufmerksamkeit — wohl auch deshalb, weil sie insgesamt ähnlich verläuft wie in ihrer Heimat (25,1). Dennoch ist der Aufbau der Eucharistiefeier anhand der fünften *Mystagogischen Katechese* des Cyrill recht genau zu rekonstruieren.[273] Als Bezeichnung für die Eucharistiefeier benutzt Egeria vor allem den Ausdruck „das Opfer darbringen" *(oblationem facere);* der häufige Ausdruck *missa* bezeichnet dagegen verschiedene Riten. Ursprünglich vom Ritus der Entlassung (so 24,2) abgeleitet, kann er bei Egeria eine Eucharistiefeier mit umfassen (so 25,10). Grundsätzlich aber ist die Art des gemeinten „Ritus" oder „Gottesdienstes" vom Kontext her zu bestimmen.[274] An einer Stelle benutzt Egeria auch den Begriff *sacramenta* für die Eucharistiefeier (26).

Egerias Beschreibung des Kirchenjahres ist das erste Zeugnis für einen solchen ausgearbeiteten Zyklus. In den ersten Jahrhunderten war der Sonntag mit der Feier des Herrenmahles der immer wiederkehrende und neben dem Osterfest mit seiner Vorbereitungszeit einzige Festtag der Christen gewesen. Dabei wurde an beiden Festtagen der

---

[273] Vgl. aber CYRILL, *myst. cat.* 5 (FC 7, 144–165), und RÖWEKAMP, *Cyrill* 43–47. Vgl. auch TARBY, *Prière* bes. 71–88, zum Ursprung der Jerusalemer Liturgie und deren Beziehung zur Jakobusliturgie.
[274] Vgl. MOHRMANN, *Missa* 83f.91. BASTIAENSEN, *Observations* 61, vermutet, daß auch *tenere* (25,12) ein Terminus technicus für das „Halten" der Eucharistiefeier ist.

zentrale Glaubensinhalt in seiner Gesamtheit gefeiert: Tod und Auferstehung Jesu. Im 4. Jahrhundert wird neben das Osterfest das Weihnachtsfest (im Westen) beziehungsweise Epiphaniefest (im Osten) gesetzt, das an die Geburt Jesu erinnert. In Jerusalem wird darüber hinaus das Osterfest in seine einzelnen Aspekte entfaltet. Tod und Auferstehung Jesu werden nun nicht mehr nur durch das Herrenmahl verkündet, sondern man vollzieht an den im Evangelium erwähnten Tagen und Orten die einzelnen Stationen dieses Weges nach. Das reicht von dem Tag „sechs Tage vor dem Osterfest" (29,6) bis zum Pfingstfest, fünfzig Tage nach Ostern (43,1), das als eigenes Fest jetzt erst entsteht. Man orientiert sich dabei an der lukanischen Darstellung, in dessen Theologie Jerusalem ohnehin eine zentrale Rolle spielt.[275]

Die Feier dieser Einzelaspekte geschieht zum einen durch einen Gang zum genannten Ort und die Verlesung der entsprechenden Perikope zu der Zeit, die in der Schrift berichtet wird. So entsteht auch in diesem Zusammenhang die Gattung des Lektionars.[276] Zum anderen beginnt man mit dem dramatischen Nachvollzug der berichteten Ereignisse in der Liturgie. Ein Beispiel ist die Nachahmung des Einzugs Jesu in Jerusalem am Sonntag vor Ostern. In diesem Fall übernimmt der Bischof die Rolle Jesu: „Wie der Herr" wird er in die Stadt begleitet (31,2).

Im Zusammenhang mit der Entwicklung einer immer differenzierteren Liturgie entsteht auch eine Vielzahl von Ämtern. Egeria erwähnt neben dem Bischof unter anderem

---

[275] Vgl. ELLIOTT, *Jerusalem* 610.
[276] Zum Schriftgebrauch in Jerusalem vgl. auch ZERFASS, *Schriftlesungen*, und FISCHER, *Lektionar*. Das entspricht im übrigen den von Egeria berichteten Wallfahrtsgottesdiensten, bei denen das am jeweiligen *Ort*, u. U. auch vom dortigen Klerus, so gehandhabt wird. Vgl. HUNT, *Holy Land* 121.

die Presbyter/Priester, die Diakone, den Archidiakon und eine Schola.[277]

Äußerer Anlaß für diese dramatische Konzeption des Kirchenjahres ist sicher die Tatsache, daß die in den Evangelien genannten Orte zu einem guten Teil bekannt sind und nun auch gottesdienstlich genutzt werden können. Theologisch geht es dagegen um eine Form, bei zunehmendem zeitlichem Abstand die „Heilsereignisse" gegenwärtig zu halten beziehungsweise immer wieder neu gegenwärtig zu machen.

Auch im Fall der Feste des Kirchenjahres ist eine Anlehnung an die jüdische Tradition zu beobachten, die gleichzeitig die Ablösung der alten Ordnung dokumentieren soll: An die Stelle der ursprünglich drei, später vier jüdischen Hauptfeste Chanukka/Tempelweihfest, Pesach/Paschafest, Shavuot/Wochenfest, Sukkot/Laubhüttenfest treten die christlichen Feste Epiphanie, Ostern, Pfingsten, Kirchweihe. Auch die achttägige Dauer von Chanukka, Pesach und Sukkot wird übernommen.

Mit Hilfe des Itinerariums und der anderen Quellen, die Hinweise auf liturgische Feiern geben, läßt sich die Jerusalemer Liturgie Ende des 4. Jahrhunderts annähernd rekonstruieren.

2. Liturgische Tagzeiten — Stundenliturgie

Die von Egeria beschriebene Ordnung orientiert sich zunächst einmal an der Woche. Der Siebentagerhythmus in der Zählung der Tage hat sich im Römischen Reich schon in den ersten nachchristlichen Jahrhunderten durchgesetzt. Möglicherweise angeregt durch die jüdische Woche, kommt man zu einer „Planetenwoche", bei der jedem Tag

---

[277] Vgl. dazu RENOUX, Ministres du culte. Cod. Theod. 16, 2, 26 (843 MOMMSEN) erwähnt auch die Wächter der Kirchen und der heiligen Stätten, die von der Steuer befreit werden.

ein Planet zugeordnet ist. Während der Sabbat zum „Saturn-Tag" wird, wird der folgende Tag zum „Sonn-Tag".[278]

Im frühchristlichen Bereich wird der „erste Tag der Woche" (Mk 16,2 par.), der „erste Tag nach dem Sabbat" (1 Kor 16,2) als „Herrentag" (Offb 1,10) gefeiert. Auch die Bezeichnung Sonntag wird nach und nach übernommen.[279]

Egeria bleibt bei der Bezeichnung Herrentag *(dies dominica)*. Da er nach jüdisch-christlicher Zählung gleichzeitig der erste Tag der Woche ist, ist der folgende Montag der „zweite Tag" *(feria secunda)*. Es folgen die Tage Dienstag *(feria tertia)* bis Freitag *(feria sexta)*. Der siebte Tag schließlich wird von Egeria „Sabbat" *(sabbato)* genannt. Damit wird der jüdische Name des siebten Tages übernommen.

Im 4. Jahrhundert ist im Osten eine neue Wertschätzung des Sabbats festzustellen. Trotz mancher Tendenzen zur Respektierung des jüdischen Ruhetages hatte in den ersten Jahrhunderten die Ablösung des siebten Tages durch den ersten Tag im Vordergrund gestanden — genauso wie die Ablösung der jüdischen Fasttage durch neue, christliche. Nun wird beispielsweise in Syrien am Sabbat der (ersten) Schöpfung gedacht, am Sonntag der Neuschöpfung in der Auferstehung.[280]

Den Tag selbst berechnet Egeria nach der üblichen römischen Art: Er beginnt um 6.00 Uhr morgens mit der ersten Stunde, die dritte Stunde beginnt um 9.00 Uhr usw. Auch in der Nacht wird ähnlich gezählt: Um 18.00 Uhr beginnt die erste Nachtstunde usw. Daneben unterscheidet Egeria den ersten Hahnenschrei (den Beginn der Vigilien;

---

[278] Vgl. CASSIUS DIO, *hist.* 37,18 f (3,128–130 CARY), und auch AUF DER MAUR, *Herrenfeste* 26–28.
[279] Vgl. *Did.* 14,1 (FC 1,132). Vgl. auch AUF DER MAUR, *Herrenfeste* 36–39, und RORDORF, *Sabbat und Sonntag* XIV–XX. 137.
[280] Vgl. *Const. apost.* 2,59; 8,33 (1, 173.538 FUNK). Vgl. auch AUF DER MAUR, *Herrenfeste* 32–34, und RORDORF, *Sabbat und Sonntag* X–XIV.

vgl. 24,1) und das Hellwerden / den Tagesanbruch (den Beginn des Morgenlobs; vgl. 24,2).

Die Jerusalemer Stundenliturgie stellt eine Form des Tagzeitengebetes dar, das sich in frühchristlicher Zeit aus der Erweiterung des jüdischen Morgen- und Abendgebetes entwickelt hat. Zur Zeit der Egeria ist der Tag durch sechs Gebetszeiten (Vigilien, Morgenlob, Terz, Sext, Non, Lucernar) gegliedert.[281] Aus dem privaten Gebet ist ein „Kathedraloffizium" geworden. Eine biblische Lesung wird dabei von Egeria bei keinem der Stundengottesdienste erwähnt. Noch sind das alte Tagzeitengebet der jüdisch-christlichen Tradition und das neue Kirchenjahr mit seinen unterschiedlichen Festzeiten und den dazugehörenden Bibeltexten zwei voneinander unabhängige Ordnungen. Schriftlesungen werden erst im Laufe der Zeit, angefangen bei den Vigilfeiern der Feste, in das Stundengebet der übrigen Tage übernommen.[282]

Stundenliturgie am Wochentag
Vor dem ersten Hahnenschrei versammelt sich eine Gemeinde von Jungfrauen, Mönchen und auch Laien zur Feier der „Vigilien" in der Anastasis (24,1). Eine Vigilfeier war in den ersten Jahrhunderten nur in der Nacht auf Ostern üblich gewesen; unter dem Einfluß asketischer Kreise wird zunächst vor jedem Sonntag eine solche Vigil gefeiert, später dann in jeder Nacht vor dem eigentlichen Morgengebet.[283] Dabei werden bis zum Morgengrauen

---

[281] Zur Entwicklung der einzelnen Zeiten siehe unten 78–81. Später wird diese Ordnung gemäß Ps 119,164 (Ps 118,164 LXX) durch die Anfügung der Komplet auf sieben Gebetszeiten erweitert.
[282] Vgl. dazu ZERFASS, *Schriftlesungen* 30–37.56–106.
[283] Vgl. BAUMSTARK, *Nocturna laus* 34–94, für Jerusalem bes. 129–132. Vgl. auch MATEOS, *Vigile cathédrale* 281–312. Mönche werden allgemein im frühen Christentum als *Vigilantes* bezeichnet, die, wie die Engel, möglichst immer wachen. Sie begründen die Nachtwache mit Ps 119,62. 147 (Ps 118,62.147 LXX); vgl. GERONTIUS, *vit. Mel.* 46 (SCh 90,214).

Hymnen, Psalmen und Antiphonen rezitiert. Die von Egeria benutzten Ausdrücke sind nicht mit unterschiedlichen Textarten zu verbinden, sondern bezeichnen wohl unterschiedliche Arten des Psalmgebetes.[284] Auf jeden Text folgt ein Gebet. Das Amt des Vorstehers dieser Feiern wird abwechselnd von Priestern, Diakonen oder Mönchen wahrgenommen.

Sobald es anfängt, hell zu werden, beginnt das eigentliche Morgenlob der Gemeinde (24,2). Wegen dieses offiziellen Charakters der Gebetszeit kommt nun der Bischof samt dem übrigen Klerus zu den Versammelten in die Anastasis, um bei diesem Teil des Morgenoffiziums dabeizusein.[285] Zu den Morgenpsalmen *(hymni matutini)* gehört sicher der klassische Morgengesang Ps 63 (Ps 62 LXX).[286] Nach dem Psalmgebet spricht der Bischof die Fürbitten; anschließend segnet er Katechumenen und Gläubige. An dieser Stelle ist die Parallele zum Tempelgottesdienst besonders deutlich: Zur gleichen Zeit, da das Morgengebet im Tempel stattfand und der Priester nach dem Gebet für das Volk die Menge segnete, betritt der Bischof das „Allerheiligste" zu den Fürbitten und segnet die Gläubigen.[287] Beim Hinausgehen aus der Anastasis kommen dann alle einzeln „zur Hand" des Bischofs. Dieser Ritus kann als Handkuß interpretiert werden, der im 4. Jahrhundert als Ehrfurchtsbezeugung dem Bischof gegenüber üblich wird. Bei Egeria

---

[284] Vgl. TAFT, *Liturgy* 51–55: „Antiphon" meint wohl Vortrag mit Antiphon, „Psalm" responsorische und „Hymnus" gemeinsame Rezitation.

[285] Bezüglich der Rangordnung im Jerusalemer Klerus vgl. BASTIAENSEN, *Vocabulaire liturgique* 3–25. Vgl. auch 44,3.

[286] Vgl. *Const. apost.* 8,35–39 (1,542–548 FUNK) und BAUMSTARK, *Nocturna laus* 167–175. BRADSHAW, *Daily Prayer* 77–83, vermutet, daß jeweils drei Psalmen bzw. Gesänge vorgetragen werden und daß die Psalmen des Morgenlobs aus Ps 51 (Ps 50 LXX), Ps 63 (Ps 62 LXX) und dem Gloria bestanden. GERONTIUS, *vit. Mel.* 47 (SCh 90,216), berichtet von 15 „Antiphonen".

[287] Vgl. WILKINSON, *Egeria's travels* 303–305.

ist er dagegen mit dem Segen verbunden, was darauf schließen läßt, daß hier eine Handauflegung gemeint ist.[288]

Ein Gebet zur dritten Stunde („Terz") findet in Jerusalem nur in der Fastenzeit statt (27,4; 46,4); zur sechsten und zur neunten Stunde („Sext" und „Non") aber versammelt sich die Gemeinde wieder täglich an der Grotte der Anastasis (24,3). Diese Gebete zu den einzelnen Stunden des Tages haben vielleicht ebenfalls jüdische Vorbilder und sind bereits im 3. Jahrhundert bezeugt. Im 4. Jahrhundert werden sie ähnlich wie Morgen- und Abendgebet in den offiziellen Kult einbezogen.[289] Man rezitiert Psalmen und Antiphonen, und sobald der Bischof dazukommt, geht er hinter das Gitter, um ein Gebet zu sprechen, und dann erfolgt die Entlassung der Gläubigen, wie sie schon vom Morgenoffizium her bekannt ist. Am Mittwoch und Freitag wird die Non auf dem Zion gefeiert (27,5), am Sonntag entfallen Sext und Non (27,3)[290].

Das Abendgebet der Gemeinde wird in Jerusalem in Form einer Lichtfeier („Lucernar") gestaltet (24,4–7).[291] Egeria kennt diesen Brauch aus ihrer Heimat.[292] Schon früh

---

[288] Vgl. WILKINSON, *Egeria's travels* 318.
[289] Vgl. TAFT, *Liturgy* 13–29; für Jerusalem bes. 48–55. Vgl. auch BRADSHAW, *Daily Prayer* 48–55. Nachdem sich das Prinzip der Parallelisierung von Gottesdienst und Heilsereignis durchgesetzt hat, werden die drei Gebetszeiten mit der Herabkunft des Geistes, dem Besuch Gottes bei Abraham und dem Gebet der Apostel Petrus und Johannes im Tempel in Verbindung gebracht; vgl. GERONTIUS, *vit. Mel.* 47 (SCh 90,216).
[290] Zur Feier der Non auf dem Zion vgl. unten 88. Am Sonntag entfällt wohl nicht nur die Non (27,3), sondern auch die Sext, da die Entlassung erst gegen 12.00 Uhr erfolgt (25,4).
[291] Zu Inhalt und Struktur vgl. WINKLER, *Kathedralvesper* 58f.73.76. Zur Geschichte vgl. auch AUF DER MAUR, *Herrenfeste* 74, und TAFT, *Liturgy* 50f.
[292] Zum Lucernar in Egerias Heimat vgl. BERNAL, *Vestigios*.

wurden im syrischen Raum in das Abendgebet — entsprechend dem jüdischen Brauch der Sabbatleuchter — das Anzünden eines Lichtes und ein entsprechendes Dankgebet einbezogen.

Das Jerusalemer Lucernar beginnt gegen 16.00 Uhr mit dem Lichtritus, der der Feier ihren Namen gegeben hat. Wieder versammeln sich alle in der Anastasis, und von der Lampe aus, die immer am Grab brennt, werden alle Lampen der Anastasis angezündet.[293] Zu den von Egeria erwähnten Lucernarpsalmen gehört mit Sicherheit der klassische Abendpsalm Ps 141 (Ps 140 LXX).[294] Die Fürbitten werden nach dem Gesang der Psalmen in einer feierlicheren Weise gehalten, als es von den Morgenhoren her bekannt ist, wie Egeria ausführlich beschreibt (24,5f): Der Bischof stellt sich vor die Grotte der Anastasis, und ein Diakon liest die Namen derjenigen vor, für die gebetet wird; nach jedem Namen antwortet die Gemeinde mit dem Ruf „Herr, erbarme dich". Das Schlußgebet spricht zunächst der Bischof; anschließend beten noch einmal Gläubige und Katechumenen zusammen. Nachdem der Diakon Gläubige und Katechumenen zu einem Inklinationsgebet aufgerufen hat, werden sie gesegnet und entlassen, wobei wieder alle zum Handkuß kommen. Der Abschluß des Lucernars wird dadurch festlich ausgeweitet, daß man mit dem Bischof unter Hymnengesang eine Prozession bis vor das Kreuz macht, das heißt in den Innenhof zwischen Anastasis und Basilika, wo er nach einem Gebet erneut die Katechumenen und die Gläubigen segnet. Das Gleiche geschieht dann noch einmal hinter dem Kreuz.

---

[293] Vgl. WINKLER, *Kathedralvesper* 73 und 76; vgl. auch TAFT, *Liturgy* 50f, und RENOUX, *Codex arménien* 1,91f.
[294] Vgl. *Const. apost.* 2,59; 8,35–39 (1, 171–173.542–548 FUNK). BRADSHAW, *Daily Prayer* 77–83, vermutet, daß die Dreiergruppe von Psalmen beim Lucernar aus Ps 141 (Ps 140 LXX), Ps 142 (Ps 141 LXX) und dem „Phos hilaron" besteht; vgl. zu letzterem auch PLANK, *Phos hilaron* 43f.

Stundenliturgie am Sonntag

Am Sonntag finden sich die Gläubigen schon vor Beginn der Vigilien im Hof zwischen Anastasis und der Basilika ein. Die folgenden Vigilien stellen eine Art „kleine Ostervigil" dar (24, 8: *ac si per pascha*). Anders als in der Woche handelt es sich hierbei um einen Gemeinde- und Pilgergottesdienst.[295] Die Anastasis ist noch geschlossen; der Hof wird, weil es noch dunkel ist, durch Lampen beleuchtet. Die Wartezeit bis zum Öffnen der Anastasis überbrücken Kleriker mit dem Beten von Psalmen (24, 8). Beim Hahnenschrei werden die Türen geöffnet, worauf der Bischof mit dem Volk zusammen die Kirche betritt. Die Anastasis ist bereits hell erleuchtet. Von einem Priester oder Diakon werden drei Psalmen rezitiert, auf die jeweils ein Gebet folgt; hieran schließt sich das Fürbittgebet für alle an.[296] Dann geht man mit Weihrauchgefäßen in die Grotte und ahmt damit den Gang der Frauen zum Grab am Ostermorgen nach, die mit wohlriechenden Salben kamen (vgl. Lk 24, 1).[297] Entsprechend folgt die Verkündigung der Auferstehung durch den Bischof, wobei die Passionsgeschichte mit einbezogen wird: Die Reaktion der Gläubigen besteht aus „Jammern und Klagen" (24, 10). Die Vergegenwärtigung der Heilsgeschichte durch Nachahmung und Lesung führt zum Nacherleben durch die Gläubigen: Die Lesung hat keinen „didaktischen", sondern einen „kerygmatischen" Charakter.[298] Die Entlassungsriten mit Prozession

---

[295] Vgl. MATEOS, *Vigile cathédrale* 289–292. Er spricht von einem „office de la résurrection".
[296] GERONTIUS, *vit. Mel.* 47 (SCh 90, 216), bezeugt für die Vigilien drei responsorische Psalmen und drei Lesungen, JOHANNES CASSIAN, *inst.* 3, 8 f (CSEL 17, 42 f), drei responsorische Psalmen, drei antiphonarisch vorgetragene Psalmen und drei Lesungen.
[297] Vgl. auch MARAVAL, *Égérie* 242 Anm. 3. Auch der Zeitpunkt „in aller Frühe" entspricht dem Evangelienbericht.
[298] Vgl. ZERFASS, *Schriftlesungen* 37 f.

zum Kreuz, Gebet und Segen sind denen ähnlich, die vom Lucernar her bekannt sind.

Sobald die Vigilien beendet sind, gehen der Bischof und ein Teil der Gemeinde nach Hause, um sich noch einmal auszuruhen; nur Asketen und einige wenige Laien kehren zur Anastasis zurück, um dort bis zum Morgengrauen zu beten (24,12). Auch dies ist, wie die tägliche Vigil, ein nicht offizielles Gebet, das von asketischen Kreisen zusätzlich gehalten wird.

Bei Tagesanbruch kommt die ganze Gemeinde wieder zum sonntäglichen Morgenlob im Martyrium zusammen. Auch wenn Egeria es nicht ausdrücklich erwähnt, ist diese Feier mit der Eucharistie verbunden — man feiert, „wie es überall am Sonntag geschieht" (25,1). Es predigen in dieser Feier alle Priester, die es gerne möchten, und zuletzt der Bischof. Egeria verrät, daß die Feier aus diesem Grund ziemlich lange dauert, etwa bis 10.00 oder 11.00 Uhr. Nach der Entlassung zieht man aber in Jerusalem zur Anastasis, wo Gott „Dank gesagt" wird. Damit ist wohl keine zweite Eucharistiefeier gemeint, sondern eine Danksagung nach der Kommunion, denn theologisch leitet sich die Eucharistiefeier ja von der österlichen Mahlgemeinschaft her. Die Katechumenen sind deshalb nicht anwesend, weil sie schon nach dem Wortgottesdienst in der Basilika entlassen wurden.[299] Die Entlassung aus dieser Feier erfolgt erst zwischen 11.00 und 12.00 Uhr.

Die weiteren Feiern am Sonntag sind wegen des fehlenden Blattes nicht sicher zu rekonstruieren.

---

[299] Vgl. MARAVAL, *Égérie* 247–249 Anm. 3, und *Lect. Arm.* 44 (171 RENOUX), wo ebenfalls keine zweite Eucharistiefeier erwähnt wird. Schon BLUDAU, *Pilgerreise* 66, hatte das so verstanden; anders BASTIAENSEN, *Vocabulaire liturgique* 85–88.

3. Das Kirchenjahr

— Epiphanie

Vom Epiphanie-Fest am 6. Januar berichtet Egeria einmal während ihres Aufenthaltes in Arabia (9,1) und ein zweites Mal — wenn auch unvollständig — im Rahmen ihrer Beschreibung der Jerusalemer Liturgie (25,6–12). Von einem Weihnachtsfest am 25. Dezember berichtet sie nicht; es wird zu ihrer Zeit in Jerusalem auch noch nicht gefeiert.[300] Nur von den Asketen aus dem Westen um Hieronymus wird es bereits Ende des 4. Jahrhunderts in Betlehem begangen.[301]

Das östliche Epiphaniefest wird, wie das Weihnachtsfest im Westen, im Laufe des 4. Jahrhunderts eingeführt. Sein Ursprung liegt in Alexandria und ist zunächst mit verschiedenen Inhalten verbunden: Geburt Jesu, Taufe Jesu, Hochzeit zu Kana.[302] In der Jerusalemer Liturgie hat es Ende des 4. Jahrhunderts als Festinhalt anscheinend nur die Geburt Jesu.[303] Erst als im Zuge der Vereinheitlichung der Liturgie im 5. Jahrhundert auch im Osten das (westliche) Weihnachtsfest übernommen wird, verschiebt sich der Inhalt

---

[300] Noch *Lect. Arm.* 71 (367 RENOUX) bezeugt für den 25. Dezember in Jerusalem nur den Gedenktag von Jakob und David, „in den anderen Städten" aber das Fest der Geburt; vgl. dazu RENOUX, *Codex arménien* 1,73–78.

[301] Er berichtet über den Streit um das richtige Datum zwischen Ost und West und argumentiert für das westliche Datum mit dem Traditionsbruch in Palästina durch die römische Eroberung. Er erwähnt aber auch die Anwesenheit des (Jerusalemer?) Bischofs; vgl. HIERONYMUS, *hom. de nat.* (CCL 78,527–529).

[302] Vgl. AUF DER MAUR, *Herrenfeste* 156–158. Er verweist auch auf die pseudoathanasischen Kanones, wo das Fest in Bezug zum Laubhüttenfest gesetzt wird.

[303] In allen anderen östlichen Traditionen ist zumindest die Taufe ebenfalls Festinhalt; vgl. dazu RENOUX, *Epiphanie*.

des Epiphaniefestes auf die Erscheinung vor den Weisen und die Taufe Jesu.[304]

Mit Hilfe des Armenischen und des Georgischen Lektionars läßt sich folgender Verlauf der Feier am 5./6. Januar rekonstruieren[305]: Am 5. Januar versammelt man sich gegen 16.00 Uhr auf den Hirtenfeldern östlich von Betlehem[306] und feiert einen Wortgottesdienst, der mit dem Evangelium von den Hirten beginnt (Lk 2,8–20). Bei der Vigil in der Geburtskirche werden elf Prophetenlesungen vorgetragen, von denen drei mit denen der Osternacht identisch sind.[307] Darin zeigt sich (noch) die Tendenz, alle Heilsereignisse in einer Linie zu sehen. Darauf folgen eine Lesung aus dem Titusbrief (Tit 2,11–15) und das Weihnachtsevangelium (Mt 2,1–12). Nach der Eucharistiefeier zieht man unter Gesang von Ps 118 (Ps 117 LXX) mit dem Kehrvers „Gesegnet sei, der kommt im Namen des Herrn" (Ps 118,26: LXX Ps 117,26) nach Jerusalem.[308]

An dieser Stelle setzt die Beschreibung Egerias wieder ein. Die Prozession endet in der Anastasis. Nach einer Ruhepause versammelt man sich gegen 7.00 Uhr wieder im Martyrium, wo das Morgenlob mit Eucharistie gefeiert wird — ähnlich wie an Sonntagen. Als Besonderheit erwähnt Egeria den Charakter der Feier als „Lichterfest" (25,7). Das hängt zum einen mit dem Thema des Festes

---

[304] Vgl. dazu AUF DER MAUR, *Herrenfeste* 157. In Jerusalem wird das Fest wohl erst nach 451 eingeführt; vgl. Einführung zu HESYCHIUS, *hom.* 10 (1,356–360 AUBINEAU).
[305] Vgl. *Lect. Arm.* 1 (211–215 RENOUX); *Lect. Georg.* 2–25 (1,9–13 TRACHNISCHVILI).
[306] Vgl. KEEL/KÜCHLER, *Orte* 2,639–650, und PETRUS DIACONUS, *loc. sanct.* L 1.
[307] Vgl. *Lect. Arm.* 1 (21–213 RENOUX): *Gen 1,28 – 3,20;* Jes 7,10–17; *Ex 14,24–15,21;* Mi 5,1–6; Spr 1,2–19; Jes 9,4b–6; Jes 11,1–9; Jes 35,3–8; Jes 40,10–17; Jes 42,1–8; *Dan 3,1–35.*
[308] Vgl. *Lect. Arm.* 1 (215 RENOUX).

zusammen, wird aber auch ein Anklang an das etwa zur gleichen Zeit gefeierte jüdische Lichterfest (Chanukka) sein, das auf diese Weise abgelöst wird.

Das Fest wird acht Tage lang gefeiert. Auch dieser Brauch ist aus der jüdisch-alttestamentlichen Tradition übernommen; die einzelnen Gottesdienste der Festwoche finden in den verschiedenen Jerusalemer Kirchen statt: An den ersten drei Tagen sind die Hauptgottesdienste am Vormittag immer im Martyrium, am Mittwoch in Eleona auf dem Ölberg, am Donnerstag im Lazarium, am Freitag auf dem Zion, am Samstag in der Anastasis und am Herrentag, dem Oktavtag, am Kreuz, das heißt im Martyrium (25,11).[309]

— Der 40. Tag nach Epiphanie
Egeria berichtet auch von einem Fest am 40. Tag nach Epiphanie (26). Da am Epiphaniefest die Geburt Jesu gefeiert wird, ist der 40. Tag der „Tag der vom Gesetz des Mose vorgeschriebenen Reinigung" Mariens (Lk 2,22; vgl. Lev 12), an dem Jesus in den Tempel gebracht wird. Auch bei Egeria ist dieses Fest am 14. Februar mit der Darstellung Jesu im Tempel verbunden. Die Ordnung gleicht der an Ostern (26), was sich wohl unter anderem auf die gemeinsamen Vigilien und die Prozession in die Anastasis (nach dem Morgengottesdienst) bezieht. Nachdem im Hauptgottesdienst alle Priester und der Bischof eine Homilie über die Perikope der Darstellung im Tempel gehalten haben, predigt zuletzt der Bischof — ein Brauch, den Egeria mehrfach für die Sonntage und besondere Feste

---

[309] Vgl. auch *Lect. Arm.* 3–9 (217–223 RENOUX). Dort wird am Oktavtag das Fest der Beschneidung Jesu gefeiert. Entsprechend ist Lk 2,21 als Evangelium vorgesehen.

bezeugt und der auch am Epiphaniefest selbst beachtet wurde.[310]

— Die Fastenzeit und das Fasten
Das frühe Christentum entwickelte sehr früh den Brauch einer Fastenzeit vor Ostern. Im 4. Jahrhundert wird daraus eine *Quadragesima*, eine Zeit von 40 Tagen.[311] Der Ursprung dieses Brauches ist unklar; möglicherweise hat er sich aus dem Katechumenatsfasten entwickelt, möglicherweise aber auch aus einer 40tägigen Fastenzeit, die in Ägypten nach dem Fest der Taufe Jesu begangen wurde.[312] Egeria beginnt ihre detaillierte Beschreibung der Fastenzeit in Jerusalem (27,1 – 29,1) mit dem Hinweis, daß diese — im Gegensatz zur Gewohnheit ihrer Heimat — acht Wochen dauert. Das liegt daran, daß die „40 Tage" im 4. Jahrhundert unterschiedlich errechnet werden. Im Westen fastet man sechs Wochen lang jeweils sechs Tage und kommt so auf 36 Fasttage.[313] Im Osten wird generell am Samstag nicht gefastet. Auch das hängt mit der Wertschät-

---

[310] *Lect. Arm.* 13 (229 RENOUX) sieht Gal 3,24–29 als Lesung vor und will damit gleichzeitig die Ablösung des alten Tempels dokumentieren. Eine Predigt zu diesem Fest ist überliefert bei HESYCHIUS, *hom.* 1 und 2 (1, 24–43. 61–75 AUBINEAU). Den Brauch einer Predigt von Priestern und Bischöfen bezeugt auch HIERONYMUS, *hom. de nat.* (CCL 78, 529).
[311] Vgl. für die vornizänische Zeit das Zeugnis des IRENÄUS bei EUSEBIUS, *h.e.* 5,24,12 (212 SCHWARTZ). Für die weitere Entwicklung vgl. ARBESMANN, *Fasttage* 512–518.
[312] Vgl. AUF DER MAUR, *Herrenfeste* 144–146. Die These COQUINS von einer 40tägigen Fastenzeit in Alexandria nach dem Fest der Taufe (Epiphanie), die durch das Konzil von Nizäa auf die Zeit vor Ostern verlegt wurde, rechnet allerdings mit einer Tendenz zur Parallelisierung von Liturgie und Leben Jesu, die ansonsten erst Ende des 4. Jh. zu beobachten ist.
[313] Erst im 7. Jh. wird durch Beginn der Fastenzeit am Aschermittwoch die 40tägige Fastenzeit hergestellt; vgl. ARBESMANN, *Fasttage* 516.

zung des Sabbats zusammen.³¹⁴ Zunächst fastet man sieben Wochen lang je fünf Tage und am Karsamstag. So kommt man ebenfalls auf 36 Fasttage. Später wird im gesamten Osten der Jerusalemer Brauch von acht Fastenwochen und Karsamstag übernommen, so daß man nun auf 41 Fasttage kommt (27, 1).³¹⁵

Was die Art des Fastens anbelangt, gibt es in Jerusalem verschiedene Formen — jeder tut, was er kann und will (28, 4). Im Laufe des Jahres sind Mittwoch und Freitag die Fasttage³¹⁶; das Fasten endet jeweils mit einer Eucharistiefeier auf dem Zion (27, 5)³¹⁷. In der Fastenzeit fasten die sogenannten „Hebdomadare" (27, 9; 28, 1) jeweils eine Woche lang, vom Frühstück am Sonntag bis zur Eucharistiefeier am Samstag, die deswegen früh stattfindet, damit die Hebdomadare eher mit dem Fasten aufhören können. (Die Eucharistiefeiern am Mittwoch und Freitag entfallen dagegen, weil das Tagesfasten vom Wochenfasten abgelöst ist.) Auch danach essen die Hebdomadare nur noch am Sonntag früh (28, 2). Die Praxis des Wochenfastens ist in der Alten Kirche weit verbreitet und zeichnet nach allgemeiner Überzeugung den vollendeten Asketen aus.³¹⁸

Wer nicht so lange fasten kann, darf noch einmal in der Wochenmitte, nämlich am Donnerstag, etwas zu sich nehmen. Wer auch hierzu nicht in der Lage ist, fastet von einem

---

[314] Vgl. AUF DER MAUR, *Herrenfeste* 33f, der auch auf die andersartige Praxis im Westen (*can.* 26 der Synode von Elvira) verweist.
[315] Vgl. zur Fastenzeit in Jerusalem auch RENOUX, *Quarantaine*, und LAGES, *Étapes*. Später werden die einzelnen Wochen der Fastenzeit auch nach Strenge bzw. Art des Fastens unterschieden.
[316] Vgl. schon *Did.* 8, 1 (FC 1, 118f).
[317] Auch sonst wird das Fasten zur 9. Stunde beendet; vgl. *Const. apost.* 5, 19, 2 (1, 291 FUNK).
[318] Vgl. HIERONYMUS, *epist.* 24, 4 (CSEL 54, 216), der den Ausdruck *hebdomadas coniungere* benutzt. Als Brauch für die *Quadragesima* ist das Wochenfasten auch bezeugt bei GERONTIUS, *vit. Mel.* 22. 24 (SCh 90, 174. 176), und bei PALLADIUS, *h. Laus.* 18 (52f BUTLER).

Abend zum anderen (28,3). Ein Zeugnis, daß die Gemeinde vom Fasten (und den nächtlichen Gebetswachen) geschwächt ist, gibt Egeria bei der Beschreibung der Karfreitagsliturgie, wo sie betont, wie langsam die Prozession nach Getsemani vorankommt, weil alle müde und erschöpft sind (31,2).

Als Fastenspeise nennt Egeria Wasser und eine „Mehlspeise" (28,4). Damit ist vermutlich ein Gericht gemeint, von dem auch Hieronymus berichtet: Es bestand aus Mehl und feingeschnittenem Gemüse und war mit Öl angerichtet.[319]

Die Fastenzeit ist gleichzeitig die Zeit der Taufvorbereitung (45–46). Sie endet mit der Feier der Ostervigil; bis Pfingsten fastet niemand. Am Tag nach Pfingsten beginnt wieder das gewöhnliche Fasten an Mittwoch und Freitag. Strengeres Fasten halten das Jahr über die „Apotaktiten" — Egeria bezeichnet damit die in Jerusalem lebenden Asketen.[320] Diese essen nur einmal am Tag (28,3).

— Die „große Woche"
Am Freitagabend, bevor die Karwoche beginnt, feiert man die Vigilien auf dem Zion; auch die Eucharistiefeier in der Frühe des Samstags findet ausnahmsweise auf dem Zion statt. Sozusagen als „Vorspiel" von Ostern feiert man an diesem Tag den „Lazarus-Samstag" (29,3). Die Gemeinde zieht am Nachmittag nach Betanien und gedenkt der Auferweckung des Lazarus, die gleichzeitig ein Vorbild der (österlichen) Taufe ist.[321] Man orientiert sich an der biblischen Zeitangabe „sechs Tage vor dem Paschafest" (Joh 12,1), obwohl diese mit der Salbung in Betanien und nicht

---

[319] Vgl. dazu ARBESMANN, *Fastenspeisen* 496 f.
[320] Vgl. dazu 23,3 mit Anm. 147 und speziell zu den Jerusalemer Apotaktiten MOHRMANN, *Monachisme* 178–180.
[321] Vgl. CYRILL, *cat.* 2,5 (1,44 REISCHL/RUPP), und auch HESYCHIUS, *hom.* 11 (402–427 AUBINEAU).

mit der Erweckung des Lazarus verbunden ist, und setzt das Abendmahl mit dem Pesachmahl gleich. Die Parallelisierung des liturgischen Geschehens mit dem historischen, die hier beginnt, ist also noch weitgehend an theologischen Bezügen (Auferweckung des Lazarus — Auferweckung Jesu) und noch nicht an einer äußerlichen Parallelisierung interessiert.

Die „Osterwoche" aber, die in Jerusalem „große Woche" genannt wird, beginnt für Egeria mit dem Sonntag vor Ostern (30,1). Das christliche Pascha (Ostern) hat das jüdische Fest abgelöst. Zwar versteht man das Wort Pascha im frühen Christentum teilweise noch als „Hinübergang" (vgl. Ex 12,13.23.27), deutet diesen Hinübergang aber auf den Weg Jesu. Und daneben kommt die Deutung des Wortes von „πάσχειν" (leiden) her auf.[322] Weil aber Leiden und Hinübergang Jesu nun nicht mehr an einem Tag (Paschafest) begangen werden, sondern eine Woche lang, wird diese Woche (und nicht wie heute die Osteroktav) zur „Osterwoche".[323]

Am Sonntag vor Ostern findet zusätzlich zum morgendlichen Gottesdienst ein zweiter Gottesdienst statt, der gegen 13.00 Uhr in der Eleonakirche auf dem Ölberg beginnt (31,1). Dieser Gottesdienst ist den Ereignissen am Tag nach dem sechsten Tag vor dem Paschafest (vgl. Joh 12,12), dem Einzug in Jerusalem, gewidmet. Auch hier steht zum einen ein theologischer Gedanke im Hintergrund: Der Ölberg ist traditioneller Ort der Himmelfahrt, und der Einzug Jesu in Jerusalem wird noch bei Cyrill mit der Himmelfahrt, dem Einzug ins himmlische Jerusalem, in Verbindung ge-

---

[322] Vgl. MELITO, *pass.* 46 (SCh 123,84). Vgl. auch AUF DER MAUR, *Herrenfeste* 69, und MOHRMANN, *Pascha*.
[323] Der Ausdruck „Osterwoche" findet sich auch *Const. apost.* 5,13,4 (1,271 FUNK); der Ausdruck „große Woche" ebd. 8,33,3 (1,538 FUNK).

bracht.³²⁴ Bei Egeria wird aber auch ein liturgischer Gedanke deutlich: Der Bischof wird „wie der Herr" auf seinem Weg in die Stadt begleitet; die „Kinder" tragen Palmen wie beim Einzug Jesu. Die Nachahmung ist zum Gestaltungsprinzip geworden und macht die Heilsgeschichte gegenwärtig. Die durch die Bibel vorgegebenen Tageszeiten und historischen Orte werden nun möglichst genau auf die liturgischen Zeiten und Vollzüge übertragen.

Die ganze Gemeinde — und Egeria betont, daß damit auch die vornehmeren Damen und Herren gemeint sind — zieht, wieder unter Gesang von Ps 118 (Ps 117 LXX)³²⁵, mit dem Bischof in die Stadt. Dabei endet der Weg nicht auf dem Tempelplatz (so Mt 21), sondern im „neuen Tempel", der Anastasis. Dort feiert man das Lucernar und nach einer kurzen Andacht am Kreuz wird das Volk entlassen.

An den darauffolgenden Tagen der Karwoche ändert sich nur wenig im Vergleich zur sonst üblichen Liturgie — ab 15.00 Uhr allerdings werden Non und Lucernar als Gemeindegottesdienst gefeiert (32,1). Die Lesungen des Montags sind nach theologischen Gesichtspunkten ausgewählt; sie handeln von Schöpfung, Sündenfall, Hoffnung auf Erlösung und der Leidensankündigung durch Jesus.³²⁶ Am Dienstag der Karwoche geschieht zunächst alles so wie am Montag. Nach der Entlassung aus der Anastasis gehen aber alle noch in der Nacht zur Eleonakirche, wo der Bischof unter anderem die Perikope über die Endzeit (Mt 24,1 – 26,2) liest.³²⁷ Am Mittwoch folgt beim entsprechenden Nachtgottesdienst in der Anastasis neben allgemeinen Lesungen über die Sünde die Perikope vom Todesbeschluß

---

[324] Vgl. CYRILL, *cat.* 14,24 (2,140 REISCHL/RUPP), wo er von einer Himmelfahrtspredigt am Vortag (= Palmsonntag?) spricht. Vgl. auch KRETSCHMAR, *Jerusalemer Liturgie* 38.
[325] Vgl. *Lect. Arm.* 34 (257–259 RENOUX).
[326] Vgl. *Lect. Arm.* 35 (259–261 RENOUX).
[327] Vgl. *Lect. Arm.* 36 (261–263 RENOUX).

und von Judas bei den Hohenpriestern (vgl. Mt 26, 3–16).[328] Auf die theologisch motivierten Lesungen vom Montag folgen nun also Perikopen, die von der Tendenz zur Parallelisierung von Text und Liturgie geprägt sind. Beide Ereignisse spielen zwischen Einzug und Abendmahl und leiten zu den letzten Tagen über. Allerdings gab es nur für die Endzeitrede eine Möglichkeit, sie am „richtigen" Ort zu lesen: Sie werden auf dem Ölberg lokalisiert.[329]

Zunächst finden am Gründonnerstag die gewohnten Gottesdienste am Morgen und Mittag (Morgenlob, Terz und Sext) statt. Am Nachmittag wird dann im Martyrium Eucharistie gefeiert, die etwa um 16.00 Uhr mit der Entlassung endet (35, 1). Anschließend geht die versammelte Gemeinde „hinter das Kreuz" — also in das südliche Seitenschiff der Basilika[330] — und feiert ein zweites Mal Eucharistie, wobei alle kommunizieren (35, 2).[331] Egeria weist darauf hin, daß nur an diesem Tag des Jahres dort Eucharistie gefeiert wird. Die Wahl des Ortes für das Abendmahlsgedächtnis erklärt sich zum einen aus der Tatsache, daß die Tradition noch nicht mit einem bestimmten Ort verbunden ist, zum anderen daraus, daß man dogmatisch eine Beziehung zwischen Kreuz und Eucharistie sieht. Das Armenische Lektionar sieht als Lesung für den Gottesdienst am Kreuz die Perikope vom Abrahamsopfer und vom Abendmahl vor[332] und bezeugt ein Festhalten an

---

[328] Vgl. *Lect. Arm.* 37 (263–265 RENOUX).
[329] In späterer Zeit wird dieser Todesbeschluß auf dem Berg des bösen Rates, südöstlich von Jerusalem, lokalisiert.
[330] Siehe oben 56 f.
[331] Anscheinend ist das zu Egerias Zeit schon nicht mehr üblich. Vgl. auch die ausdrückliche Erwähnung der Kommunion in 16, 7; 27, 9. Zur Kommunionhäufigkeit im 4. Jh. vgl. auch BOHL, *Kommunionempfang* 107–297.
[332] Laut *Lect. Arm.* 39 (267–269 RENOUX) sind das Gen 22, 1–18; Jes 41, 1–6; Apg 1, 15–26; 1 Kor 11, 23–32; Mt 26, 17–30. Vgl. auch THIBAUT, *Ordre des offices* 49 f. Später wird der Golgotafelsen auch ausdrücklich als Ort des Abrahamsopfers angesehen; siehe oben 58 f.

diesem Gottesdienst auch nach der Verlagerung der Abendmahltradition auf den Zion. Dort wird dann ein zusätzlicher Gottesdienst mit Abendmahlsperikopen gefeiert.[333] Allerdings folgt diese Vermehrung der Gottesdienste auch dem religionsgeschichtlichen Grundsatz, daß man heilige Riten ungern abschafft, sondern höchstens ergänzt.[334] Aus diesem Grunde wird wohl auch an diesem Tag in Jerusalem zweimal Eucharistie gefeiert: Zur „alten" Feier im Martyrium kommt im Zuge der Historisierung, das heißt der Verlegung der Gottesdienste an die in der Schrift erwähnten Orte, ein „neuer" Gottesdienst am Golgotafelsen.[335]

Vor der Entlassung aus der ersten Eucharistiefeier im Martyrium hatte der Archidiakon zu einem Gottesdienst in Eleona um 18.00 Uhr aufgerufen. Dort wird bis gegen 23.00 Uhr ein Gottesdienst gefeiert „in der Kirche, in der die Höhle ist, in der an diesem Tag der Herr mit den Aposteln war" (35,2). Das bedeutet, daß diese Belehrung mit den Abschiedsreden identifiziert wird, die entsprechend auch gelesen werden.[336]

Um Mitternacht steigt man dann zum Imbomon hinauf. Dort wird wiederum ein Gottesdienst gefeiert mit Texten, die dem Ort und dem Tag entsprechen (35,4). Das Armenische Lektionar sieht den lukanischen Bericht über das Gebet Jesu (vgl. Lk 22,1–65 bzw. 39–46 [Ms.P]) als Lesung vor.[337] Anscheinend sieht man dort also den Imbomon als Ort des Gebetes Jesu an, was gut zu der Angabe des Lukas paßt (an der man sich anscheinend orientiert), Jesus habe sich einen Steinwurf weit von den Jüngern (in der Grotte)

---

[333] *Lect. Arm.* 39 (267–269 RENOUX) sieht 1 Kor 11 und Mk 14,12–26 vor.
[334] Vgl. dazu BAUMSTARK, *Gesetz der Erhaltung.*
[335] Vgl. KRETSCHMAR, *Festkalender* 80f.
[336] Vgl. *Lect. Arm.* 39ter (269–273 RENOUX).
[337] Vgl. *Lect. Arm.* 40 (275 RENOUX).

entfernt. Es handelt sich also um eine Nachahmung des Weges und Gebetes Jesu, wenn man zum Imbomon zieht.

Vom Imbomon kehrt man deshalb auch folgerichtig, laut Armenischem Lektionar, zum „Ort der Jünger", das heißt zur Eleonakirche, zurück und liest den Bericht über das Gebet Jesu in der Fassung des Markus (Mk 14,27 bis 72 bzw. 33–42 [Ms.P]).[338] Dies Schema paßt genau zu dem von Egeria berichteten Verlauf der Nacht (36,1) — wenn man die *ecclesia elegans* und den „Ort, wo der Herr gebetet hat", nicht mit der Getsemani-Kirche am Fuß des Ölbergs, sondern mit dem „Ort der Jünger", das heißt mit der Eleonakirche, identifiziert.[339] Nach dem ersten Hahnenschrei zieht man auf dem von Leuchtern und Lampen gesäumten Weg hinunter nach Getsemani, wo man, am Fuß des Ölbergs und gegenüber der Stadt, der Gefangennahme gedenkt (36,2f).[340] Die durch Fasten und Wachen geschwächte Gemeinde bricht an dieser Stelle wieder in Tränen aus, und Egeria versichert, daß die Klagen bis zur Stadt zu hören sind.

Die nächsten Stationen des Weges Jesu laut den Evangelien, das Haus des Hohenpriesters (vgl. Mk 14,53–65 par.) und das Prätorium des Pilatus (vgl. Mk 15,1–20a par.), sind zur Zeit der Egeria noch nicht für den Gottesdienst hergerichtet und entsprechend nicht in den „Kreuzweg" einbezogen.[341] Man zieht sofort zum Kreuz, das heißt in den Hof zwischen Anastasis und Martyrium, und gedenkt dort des Prozesses vor Pilatus (36,4). Nach der Entlassung gibt es

---

[338] Vgl. *Lect. Arm.* 40 (275 RENOUX) und RENOUX, *Codex arménien* 2,196.
[339] Siehe oben 66–68.
[340] Siehe oben 68f.
[341] Vgl. *Itin. Burdig.* 593 (CCL 175,16f), wo die beiden Orte zwar besucht werden, aber darauf hingewiesen wird, daß sie in Trümmern liegen. Vgl. für das Prätorium auch CYRILL, *cat.* 13,39 (2,102 REISCHL/RUPP).

die Möglichkeit zum privaten Gebet an der Geißelungssäule auf dem Zion (37,1).

Nach einer kurzen Ruhepause kommt man gegen 8.00 Uhr wieder im Martyrium, hinter dem Kreuz, zur Kreuzverehrung zusammen (37,1–3). Gegen 12.00 Uhr schließlich versammelt man sich wieder im Hof zwischen Anastasis und Martyrium zu einer „Liturgie vom Leiden und Sterben Jesu". Die alt- und neutestamentlichen Lesungen folgen laut Egeria dem Schema „Verheißung und Erfüllung" (37,6), was durch das Armenische Lektionar eindrucksvoll bestätigt wird: Auf jeweils eine alttestamentliche Lesung folgt eine entsprechende neutestamentliche Perikope.[342] Dieses hermeneutische Prinzip benutzt auch Cyrill in seinen Katechesen zum Erweis der Wahrheit des Christentums.[343] In diesem liturgischen Zusammenhang erregt die Zusammenstellung vor allem das „Mit-Leid" der Gläubigen und soll es wohl auch. Zum Abschluß wird gegen 15.00 Uhr — zur Todesstunde Jesu — der entsprechende Abschnitt des Johannesevangeliums vorgetragen. Der Gottesdienst zur Non und das Lucernar werden im Martyrium in der Weise gefeiert, wie es in der Karwoche üblich ist; den Abschluß bildet gegen Abend die Lesung vom Begräbnis Jesu am Grab selbst (37,8). Die Tendenz zur Dramatisierung und zur Parallelisierung der Liturgie mit den historischen Orten und Zeiten setzt sich also fort.[344]

Die Vigilien — in der Karwoche sonst Gemeindegottesdienst — werden in der folgenden Nacht nur von denen gefeiert, die wollen und können (37,9). Terz und Sext am

---

[342] Vgl. *Lect. Arm.* 43 (281–293 RENOUX) und die Anm. zur Stelle.
[343] Vgl. bezüglich der Kreuzigung Jesu CYRILL, *cat.* 13 (2,50–104 REISCHL/RUPP).
[344] Vgl. zur Entwicklung der Karfreitagsliturgie auch KLÖCKENER, *Feier*.

Samstag werden wie gewohnt gefeiert; gegen Nachmittag aber beginnt die Vorbereitung der Ostervigilien (38,1).

— Ostern
Die Ostervigil ist der Ursprung aller Vigilfeiern. Seit dem 2. Jahrhundert ist der Brauch einer christlichen Vigil am Osterfest bezeugt; anders als die Pesachfeier dauert sie aber nicht bis Mitternacht, sondern bis zum folgenden Morgen. Als Elemente sind sehr früh ein Trauerfasten, Lesungen und ein freudiges Mahl bezeugt. Der Brauch, diese Feier nicht am 14. Nisan wie das Pesachfest, sondern am darauffolgenden Sonntag zu feiern, ist möglicherweise nach 135 in Jerusalem entstanden.[345]

Anscheinend versammelt man sich zur Zeit der Egeria in Jerusalem vor Beginn der Ostervigil im Hof vor der Anastasis (24,8), und zwar schon am frühen Abend. Die Feier beginnt mit dem Lucernar. Das Anzünden der Lampen wird besonders feierlich gestaltet, ähnelt aber zunächst noch dem täglichen Ritus. Er wird erweitert um die Psalmen 113 und 118 (Ps 112 und 117 LXX), den ersten und letzten der Hallel-Psalmen, die auch beim jüdischen Pesachfest gesungen werden.[346] Später entwickelt sich daraus die Zeremonie des heiligen Feuers, wie sich an den verschiedenen Fassungen des Armenischen Lektionars ablesen läßt.[347]

Der nächtliche Wortgottesdienst findet im Martyrium statt und ähnelt den Vigilien, die Egeria aus ihrer Heimat kennt (38,1); die Lesungen berichten wohl in der gesamten

---

[345] Vgl. AUF DER MAUR, *Herrenfeste* 66f. Vgl. zur Entwicklung der Ostervigil auch BERTONIÈRE, *Easter Vigil* 21–71.
[346] Vgl. *Lect. Arm.* 44bis (295 RENOUX) und AUF DER MAUR, *Herrenfeste* 62f. Er verweist auch darauf, daß mit der Schöpfung, der Bindung Isaaks und dem Exodus in der Osternacht auch drei der vier Heilsereignisse erinnert werden, die schon im palästinischen Targum zu Ex 12,42 erwähnt werden.
[347] HESYCHIUS, *hom.* 3,2 (1,90f AUBINEAU), deutet die Lampe vor dem Grab als Symbol Christi.

Kirche von Vorbildern der Auferstehung: Schöpfung, Rettung Isaaks, Pesach, Jona, Durchzug durch das Rote Meer, die Erleuchtung Jerusalems (diese Lesung aus Jes 60 findet sich allerdings nur in Jerusalem[348]), Antwort an Ijob, Entrückung des Elija, Rettung Jeremias, Durchzug durch den Jordan, Vision vom Lebendigwerden der Gebeine, drei Jünglinge im Feuerofen.[349]

Die Osternacht gilt sehr früh als besonders geeigneter Tauftermin.[350] Egeria ist der Brauch, daß während des Wortgottesdienstes der Ostervigil getauft wird, aber anscheinend unbekannt (38,1). Obwohl sie die eigentliche Taufliturgie nicht näher beschreibt, ist deren Verlauf durch die etwa gleichzeitigen *Mystagogischen Katechesen* bekannt:

Im Vorraum des Baptisteriums[351] erfolgen Absage an Satan und Zusage an Christus. Im Baptisterium werden die Täuflinge entkleidet und „wie Christus vom Kreuz zum Grab" zum Taufbecken geführt. Nach dem dreimaligen Untertauchen, das die drei Tage im Grab nachahmt, werden sie „wie Christus nach der Taufe" mit Heiligem Geist gesalbt.[352] Danach werden sie mit weißen Gewändern bekleidet.[353] Anschließend ziehen sie auch wirklich zum Grab, zum Ort der Auferstehung (38,1–2). Der Gedanke der Nachahmung von Tod und Auferstehung bestimmt hier ausdrücklich die Gestaltung der Liturgie.[354]

---

[348] Vgl. RENOUX, *Codex arménien* 2,301 Anm. 17.
[349] So *Lect. Arm.* 44bis (295–301 RENOUX).
[350] Schon in 1 Kor 10,1–11 wird ein Bezug der Taufe zum Exodus hergestellt; zu Tod und Auferstehung in Röm 6,1–14. Erstmals bezeugt ist der österliche Tauftermin möglicherweise bei MELITO, *pass.* 103–105 (SCh 123,122–125 mit Anm. S. 204–207).
[351] Zum Baptisterium der Grabeskirche vgl. RÖWEKAMP, *Cyrill* 21–24.
[352] Vgl. CYRILL, *myst. cat.* 2,4 (FC 7,114–117) und 3,1 (FC 7,122–125).
[353] Vgl. zur Deutung CYRILL, *myst. cat.* 4,8 (FC 7,140–143).
[354] Vgl. CYRILL, *myst. cat.* 2,5 (FC 7,116–119). Vgl. auch RÖWEKAMP, *Cyrill* 72–78.

Zur österlichen Eucharistie ziehen die Neugetauften dann ins Martyrium, wo die Gemeinde die Vigilien fortgesetzt hat. Während der Prozession singen die Täuflinge möglicherweise Gal 3,27: „Ihr alle, die ihr auf Christus getauft seid, habt Christus angezogen."[355] Die Eucharistiefeier beginnt mit Ps 65 (Ps 64 LXX), der von der Erwählung durch Gott spricht.[356] Auch über den Verlauf der Eucharistiefeier sind wir durch die *Mystagogischen Katechesen* unterrichtet.[357] Ähnlich wie am Donnerstag folgt dann auf die Gemeindefeier und das Osterevangelium, das wie jeden Sonntag vom Grab aus verkündet wird, eine zweite österliche Eucharistiefeier am „Ort selbst", in der Anastasis (38,2).

Am Abend des Ostertages versammelt man sich — wohl nachdem man am Nachmittag zum Ölberg gezogen ist[358] — auf dem Zion und gedenkt der Erscheinung des Auferstandenen „am Abend des ersten Tages der Woche" (Joh 20,19). Da der Zion als Ort des Pfingstereignisses und damit der Urgemeinde gilt, muß man als Ort der Ostererscheinung vor den Jüngern ebenfalls den Zion aufsuchen.

— Die Osteroktav und die Osterzeit

Auch über die Osteroktav gibt Egeria keine nähere Auskunft mit Verweis auf die liturgischen Vollzüge in ihrer Heimat. Eine Taufoktav hat sich wohl früh entwickelt. Ob sich auch die Osteroktav von dort herleiten läßt, ist unklar. Ein Bezug zur achttägigen Pesachfeier liegt nahe, ein Ursprung im jüdischen Fest ist aber nicht nachzuweisen.[359] Der Bezug zur Taufe wird in der Einrichtung der Myst-

---

[355] Vgl. *Lect. Georg.* 736 (1,113 TRACHNISCHVILI).
[356] Vgl. *Lect. Arm.* 44ter (307 RENOUX).
[357] Vgl. CYRILL, *myst. cat.* 5 (FC 7,144–165).
[358] Vgl. 39,3 und *Lect. Arm.* 45bis (313 RENOUX).
[359] Vgl. AUF DER MAUR, *Herrenfeste* 79f.

agogischen Katechesen, die während der Osteroktav gehalten werden, jedenfalls noch deutlich.

Als Besonderheit erwähnt Egeria — neben den Mystagogischen Katechesen — lediglich die verschiedenen Kirchen, in denen man im Laufe der Woche Eucharistie feiert (39,2)[360], und die Prozessionen zum Ölberg an jedem Nachmittag gegen 15.00 Uhr (39,3–4). Die in der Eleonakirche gefeierten Gottesdienste verbinden wahrscheinlich die Tradition von der Belehrung der Jünger in der Höhle am Ölberg mit den nachösterlichen Gesprächen des Auferstandenen in Jerusalem (vgl. Apg 1,3).

Am Oktavtag von Ostern zieht das Volk mit dem Bischof schon im Anschluß an den Morgengottesdienst gegen 12.00 Uhr zur Eleona hinauf; nach einem Gottesdienst dort besucht man auch den Imbomon, wo ebenfalls Gottesdienst gefeiert wird. Der Inhalt dieser Feier wird nicht deutlich. Zum Lucernar ist man wieder in der Anastasis; von dort zieht man erneut zum Zion und gedenkt der zweiten Erscheinung Jesu bei den Jüngern „acht Tage darauf" (Joh 20,26).[361]

Die Osterzeit ist durch den Verzicht auf das Fasten gekennzeichnet; deshalb erfolgt der Zug zur Eucharistiefeier auf dem Zion am Mittwoch und Freitag schon in der Frühe (41); die Funktion der Feier als Ende des Fasttages entfällt.

— Der 40. Tag nach Ostern
Lukas berichtet von „vierzig Tagen", in denen der Auferstandene den Jüngern erschienen sei und vom Reich Gottes gesprochen habe (vgl. Apg 1,3). Die Festlegung der anschließenden Himmelfahrt auf den 40. Tag nach Ostern lag

---

[360] Die Lesungen handeln von den Erscheinungen des Auferstandenen; vgl. *Lect. Arm.* 46–52 (313–325 RENOUX).
[361] Vgl. zur Bedeutung dieses Oktavtages auch *Const. apost.* 5, 20, 14 (1, 299 FUNK).

daher nahe.[362] Schon im 4. Jahrhundert ist mehrfach von einem besonderen „40. Tag" nach Ostern die Rede, aber erst im 5. Jahrhundert setzt sich ein Fest der Himmelfahrt an diesem Tag durch.[363]

Egeria berichtet auch von einem besonderen Fest an diesem Tag, das in Betlehem gefeiert wird (42). Eine Beziehung zur Himmelfahrt ist dabei aber (noch) nicht festzustellen[364]; diese wird (noch) am Pfingsttag gefeiert (43,5). Wahrscheinlich wird an diesem 40. Tag nach Ostern zu Egerias Zeit in Betlehem das Gedächtnis der unschuldigen Kinder gefeiert.[365]

— Pfingsten

Vom christlichen Pfingstfest, am 50. Tag nach Ostern, berichtet wiederum nur die Apostelgeschichte (Apg 2).[366] Sie verbindet die Geistverleihung mit dem alttestamentlich-jüdischen Shavuot/Wochenfest, bei dem man der Gesetzgebung am Sinai gedenkt. Zunächst waren dann in der Alten Kirche die gesamten 50 Tage nach Ostern als „Pentekoste", als 50tägiges Ostern gefeiert worden. Im 4. Jahrhundert setzt sich dann das Verständnis von „Pentekoste/Pfingsten" als 50. Tag nach Ostern durch. Dieser Tag wird zunächst als Gedächtnistag von Himmelfahrt und Geist-

---

[362] Es gab aber durchaus andere Möglichkeiten — schließlich bietet nur die Apostelgeschichte dieses zeitliche Konzept. Das Lukasevangelium selbst hatte noch die Himmelfahrt am Abend des ersten Ostertages berichtet, und auch die frühchristliche Tradition feierte diese Ereignisse insgesamt als „Erhöhung".

[363] Vgl. AUF DER MAUR, *Herrenfeste* 81 f.

[364] Der Hinweis auf die Beziehung zwischen Ankunft und Himmelfahrt bei CYRILL, *cat.* 14,23 (2,140 REISCHL/RUPP), erklärt nichts, weil dort theologisch, nicht historisierend gedacht wird.

[365] Vgl. dazu BAUMSTARK, *Weihnachten und Himmelfahrt* 334; DEVOS, *Égérie à Bethléem* 96–107, und siehe oben 24 f.

[366] Das Johannesevangelium berichtet dagegen von einer Geistverleihung am Osterabend (Joh 20,22).

sendung gefeiert, wobei die Himmelfahrtstradition im Osten vielleicht sogar die ältere ist.[367] Das ist der Zustand auch zur Zeit der Egeria in Jerusalem. Durch die Einführung dieses Festes folgt man der Tendenz zur Historisierung der nachösterlichen Erfahrungen bei Lukas und deutet seine Anknüpfung an die jüdischen Feste in eine Ablösung um.

Egeria berichtet, daß man nach den üblichen sonntäglichen Vigilien und dem Morgenlob mit Predigten und Eucharistie zum Zion zieht. Um dort in jedem Fall um 9.00 Uhr anzukommen — der in Apg 2,15 genannten Zeit —, wird der Ablauf beschleunigt. Der Gottesdienst auf dem Zion ist dem dort lokalisierten Pfingstgeschehen gewidmet, und wie am Gründonnerstag und an Ostern wird ein zweites Mal Eucharistie gefeiert.

Gegen 12.00 Uhr zieht man, wie am Sonntag nach Ostern, zur Eleonakirche und von dort zum Imbomon. Dort gedenkt man der Himmelfahrt. Diese Feier entspricht zwar der Tendenz zur Parallelisierung von Liturgie und Ort; der gewählte Zeitpunkt widerspricht ihr aber. Es ist daher nicht verwunderlich, daß diese Feier bald verschoben und damit dem neuen Liturgie-Konzept angepaßt wird: Ein eigenes Fest der Himmelfahrt entsteht.[368]

Das Lucernar wird an diesem Tag ausnahmsweise in der Eleonakirche gefeiert; daraufhin zieht man zur Stadt, und es folgen weitere Gottesdienste im Martyrium, in der Anastasis, am Kreuz und nochmals auf dem Zion. Hier setzt sich die Tendenz zur Nachahmung der Himmelfahrtsgeschichte anscheinend bereits durch: Nach der Rückkehr vom Ölberg begeben sich die Jünger laut Apostelgeschich-

---

[367] Vgl. AUF DER MAUR, *Herrenfeste* 80f; KRETSCHMAR, *Himmelfahrt und Pfingsten*.
[368] Vgl. *Lect. Arm.* 57 (337–339 RENOUX) und auch *Const. apost.* 5, 20, 2 (1, 293–295 FUNK).

te ins Obergemach (vgl. Apg 1,13), das man ja nun auf dem Zion sucht.[369]

Bemerkenswert ist, daß der Pfingsttag keine Oktav besitzt. Das entspricht dem jüdischen Shavuotfest. Mit zunehmender Loslösung des christlichen Festes vom jüdischen Ursprung wird sie aber eingeführt.[370]

— Kirchweihe

Als viertes Hauptfest in Jerusalem beschreibt Egeria die Kirchweihe von Martyrium und Anastasis am 13. September. Der Brauch einer Kirchweihe wird erstmals von Eusebius bezeugt[371], von der Weihe des Martyriums in Jerusalem am 13. September 335 berichtet er ebenfalls[372].

Jährliche Feste zum Gedenken an die Weihe eines Kultgebäudes waren sowohl in der heidnischen Antike als auch im Judentum üblich. So ist das Datum 13. September von Konstantin wahrscheinlich in Anlehnung an den Weihetag des Jupiter-Capitolinus-Tempels in Rom gewählt worden.[373] Auf diese Weise konnte die Ablösung des alten Reichsheiligtums deutlich dokumentiert werden. Egeria aber bringt — wahrscheinlich aufgrund einer Jerusalemer Tradition und entsprechend Eusebius' Sicht der Grabeskirche als neuem Tempel — das Datum mit der Weihe des ersten Tempels durch Salomo in Verbindung. Diese Einweihung stand ursprünglich in Verbindung mit dem Laubhüttenfest am 15. Tischri, das heißt im Oktober (vgl. 1 Kön

---

[369] Laut *Lect. Arm.* 58ter (343–345 RENOUX) ist Joh 14,15–24 als Lesung vorgesehen — die Ankündigung der Geistsendung.
[370] Vgl. AUF DER MAUR, *Herrenfeste* 82.
[371] Vgl. EUSEBIUS, *h.e.* 10,3 (370 SCHWARTZ), wo er von der Kirchweihe in Tyrus im Jahr 315 spricht.
[372] Vgl. EUSEBIUS, *vit. Const.* 4,43–46 (GCS, Eusebius 1/1, 138–140). Der Tag ist gleichzeitig Feier des 30jährigen Thronjubiläums Konstantins.
[373] Auch an Stelle der Grabeskirche stand ja vorher ein Tempel, der dem Jupiter geweiht war; siehe oben 51.

8,65). Das jüdische Tempelweihfest Chanukka wurde (und wird) dagegen als Lichterfest in Erinnerung an die Reinigung des Tempels durch die Makkabäer am 25. Kislew, das heißt im Dezember, gefeiert. Bei dieser Tempelweihe übernahmen die Makkabäer aber Liturgie und achttägige Dauer vom Laubhüttenfest. In der Bibel wird dieses Tempelweihfest „τὰ ἐγκαίνια" (Erneuerung) genannt (vgl. 1 Makk 4,59 und Joh 10,22). Während das Datum also aus heidnischer Tradition stammt, werden Name und Dauer des Kirchweihfestes in Jerusalem also vom jüdischen Chanukka-Fest übernommen. Dabei steht der Gedanke im Hintergrund, daß auch das Weihefest die Ablösung des alten Tempels durch den „neuen Tempel" dokumentieren soll.[374] Gleiches gilt für die Behauptung, die Weihe der Anastasis sei am gleichen Tag erfolgt wie die des Salomonischen Tempels.[375] Auf die Bedeutung des Jerusalemer Bischofs, der die Rolle des „neuen Hohenpriesters" übernimmt, ist bereits hingewiesen worden.[376]

Tatsächlich geht der Charakter der (zweiten) Tempelweihe als Lichterfest auf das zeitlich nahe Epiphaniefest über, während Traditionen des herbstlichen Laubhüttenfestes in verwandelter Form im Kirchweihfest fortleben.[377] So wie am Laubhüttenfest nicht nur die Weihe des Salomonischen Tempels gefeiert wurde, sondern auch die Überführung der Lade nach Jerusalem und in den Tempel gefeiert wurde, so wird auch der Fund des Hauptheiligtums der

---

[374] Das Armenische Lektionar bezeugt darüber hinaus ein Fest der „Weihe aller errichteten Altäre" in genauer zeitlicher Entsprechung zum Chanukkafest; vgl. RENOUX, Codex arménien 1,196f.
[375] Vgl. zum Ganzen SCHWARTZ, Encenia; HUNT, Holy Land 108–110, und MARAVAL, Égérie 316f Anm. 1. Die Beziehung zwischen Kirchweihe und dem winterlichen Chanukkafest dokumentiert auch HIERONYMUS, tract. in Psalm. XCV (CCL 78,155f).
[376] Siehe oben 73.
[377] Vgl. auch WILKINSON, Egeria's travels 298–300.

Anastasis, des Kreuzes, mit dem Kirchweihfest in Verbindung gebracht beziehungsweise an diesem Tag gefeiert (48,1).[378]

Die Oktav des Kirchweihfestes, von der Egeria noch berichtet, verschwindet bald darauf. Das Armenische Lektionar berichtet nur noch vom Tag der Kirchweihe und dem der Kreuzerhöhung „am zweiten Tag".[379] Die Kreuzverehrung, angestoßen vor allem durch die Pilger, überlagert mehr und mehr das Kirchweihfest. Die Konzeption der Ablösung der jüdischen Hauptfeste wird nicht mehr verstanden und führt schließlich zur Abschaffung der Oktav.

4. Taufe und Taufvorbereitung

Aus der individuellen Taufvorbereitung entwickelt sich im Laufe der ersten Jahrhunderte die Institution des Katechumenats: Die Katechumenen sind ein eigener Stand derer, die auf dem Weg sind, Christ zu werden.[380] Spätestens im 4. Jahrhundert wird es üblich, sich zwar als Katechumene anzumelden, die eigentliche Taufe aber aufzuschieben — oft bis ans Lebensende. So wird das Katechumenat von der eigentlichen Taufvorbereitung in der Fastenzeit gelöst, die mancherorts als Photizomenat bezeichnet wird.[381] Das ist der Zustand auch in Jerusalem am Ende des 4. Jahrhunderts. Den Verlauf dieser Taufvorbereitung beschreibt Egeria ausführlich, weil ihr die Praxis anscheinend unbekannt ist (46,1.3).

Die eigentliche Vorbereitungszeit beginnt mit dem Eintragen der Bewerber in eine Liste und erfolgt anscheinend

---

[378] Vgl. HEID, *Ursprung* 57–62. Noch die Einbringung des Kreuzes durch Kaiser HERAKLIUS im Jahr 630 erfolgt am 13. September.
[379] Vgl. *Lect. Arm.* 67f (361–363 RENOUX).
[380] Vgl. KRETSCHMAR, *Geschichte des Taufgottesdienstes* 63–69.
[381] Vgl. KRETSCHMAR, *Geschichte des Taufgottesdienstes* 152f.

durch einen Presbyter am Sonntag vor Beginn der Fastenzeit (45,1–2). Am folgenden Tag schließt sich die Prüfung der Bewerber durch den Bischof mit Hilfe der Paten an. Man hat nicht den Eindruck, daß diese Befragung schon stark ritualisiert wäre. Egeria weiß durchaus davon zu berichten, daß Einwände erhoben werden und die Zulassung zum Katechumenat verschoben werden kann. Auch für Fremde, die ohne einen Paten kommen, ist es offenbar nicht leicht, geeignete Fürsprecher zu finden, die für ihn und seinen Lebenswandel Zeugnis ablegen. Fällt die Prüfung positiv aus, wird der Name des Bewerbers vom Bischof mit eigener Hand offiziell notiert (45,2–4).

Die Tage des Katechumenats beginnen jeweils mit einem Exorzismus, der jeden Tag nach der Entlassung aus der Anastasis von einem Kleriker durchgeführt wird. Anschließend versammeln sich von etwa 6.00 Uhr bis 9.00 Uhr die Taufbewerber und deren Paten um den Bischof und hören Katechesen, die auf die Taufe vorbereiten sollen. Egeria betont, daß diese Katechesen nur den Gläubigen beziehungsweise den Taufbewerbern vorbehalten sind. Diese sogenannte „Arkandisziplin" war eine theologische und pädagogische Praxis der frühen Kirche, die davon ausging, daß nur die Gläubigen und die ernsthaften Taufbewerber gewisse Mysterien verstehen können.[382]

Die Beschreibung der Egeria zeigt, daß die Taufbewerber fünf Wochen lang über „das Gesetz" unterrichtet werden (46,2).[383] Nach fünf Wochen erfolgt die „Übergabe des

---

[382] Vgl. dazu CYRILL, *procat.* 12 (1,16 REISCHL/RUPP), *myst. cat.* 1,1 (FC 7,94–97). Vgl. auch RÖWEKAMP, *Cyrill* 58–60.
[383] Zu den alttestamentlichen Lesungen der Fastenzeit in Jerusalem im 5. Jh. vgl. *Lect. Arm.* 18–32 (239–255 RENOUX). Die Bemerkung der Egeria, daß der Bischof mit der Genesis beginnt, läßt es aber auch möglich erscheinen, daß es zu ihrer Zeit noch üblich ist, am ersten Fastentag mit einer fortlaufenden Lesung der Genesis und weiterer Bücher zu beginnen; vgl. zu dieser Praxis in Syrien und anderen Provinzen KRETSCHMAR, *Geschichte des Taufgottesdienstes* 161f.

Glaubensbekenntnisses". Der Text wird den Taufbewerbern vorgesprochen. In den folgenden zwei Wochen müssen sie ihn auswendig lernen; gleichzeitig wird er ihnen, Artikel für Artikel, erklärt. Die Taufkatechesen des Cyrill sind ein Beispiel für eine solche Erklärung.[384] Nach sieben Wochen erfolgt — wahrscheinlich am Samstagmorgen — die „Rückgabe des Glaubensbekenntnisses" an den Bischof, der auf seiner Kathedra in der Apsis sitzt. Damit endet die vorösterliche Unterweisung. In der „großen Woche" müssen der Bischof und die Taufbewerber an den Gottesdiensten teilnehmen (46,4).

Über die Taufliturgie selbst erfahren die Täuflinge vor Ostern nichts. Mit Verweis darauf, daß das, was dies höhere Mysterium betrifft, auch die Katechumenen noch nicht hören können, kündigt der Bischof nachösterliche Katechesen an (46,6). An den Tagen, an denen man in der Osterwoche den Morgengottesdienst in der Grabeskirche feiert (Montag, Dienstag, Donnerstag, Samstag, Sonntag[385]), werden im Anschluß daran die „Mystagogischen Katechesen" gehalten, in denen der Bischof die Riten von Taufe und Eucharistie noch einmal ins Gedächtnis ruft und deutet (47,1–2).[386] Für diese Katechesen zieht man vom Martyrium in die Anastasis. Der Ort von Tod und Auferstehung bildet das Geschehen der Taufe vor.[387] Die Deu-

---

[384] Sie sind allerdings älter als die hier angesprochenen Katechesen. Ob auch zur Zeit Egerias 18 Katechesen auf die zwei Wochen verteilt werden, ist unsicher; vgl. KRETSCHMAR, *Jerusalemer Liturgie* 23 f Anm. 9; ders., *Geschichte des Taufgottesdienstes* 160 f.
[385] Vgl. 39,2. Laut *Lect. Arm.* 46–52 (313–329 RENOUX) sind die Tage der Mystagogischen Katechesen Montag, Dienstag, Freitag, Samstag, Sonntag. Die dortige Zuordnung von Ort und Tag (Freitag — Golgota; Sonntag — Anastasis) ist zumindest sinnvoller.
[386] Vgl. CYRILL, *myst. cat.* 1–5 (FC 7,94–165).
[387] Vgl. CYRILL, *myst. cat.* 2,4 (FC 7,116f): Die Taufe ist Grab und Mutter zugleich.

tung der Liturgie berührt nach dem Zeugnis der Egeria die Zuhörer so sehr, daß ihr Beifall auch vor der Kirche zu hören ist: Die Predigt läßt also das Geschehen noch einmal lebendig und gegenwärtig werden (47,2).

VII. Zur Theologie des Itinerariums

Das Itinerarium der Egeria ist eines der ersten Selbstzeugnisse über eine Pilgerreise und der älteste Text überhaupt, aus dem sich die Gestaltung einer solchen Reise ablesen läßt. Damit wird Egerias Reisebericht zum wichtigsten Zeugnis der beginnenden Pilgerfrömmigkeit. Gleichzeitig ist er das älteste Zeugnis, aus dem sich die Entstehung des Kirchenjahres und die Gestaltung der einzelnen Feiern in Jerusalem ersehen läßt.

Egeria reflektiert weder über die Begründung ihrer Reise noch über die Einrichtung des Kirchenjahres. Dennoch berichtet Egeria von einer Idee, die sowohl ihre Reise als auch das Kirchenjahr in Jerusalem betrifft und gleichzeitig den Schlüssel zur Theologie des Itinerariums darstellt.

Bei Egerias Wallfahrtsandachten wird jeweils der biblische Text vorgelesen, der mit dem besuchten Ort in Verbindung steht. Darauf folgt ein „passender", „entsprechender" Psalm (4,4; 14,1; 15,4; 21,1), der sozusagen die Antwort der gegenwärtigen Gläubigen auf das Geschehen darstellt. So wird mit Hilfe der Andacht das vergangene Ereignis, am Ort selbst so vergegenwärtigt, daß der Pilger in einen Bezug dazu treten kann.

Genau das gleiche Schema findet sich in der Liturgie Jerusalems: „Folgendes ist hier vor allem sehr schön und bewundernswert, daß die Hymnen, Antiphonen und sogar die Lesungen und die Gebete, die der Bischof spricht, immer einen solchen Inhalt haben, daß sie für den Tag, der gefeiert wird, und für den Ort, an dem sie begangen werden, immer passend und angemessen sind" (47,5).[388] Ähnliches gilt für die Predigten zu den einzelnen Festtagen (26; 42). Hier wird also die Vergegenwärtigung am Ort durch die zeitliche Entsprechung ergänzt. Durch die Parallelisierung von berichtetem Ereignis, Ort und Zeit der Feier wird somit der Graben zwischen dem vergangenen Ereignis und der Gegenwart überbrückt. Das vergangene Ereignis wird re-präsentiert. Ganz konsequent werden deshalb die Heilsereignisse dramatisch nachvollzogen: Wie Jesus wird der Bischof am Palmsonntag in die Stadt geleitet (31,2f), man geht am Gründonnerstag den Weg Jesu zum Ölberg nach (35,2f), betet an der Geißelungssäule und versammelt sich am Nachmittag des Karfreitags am Kreuz (37,1f). Am Sonntagmorgen ahmt man jeweils den Gang der Frauen zum Grabe und das Verkündigen der Auferstehungsbotschaft durch den Engel nach (24,10).

So wird deutlich, daß hinter diesen Erscheinungen ein Konzept der „Mimesis", der Nachahmung steht. Das aus der Religionsgeschichte bekannte Muster, bei dem durch Nachahmung oder Nacherzählung eines urzeitlichen Ereignisses dessen Wirkung für die Gegenwart erneuert wird, findet sich hier in christlicher Gestalt. Während in archaischen Kulturen am Neujahrsfest der Weltschöpfungsmythos rezitiert wird, um für das kommende Jahr Gottes Schöpfermacht zu erneuern, wird dieses Muster im jüdisch-christlichen Bereich auf historische Ereignisse bezogen, die die Funktion der Mythen übernehmen. So ahmt das jüdische Pesachfest das Mahl vor dem Auszug aus Ägypten nach und vergegenwärtigt ihn derart, daß sich in dieser Nacht jeder fühlen muß, als sei er selbst aus Ägypten ausgezogen. Und das christliche Abendmahl ahmt die Mahlgemeinschaft Jesu mit seinen Jüngern nach.

---

[388] Vgl. zu den „passenden Gebeten" auch PINELL I PONS, *Orationes*.

VII. ZUR THEOLOGIE DES ITINERARIUMS

Dieses Muster der Nachamung des Lebens Jesu durch die Liturgie wird im Jerusalem des 4. Jahrhunderts auf das Jahr übertragen, das so als „christliches Jahr", als Kirchenjahr erst entsteht. Dabei werden sowohl jüdische Daten und Vorstellungen als auch griechisch-römische Elemente übernommen.[389] An bestimmten Gedächtnistagen feiert man die vergangenen Heilsereignisse durch „Wiederholung". Daß dieser Vorgang der Übertragung der biblischen Geschichte auf liturgische Vollzüge in Jerusalem stattfindet, ist dabei kein Zufall: Hier finden sich die Orte, an denen die Ereignisse sich abgespielt haben. Und im 4. Jahrhundert werden diese für die Christen auch zugänglich gemacht. Im Rahmen dieser neuen Möglichkeit wandelt sich dann auch das Verhältnis der Christen zu diesen Orten.

Bis dahin war zwar von einer Heilsgeschichte die Rede gewesen, doch noch nicht von einer Heilstopographie. Mit Christus hatte die Zeit, wo die wahren Anbeter Gottes ihn weder auf dem Garizim noch in Jerusalem, sondern im Geist und in der Wahrheit anbeteten, begonnen (vgl. Joh 4,21–24). „Heilige Stätten" konnte es von daher eigentlich nicht geben. Und noch die Kritik eines Gregor von Nyssa an den Pilgerfahrten liegt auf dieser Linie: Gott ist nicht an einen Ort gebunden — und wenn Gottes Gegenwart an sichtbaren Zeichen hinge, dann wäre er eher in Kappadokien als in Jerusalem zu finden, denn dort gibt es mehr Altäre.[390] Hieronymus kennt diese Argumentation und bedient sich ihrer zeitweise auch. Im gleichen Atemzug aber kann er sagen, daß die Stätten von Kreuz und Auferstehung (nur) denen nutzen, die ihr Kreuz auf sich nehmen und

---

[389] So ist z. B. Ostern zunächst an das jüdische Pesachfest gebunden; das Datum des Weihnachtsfestes leitet sich dagegen vom römischen Fest des *Sol Invictus* her.
[390] Vgl. GREGOR VON NYSSA, *epist.* 2,8f (15f PASQUALI).

täglich mit Christus auferstehen.³⁹¹ Damit ist, positiv gewendet, die Möglichkeit gegeben, die Stätten des Lebens Jesu nicht mehr nur als Beweis für die Wahrheit der Offenbarung anzusehen, wie es die ersten Christen und noch Cyrill getan hatten.³⁹² Aus den Orten der Theophanie werden nun Stätten, wo die Heilsereignisse nachgeahmt und dadurch sakramental gegenwärtig werden.³⁹³ Die von Egeria vorgefundene Ordnung wird später in diesem Sinne weiter ausgebaut.³⁹⁴

Besonders deutlich wird das Muster bei der Gestaltung der Taufe in Jerusalem, bei der Tod und Auferstehung Jesu nachgeahmt werden. In den *Mystagogischen Katechesen* wird auch das Gestaltungsprinzip benannt: „Seltsames und sonderbares Erlebnis: Wir starben nicht wirklich, wir wurden nicht wirklich begraben, wir sind auch nicht wirklich als Gekreuzigte auferstanden, sondern die Nachahmung geschah im Bild, das Heil aber in Wirklichkeit. Christus wurde tatsächlich gekreuzigt, tatsächlich begraben und ist wirklich auferstanden – und all das hat er uns gnädig geschenkt, damit wir, die wir durch Nachahmung Anteil an seinen Leiden haben, in Wirklichkeit das Heil gewinnen."³⁹⁵ Dabei entspricht die „Nachahmung" der Geschichte Jesu durch die Liturgie der „Prophezeiung" dieser

---

[391] Vgl. HIERONYMUS, *epist.* 58,3 (CSEL 54,531).
[392] Die ersten Pilgerreisen sollten ja die Wahrheit der Überlieferung beweisen; siehe oben 49. Vgl. auch CYRILL, *cat.* 13,38f (2,98–102 REISCHL/RUPP) und *cat.* 14,22f (2,136–140 REISCHL/RUPP), wo er von den zahlreichen Zeugnissen für Tod und Auferstehung Jesu spricht, und *cat.* 13,22 (2,80 REISCHL/RUPP), wo er auf die Möglichkeit hinweist, diese Zeugnisse nicht nur zu hören, sondern zu berühren. Vgl. auch HUNT, *Holy Land* 98–102.
[393] Vgl. zum Ganzen CARDMAN, *Holy Places* 18–23.
[394] Der Vorgang der Historisierung ist erst mit der Lokalisierung von Abendmahl und den Stationen der Passion und deren Einbeziehung in die Liturgie weitgehend abgeschlossen; vgl. BALDOVIN, *Character* 87f.90.
[395] Vgl. CYRILL, *myst. cat.* 2,5 (FC 7,117–119).

Geschichte im Alten Testament — bei Cyrill wie in der Liturgie Jerusalems.[396]

Ähnlich wunderbar wie der Katechet das Geschehen der Taufe empfindet Egeria die Feier der Feste in Jerusalem mit ihren passenden, die vergangene Geschichte nachahmenden Texten. Daß dabei eine „Anteilnahme" am biblischen Geschehen tatsächlich erfolgt, bezeugt sie mehrfach: Die Hörer der Passionsgeschichte sind so ergriffen, daß sie in „Jammern und Klagen" und in Tränen ausbrechen (36,3; 37,7; 24,10). Mag dieses Klagen auch bereits ritualisiert sein, so ist doch der dahinterstehende Vorgang deutlich zu erkennen: Die Verkündigung und Nachahmung des Geschehens löst sozusagen „Furcht und Mitleid" bei den Gläubigen aus und führt so zu einer „Katharsis", einem reinigenden Neuanfang.

Ähnliches gilt für die Wallfahrt als solche: An den einzelnen Orten wird den Pilgern das dort lokalisierte Ereignis so gegenwärtig, daß sie es wirklich vor sich sehen. So berichtet Hieronymus über Paula in Betlehem: „Sie schwor in meiner Gegenwart, sie sehe mit den Augen des Glaubens das Kind in Windeln gewickelt und in der Krippe schreien, die Gott anbetenden Weisen, den glänzenden Stern in der Höhe, die jungfräuliche Mutter, den fleißigen Nährvater und die Hirten ..."[397] Und „vor dem Kreuz fiel sie nieder und betete, als wenn sie den Herrn noch daran hängen sähe"[398]. Hieronymus selbst berichtet, jedesmal wenn er das Grab betrete, sehe er den Erlöser in seinen Binden, und wenn er verweile, erblicke er auch den Auferstehungsengel.[399]

Wenn auch Egeria von solch mystischem Sehen nicht berichtet, so sieht doch auch sie mit den Augen des Glau-

---

[396] Vgl. z. B. CYRILL, *myst. cat.* 1,3 (FC 7,96–98), und *Itin. Eger.* 37,6.
[397] HIERONYMUS, *epist.* 108,10 (CSEL 55,316).
[398] HIERONYMUS, *epist.* 108,9 (CSEL 55,315).
[399] Vgl. HIERONYMUS, *epist.* 46,5 (CSEL 54,334).

bens und „erkennt" alle ihr gezeigten Orte. Auch auf den zeitgenössischen Darstellungen wie Pilgerampullen, Reliquienkästchen und Apsisdekorationen werden biblische Szenen so vergegenwärtigt, daß sie in der Szenerie der eigenen Zeit erscheinen — was wiederum das „Sehen" der Ereignisse am entsprechenden Ort anregt.[400] Daß es Egeria bei ihrer Reise um ein Nacherleben der Schrift geht, deutet sie jedenfalls mehrfach an — sie versucht, alle Orte immer nach der Schrift zu besuchen, und vergegenwärtigt sich das dortige Geschehen mit Hilfe der biblischen Lesung.[401] Dieses schriftgemäße, „biblische" Reisen ist aber darüber hinaus auch inhaltlich bestimmt. Die Mühen der Reise, von denen Egeria mehrfach berichtet, sind nicht nur lästige Begleiterscheinungen des Reisens, sondern eine Form christlichen Lebens, das sich an der Schrift orientiert: Die Nachahmung von Leiden und Mühen läßt am Heil teilhaben (vgl. Röm 8,17; Phil 3,10). Für Valerius ist Egeria eine Frau, die das Vorbild des heiligen Abraham erfüllt hat[402] und deren Bergbesteigungen ein Bild für den seelischen Aufstieg sind: „Weil sie die Höhe des Himmelreiches ... mit brennendem Herzen und allen Fasern ihres Leibes und mit brennender Sehnsucht zu erlangen suchte, hat sie unermüdlich die Gipfel so vieler Berge erstiegen und die Not solch ungeheurer Höhe mit brennendem Herzen leicht ertragen."[403] Auch andere Pilgerinnen gestalten die Reise absichtlich mühsam; von Melania d.J. wird berichtet, sie habe auch im Winter das Fasten nicht unterbrochen und habe auf Waschen, ein Bett und einen Wagen verzichtet.[404] Wallfahrt kann insgesamt als eine mehr oder weniger ritua-

---

[400] Vgl. HUNT, *Holy Land* 104–106.
[401] Vgl. auch VALERIUS, *epist.* 1 (SCh 296,339).
[402] Vgl. VALERIUS, *epist.* 5 (SCh 296,346).
[403] VALERIUS, *epist.* 4 (SCh 296,345).
[404] Vgl. PALLADIUS, *h. Laus.* 55 (148f BUTLER), und GERONTIUS, *vit. Mel.* 56 (SCh 90,238–240).

lisierte Grenzerfahrung angesehen werden: Das Alte wird verlassen, durch viele Leiden gelangt man zu einem heilsamen Neuanfang, einer Art Auferstehung.[405] Im kleinen wird schon bei den liturgischen Feiern in Jerusalem immer wieder auf die Mühen hingewiesen, die die Gläubigen auf sich nehmen, um von Gott einen um so größeren Lohn zu erhalten (36,5).

Und möglicherweise hat Egeria auch darauf gehofft, auf ihrer Reise von Gallien nach Palästina gleichzeitig aus dem Leib zum Herrn zu wandern — um die Formulierung Gregors wieder aufzunehmen. Die mehrfache Anspielung auf den möglichen Tod am Ende ihres Berichtes (23,10) und die Planung immer weiterer Reisen lassen fast eine Sehnsucht nach dem Tod auf dieser Pilgerfahrt ihres Lebens vermuten.

Die beiden von Egeria bezeugten Formen der Vergegenwärtigung von Heilsgeschichte, durch die Liturgie des Kirchenjahres und die Pilgerfahrt, prägen jedenfalls in der Folge die Gesamtkirche. Die jährliche Feier der Ereignisse des Lebens Jesu wird überall übernommen, einschließlich so speziell Jerusalemer Elemente wie der Palmprozession.[406] Damit verbunden ist die Gefahr, daß der Zusammenhang aller Feste mehr und mehr verlorengeht.[407] Später sieht man sogar im Kirchenjahr eine Gesamtdarstellung des Lebens Jesu beziehungsweise eine zyklische Wiederholung der Weltgeschichte vom Alten Testament (Advent) über das Leben Jesu (Weihnachten bis Pfingsten) bis zur Gegenwart (Sonntage „nach Pfingsten") und zur Erwartung der Endzeit (Advent).[408] Eine Frömmigkeitsform wie der

---

[405] Vgl. dazu TURNER/TURNER, *Image and Pilgrimage*, bes. 1–39.
[406] Vgl. HUNT, *Holy Land* 125–127, sowie DEDDENS, *Annus liturgicus;* ders., *Cyrille* 41–46.
[407] Vgl. den Versuch, die Einheit der Feste zu bewahren, bei CYRILL, *cat.* 16,4 (2,208–210 REISCHL/RUPP).
[408] Vgl. AUF DER MAUR, *Herrenfeste* 216–226.

Kreuzweg geht auf Jerusalemer Ursprünge zurück. Der von Egeria berichtete Brauch, Gründonnerstag und Karfreitag den Weg Jesu nachzuvollziehen, wird in den nächsten Jahrhunderten ausgebaut und in der Kreuzfahrerzeit nach Europa vermittelt — dort nun losgelöst vom liturgischen Termin aber oft genug gestaltet als echter Weg. Er soll denen nützen, die täglich ihr Kreuz auf sich nehmen.[409]

Auch die Pilgerfahrt erlangt eine große Bedeutung. Sie gilt als Form, durch die Nachahmung von Mühen und Leiden Heil und Erlösung zu erfahren. Im Mittelalter, als ständig zehntausende Pilger unterwegs sind, kann sie sogar als „Strafe" eingesetzt werden, weil man der Pilgerfahrt unter anderem einen läuternden Charakter zuschreibt. Allerdings kann aus der Nachahmung des Weges Jesu auch ein Ritual werden, bei dem man nur noch von den Orten selbst und den Reliquien Segen erhofft und nicht mehr vom inneren Vollzug — eine Haltung, die sich bereits beim Pilger von Piacenza andeutet.[410]

Für den, der die Pilgerfahrt nicht persönlich machen kann, bietet der Pilgerbericht einen gewissen Ersatz. Auch in diesem Sinne ist das Itinerarium der Egeria zu verstehen, das sogar vom Stil her darauf ausgerichtet ist: Die vom modernen Leser empfundene Langatmigkeit, das Wiederholen der immer gleichen Formulierungen, soll zum lesenden Nachvollzug, zum Innehalten und zum schrittweisen Weitergehen anleiten.[411] Egeria schreibt sozusagen den Bericht einer idealen Reise, die jeder im Geiste mitvollziehen kann und soll. Davon ist sie überzeugt — schließlich besucht sie all die Orte, „die Christen gerne sehen wollen"

---

[409] Noch die liturgische Formel „das ist heute", die in das gegenwärtige römische Hochgebet am Gründonnerstag eingefügt wird, verdankt sich einer entsprechenden Haltung.
[410] Er scheint seine gesamte Reise zu unternehmen, um „Segen" durch Reliquien und heilige Stätten zu erlangen; vgl. DONNER, *Pilgerfahrt* 17 f. 244 f.
[411] Vgl. SPITZER, *Epic Style* 874–886. 899 f.

(19,5); und außerdem „gibt es keinen Christen, der nicht hierher möchte" (17,2).

VIII. Zu Text und Übersetzung

Der in der vorliegenden Ausgabe abgedruckte Text entspricht mit wenigen kenntlich gemachten Änderungen dem von Franceschini und Weber im Corpus Christianorum herausgegebenen Text. Bei Zweifelsfällen oder wenn die Übersetzung nicht der dort gebotenen Lesart folgt, ist das in den Anmerkungen angegeben. Die Parallelstellen aus Petrus Diaconus und den *Excerpta Matritensia* sind im Testimonienapparat abgedruckt. Sie sind ebenfalls aus der Ausgabe von Franceschini und Weber übernommen.

Die Anmerkungen zu Text und Übersetzung haben ansonsten keinen philologischen, sondern einen historischen und archäologischen Schwerpunkt. Die Ausgabe ist ja nicht zuletzt für den „Pilger" heutiger Tage gedacht, der vielfach noch ganz ähnliche Orte besucht wie Egeria.

Um die Benutzung und Lesbarkeit zu erleichtern, sind auch die von Egeria gebrauchten Namen in der heute üblichen Form wiedergegeben. Die „originale" Namensform der Egeria kann im Text selbst eingesehen werden. Maßstab für die Übertragung waren bei den biblischen Namen die „Loccumer Richtlinien". Bei geographischen Namen wurden meist die arabischen Bezeichnungen in einer der deutschen Aussprache angepaßten Form übernommen, da eine befriedigende, einheitliche Form der Transkription nicht vorhanden ist.

Auch die Wochentage werden mit den heute üblichen Namen bezeichnet. Angaben zur Tageszeit und Entfernungsangaben wurden dagegen in der ursprünglichen Form belassen. Der von Egeria häufig genannte *passus*/Schritt bezeichnet den römischen Doppelschritt und mißt etwa 1,50 m. Die *milia*/Meile bezeichnet entsprechend 1000 Doppelschritte.

ITINERARIUM EGERIAE

DER REISEBERICHT DER EGERIA

Itinerarium Egeriae

1. 1. ... ostendebantur iuxta Scripturas. Interea ambulantes pervenimus ad quendam locum, ubi se tamen montes illi, inter quos ibamus, aperiebant et faciebant vallem infinitam, ingens, planissima et valde pulchram, et trans vallem apparebat mons sanctus Dei Syna. Hic autem locus, ubi se montes aperiebant, iunctus est cum eo loco, quo sunt Memoriae concupiscentiae.

2. In eo ergo loco cum venitur, ut tamen commonuerunt deductores sancti illi, qui nobiscum erant, dicentes: „Consuetudo est, ut fiat hic oratio ab his qui veniunt, quando de eo loco primitus videtur mons Dei": sicut et nos fecimus. Habebat autem de eo loco ad montem Dei forsitan quattuor milia totum per valle illa, quam dixi ingens.

1–5 PETRUS DIACONUS, *loc. sanct.* Z 1: Antequam vero pervenias ad montem Syna, sunt sex montes, qui faciunt vallem infinitam, planissimam et valde pulchram. Trans vallem vero ipsam apparet mons sanctus Syna. || 5–13 PETRUS DIACONUS, *loc. sanct.* Z 2: Locus autem ubi se montes aperiunt iunctus est cum eo loco ubi sunt sepulchra concupiscentie. A loco autem unde videtur usque ad montem Syna sunt per vallem ipsam quadtuor milia passuum.

---

[1] Egeria kommt von der Westseite der Sinaihalbinsel durch das *Wadi Faran* und das *Wadi Solaf;* vgl. auch PETRUS DIACONUS, *loc. sanct.* Y 14–17. Ca. 20 km nordwestlich vom Sinai-Massiv zweigt das breite *Wadi er-Raha*, das zum Sinai-Massiv führt, vom *Wadi Solaf* ab. Der Paß wird *Naqb el-Hawa* genannt. Am Eingang des Wadis zeigt man Egeria die „Lustgräber". Gemeint sind wahrscheinlich *Nawamis* — runde, flach gedeckte Steinbauten aus dem 4. bis 3. Jh. v. Chr., die auch heute noch im Südsinai zu finden sind (v. a. im *Wadi Solaf*). Den Namen *Nawamis* („Moskitos") haben sie von den Insekten, vor denen sich die Israeliten, einer lokalen Überlieferung zufolge, durch ihren Bau schützen wollten.

ERSTER TEIL: BESCHREIBUNG DER REISEN

Die Reise zum Sinai

Die Hinreise

1.1. ... zeigte man uns gemäß den Schriften. Als wir weiterwanderten, kamen wir zu einem Ort, wo sich die Berge, zwischen denen wir hindurchwanderten, öffneten und ein endloses Tal bildeten — außerordentlich groß, völlig eben und sehr schön; und auf der anderen Seite des Tales zeigte sich uns der heilige Gottesberg, der Sinai. Diese Stelle aber, wo sich die Berge öffneten, ist mit dem Ort verbunden, wo die „Lustgräber" sind (vgl. Num 11,31–35).[1]

2. Wenn man also an diesen Ort kommt, dann „ist es", wie uns die heiligen Führer[2], die uns begleiteten, zur Erinnerung sagten, „eine Gewohnheit[3], daß alle, die hierher kommen, ein Gebet sprechen, denn von hier aus kann man zum ersten Mal den Berg Gottes sehen" — so machten auch wir es. Von dieser Stelle bis zum Berg Gottes waren es insgesamt etwa vier Meilen durch das Tal, das ich als außerordentlich groß bezeichnet habe.

Bei Egeria werden sie mit dem Begräbnis der „lüsternen" Israeliten (vgl. Num 11,31–35) in Verbindung gebracht. Vgl. WILKINSON, *Egeria's travels* 210.

[2] Als *sancti* bezeichneten sich die Christen ursprünglich selbst. Egeria nennt (nur noch) Bischöfe, Priester und Mönche, Gestalten des AT und NT sowie besondere Dinge und Orte „heilig", z.B. den Berg Sinai (9,6) und das Kreuzesholz (36,5); vgl. auch DONNER, *Pilgerfahrt* 82 Anm. 3. Die „Führer" sind ortsansässige Kleriker und Mönche; im Südsinai haben sich seit Anfang des 4. Jh. zahlreiche Einsiedler niedergelassen, die nach der Identifikation des Moseberges mit dem Sinai des AT auch die Betreuung der Pilger übernehmen; vgl. SOLZBACHER, *Mönche* 105 bis 110.

[3] Der Ausdruck verweist auf eine bereits etablierte Pilgerroute; vgl. SOLZBACHER, *Mönche* 132.135. FINKELSTEIN, *Remains* 339, verweist auf eine „Apsis" an der genannten Stelle aus byzantinischer Zeit, die auf den Moseberg ausgerichtet ist.

2. 1. Vallis autem ipsa ingens est valde, iacens subter latus montis Dei, quae habet forsitan, quantum potuimus videntes estimare aut ipsi dicebant, in longo milia passos forsitan sedecim, in lato autem quattuor milia esse appellabant. Ipsam ergo vallem nos traversare habebamus, ut possimus montem ingredi.

2. Haec est autem vallis ingens et planissima, in qua | filii | 38 Israhel commorati sunt his diebus, quod sanctus Moyses ascendit in montem Domini et fuit ibi quadraginta diebus et quadraginta noctibus. Haec est autem vallis, in qua factus est vitulus, qui locus usque in hodie ostenditur: nam lapis grandis ibi fixus stat in ipso loco. Haec ergo vallis ipsa est, in cuius capite ille locus est, ubi sanctus Moyses, cum pasceret pecora soceri sui, iterum locutus est ei Deus de rubo in igne.

3. Et quoniam nobis ita erat iter, ut prius montem Dei ascenderemus, qui hinc paret, quia unde veniebamus melior ascensus erat, et illinc denuo ad illud caput vallis descenderemus, id est ubi rubus erat, quia melior descensus montis Dei erat inde: itaque ergo hoc placuit ut, visis omnibus quae desiderabamus, descendentes a monte Dei,

---

1–6 PETRUS DIACONUS, *loc. sanct.* Z 3: Vallis autem ipsa ingens valde est, iacens sub pedibus montis Dei, que habet in longitudine passus sedecim milia, in latitudine autem quadtuor milia. Qui vult ergo ad montem sanctum pergere, per transversum ad vallem illam deambulat. || 7 bis 15 PETRUS DIACONUS, *loc. sanct.* Z 4: Hec est autem vallis ingens et planissima, in qua filii Israhel commorati sunt, quando Moyses fuit in montem quadraginta diebus et quadraginta noctibus. Locus autem ubi factus est vitulus usque hodie hostenditur, nam lapis grandis ibi fixus stat. Hec ergo vallis ipsa est, in cuius capite ille locus est, ubi sancto Moysi locutus est Deus in rubo de igne. || 16–20 PETRUS DIACONUS, *loc. sanct.* Z 5: Ab uno autem latere optimus est ascensus in montem et ab alio descensus.

2. 1. Das Tal selbst ist ganz außerordentlich groß, es liegt am seitlichen Fuß des Gottesberges und ist etwa — soweit wir es mit den Augen abschätzen konnten und die Führer sagten — sechzehn Meilen lang und vier Meilen breit, wie sie sagten.[4] Dieses Tal mußten wir also durchqueren, um den Berg besteigen zu können.

2. Das ist das außerordentlich große und ebene Tal, in dem die Kinder Israels in den Tagen verweilten (vgl. Ex 19, 2), als der heilige Mose auf den Berg des Herrn stieg und dort vierzig Tage und vierzig Nächte blieb (vgl. Ex 24, 18). Es ist auch das Tal, in dem das Kalb angefertigt wurde (vgl. Ex 32, 1–6) — dieser Ort wird bis heute gezeigt, denn es steht dort ein großer Stein an eben der Stelle. Dieses Tal ist es auch, an dessen Anfang[5] sich der Ort befindet, wo, als der heilige Mose die Herden seines Schwiegervaters hütete, Gott wieder aus dem brennenden Dornbusch zu ihm sprach (vgl. Ex 3).

3. Unser Weg war so gewählt, daß wir zuerst den Gottesberg besteigen wollten, der von dort aus sichtbar wird, zumal er von da, wo wir herkamen, besser zu besteigen war, und anschließend wieder zum Anfang des Tales hin absteigen wollten — das heißt dorthin, wo der Dornbusch war —, weil dies der bessere Abstieg vom Gottesberg war. Deshalb beschlossen wir also, wenn wir alles gesehen hätten, was wir sehen wollten, vom Gottesberg dorthin hin-

---

[4] Das *Wadi er-Raha* ist tatsächlich etwa 6 km breit, aber — auch zusammen mit dem *Wadi ed-Der* (Klostertal) — nur ca. 10 km lang; entweder hat Egeria hier ihre Führer mißverstanden, oder durch einen Schreibfehler sind aus 6 Meilen 16 Meilen geworden; vgl. SOLZBACHER, *Mönche* 131.
[5] Der Begriff *caput vallis* meint bei Egeria — im Gegensatz zu *extrema valle* in 5, 10 — den Anfang eines Wadis. In diesem Fall liegt das „Talhaupt" direkt am Fuß des Sinai und ist identisch mit dem *Wadi ed-Der*; vgl. auch MIAN, *Caput vallis* 209–223. (Möglicherweise übersetzt Egeria hier einen griechischen oder semitischen Ausdruck; in beiden Sprachen sind „Haupt" und „Anfang" bedeutungsgleich.)

ubi est rubus veniremus, et inde totum per mediam vallem ipsam, qua iacet in longo, rediremus ad iter cum hominibus Dei, qui nobis singula loca, quae scripta sunt, per ipsam vallem ostendebant, sicut et factum est.

4. Nobis ergo euntibus ab eo loco, ubi venientes a Faran feceramus orationem, iter sic fuit, ut per medium transversaremus caput ipsius vallis et sic plecaremus nos ad montem Dei.

5. Mons autem ipse per giro quidem unus esse videtur; intus autem quod ingrederis, plures sunt, sed totum mons Dei appellatur; specialis autem ille, in cuius summitate est hic locus, ubi descendit maiestas Dei, sicut scriptum est, in medio illorum omnium est.

6. Et cum hi omnes, qui per girum sunt, tam excelsi sint quam nunquam me puto vidisse, | tamen ipse ille medianus, in quo descendit maiestas Dei, tanto altior est omnibus illis ut, cum subissemus in illo, prorsus toti illi montes, quos excelsos videramus, ita infra nos essent ac si colliculi permodici essent.

5–8 PETRUS DIACONUS, *loc. sanct.* Z 6: Per medium autem vallis transversatur et sic ad montem Dei pervenitur. ‖ 9–13 PETRUS DIACONUS, *loc. sanct.* Z 7: Mons vero ipse in giro quidem unus esse videtur, intus autem plurimi sunt, sed omnes illi unus mons Synay appellatur, specialis autem ille mons est in cuius summitate est ille locus ubi descendit maiestas Dei, qui mons in medio omnium montium est. ‖ 14–19 PETRUS DIACONUS, *loc. sanct.* Z 8: Et cum omnes qui per girum sunt excelsissimi sint, tamen ipse ille medianus, in quo descendit maiestas Dei, tanto altior est omnibus illis, ut cum quis ascenderit in illo, prorsus omnes illi montes, quos excelsissimos viderit, ita sub monte videntur Syna, ac si colliculi.

---

[6] Am Fuß des Sinai-Massivs zweigt vom *Wadi er-Raha*, das ins *Wadi ed-Der* übergeht, das *Wadi el-Leja* ab. Von diesem Tal aus besteigt man den Berg (aus südwestlicher Richtung) und kann dann (in nördlicher Richtung) zum Dornbusch(-kloster) hinabsteigen, das ganz am Ende

abzusteigen, wo der Dornbusch war, und von dort aus das Tal der ganzen Länge nach zu durchwandern und zum Weg zurückzukehren — zusammen mit den Gottesmännern, die uns alle Orte in dem Tal, die beschrieben sind, einzeln zeigen sollten, wie es (dann) auch geschah.[6]

4. Als wir nun von diesem Ort aufbrachen, wo wir auf dem Weg von Faran unser Gebet gesprochen hatten, verlief unser Weg so, daß wir mitten durch diesen Talanfang wanderten und uns auf diese Weise dem Gottesberg näherten.

5. Der Berg selbst scheint zwar von außen ein einziger zu sein; innen aber, wenn man (in das Massiv) hineinkommt, sind es mehrere — doch das Ganze wird Gottesberg genannt. Jener besondere (Berg) aber, auf dessen Gipfel die Stelle ist, wo die Herrlichkeit Gottes herabstieg, wie es geschrieben steht (vgl. Ex 19,18–20), liegt in der Mitte von allen.[7]

6. Obwohl hier alle Berge ringsum so hoch sind, wie ich glaube, es noch nie gesehen zu haben, so ist doch jener mittlere, auf den die Herrlichkeit Gottes herabstieg, um soviel höher als all die anderen, daß, als wir ihn erklommen hatten, all die Berge, die wir als hoch angesehen hatten, so weit unter uns lagen, als ob es ganz kleine Hügel wären.[8]

---

bzw. Anfang des *Wadi ed-Der* liegt, durch das Egeria zurückkehren will. Vgl. WILKINSON, *Egeria's travels* 92.

[7] Von weitem betrachtet erscheint das Sinai-Massiv als *ein* Berg; beim Näherkommen erkennt man jedoch einzelne Gipfel; der im Südosten des Massivs gelegene Gipfel ist der Moseberg *(Dschebel Musa)*, den man Egeria als Ort der Gesetzgebung zeigt. Bei EUSEBIUS, *onomast.* (GCS 11/1, Eusebius 3/1, 172), ist diese Identifizierung anscheinend noch nicht vorgenommen; sie muß bald darauf erfolgt sein; vgl. auch SOLZBACHER, *Mönche* 108.

[8] Egeria „sieht", was sie sehen will, wenn sie beschreibt, daß der *Dschebel Musa* (2292 m), der eigentliche Sinai, höher sei als die Berge, die um ihn herumliegen; innerhalb des felsigen Zentralmassivs überragt allein der Nachbargipfel *Dschebel Qaterin* (2606 m), einer der *colliculi permodici*, den Moseberg um gut 300 Meter; vgl. DONNER, *Pilgerfahrt* 84 Anm. 12.

7. Illud sane satis admirabile est et sine Dei gratia puto illud non esse ut, cum omnibus altior sit ille medianus, qui specialis Syna dicitur, id est in quo descendit maiestas Domini, tamen videri non possit, nisi ad propriam radicem illius veneris, ante tamen quam eum subeas; nam posteaquam completo desiderio descenderis inde, et de contra illum vides, quod, antequam subeas, facere non potest. Hoc autem, antequam perveniremus ad montem Dei, iam referentibus fratribus cognoveram, et postquam ibi perveni, ita esse manifeste cognovi.

3.1. Nos ergo sabbato sera ingressi sumus montem, et pervenientes ad monasteria quedam susceperunt nos ibi satis humane monachi, qui ibi commorabantur, prebentes nobis omnem humanitatem; nam et aecclesia ibi est cum presbytero. Ibi ergo mansimus in ea nocte, et inde maturius die dominica cum ipso presbytero et monachis, qui ibi commorabantur, cepimus ascendere montes singulos. Qui montes cum infinito labore ascenduntur,

---

1–7 PETRUS DIACONUS, *loc. sanct.* Z 9: Mons autem cum omnibus altior sit ille medianus, qui specialiter Syna dicitur, tamen videri non potest, nisi ad propriam radicem illius veneris, ante tamen quam eum subeas, nam posteaquam ex eo descenderis, inde et de contra illum vides, quod anteaquam in eum ascendat, facere non poterit. ‖ 18–p. 126,3 PETRUS DIACONUS, *loc. sanct.* Z 10: Montes vero qui in circuitu sunt cum

---

[9] Nach DEVOS, *Date* 188f, ist dieser Samstag der 16. Dezember 383.
[10] Wenn Egeria von *monasteria* spricht, dann meint sie einzelne Mönchsniederlassungen (Einsiedeleien). Die Mönche leben zu dieser Zeit gewöhnlich als Eremiten in Höhlen und sind zu kleineren Verbänden zusammengeschlossen, deren Mittelpunkt die Kirche bildet, wo man sich (nur) zum Gottesdienst versammelt. Solche Zusammenschlüs-

7. Es ist tatsächlich überaus wunderbar und, wie ich glaube, wohl nicht ohne die Gnade Gottes möglich, daß man den mittleren, der eigentlich als Sinai bezeichnet wird — das heißt der, auf den die Herrlichkeit Gottes herabstieg —, obwohl er höher als alle anderen ist, trotzdem nicht eher sehen kann, als bis man an seinen Fuß kommt und bevor man ihn besteigt. Denn wenn man nach Erfüllung des Verlangens wieder von ihm herabgestiegen ist, dann sieht man ihn auch von der gegenüberliegenden Seite aus, was vor dem Aufstieg nicht möglich ist. Das hatte ich schon aus den Berichten der Brüder erfahren, bevor wir zum Gottesberg kamen; nachdem ich nun selbst dort gewesen bin, weiß ich genau, daß es so ist.

Der Sinai

3.1. Wir stiegen nun am Samstagabend in das Bergmassiv[9], und als wir zu einigen Einsiedeleien[10] kamen, nahmen uns die Mönche, die dort wohnten, sehr freundlich auf und gewährten uns alle Gastfreundschaft[11]. Dort gibt es auch eine Kirche mit einem Priester. Dort blieben wir also in dieser Nacht und begannen von dort aus am Sonntag früh mit dem Priester und den Mönchen, die dort wohnten, die einzelnen Gipfel zu besteigen. Die Berge besteigt man

---

se werden in Palästina „Laura" genannt, wo sich im Gefolge von CHARITON, dem Begründer des palästinensischen Mönchtums, im 4. Jh. diese Sonderform entwickelt hatte. Im Westen taucht die Bezeichnung *monasterium* im 4. Jh. auf und kann dort sowohl die einzelne Zelle wie auch die Mönchssiedlung („Kloster") meinen. Vgl. dazu VERMEER, *Observations* 127–130. Zu Egeria und ihrer Begegnung mit dem Mönchtum im Sinai vgl. auch SOLZBACHER, *Mönche* 105–110. 138–142, und RUBIN, *Sinai* 177–191.

[11] Egeria übernachtet in der Klostersiedlung *Der el-Arbain* im *Wadi el-Leja*. *Humanitas* bezeichnet hier die Gastfreundschaft, die eine vorrangige Aufgabe von Mönchen, Priestern und Bischöfen war; vgl. PUZICHA, *Christus peregrinus* 39, und GORCE, *Gastfreundschaft* 1115–1117. Zum Bedeutungswandel des Wortes vgl. auch DOBLHOFER, *Reiseschilderungen* 8–12.

quoniam non eos subis lente et lente per girum, ut dicimus, in coclea, sed totum ad directum subis ac si per parietem et ad directum descendi necesse est singulos ipsos montes, donec pervenias ad radicem propriam illius mediani, qui est specialis Syna.

2. Hac sic ergo iubente Christo Deo nostro, adiuta orationibus sanctorum, qui comitabantur, et sic cum grandi labore, quia pedibus me ascendere necesse erat, quia prorsus nec in sella ascendi poterat, tamen ipse labor non sentiebatur — ex ea parte autem non sentiebatur labor, quia desiderium, quod habebam, iubente Deo videbam compleri —: hora ergo quarta pervenimus in summi|tatem illam montis Dei sancti Syna, ubi data est lex in eo, id est locum, ubi descendit maiestas Domini in ea die, qua mons fumigabat.

3. In eo ergo loco est nunc ecclesia non grandis, quoniam et ipse locus, id est summitas montis, non satis grandis est; quae tamen aecclesia habet de se gratiam grandem.

4. Cum ergo iubente Deo persubissemus in ipsa summitate et pervenissemus ad hostium ipsius ecclesiae, ecce et occurrit presbyter veniens de monasterio suo, qui ipsi ecclesie deputabatur, senex integer et monachus a prima vita et, ut hic dicunt, ascitis, et — quid plura? — qualis

---

maximo labore ascenduntur, quoniam non ascenduntur per girum in cocleis, sed directe ascenduntur ac si per parietem et directe descenduntur. || 12–13 PETRUS DIACONUS, *loc. sanct.* Z 11: In vertice autem montis Syna, ubi lex Moysi data est. || 13–14 *Exc. Matrit. (De Bruyne, l. 5–6):* In eo loco in monte Syna ubi descendit maiestas Domini die qua fumabat. || 15 PETRUS DIACONUS, *loc. sanct.* Z 12: Ecclesia parva constructa est. *Exc. Matrit. (l. 6)*: nunc ibi aeclesia est non grandis.

---

[12] Die Kapelle, die man heute auf dem *Dschebel Musa* findet, steht teilweise auf den Fundamenten der dreischiffigen Kirche, von der Egeria schreibt. Der ursprüngliche Bau war von JULIAN SABAS, einem der Begründer des syrischen Mönchtums, um 363 errichtet worden. Er war einer der ersten Pilger, deren Reise zum Sinai bezeugt ist; vgl. THEODORET, *h. rel.* 2,12f (SCh 234,224). Vgl. auch SOLZBACHER, *Mönche* 111 bis 113.410.

mit unendlicher Mühe, weil man sie nicht Schritt für Schritt im Kreis, sozusagen wie auf einer Wendeltreppe, sondern ganz direkt und wie eine Mauer besteigt; ebenso direkt muß man die einzelnen Berge auch wieder hinuntersteigen, bis man an den Fuß des mittleren Berges gelangt, der der eigentliche Sinai ist.

2. Dann (bestieg ich ihn) also auf Weisung Christi, unseres Gottes, und unterstützt durch die Gebete der Heiligen, die bei uns waren, unter großem Kraftaufwand, denn ich mußte zu Fuß hinaufsteigen, weil man den Berg auf gar keinen Fall im Sattel besteigen konnte. Die Anstrengung aber spürte ich dennoch nicht, und zwar deshalb, weil ich sah, wie mein Verlangen auf Weisung Gottes erfüllt wurde: Denn zur vierten Stunde erreichten wir den berühmten Gipfel des heiligen Gottesberges, den Sinai, wo das Gesetz gegeben worden ist — an der Stelle, wo die Herrlichkeit Gottes herabstieg an dem Tag, als der Berg rauchte (vgl. Ex 19, 18 f).

3. An diesem Ort steht jetzt eine Kirche — nicht groß, weil nämlich die Stelle selbst, das heißt der Gipfel des Berges, nicht sehr groß ist; dennoch ist die Kirche an sich von großer Schönheit.[12]

4. Als wir nun auf Weisung Gottes den Gipfel bestiegen hatten und an die Tür dieser Kirche gekommen waren, siehe, da kam ein Priester, der für diese Kirche zuständig war, aus seiner Einsiedelei auf uns zu — ein Greis, noch voller Kraft, Mönch seit seiner frühesten Jugend und, wie man hier sagt, ein Asket[13], kurzum: jemand, der würdig ist,

---

[13] Der Begriff *ascitis* ist für Egeria wohl neu in diesem Zusammenhang. Die Übernahme des Itazismus in die geschriebene Form spricht für eine Kenntnis nur vom Hören; vgl. MARAVAL, *Égérie* 133 Anm. 3. Ursprünglich bezeichnete der Begriff „nicht Mönche, sondern Menschen, die sich dem Ideal christlicher Vollkommenheit, der Abtötung des Fleisches und dem Zölibat geweiht hatten, aber mit ihren Familien oder doch in ihren Ortschaften lebten" (DONNER, *Pilgerfahrt* 86 Anm. 16). Hier beginnt man, ihn auf die besonders streng lebenden Mönche zu übertragen. Vgl. dazu auch MOHRMANN, *Monachisme* 169.

dignus est esse in eo loco. Occurrerunt etiam et alii presbyteri, nec non etiam et omnes monachi, qui ibi commorabantur iuxta montem illum, id est qui tamen aut etate aut inbeccillitate non fuerunt impediti.

5. Verum autem in ipsa summitate montis illius mediani nullus commanet; nichil enim est ibi aliud nisi sola ecclesia et spelunca, ubi fuit sanctus Moyses.

6. Lecto ergo ipso loco omni[a] de libro Moysi et facta oblatione ordine suo, hac sic communicantibus nobis, iam ut exiremus de aecclesia, dederunt nobis presbyteri loci ipsius eulogias, id est de pomis, quae in ipso monte nascuntur. Nam cum ipse mons sanctus Syna totus petrinus sit, ita ut nec fruticem habeat, tamen deorsum prope radicem montium ipsorum, id est seu circa illius qui medianus est, seu circa illorum qui per giro sunt, modica terrola est; statim sancti monachi pro diligentia | sua arbusculas ponunt et pomariola instituunt vel arationes, et iuxta sibi

---

5–7 PETRUS DIACONUS, *loc. sanct.* Z 13: In summitate autem montis illius nullus habitat, nichil est enim ibi aliut nisi sola ecclesia et spelunca in qua habitavit sanctus Moyses. || 12–13 PETRUS DIACONUS, *loc. sanct.* Z 14: Mons vero ipse totus petrinus est, ita ut nec fruticem habeat. *Exc. Matrit. (l. 6–7):* nam ipse mons totus pitrineus est. Sancti monaci ibi habitant usque hodie.

---

[14] Auch die Höhle wird erwähnt bei THEODORET, *h. rel.* 2,13 (SCh 234,222).
[15] Mit *facere oblationem* bezeichnet Egeria die Feier der Eucharistie — das ist deutlich daran zu erkennen, daß sie auch von der Kommunion spricht; hier handelt es sich um die sonntägliche Eucharistiefeier, zu der anscheinend alle Mönche auf den Berg kommen. Den Begriff *missa* gebraucht Egeria nie ausdrücklich für die Eucharistiefeier; vgl. dazu MOHRMANN, *Missa* 75–84, und Einleitung 74. Als Schrifttext wird die ganze zum Ort gehörige Stelle der Schrift gewählt. Die Fassung von FRANCESCHINI/WEBER, *Lecto ergo, ipso loco, omnia de libro Moysi*, ist deshalb zu ändern; vgl. DEVOS, *Lecto ergo ipso loco* 646–654.
[16] Als „Eulogien" bezeichnet man hier Naturalgaben, die den Pilgern geschenkt werden. Häufig ist es gesegnetes Brot; es kann aber auch eine

an diesem Ort zu sein. Es kamen uns auch noch andere Priester entgegen — ebenfalls allesamt Mönche, die dort in der Nähe des Berges wohnten —, das heißt zumindest diejenigen, die nicht durch Alter oder Schwäche daran gehindert waren.

5. Auf dem Gipfel jenes mittleren Berges selbst aber lebt niemand; dort befinden sich nur die Kirche und die Höhle, wo der heilige Mose war (vgl. Ex 33,22).[14]

6. Nachdem die ganze Stelle aus dem Buch Mose vorgelesen und das Opfer ordnungsgemäß gefeiert worden war und wir auch kommuniziert hatten[15], da gaben uns, als wir gerade die Kirche verließen, die Priester dieses Ortes Eulogien[16], das heißt Äpfel, die auf diesem Berg wachsen. Denn obwohl der ganze heilige Berg Sinai selbst so felsig ist, daß es dort keinen Strauch gibt, gibt es trotzdem unten nahe dem Fuß der Berge etwas Erde, das heißt sowohl am Fuß jenes mittleren als auch am Fuß derer, die ringsherum liegen. Sofort pflanzten die heiligen Mönche ihrer Sorgfalt entsprechend Bäumchen, legten kleine Obstgärten und Ackerland[17] an und daneben für sich Einsiedeleien (so daß

---

andere Gabe sein, die überreicht wird. Egeria spricht hier von Früchten vom Berg Sinai, in 15,6 von Früchten aus dem Garten des Johannes. Diese Eulogien sind weniger als Devotionalien zu werten, sondern als „Gastgeschenk" oder „Segensgabe"; vgl. STUIBER, *Eulogia* 914–916. Der Begriff „Eulogion" kann später auch im Zusammenhang mit der Eucharistie stehen und das gesegnete, nicht konsekrierte Brot bezeichnen; vgl. VERMEER, *Observations* 72–78.

[17] In der Handschrift ist *orationes* überliefert. GEYER hat *arationes* (kultiviertes Land, Ackerland) konjiziert, da es sich wohl um einen Schreibfehler handelt. Die Tatsache, daß am *Dschebel Musa* in bescheidenem Maße Ackerbau möglich ist, hat wohl auch zur Ansiedlung der ersten Mönche geführt — und diese möglicherweise zur Identifizierung dieses Berges mit dem Sinai; vgl. SOLZBACHER, *Mönche* 141 f. Die Problematik solcher Gärten für Mönche, die an nichts Weltliches ihr Herz hängen sollen, spiegelt sich in den *Apophthegmata patrum*, den Aussprüchen der Mönchsväter; vgl. dazu SOLZBACHER, *Mönche* 99–102.

monasteria, quasi ex ipsius montis terra aliquos fructus capiant, quos tamen manibus suis elaborasse videantur.

7. Hac sic ergo posteaquam communicaveramus et dederant nobis eulogias sancti illi et egressi sumus foras hostium ecclesiae, tunc cepi eos rogare, ut ostenderent nobis singula loca. Tunc statim illi sancti dignati sunt singula ostendere. Nam ostenderunt nobis speluncam illam, ubi fuit sanctus Moyses, cum iterato ascendisset in montem Dei, ut acciperet denuo tabulas, posteaquam priores illas fregerat peccante populo, et cetera loca, quaecumque desiderabamus vel quae ipsi melius noverant, dignati sunt ostendere nobis.

8. Illud autem vos volo scire, dominae venerabiles sorores, quia de eo loco ubi stabamus, id est in giro parietes ecclesiae, id est de summitate montis ipsius mediani, ita infra nos videbantur esse illi montes, quos primitus vix ascenderamus, iuxta istum medianum, in quo stabamus, ac si essent illi colliculi, cum tamen ita infiniti essent, ut non me putarem aliquando altiores vidisse, nisi quod hic medianus eos nimium precedebat. Egyptum autem et Palestinam et mare Rubrum et mare illut Parthenicum, quod mittit Alexandriam, nec non et fines Saracenorum infinitos ita

---

15 – p. 132,1 PETRUS DIACONUS, *loc. sanct.* Z 15: De summitate vero montis mediani ita subtus videntur esse illi montes excelsissimi quasi colliculi. A vertice autem montis Syna Egyptus, Palestina, mare Rubrum, mare Parthenicum quod mittit Alexandriam, nec non et fines Sarracenorum videntur.

---

[18] Egeria benutzt neben *dominae venerabiles sorores* (auch 20,5) für ihre Mitschwestern verschiedene Anreden: *dominae animae meae* (19,19), *dominae, lumen meum* (23,10), *dominae sorores* (46,1.4) und *affectio vestra* (5,8 u.ö.).

[19] Als *mare Parthenicum* wird in der antiken Literatur das Mittelmeer zwischen Ägypten und Syrien/Palästina bezeichnet; vgl. LÖFSTEDT, *Philologischer Kommentar* 124.

aussieht), als ob sie aus der Erde des Berges selbst irgendwelche Früchte bekämen, die sie sich doch — wie man sieht — mit ihren eigenen Händen erarbeitet haben.

7. Nachdem wir nun also kommuniziert hatten, jene Heiligen uns die Eulogien gegeben hatten und wir vor das Tor der Kirche getreten waren, begann ich, sie zu bitten, uns die einzelnen Orte zu zeigen. Da waren die Heiligen sofort bereit, sie uns zu zeigen. Sie zeigten uns jene Höhle, wo der heilige Mose sich aufhielt, als er zum zweiten Mal auf den Berg Gottes gestiegen war, um noch einmal die Tafeln zu empfangen (vgl. Ex 34,4–7), nachdem er die ersten wegen des sündigen Volkes zerbrochen hatte (vgl. Ex 32,19). Und weiter waren sie so freundlich, uns auch alle übrigen Stellen zu zeigen, die wir sehen wollten und die sie selbst besser kannten.

8. Ich möchte aber, daß ihr folgendes wißt, verehrte Damen Schwestern[18]: Von der Stelle aus, an der wir standen — das heißt außerhalb der Kirchenmauern, also auf dem Gipfel des mittleren Berges —, schienen die Berge, die wir zuerst mit Mühe bestiegen hatten, im Vergleich mit dem mittleren, auf dem wir standen, so weit unter uns zu liegen, als wären sie kleine Hügel. Tatsächlich waren sie aber so groß, daß ich meinte, niemals höhere gesehen zu haben; aber dieser mittlere hier überragte sie alle bei weitem. Von hier aus aber sahen wir unter uns Ägypten und Palästina, das Rote Meer und das Parthenische Meer[19], das bis nach Alexandria reicht, sowie das endlose Gebiet der Sarazenen[20]

---

[20] Mit *Saraceni* bezeichnet man z. Zt. der Egeria die arabischen Nomaden des Sinai und der Arabischen Halbinsel — einen ständigen Unsicherheitsfaktor an der römischen Südostgrenze; vgl. PETRUS DIACONUS, loc. sanct. Y 6. Vgl. dazu auch SOLZBACHER, *Mönche* 76–80, und RUBIN, *Sinai* 177–191.

subter nos inde videbamus, ut credi vix possit; quae tamen singula nobis illi sancti demonstrabant.

4.1. Completo ergo omni desiderio, quo festinaveramus ascendere, cepimus iam et descendere ab ipsa summitate montis Dei, in qua ascenderamus, in alio monte, qui ei periunctus est, qui locus appellatur in Choreb; ibi enim est ecclesia.
2. Nam hic est locus Choreb, ubi fuit sanctus Helias propheta, qua fugit a facie Achab regis, ubi ei locutus est Deus dicens: „Quid tu hic Helias?", sicut scriptum est in | libris regnorum. Nam et spelunca, ubi latuit sanctus Helias, in hodie ibi ostenditur ante hostium ecclesiae, que ibi est; ostenditur etiam ibi altarium lapideum, quem posuit ipse sanctus Helias ad offerendum Deo, sicut et illi sancti singula nobis ostendere dignabantur.
3. Fecimus ergo et ibi oblationem et orationem impensissimam, et lectus est ipse locus de libro regnorum: id enim nobis vel maxime ... desideraveram semper, ut

---

5–7 PETRUS DIACONUS, *loc. sanct.* Z 16: In monte uero Choreb, qui eidem monti coniunctus est, est ecclesia. || 11–14 PETRUS DIACONUS, *loc. sanct.* Z 17: Et ante ecclesiam spelunca in qua latuit sanctus Helias sub Achab. Ostenditur ibi etiam altarium lapideum, quem posuit ipse sanctus Helias ad offerendum Deo.

---

[21] Auch an dieser Stelle übertreibt Egeria mit religiösem Eifer: Vom *Dschebel Musa* aus kann man nämlich lediglich — und das nur unter extrem günstigen Bedingungen — bis zum Golf von Suez und bis zum Golf von Aqaba sehen, vgl. DONNER, *Pilgerfahrt* 87 Anm. 23.
[22] Der Pilgerin wird wahrscheinlich der *Dschebel Safsafeh* (2168 m), der nordwestliche Ausläufer des Sinai-Massivs, als Horeb gezeigt. Zu den byzantinischen Resten dort vgl. FINKELSTEIN, *Remains* 334–340. Man hat also zu Egerias Zeit den Sinai und den Horeb noch nicht miteinander identifiziert. Und obwohl HIERONYMUS in einer Ergänzung zum *Onomastikon* des EUSEBIUS schreibt, daß beide Namen den gleichen Berg

— man konnte es kaum glauben. Die Heiligen aber zeigten uns das in allen Einzelheiten.[21]

Der Horeb

4.1. Nachdem nun alles Verlangen gestillt war, das uns eilig hatte heraufsteigen lassen, begannen wir, von jenem Gipfel des Gottesberges, den wir bestiegen hatten, hinabzusteigen, auf einen anderen Berg, der diesem benachbart ist. Der Ort wird „am Horeb"[22] genannt. Dort steht inzwischen eine Kirche.

2. Denn dies ist der Ort Horeb, wo sich der heilige Prophet Elija aufhielt, als er vor dem Angesicht des Königs Ahas geflohen war, der Ort, wo Gott zu ihm sprach: „Was willst du hier, Elija?", wie es geschrieben steht im Buch der Könige (vgl. 1 Kön 19, 9. 13)[23]. Auch die Höhle, in der sich der heilige Elija verborgen hielt, wird heute noch vor der Tür der Kirche gezeigt, die dort steht. Es wird dort auch ein Steinaltar gezeigt, den der heilige Elija selbst gebaut hat, um Gott zu opfern[24]. Und die Heiligen waren so freundlich, uns alles im einzelnen zu zeigen.

3. Wir feierten dann dort das Opfer und verrichteten ein inständiges Gebet, und die Stelle aus dem Buch der Könige wurde vorgelesen (1 Kön 19, 1–13a): Das war nämlich fast (immer unsere Gewohnheit, daß überall, wenn wir zu den

---

meinen (vgl. HIERONYMUS, onomast. [GCS 11/1, Eusebius 3/1, 173]), zeigt man dem Pilger von Piacenza um 570 noch beide Berge (vgl. Anon. Plac. 37 [CCL 175, 147 f]). Die Formulierung *qui locus appellatur „in Choreb"* ist wohl der griechischen Fassung von Ex 17,6 nachgebildet: ὅδε ἐγὼ ἕστηκα πρὸ τοῦ σὲ ἐκεῖ ἐπὶ τῆς πέτρας ἐν Χωρήβ. Vgl. zur Entwicklung von solchen Ortsbezeichnungen WILKINSON, *Egeria's travels* 293–295.

[23] Vgl. auch PETRUS DIACONUS, *loc. sanct.* V 5.

[24] 1 Kön 19 spricht nicht von einem Altar, auf dem Elija opferte. Von einem beduinischen Kult auf dem Horeb und einem marmornen Kultbild berichtet *Anon. Plac.* 38 (CCL 175, 148 f).

ubicumque venissemus, semper ipse locus de libro legeretur.

4. Facta ergo et ibi oblatione, accessimus denuo ad alium locum non longe inde, ostendentibus presbyteris vel monachis, id est ad eum locum, ubi steterat sanctus Aaron cum septuaginta senioribus, cum sanctus Moyses acciperet a Domino legem ad filios Israhel. In eo ergo loco, licet et tectum non sit, tamen petra ingens est per girum, habens planitiem supra se, in qua stetisse dicuntur ipsi sancti; nam et in medio ibi quasi altarium de lapidibus factum habet. Lectus est ergo et ibi ipse locus de libro Moysi et dictus unus psalmus aptus loco; ac sic facta oratione descendimus inde.

5. Ecce et coepit iam esse hora forsitan octava, et adhuc nobis superabant milia tria, ut perexiremus montes ipsos, quos ingressi fueramus pridie sera; sed non ipsa parte exire habebamus, qua intraveramus, sicut superius dixi, quia necesse nos erat et loca omnia sancta ambulare et monasteria, quecumque erant ibi, videre et sic ad vallis illius, quam superius dixi, caput exire, id est huius vallis, quae subiacet monti Dei.

6. Propterea autem ad caput ipsius vallis exire nos necesse erat, quoniam ibi erant monasteria plurima sanctorum

---

3–10 PETRUS DIACONUS, *loc. sanct.* Z 18: Non longe autem inde est locus ubi stetit sanctus Aaron cum septuaginta senioribus. In eo loco tectum non est, petra tamen ingens est per girum habens planitiem supra se ubi illi steterunt; in medio autem lapideum altarium est. || 20–21 PETRUS DIACONUS, *loc. sanct.* Z 19: In capite uero vallis que monti subiacet.

---

[25] Der Text hat nach *maxime* vermutlich eine Auslassung. In Parallele zu 10,7 rekonstruiert GEYER den Text: *Id enim nobis vel maxime <consuetudinis erat semper, ut ubicumque ad ea loca, quae> desidera-*

Orten gekommen waren, die) ich ersehnte, immer die entsprechende Stelle aus der Bibel gelesen wurde.[25]

4. Nachdem wir also auch dort das Opfer gefeiert hatten, gingen wir anschließend an einen anderen Ort — nicht weit von dort —, den uns die Priester und Mönche zeigten, das heißt zu demjenigen Ort, wo der heilige Aaron mit den siebzig Ältesten stand, als der heilige Mose vom Herrn das Gesetz für die Kinder Israels erhielt (vgl. Ex 24,9–14). An dieser Stelle also ist, obwohl dort kein Gebäude steht, ein mächtiger, kreisrunder Fels, der oben flach ist, auf dem — wie man erzählt — die Heiligen selbst gestanden haben. Dort in der Mitte steht auch eine Art Altar, der aus Steinen gemacht ist. Und auch da wurde die entsprechende Stelle aus dem Buch Mose vorgelesen und ein dem Ort angemessener Psalm gesungen; nach diesem Gebet stiegen wir von dort hinab.[26]

5. Und siehe, es begann schon fast die achte Stunde, und uns blieben immer noch drei Meilen, um das Bergmassiv zu verlassen, das wir am Abend vorher betreten hatten. Wir konnten es aber nicht an derselben Stelle verlassen, an der wir hineingekommen waren, weil — wie ich oben schon sagte — wir zu allen heiligen Orten wandern und alle Einsiedeleien sehen wollten, die dort waren, und sie so an jenem Talanfang verlassen mußten, den ich bereits erwähnte, das heißt bei jenem Tal, das am Fuß des Gottesberges liegt.

6. Wir mußten aber deswegen bei diesem Talanfang hinausgehen, weil dort sehr viele Einsiedeleien von heiligen Männern waren und eine Kirche an dem Ort stand, wo

---

veram, venissemus, semper ipse locus de libro legeretur. Dem folgt die Übersetzung.
[26] Egeria schreibt an zahlreichen Stellen von solchen „Wallfahrtsandachten". Sie bestehen aus Gebet, Lesung, Psalm (beides passend zum Ort) und Gebet; wenn ein Bischof anwesend ist, folgt auch eine Segnung; vgl. dazu u. a. 4,8; 10,7; 14,1; 19,2.16; 20,3. Vgl. zum Ganzen ZERFASS, *Schriftlesungen* 5 f.

ho|minum et ecclesia in eo loco, ubi est rubus; qui rubus |43
usque in hodie vivet et mittet virgultas.

7. Ac sic ergo perdescenso monte Dei pervenimus ad rubum hora forsitan decima. Hic est autem rubus, quem superius dixi, de quo locutus est Dominus Moysi in igne, qui est in eo loco, ubi monasteria sunt plurima et ecclesia in capite vallis ipsius. Ante ipsam autem ecclesiam hortus est gratissimus, habens aquam optimam abundantem, in quo horto ipse rubus est.

8. Locus etiam ostenditur ibi iuxta, ubi stetit sanctus Moyses, quando ei dixit Deus: „Solve corrigiam calciamenti tui" et cetera. Et in eo ergo loco cum pervenissemus, hora decima erat iam, et ideo, quia iam sera erat, oblationem facere non potuimus. Sed facta est oratio in ecclesia nec non etiam et in horto ad rubum; lectus est etiam locus ipse de libro Moysi iuxta consuetudinem: et sic, quia sera erat, gustavimus nobis loco in horto ante rubum cum sanctis ipsis: ac sic ergo fecimus ibi mansionem. Et alia die maturius vigilantes rogavimus presbyteros ut et ibi fieret oblatio, sicut et facta est.

5. 1. Et quoniam nobis iter sic erat, ut per valle illa media, qua tenditur per longum, iremus, id est illa valle, quam superius dixi, ubi sederant filii Israhel, dum Moyses ascenderet in montem Dei et descenderet: itaque ergo singula,

---

1–2 PETRUS DIACONUS, *loc. sanct.* Z 20: ibi ecclesia est in eo loco ubi locutus est Dominus Moysi in rubo, qui rubus usque hodie vivit et mittit virgulta. || 4–7 *Exc. Matrit. (l. 7–9)*: dicit de loco ubi rubus ardebat, ubi maiestas Moysi loqutus est, sanctam ibi aeclesia et monasterium bonum. || 8 PETRUS DIACONUS, *loc. sanct.* Z 21: Ibi ergo aqua est obtima.

---

[27] Egeria wird die Vorgängerin der von JUSTINIAN zwischen 548 und 562 errichteten Basilika des Katharinenklosters im *Wadi ed-Der* gezeigt. *Rubrum* ist dabei feste Bezeichnung für den Ort. In der vielfach umge-

der Dornbusch ist; dieser Dornbusch lebt und treibt bis heute Zweige.[27]

Beim Dornbusch

7. Und als wir dann vom Gottesberg wieder herabgestiegen waren, kamen wir um die zehnte Stunde zum Dornbusch. Hier steht nun der Dornbusch, den ich oben schon erwähnte, aus dem der Herr im Feuer zu Mose sprach (vgl. Ex 3). Er befindet sich an dem Ort am Anfang dieses Tales, wo es sehr viele Einsiedeleien gibt und eine Kirche. Vor eben dieser Kirche aber ist ein sehr anmutiger Garten mit bestem Wasser im Überfluß; in diesem Garten steht der Dornbusch.

8. Unweit davon wird dort auch die Stelle gezeigt, wo der heilige Mose stand, als Gott zu ihm sprach: „Löse die Riemen deiner Schuhe" (Ex 3,5) und das folgende. Und als wir dann schließlich an dem Ort angekommen waren, war es bereits die zehnte Stunde, und weil es schon so spät war, konnten wir kein Opfer mehr feiern. Es wurde aber ein Gebet in der Kirche gesprochen und auch im Garten beim Dornbusch. Ebenfalls wurde nach unserer Gewohnheit die entsprechende Stelle aus dem Buch Mose vorgelesen (vgl. Ex 3,1 – 4,17). Und weil es spät war, speisten wir mit den Heiligen dort im Garten vor dem Dornbusch und schlugen dann dort unser Nachtlager auf. Als wir frühmorgens am nächsten Tag erwachten, baten wir die Priester, auch dort das Opfer zu feiern. So geschah es dann auch.

5.1. Weil unser Weg so verlief, daß wir der Länge nach mitten durch das Tal kamen — das heißt durch jenes Tal, von dem ich schon oben sprach, wo die Kinder Israels lagerten, während Mose auf den Berg Gottes stieg und wieder herabstieg —, deshalb also zeigten uns die Heiligen

---

bauten Kirche kann man bis heute die Kapelle zum Gedächtnis des brennenden Dornbusches und im Innenhof des Klosters einen Dornbusch sehen; vgl. SOLZBACHER, *Mönche* 252–268.

quemadmodum venimus per ipsam totam vallem, semper nobis sancti illi loca demonstrabant.

2. Nam in primo capite ipsius vallis, ubi manseramus et videramus rubum illum, de quo locutus est Deus sancto Moysi in igne, videramus etiam et illum locum, in quo steterat ante rubum sanctus Moyses, quando ei dixit Deus: „Solve corrigiam calciamenti tui; locus enim, in quo stas, terra sancta est."

3. Ac sic ergo cetera loca, quemadmodum profecti sumus de rubo, semper nobis ceperunt ostendere. Nam et monstraverunt locum ubi fuerunt castra filiorum Israhel his diebus, quibus Moyses fuit in montem. | Monstraverunt etiam locum ubi factus est vitulus ille; nam in eo loco fixus est usque in hodie lapis grandis.

4. Nos etiam, quemadmodum ibamus, de contra videbamus summitatem montis, que inspiciebat super ipsa valle tota, de quo loco sanctus Moyses vidit filios Israhel habentes choros his diebus, qua fecerant vitulum. Ostenderunt etiam petram ingentem in ipso loco ubi descendebat sanctus Moyses cum Iesu filio Nave, ad quem petram iratus fregit tabulas, quas afferebat.

5. Ostenderunt etiam quemadmodum per ipsam vallem unusquisque eorum abitationes habuerant, de quibus abitationibus usque in hodie adhuc fundamenta parent, quemadmodum fuerunt lapide girata. Ostenderunt etiam locum

---

22–25 PETRUS DIACONUS, *loc. sanct.* Z 22: Ostenditur etiam in ipsa valle qualiter unusquisque habitationes habuerant, de quibus habitationibus usque in odiernum diem fundamenta parent, quemadmodum fuerunt lapidibus circumdata.

---

[28] Da Egeria davon ausgeht, daß die in Ex 3 und Ex 19–31 geschilderten Ereignisse an dem ihr gezeigten Berg stattgefunden haben, muß sie auch die Orte der anschließenden Ereignisse von Ex 32–40 und Num 11 in der Umgebung des Berges suchen.

jedesmal alle einzelnen Stellen auf dem Weg durch das ganze Tal.

2. An der Spitze dieses Talanfangs, wo wir unser Nachtlager aufgeschlagen und jenen Dornbusch gesehen hatten, aus dem Gott zum heiligen Mose im Feuer gesprochen hatte, hatten wir auch die Stelle gesehen, an der der heilige Mose vor dem Dornbusch gestanden hatte, als ihm Gott sagte: „Löse die Riemen deiner Schuhe; denn der Ort, wo du stehst, ist heiliger Boden" (Ex 3,5).

3. Und als wir dann vom Dornbusch aufgebrochen waren, begannen sie, uns immer weiter die übrigen Orte zu zeigen.[28] Sie zeigten uns dann die Stelle, wo das Lager der Kinder Israels gewesen war an den Tagen, als Mose auf dem Berg war. Sie zeigten uns auch den Ort, an dem jenes Kalb gemacht worden war; denn an dieser Stelle ist bis heute ein großer Stein aufgestellt (vgl. Ex 32,1–20).

4. Als wir weitergingen, sahen wir uns gegenüber auch den Gipfel eines Berges, der über das gesamte Tal blickte. Von dieser Stelle aus sah der heilige Mose die Kinder Israels an jenen Tagen tanzen, als sie das Kalb angefertigt hatten. Sie zeigten uns an diesem Ort auch den gewaltigen Felsen, wo der heilige Mose mit Josua, dem Sohn des Nun, herabstieg; an diesem Felsen zerbrach er im Zorn die Tafeln, die er bei sich trug (vgl. Ex 32,19).

5. Sie zeigten uns dann, auf welche Weise jeder von ihnen in diesem Tal seine Behausung hatte, von denen bis heute noch die Fundamente — sie waren wie Kreise aus Stein — sichtbar sind.[29] Anschließend zeigten sie uns die Stelle, wo

---

[29] Wahrscheinlich zeigte man der Pilgergruppe Steinsetzungen, die teilweise schon vorgeschichtlich oder beduinischen Ursprungs sind und auch heute noch besichtigt werden; vgl. DONNER, *Pilgerfahrt* 91 Anm. 33.

ubi filios Israhel iussit currere sanctus Moyses „de porta in porta", regressus a monte.

6. Item ostenderunt nobis locum ubi incensus est vitulus ipse, iubente sancto Moyse, quem fecerat eis Aaron. Item ostenderunt torrentem illum, de quo potavit sanctus Moyses filios Israhel, sicut scriptum est in Exodo.

7. Ostenderunt etiam nobis locum ubi de spiritu Moysi acceperunt septuaginta viri. Item ostenderunt locum ubi filii Israhel habuerunt concupiscentiam escarum. Nam ostenderunt nobis etiam et illum locum, qui appellatus est incendium, quia incensa est quedam pars castrorum, tunc qua orante sancto Moyse cessavit ignis.

8. Ostenderunt etiam et illum locum ubi eis pluit manna et coturnices. Ac sic ergo singula, quecumque scripta sunt in libris sanctis Moysi facta fuisse in eo loco, id est in ea valle, quam dixi subiacere monti Dei, id est sancto Syna, ostensa sunt nobis. Quae quidem omnia singulatim scribere satis fuit, quia nec retinere poterant tanta; sed cum leget affectio vestra libros sanctos Moysi, omnia diligentius pervidet, quae ibi facta sunt.

9. Haec est ergo vallis ubi celebrata est pascha completo anno profectionis filiorum Israhel de terra Egypti, quoniam in ipsa valle filii Israhel | commorati sunt aliquandiu, id est donec sanctus Moyses ascenderet in montem Dei et descenderet primum et iterato; et denuo tandiu ibi inmorati

---

[30] Mose ließ nicht alle Israeliten, sondern nur die Leviten im Lager „von Tor zu Tor" umherlaufen, damit sie ihre Verwandten umbrächten, die das goldene Kalb gemacht und verehrt hatten; vgl. DONNER, *Pilgerfahrt* 91 Anm. 34.

[31] Der Bach, aus dem die Israeliten nach der Verbrennung des Kalbes tranken, ist nicht zu verwechseln mit der Wasserstelle des Felsquellwunders aus Ex 17,5 f. Vgl. PÉTRÉ/VRETSKA, *Pilgerreise* 106 f.

[32] Zu *satis* im Sinne von „zuviel" vgl. LÖFSTEDT, *Philologischer Kommentar* 147.

der heilige Mose die Kinder Israels „von Tor zu Tor" laufen ließ, als er vom Berg zurückgekommen war (vgl. Ex 32, 27)[30].

6. Ebenso zeigten sie uns die Stelle, wo jenes Kalb, das Aaron für diese angefertigt hatte, auf Befehl des heiligen Mose verbrannt wurde. Dann bekamen wir den Bach gezeigt, aus dem der heilige Mose die Kinder Israels hatte trinken lassen, wie es in Exodus geschrieben steht (vgl. Ex 32, 20)[31].

7. Auch den Ort, wo die siebzig Männer Anteil am Geist des Mose erhielten (vgl. Num 11, 24), zeigten sie uns. Ebenso zeigten sie die Stelle, wo die Kinder Israels von Gier nach Speise gepackt wurden (vgl. Num 11, 4). Dann zeigten sie uns auch jenen Ort, der „Brandstätte" genannt wird, weil dort ein Teil des Lagers verbrannte, bis durch das Gebet des heiligen Mose das Feuer ausging (vgl. Num 11, 1 f).

8. Sie zeigten uns auch jene Stelle, wo ihnen Manna und Wachteln regneten (vgl. Ex 16, 13–26; Num 11, 7–9). Und so wurde uns einzeln gezeigt, was nach den heiligen Büchern Moses dort an diesem Ort geschehen sein soll — das heißt in jenem Tal, das, wie gesagt, am Fuß des Gottesberges, des heiligen Sinai, liegt. Das alles im einzelnen zu beschreiben wäre zuviel[32], weil wir so viel nicht behalten konnten. Aber wenn ihr, meine Verehrtesten[33], die heiligen Bücher Moses lest, werdet ihr alles, was dort geschehen ist, ganz genau erfahren.

9. Dies ist also das Tal, in dem ein Jahr nach dem Auszug der Kinder Israels aus dem Land Ägypten das Paschafest gefeiert wurde, zumal die Kinder Israels in diesem Tal eine Zeitlang blieben, das heißt so lange, bis der heilige Mose ein erstes und ein zweites Mal auf den Berg Gottes hinauf- und wieder heruntergestiegen war. Und dann blieben sie

---

[33] „Meine Verehrtesten" als Übersetzung von *affectio vestra* versucht etwas von der „Affektiertheit" dieser Anrede zu vermitteln; zu solchen abstrakten Anreden vgl. ZILLIACUS, *Anredeformen* 176–178.

sunt, donec fieret tabernaculum et singula, quae ostensa sunt in montem Dei. Nam ostensus est nobis et ille locus, in quo confixum a Moyse est primitus tabernaculum et perfecta sunt singula, quae iusserat Deus in montem Moysi, ut fierent.

10. Vidimus etiam in extrema iam valle ipsa Memorias concupiscentiae, in eo tamen loco, in quo denuo reversi sumus ad iter nostrum, hoc est ubi exeuntes de valle illa grande reingressi sumus via, qua veneramus, inter montes illos, quos superius dixeram. Nam etiam ipsa die accessimus et ad ceteros monachos valde sanctos, qui tamen pro etate aut inbecillitate occurrere in monte Dei ad oblationem faciendam non poterant; qui tamen nos dignati sunt in monasteriis suis advenientes valde humane suscipere.

11. Ac sic ergo visa loca sancta omnia, quae desideravimus, nec non etiam et omnia loca, quae filii Israhel tetigerant eundo vel redeundo ad montem Dei, visis etiam et sanctis viris, qui ibi commorabantur, in nomine Dei regressi sumus in Faran.

12. Et licet semper Deo in omnibus gratias agere debeam, non dicam in his tantis et talibus, quae circa me conferre dignatus est indignam et non merentem, ut perambularem omnia loca, quae mei meriti non erant: tamen etiam et illis omnibus sanctis nec sufficio gratias agere, qui meam par-

---

2–3 PETRUS DIACONUS, *loc. sanct.* Z 23: Ibi etiam est locus ubi tabernaculum federis primitus fixus est.

noch einmal so lange dort, bis er das Zelt und die einzelnen
Dinge angefertigt hatte, die ihm auf dem Berg des Herrn
gezeigt worden waren. Denn es wurde uns auch jene Stelle
gezeigt, an der Mose zum ersten Mal das Zelt zusammenfügte und die einzelnen Dinge gefertigt wurden, deren
Herstellung Gott ihm auf dem Berg befohlen hatte (vgl. Ex
40, 1–33).

10. Wir sahen auch am Ende des Tales die „Lustgräber"
(vgl. Num 11, 34)[34], nämlich an der Stelle, wo wir wieder
auf unseren Weg zurückkehrten, das heißt dort, wo wir
jenes große Tal verließen und wieder auf den Weg einbogen, den wir gekommen waren — zwischen den Bergen
hindurch, von denen ich oben erzählt habe.[35] Am selben
Tag kamen wir auch zu anderen sehr heiligen Mönchen, die
aber wegen ihres hohen Alters oder wegen ihrer Schwäche
nicht mehr auf den Berg Gottes kommen konnten, um das
Opfer zu feiern; trotzdem ließen sie es sich nicht nehmen,
uns sehr freundlich aufzunehmen, als wir zu ihren Einsiedeleien kamen.

Die Rückreise nach Faran

11. Und so sahen wir alle heiligen Orte, die wir sehen
wollten, und auch alle Orte, die die Kinder Israels auf dem
Hin- oder Rückweg zum Gottesberg berührt hatten. Als
wir schließlich auch die heiligen Männer gesehen hatten,
die dort wohnten, kehrten wir im Namen Gottes nach
Faran zurück.

12. Und wenn ich auch Gott immer für alles Dank
schuldig bin — ich kann doch nicht das Große und die
vielen Dinge nennen, die er mir Unwürdigen und Verdienstlosen zuteil werden ließ, indem ich durch all diese
Orte gehen durfte, deren ich nicht würdig bin —, so kann
ich doch auch all jenen Heiligen nicht genug danken, die

---

[34] Vgl. Anm. 1, oben 118.
[35] Vgl. dazu PETRUS DIACONUS, *loc. sanct.* Y 13.

vitatem dignabantur in suis monasteriis libenti animo suscipere vel certe per omnia loca deducere, quae ego semper iuxta Scripturas sanctas requirebam. Plurimi autem ex ipsis sanctis, qui in montem Dei vel circa ipsum montem commorabantur, dignati sunt nos usque in Faran deducere, qui tamen fortiori corpore erant.

6.1. Ac sic ergo cum pervenissemus Faram, quod sunt a monte Dei milia triginta et quinque, necesse nos fuit ibi ad resumendum biduo immorari. Ac tertia die inde maturantes venimus denuo ad mansionem id est in desertum Faran, ubi et euntes manseramus, sicut et superius dixi. Inde denuo alia die facientes aquam et euntes adhuc aliquantulum inter montes pervenimus ad mansionem, quae erat iam super mare, | id est in eo loco, ubi iam de inter montes exitur et incipitur denuo totum iam iuxta mare ambulari, sic tamen iuxta mare, ut subito fluctus animalibus pedes cedat, subito etiam et in centum et in ducentis passibus, aliquotiens etiam et plus quam quingentos passus de mari per heremum ambuletur: via enim illic penitus non est, sed totum heremi sunt arenosae.

2. Faranite autem, qui ibi consueverunt ambulare cum camelis suis, signa sibi locis et locis ponent, ad quae signa

---

14–19 PETRUS DIACONUS, *loc. sanct.* Z 24: Ab alia vero parte inter montes exitur et incipitur iam iusta mare ambulare, ita ut subito per aquam maris ambules, subito etiam in quingentos passus per harenam ambulatur eremi; via enim illic penitus non est. ‖ 21–*p*. 146, 2 PETRUS DIACONUS, *loc. sanct.* Z 25: Sed qui ibidem ambulant in locis et locis signa ponunt,

---

[36] Egeria trifft mit ihrer Angabe ziemlich genau die tatsächliche Entfernung des Sinai-Massivs zur Oase *Faran:* 35 Meilen = 52 km. Die Oase Faran ist zu Egerias Zeit die einzige Stadt im Sinai und besitzt sogar einen Bischof. Neben dem Moseberg bildet sie ein zweites Zentrum des Mönchtums im Sinai; vgl. SOLZBACHER, *Mönche* 411–420. Egeria hat

so freundlich waren, meine Wenigkeit in ihren Einsiedeleien freimütig aufzunehmen oder sicher zu all den Stellen zu führen, die ich immer gemäß der Heiligen Schrift aufsuchte. Die meisten dieser Heiligen, die auf oder um diesen Berg herum wohnten, erklärten sich bereit, uns sogar noch bis nach Faran zu führen — soweit sie einen stärkeren Körperbau hatten.

Von Faran nach Klysma

6. 1. Und so kamen wir also nach Faran, das 35 Meilen vom Gottesberg entfernt ist.[36] Dort mußten wir zwei Tage zur Erholung bleiben. Am dritten Tag[37] brachen wir dann früh von dort auf und gelangten wieder zu dem Rastplatz, das heißt in die Wüste Faran, wo wir auf dem Hinweg gerastet hatten, wie ich oben schon erzählt habe.[38] Dort besorgten[39] wir uns dann am nächsten Tag Wasser, wanderten noch eine kleine Strecke zwischen den Bergen hindurch und kamen zu dem Rastplatz, der schon am Meer lag, das heißt zu der Stelle, wo man aus den Bergen herauskommt und dann wieder ganz am Meer entlangzugehen beginnt — und zwar so nahe am Meer, daß die Wellen manchmal die Füße der Tiere umspülen, dann aber auch wieder so, daß man 100 bis 200 Schritt oder sogar auch mehr als 500 Schritt vom Meer entfernt durch die Wüste ziehen muß. Einen Weg gibt es nämlich dort nicht mehr, weil alles nur noch Sandwüste ist.

2. Die Bewohner von Faran aber, die dort mit ihren Kamelen umherzuziehen pflegen, stellen sich in bestimm-

---

aber anscheinend vor allem den Berg oberhalb von Faran beschrieben; vgl. PETRUS DIACONUS, *loc. sanct.* Y 15 f.

[37] Nach DEVOS, *Date* 190 f, am 23. Dezember 383. Vom Weihnachtsfest spricht Egeria nicht. Im Osten wird nur das Epiphaniefest am 6. Januar gefeiert; vgl. 9,1 und Einleitung 84 f.

[38] Vgl. PETRUS DIACONUS, *loc. sanct.* Y 12.

[39] Zur Bedeutungserweiterung von *facere* im Sinne von „sich verschaffen" vgl. LÖFSTEDT, *Philologischer Kommentar* 162, der auch auf *Anon. Plac.* 11 (CCL 175, 135) verweist.

se tendent et sic ambulant per diem. Nocte autem signa
cameli attendunt. Et quid plura? Diligentius et securius iam
in eo loco ex consuetudine Faranitae ambulant nocte quam
aliqui hominum ambulare potest in his locis, ubi via aperta
est.

3. In eo ergo loco de inter montes exivimus redeuntes,
in quo loco et euntes inter montes intraveramus, ac sic ergo
denuo plicavimus nos ad mare. Filii etiam Israhel revertentes a monte Dei Syna usque ad eum locum reversi sunt per
iter quod ierant, id est usque ad eum locum, ubi de inter
montes exivimus et iunximus nos denuo ad mare Rubrum
et inde nos iam iter nostrum, quo veneramus, reversi sumus: filii autem Israhel de eodem loco, sicut scriptum est
in libris sancti Moysi, ambulaverunt iter suum.

4. Nos autem eodem itinere et eisdem mansionibus,
quibus ieramus, reversi sumus in Clesma. In Clesma autem
cum venissemus necesse nos fuit denuo et ibi denuo resumere, quoniam iter heremi arenosum valde feceramus.

---

ad quod signum per diem ambulant, nocte autem signa cameli adtendunt.

---

[40] Solche Zeichen, die aus Holzstangen oder kleinen Steinpyramiden
bestehen, werden auch heute noch zur Orientierung der Karawanen
gebraucht; vgl. DONNER, *Pilgerfahrt* 94 Anm. 47. Zu den *faranitae* vgl.
SOLZBACHER, *Mönche* 51, und RUBIN, *Sinai* 181f, der darauf verweist,
daß diese Beduinen (Gruppen der *saraceni* von 3, 8) *foederati* (Bundes-
genossen) der Römer waren.
[41] Die Annahme, die Israeliten hätten diesen Weg an der Westküste der
Sinaihalbinsel entlang genommen und wären also auf diesem Weg Richtung Klysma zurückgekehrt, beruht wohl auf Num 10, 12. Die dort
genannte *Wüste Paran* wird von Egeria mit dem ihr bekannten Faran

ten Abständen Zeichen auf. Nach diesen Zeichen richten sie sich, und so ziehen sie tagsüber umher. Nachts aber beachten die Kamele die Zeichen.[40] Aber wozu noch mehr erzählen? Die Bewohner von Faran wandern dank ihrer Gewohnheit in dieser Gegend bei Nacht genauer und sicherer, als ein anderer Mensch in Gegenden reisen kann, wo der Weg offensichtlich ist.

3. Wir kamen also auf unserem Rückweg an der Stelle aus den Bergen heraus, an der wir sie auf dem Hinweg auch betreten hatten, und so wandten wir uns wieder dem Meer zu. Auch die Kinder Israels waren auf demselben Weg, den sie hingezogen waren, bis zu diesem Ort zurückgekehrt, als sie vom Gottesberg Sinai kamen, das heißt bis dahin, wo wir aus den Bergen herauskamen und uns dann wieder dem Roten Meer zuwandten. Von dort gingen wir auf dem Weg zurück, den wir auch gekommen waren: Die Kinder Israels aber zogen von dieser Stelle aus ihren Weg, wie in den Büchern des heiligen Mose aufgeschrieben ist[41].

4. Wir aber gingen auf demselben Weg und über dieselben Rastplätze zurück nach Klysma, über die wir gekommen waren.[42] Als wir aber in Klysma angekommen waren, mußten wir uns dort erst wieder erholen, weil wir einen sehr sandigen Wüstenweg zurückgelegt hatten.

---

identifiziert. Die Angaben in Num 33,16–37 weisen für den weiteren Weg der Israeliten, wie ihn die Bibel sich vorstellt, eher in Richtung Nordosten, wo sich die Oase Kadesch-Barnea und das Land der Edomiter befinden.

[42] Zu diesem Hinweg vgl. PETRUS DIACONUS, *loc. sanct.* Y 11–13. Egeria identifiziert Klysma mit dem Ort des Durchzugs der Israeliten durch das Rote Meer; vgl. EUSEBIUS, *onomast.* (GCS 11/1, Eusebius 3/1, 44) zu Baal-Zefon. Klysma lag an der Stelle des heutigen Suez und war eine Stadt des Seehandels, die von Kaiser TRAJAN (98–117) an die Stelle des ptolemäischen Arsinoë gesetzt worden war; vgl. DONNER, *Pilgerfahrt* 95 Anm. 50. Zu Egerias Vorstellung vom Durchzug durch das Rote Meer und zu Klysma vgl. auch PETRUS DIACONUS, *loc. sanct.* Y 4–9.

7.1. Sane licet terra Gesse iam nosse, id est qua primitus ad Egyptum fueram, tamen ut perviderem omnia loca, quae filii Israhel exeuntes de Ramesse tetigerant euntes, donec pervenirent usque ad mare Rubrum, qui locus nunc de castro, qui ibi est, appellatur Clesma; desiderii ergo fuit, ut 5 de | Clesma ad terram Gesse exiremus, id est ad civitatem |47 quae appellatur Arabia, quae civitas in terra Gesse est; nam inde ipsum territorium sic appellatur, id est terra Arabiae, terra Iesse, quae tamen terra Egypti pars est, sed melior satis quam omnis Egyptus est. 10
2. Sunt ergo a Clesma, id est a mare Rubro, usque ad Arabiam civitatem mansiones quattuor per heremo sic tamen per heremum, ut cata mansiones monasteria sint cum militibus et prepositis, qui nos deducebant semper de castro ad castrum. In eo ergo itinere sancti, qui nobiscum 15

11–12 PETRUS DIACONUS, *loc. sanct.* Z 26: A mare autem Rubro usque ad Arabie civitatem mansiones quadtuor sunt.

---

[43] Das Gebiet, das Egeria *Goschen* nennt (sie schreibt uneinheitlich *Gesse, Gessen, Iesse* oder *Iessen*) und mit der biblischen Landschaft gleichen Namens (vgl. u. a. Gen 45,10; Ex 9,26) identifiziert, ist nicht genau zu lokalisieren, zumal der Name in ägyptischen Texten nicht belegt ist. Egeria reiste in das Gebiet zwischen dem östlichen Nilarm und dem Krokodilsee *(Birket et-Timsah);* vgl. DONNER, *Pilgerfahrt* 95 Anm. 51.
[44] Das in Gen 47,11 genannte „Gebiet von Ramses" ist für Egeria identisch mit Goschen. Ob das biblische Ramses von Ex 1,11 (Frondienst der Israeliten beim Bau der Stadt) und Ex 12,37 (Aufbruch von Ramses), d. h. die von RAMSES II. (ca. 1300–1230 v. Chr.) begonnene Residenzstadt — identifiziert mit dem Ruinenfeld von *Qantir* — auch noch das Ramses ist, das Egeria gezeigt wird, ist unklar; siehe Anm. 53, unten 154.
[45] Die Stadt Arabia ist nicht genau zu lokalisieren. Außer daß sie Bischofssitz und Rastplatz ist (vgl. 9,1), läßt sich Egerias Bericht nicht viel entnehmen. Bei einer Identifikation mit *Faqus* (römisch: *Phacusa*) sind zwar die Ruinen der Ramsesstadt in *Qantir*, 4 Meilen (vgl. 8,1) nördlich von *Faqus*, zu finden, aber die angegebene Reiseroute (von

Von Klysma nach Arabia (Das Land Goschen)

7.1. Gewiß, ich hatte Goschen[43] schon kennengelernt, als ich das erstemal in Ägypten gewesen war; trotzdem wollte ich alle Orte sehen, die die Kinder Israels nach ihrem Fortgang von Ramses[44] gestreift hatten, bis sie zum Roten Meer kamen — zu dem Ort, der jetzt nach dem Lager, das dort steht, Klysma heißt. Ich hatte also den Wunsch, daß wir von Klysma in das Land Goschen zögen, das heißt zu einer Stadt, die Arabia[45] genannt wird und im Land Goschen liegt. Denn nach ihr wird dieses Gebiet so genannt, nämlich „Land Arabias" und „Land Goschen", das trotzdem ein Teil des Landes Ägypten ist, aber viel besser als das ganze übrige Ägypten (vgl. Gen 47,6).

2. Es sind also von Klysma, das heißt vom Roten Meer, bis zur Stadt Arabia vier Rastplätze in der Wüste. In der Wüste aber ist es so, daß bei den Rastplätzen Posten[46] mit Soldaten und Offizieren sind, die uns immer von Lager zu Lager führten. Unterwegs zeigten uns dann die Heiligen,

---

Ramses nach Arabia) paßt schlecht zu dieser Lage; siehe Anm. 53, unten 154. Die Aussage, daß die Stadt dem Gebiet den Namen gegeben hat, bezieht sich auf die Formulierung in Gen 45,10; 46,34 und 47,6 (LXX) „Goschen in Arabia" (vgl. auch 7,9), wo der ptolemäische Distrikt Arabia gemeint ist. Daß die Stadt und Landschaft „trotzdem ein Teil des Landes Ägypten" ist, wird deshalb betont, weil die römische Provinz Arabia weiter östlich liegt und den Sinai sowie den Negev umfaßt.

[46] In der Handschrift ist *manasteria* überliefert. Allgemein wird angenommen, daß es sich um einen Schreibfehler handelt — möglicherweise ausgelöst durch das vorhergehende *mansiones*. Aber nur an dieser Stelle scheint *monasterium* den Sinn von „militärischem Posten" zu haben. CAMPOS, *Documento* 285, vermutet, daß die Soldaten eine ehemalige Mönchssiedlung bezogen haben, VERMEER, *Observations* 129 f, daß die Ähnlichkeit bezüglich Einsamkeit und Erscheinungsbild zu dieser Wortwahl geführt hat. SMIRAGLIA, *Testo di Egeria* 294, vermutet eine Auslassung: Der ursprüngliche Text habe entweder *monasteria sint cum m<onachis et castra cum m>ilitibus* oder *monasteria sint <et castra> cum militibus* gelautet. Da die Anwesenheit von Mönchen an allen Rastplätzen unwahrscheinlich ist, ist wohl der Bedeutung „(einsamer) Posten" der Vorzug zu geben.

erant, hoc est clerici vel monachi, ostendebant nobis singula loca, quae semper ego iuxta Scripturas requirebam; nam alia in sinistro, alia in dextro de itinere nobis erant, alia etiam longius de via, alia in proximo.

3. Nam michi credat volo affectio vestra, quantum tamen pervidere potui, filios Israhel sic ambulasse, ut quantum irent dextra, tantum reverterentur sinistra, quantum denuo in ante ibant, tantum denuo retro revertebantur: et sic fecerunt ipsum iter, donec pervenirent ad mare Rubrum.

4. Nam et Epauleum ostensum est nobis, de contra tamen, et Magdalum fuimus. Nam castrum est ibi nunc habens prepositum cum milite, qui ibi nunc presidet pro disciplina Romana. Nam et nos iuxta consuetudinem deduxerunt inde usque ad aliud castrum, et loco Belsefon ostensum est nobis, immo in eo loco fuimus. Nam ipse est campus supra mare Rubrum iuxta latus montis, quem superius dixi, ubi filii Israhel, cum vidissent Egyptios post se venientes, exclamaverunt.

5. Oton etiam ostensum est nobis, quod est iuxta deserta loca, sicut scriptum est, nec non etiam et Socchoth. Socchoth autem est clivus modicus in media valle, iuxta quem colliculum fixerunt castra filii Israhel; nam hic est locus, ubi | accepta est lex paschae.

6–9 PETRUS DIACONUS, *loc. sanct.* Z 27: Filii autem Israhel quando egressi sunt de Egipto, quantum ibant destra, tantum redibant sinistra; quantum denuo in ante ibant, tantum denuo retro revertebantur, et sic fecerunt ipsi ... *(hic desinit cod. C)*.

---

[47] Durch diese Passage scheint Egeria den Umstand erklären zu wollen, daß die ihr gezeigten Lagerplätze abseits der direkten Route liegen, von der sie glaubt, daß die Israeliten sie gezogen seien. Die Notwendigkeit, die in der Schrift genannten Orte Pi-Hahirot (LXX: Ἔπαυλις), Migdol (LXX: Μαγδώλ), Baal-Zefon (LXX: Βεελσεπφων), Etam (LXX: Οθομ) und Sukkot (LXX: Σοκχωθ) zwischen Klysma und Ramses finden zu müssen, führt zu solchen „abwegigen" Identifizierungen. Die biblischen

die bei uns waren — das heißt Kleriker und Mönche —, die einzelnen Orte, die ich immer nach der Heiligen Schrift aufsuchte; einige davon lagen links, andere rechts von unserer Strecke, einige weiter entfernt vom Weg, andere wieder näher.

3. Denn, meine Lieben, ihr könnt mir glauben: Die Kinder Israels haben, soweit ich sehen konnte, ihren Weg so gemacht, daß sie, wieweit sie nach rechts abbogen, ebensoweit auch wieder nach links zurückkehrten, und wieweit sie auch nach vorne gingen, ebensoweit wieder zurückkehrten. Und so zogen sie ihren Weg, bis sie zum Roten Meer kamen.[47]

4. Auch Pi-Hahirot wurde uns gezeigt, allerdings von der Rückseite, und wir waren in Migdol (vgl. Ex 14,2). Dort ist nämlich ein Lager, das einen Vorgesetzten mit Soldaten beherbergt, der dort jetzt im Sinne der römischen Ordnung herrscht. Sie führten uns — wie gewohnt — von dort bis zum nächsten Lager, und dort wurde uns der Ort Baal-Zefon gezeigt, ja wir waren sogar dort. Das ist nämlich ein Platz am Roten Meer am Hang eines Berges, den ich oben schon erwähnte, wo die Kinder Israels aufschrien, als sie die Ägypter hinter sich herkommen sahen (vgl. Ex 14,9).[48]

5. Ebenfalls wurde uns Etam (vgl. Ex 13,20) gezeigt, das am Rand der Wüste liegt — wie aufgeschrieben ist — und auch Sukkot (vgl. Ex 13,20). Sukkot ist aber ein kleiner Hügel mitten im Tal, neben dem die Kinder Israels ihr Lager aufschlugen; denn hier ist die Stelle, wo das Pascha-Gesetz entgegengenommen wurde (vgl. Ex 12,43–49).

Orte hatten ja alle in der Nähe des „Schilfmeeres", d. h. wahrscheinlich östlich von Pelusium am Sirbonischen See gelegen. Das Schilfmeer aber wird zu Egerias Zeiten bereits mit dem Roten Meer identifiziert. Deshalb muß auch der Durchzug durchs „Schilfmeer" bei Klysma stattgefunden haben; siehe auch Anm. 42, oben 147.

[48] Vgl. auch die genaue Beschreibung bei PETRUS DIACONUS, *loc. sanct.* Y 7.

6. Pithona etiam civitas, quam edificaverunt filii Israhel, ostensa est nobis in ipso itinere, in eo tamen loco, ubi iam fines Egypti intravimus, relinquentes iam terras Saracenorum: nam et ipsud nunc Phitona castrum est.

7. Heroum autem civitas, quae fuit illo tempore, id est ubi occurrit Ioseph patri suo Iacob venienti, sicut scriptum est in libro Genesis, nunc est come, sed grandis, quod nos dicimus vicus. Nam ipse vicus ecclesiam habet et martyria et monasteria plurima sanctorum monachorum, ad quae singula videnda necesse nos fuit ibi descendere iuxta consuetudinem, quam tenebamus.

8. Nam ipse vicus nunc appellatur Hero, quae tamen Hero a terra Iesse miliario iam sexto decimo est, nam in finibus Egypti est. Locus autem ipse, satis gratus est, nam et pars quedam fluminis Nili ibi currit.

9. Ac sic ergo exeuntes de Hero pervenimus ad civitatem, que appellatur Arabia, quae est civitas in terra Iesse, unde scriptum est dixisse Pharaonem ad Ioseph: „In meliori terra

---

[49] Der Name Pitom ist wohl vom ägyptischen *pr-Itom* („Haus des Gottes Aton") abgeleitet. Mit diesem Tempelnamen wurde zeitweise auch das spätere Heroonpolis (siehe folgende Anm.) bezeichnet. Zu Egerias Zeiten ist der alte Name auf das in der Nähe gelegene römische Kastell *Pithona* übergegangen; vgl. KETTENHOFEN, *Heroonpolis* 75–97.

[50] Der lateinische Ausdruck *Heroum civitas*, den Egeria benutzt, ist die Übertragung des griechischen Ἡρώων πόλις aus Gen 46,28 (LXX); dort wird „Goschen" mit „Heroonpolis in Ramses" übersetzt. Der Egeria gezeigte Ort *Hero* — so die zu ihrer Zeit übliche Namensform (vgl. 7,8) — ist identisch mit *Tell el-Mashuta*. Der an *Hero* vorbeifließende Nil (vgl. 7,8) ist der Kanal des Pharaos NECHO von den Bitterseen zum Nil, der von Kaiser TRAJAN wiederhergestellt wurde. Vgl. KETTENHOFEN, *Heroonpolis* 75–97.

6. Auch die Stadt Pitom (vgl. Ex 1,11)⁴⁹, die die Kinder Israels erbauten, wurde uns auf unserem Weg gezeigt, und zwar an der Stelle, wo wir schon das Gebiet Ägyptens betraten und das Land der Sarazenen verließen. Heute ist auch dieses Pitom ein Lager.

7. Heroonpolis⁵⁰ aber, das zu jener Zeit bestand — das heißt damals, als Josef seinem herankommenden Vater Jakob entgegeneilte, wie es im Buch Genesis aufgeschrieben ist (vgl. Gen 46,28f) —, ist jetzt eine Siedlung⁵¹, und zwar eine große, die wir „Dorf" nennen. Dieses Dorf hat eine Kirche, Martyrien⁵² und sehr viele Einsiedeleien von heiligen Mönchen, zu deren jeweiliger Besichtigung wir dort absteigen mußten, so wie wir es gewohnt waren.

8. Dieses Dorf heißt heute Hero und ist 16 Meilen vom Land Goschen entfernt, aber bereits im Land Ägypten. Dieser Ort ist sehr angenehm; dort fließt nämlich ein Nilarm vorbei.

Ramses und Arabia

9. Und als wir nun Hero verließen, kamen wir zu der Stadt, die Arabia genannt wird, einer Stadt im Land Goschen, von der, so steht es aufgeschrieben, der Pharao zu Josef gesagt

---

⁵¹ Egeria benutzt den Ausdruck *come* für Siedlung, die Umschrift des griechischen κώμη. Daraus kann man schließen, daß sie Griechisch lesen und schreiben können muß, denn die Aussprache des Wortes ist zu ihrer Zeit schon längst „komi" statt „kome"; vgl. DONNER, *Pilgerfahrt* 98 Anm. 65. Der Ausdruck „große Siedlung" (κώμη μεγίστη) ist ein Terminus technicus, den EUSEBIUS für sein *Onomastikon* aus einer offiziellen Liste übernommen hat — vielleicht dem Werk, das er bei der Identifizierung von Botnia (Jos 13,26 LXX) erwähnt (GCS 11/1, Eusebius 3/1, 48.11); vgl. WILKINSON, *Saint Jérôme* 251, und Einleitung 39.

⁵² Als *martyria* bezeichnet Egeria kleine Heiligtümer, die meist über den Gräbern von Märtyrern errichtet wurden und deren Verehrung dienten. Sie sind eines der Hauptziele von Egerias Pilgerreise; vgl. 17,1; 19,1.2.4; 20,5.6.7; 22,2; 23,4.7.9.10. Vgl. auch Einleitung 36f.

Egypti colloca patrem tuum et fratres, in terra Iessen, in terra Arabiae."

8.1. De Arabia autem civitate quattuor milia passus sunt Ramessen. Nos autem, ut veniremus ad mansionem Arabiae, per media Ramesse transivimus: quae Ramessen civitas nunc campus est, ita ut nec unam habitationem habeat. Paret sane quoniam et ingens fuit per girum et multas fabricas habuit; ruinae enim ipsius, quemadmodum collapsae sunt, in hodie infinitae parent.

2. Nunc autem ibi nichil aliud est nisi tantum unus lapis ingens Thebeus, in quo sunt duae statuae exclusae ingentes, quas dicunt esse sanctorum hominum, id est Moysi et Aaron; nam dicent eo quod filii Israhel in honore ipsorum eas posuerint.

3. Et est ibi preterea arbor sicomori, quae dicitur a patriarchis posita esse; nam iam vetustissima est et ideo permodica est, licet tamen adhuc fructus afferat. Nam cuicumque inquomoditas fuerit, vadent ibi et tollent surculos, et prode illis est.

---

[53] Beide Orte sind nicht eindeutig zu identifizieren; zu Arabia siehe Anm. 45, oben 148f. Die Angaben der Egeria über die ihr gezeigten Reste der Stadt Ramses passen gut zum Ruinenfeld von *Qantir*. Die dort gelegene Residenzstadt hatte eine Nord-Süd-Ausdehnung von ca. 20 km. Dann aber bleibt die Schwierigkeit der berichteten Wegstrecke von Ramses nach Arabia: Da *Qantir* nördlich von *Faqus* (= Arabia?) liegt, müßte Egeria zunächst durch Arabia gekommen sein. Deshalb hat man auch die Identifizierung von Egerias Ramses mit den Ruinen des ägyptischen *Pi-Sopd* in *Saft el-Henne* in Erwägung gezogen; dort aber findet sich keine Stadt „Arabia" im Umkreis von 4 Meilen. Vgl. DONNER, *Pilgerfahrt* 95 Anm. 52; 99 Anm. 70; WILKINSON, *Egeria's travels* 217 Anm. 8, 1.

[54] Die Handschrift hat an dieser Stelle *exclusae*. Vielfach hat man *excusae* (herausgeschlagene) oder *exculsae* (= *exsculptae* [eingemeißelte]) konjiziert. LÖFSTEDT, *Philologischer Kommentar* 181f, dagegen verweist auf die im Spätlatein veränderte Bedeutung von *excludere* im Sinne von „herausarbeiten", so daß eine Änderung des überlieferten Textes nicht notwendig ist.

hat: „Laß deinen Vater und deine Brüder sich in einem besseren Landstrich Ägyptens niederlassen, im Land Goschen, im Land Arabias" (Gen 47,6).

8.1. Von der Stadt Arabia sind es vier Meilen bis Ramses[53]. Wir aber zogen mitten durch Ramses, um zum Rastplatz in Arabia zu kommen: Diese Stadt Ramses ist jetzt ein Ruinenfeld, und zwar so, daß kein einziges Haus (mehr) dort steht. Es ist aber offensichtlich, daß sie früher von großer Ausdehnung war und viele Gebäude besaß, denn ihre Ruinen erscheinen heute endlos, obwohl sie verfallen sind.

2. Heute aber ist dort nichts anderes als ein großer Steinblock aus Theben, an dem zwei riesige Skulpturen herausgearbeitet[54] sind, die — so sagt man — zwei heilige Männer darstellen: Mose und Aaron. Man erzählt, daß die Kinder Israels sie zu ihrer Ehre dort aufgestellt hätten.[55]

3. Dort ist außerdem ein Sykomore-Baum, von dem man erzählt, er sei von den Patriarchen gepflanzt; denn er ist schon sehr alt und deshalb sehr klein, aber trotzdem trägt er bis heute Früchte. Alle, die ein Leiden plagt, gehen dorthin, nehmen Zweige, und es nützt ihnen.[56]

---

[55] „Stein aus Theben" bezeichnet roten Granit, der aus Theben per Schiff nach Unterägypten transportiert wurde. Die Egeria gezeigte Skulptur mag eine der zahlreichen ägyptischen Doppelbildnisse eines Pharaos neben einem Gott gewesen sein — sei es als Relief oder als Statue; vgl. WILKINSON, *Egeria's travels* 217 Anm. 8,2.

[56] DONNER, *Pilgerfahrt* 100 Anm. 72, weist darauf hin, daß es in *Pi-Sopd / Saft el-Henne* (= Ramses der Egeria?) Spuren eines Kultes gab, in dem der Christusdorn (verwandt mit der Sykomore) eine bedeutende Rolle spielt. Die Vorstellung vom heilsamen Baum könnte durchaus von den Christen in ihrem Sinne gedeutet worden sein; vgl. BONNET, *Reallexikon* 82-87.646; vgl. auch KÖTTING, *Peregrinatio* 188. MARAVAL, *Égérie* 160 Anm. 2, verweist auf die Sykomore als heiligen Baum der Göttin Hathor. Zur Nützlichkeit von mitgebrachten Teilen heiliger Orte vgl. auch PETRUS DIACONUS, *loc. sanct.* V 3.

4. Hoc autem referente sancto episcopo de Arabia cognovimus; nam ipse nobis dixit nomen ipsius arboris, quemadmodum appellant eam grece, id est dendros alethiae, quod nos dicimus arbor veritatis. Qui tamen sanctus | episcopus nobis Ramessen occurrere dignatus est; nam est iam senior vir, vere satis religiosus ex monacho et affabilis, suscipiens peregrinos valde bene; nam et in scripturis Dei valde eruditus est.

5. Ipse ergo cum se dignatus fuisset vexare et ibi nobis occurrere, singula ibi ostendit seu retulit de illas statuas, quas dixi, ut etiam et de illa arbore sicomori. Nam et hoc nobis ipse sanctus episcopus retulit, eo quod Farao, quando vidit quod filii Israhel dimiserant eum, tunc ille, priusquam post illos occuparet, isset cum omni exercitu suo intra Ramesse et incendisset eam omnem, quia infinita erat valde, et inde post filios Israhel fuisset profectus.

9.1. Nobis autem fortuitu hoc gratissimum evenit, ut ea die, qua venimus ad mansionem Arabia, pridie a beatissimo die epiphania esset; nam eadem die vigiliae agende erant in ecclesia. Ac sic ergo aliquo biduo ibi tenuit nos sanctus episcopus, sanctus et vere homo Dei, notus mihi iam satis de eo tempore, a quo ad Thebaidam fueram.

2. Ipse autem sanctus episcopus ex monacho est; nam a pisinno in monasterio nutritus est, et ideo aut tam erudi-

---

[57] *Dendros alethiae* / δένδρος ἀληθείας / „Baum der Wahrheit" erinnert an den Baum der Erkenntnis (vgl. Gen 2,9); vgl. DONNER, *Pilgerfahrt* 100 Anm. 73.
[58] Diesen Bischöfen *ex monacho* bringt Egeria besondere Wertschätzung entgegen. Solche Wertschätzung ist auch ein Grund für die spätere Praxis der östlichen Kirchen, Bischöfe nur noch aus dem Mönchsstand zu wählen.
[59] Diese Erzählung ist als ätiologisch anzusehen und soll die Ruinen erklären, hat aber keinen biblischen Hintergrund; vgl. DONNER, *Pilgerfahrt* 101 Anm. 75.
[60] Zum Epiphaniefest vgl. Einleitung 84–86.

4. Dies haben wir aber durch die Erzählungen des heiligen Bischofs von Arabia erfahren; denn er selbst hat uns den Namen des Baumes gesagt, wie er auf Griechisch heißt, nämlich „dendros alethiae", was bei uns soviel heißt wie „Baum der Wahrheit".⁵⁷ Dieser heilige Bischof war so freundlich, uns bis Ramses entgegenzukommen. Er ist schon ein alter Mann, wahrhaft fromm und aufgeschlossen, aus dem Mönchsstand⁵⁸, und er nimmt die Pilger sehr freundlich auf; auch in den Schriften Gottes ist er sehr bewandert.

5. Da er also zu der Mühe bereit gewesen war, uns bis dort entgegenzukommen, zeigte auch er selbst uns dort alle Einzelheiten und berichtete von den Statuen, die ich erwähnte, und auch von jenem Sykomore-Baum. Der heilige Bischof selbst erzählte uns dann auch, daß der Pharao — als er sah, daß ihn die Kinder Israels verlassen hatten —, bevor er ihnen nachsetzte, mit seinem ganzen Heer nach Ramses zog und die ganze (Stadt), die sehr groß war, anzündete; erst dann zog er von dort aus den Kindern Israels nach.⁵⁹

9. 1. Durch Zufall ergab es sich für uns sehr günstig, daß dieser Tag, an dem wir am Rastplatz in Arabia ankamen, der Vorabend des seligsten Epiphanie-Festes war, denn an diesem Tag waren die Vigilien in der Kirche zu halten⁶⁰. Und so hielt uns also der heilige Bischof dort noch zwei Tage fest — ein Heiliger und wirklich ein Gottesmann; er war mir schon aus der Zeit gut bekannt, da ich in der Thebais gewesen war⁶¹.

2. Der heilige Bischof selbst ist aus dem Mönchsstand; denn er ist von klein auf in einer Einsiedelei erzogen wor-

---

⁶¹ Bei ihrer ersten Reise nach Ägypten (vgl. Einleitung 30f und PETRUS DIACONUS, *loc. sanct.* V 7 - Y 3), die u.a. den Ursprüngen des Mönchtums in der Thebais galt, hat sie (dort?) auch den jetzigen Bischof von Arabia kennengelernt. Der Verlauf des Besuches in der Thebais ist auch mit Hilfe von PETRUS DIACONUS nicht zu rekonstruieren.

tus in Scripturis est aut tam emendatus in omni vita sua, ut et superius dixi.

3. Nos autem inde iam remisimus milites, qui nobis pro disciplina Romana auxilia prebuerant, quandiu per loca suspecta ambulaveramus; iam autem, quoniam agger publicum erat per Egyptum, quod transiebat per Arabiam civitatem, id est quod mittit de Thebaida in Pelusio, et ideo iam non fuit necesse vexare milites.

4. Proficiscentes ergo inde totum per terram Gessen iter fecimus semper inter vineas, quae dant vinum, et vineas, quae dant balsamum, et inter pomaria et agros cultissimos et hortos plurimos iter habuimus totum super ripam fluminis Nili inter fundos frequentissimos, quae fuerant quondam villae filiorum Israhel. Et quid plura? Pulchriorem territorium puto me nusquam vidisse quam est terra Iessen.

5. Ac sic ergo ab Arabia civitate iter facientes per biduo totum per terram Gessen pervenimus Tatnis, in ea civitate ubi natus est sanctus Moyses. Haec est autem civitas Tathnis, quae fuit quondam metropolis Pharaonis.

6. Et licet ea loca, ut superius dixi, iam nosse, id est quando Alexandriam | vel ad Thebaidem fueram, tamen quia ad plenum discere volebam loca, quae ambulaverunt

---

[62] Das Land Goschen östlich des Nils war durch die dort übliche Bewässerungstechnik mit Kanälen zwischen den Nilarmen sicher fruchtbar, doch scheint Egerias überschwengliche Beschreibung religiös motiviert zu sein — inspiriert von Gen 47,6 oder Num 11,5; vgl. DONNER, *Pilgerfahrt* 102 Anm. 79.

[63] Der Ort Tathnis, den Egeria besucht, ist Daphnae oder Taphnae (heute *Tell Defenneh*) an der Straße zwischen Pelusium und Memfis am Pelusischen Nilarm. Egeria hält die Stadt fälschlich für das biblische Tanis/Zoan; vgl. Num 13,22. Diese ehemalige Residenzstadt der Rames-

den und deshalb sowohl in den Schriften sehr erfahren als auch in seiner ganzen Lebensführung tadellos, wie ich oben schon erzählte.

3. Wir aber schickten hier die Soldaten zurück, die uns, solange wir durch gefährliche Gegenden gezogen waren, gemäß der römischen Ordnung Schutz gewährt hatten. Jetzt aber war es nicht weiter nötig, Soldaten in Anspruch zu nehmen, da wir auf einer öffentlichen Straße durch Ägypten waren, die durch das Gebiet von Arabia führte — das heißt, sie führt von der Thebais nach Pelusium.

Von Arabia nach Jerusalem

4. Als wir dann von dort durch das ganze Land Goschen zogen, kamen wir immer wieder durch Gärten, wo Wein, und durch Pflanzungen, wo Balsam wächst. Wir kamen durch Obstgärten, sehr gut bestellte Äcker und zahlreiche Gärten, stets entlang des Nilufers und zwischen überaus fruchtbaren Grundstücken hindurch, wo einst die Landgüter der Kinder Israels waren. Aber wozu noch mehr erzählen? Ich glaube, ein schöneres Land als das Land Goschen habe ich noch nie gesehen.[62]

5. Und so zogen wir also von der Stadt Arabia aus zwei Tage lang durch das Land Goschen, bis wir nach Tanis kamen, zu der Stadt, wo der heilige Mose geboren wurde. Dabei handelt es sich um die Stadt Tanis, die ehemals die Hauptstadt des Pharaos war.[63]

6. Obwohl ich diese Orte, wie oben bereits gesagt, schon gesehen hatte, als ich in Alexandria und in der Thebais gewesen war, wollte ich doch die Orte vollständig kennen-

---

siden, die dem Tanitischen Nilarm den Namen gegeben hat, wird mit dem Ruinenfeld von *San el-Hagar* in der Nähe der Mündung dieses Nilarms, ca. 30 km nordwestlich von *Tell Defenneh* identifiziert; vgl. DONNER, *Pilgerfahrt* 102 Anm. 80. Wegen der Funktion von Tanis als Residenzstadt hält Egeria ihr Tanis, d.h. Taphnae, für den Geburtsort des Mose; vgl. auch PETRUS DIACONUS, *loc. sanct.* V 9.

filii Israhel proficiscentes ex Ramesse usque ad montem
Dei sanctum Syna: ac sic necesse fuit etiam denuo ad terram
Gessen reverti et inde Tathnis. Proficiscentes ergo de Tathnis, ambulans per iter iam notum perveni Pelusio.

7. Et inde proficiscens denuo faciens iter per singulas
mansiones Egypti, per quas iter habueramus, perveni ad
fines Palestinae. Et inde in nomine Christi Dei nostri faciens denuo mansiones aliquod per Palestina regressa sum
in Helia, id est in Ierusolimam.

10.1. Item transacto aliquanto tempore et iubente Deo fuit
denuo voluntas accedendi usque ad Arabiam, id est ad
montem Nabau, in eo loco, in quo iussit Deus ascendere
Moysen dicens ad eum: „Ascende in montem Arabot, montem Nabau, qui est in terra Moab contra faciem Iericho, et
vide terram Chanaan, quam ego do filiis Israhel in possessionem, et morere in monte ipso, in quem ascenderis."

2. Itaque ergo Deus noster Iesus, qui sperantes in se non
deseret, etiam et in hoc voluntati meae effectum prestare
dignatus est.

---

[64] Egeria hatte ihre erneute Reise in das Land Goschen damit begründet, daß sie alle Orte aufsuchen wollte, die die Israeliten auf ihrem (angenommenen) Weg von Ramses zum Sinai berührt hatten (vgl. 7,1). Mit dem Besuch von Ramses und Tanis/Taphnae ist dieses Vorhaben abgeschlossen. Über Pelusium muß Egeria im verlorengegangenen Teil ihres Berichtes bereits geschrieben haben. Es ist mit *Tell el-Farama* zu identifizieren und lag in unmittelbarer Nähe des Mittelmeeres an der Küstenstraße *(via maris)*, die Ägypten mit Palästina verband; vgl. DONNER, *Pilgerfahrt* 103 Anm. 80a.

[65] Wenn Egeria nach dem 6. Januar in Arabia aufgebrochen ist, wird sie noch im Januar (384) Jerusalem erreicht haben. Für den ganzen Weg vom Sinai nach Jerusalem rechnet sie 22 Tagesetappen, für den Weg von Pelusium nach Jerusalem 10 Tagesetappen; vgl. PETRUS DIACONUS, *loc. sanct.* Y 4. Zu *Aelia* als Name Jerusalems vgl. Einleitung 43.

lernen, durch die die Kinder Israels gezogen sind, als sie von Ramses zum heiligen Gottesberg Sinai aufbrachen: So mußte ich erneut in das Land Goschen und von dort nach Tanis zurückkehren. Als ich dann von Tanis aufbrach, zog ich den schon bekannten Weg und kam nach Pelusium.[64]

7. Als ich schließlich von hier wieder aufbrach, zog ich über die einzelnen Rastplätze Ägyptens, über die wir auch gekommen waren, und gelangte zu den Grenzen von Palästina. Von dort zog ich im Namen Christi, unseres Gottes, in mehreren Tagesetappen durch Palästina nach Aelia, das heißt nach Jerusalem, zurück.[65]

Die Reise zum Berg Nebo

10.1. Als nun einige Zeit vergangen war[66], überkam mich wieder — auf Weisung Gottes — das Verlangen, nach Arabia[67] zu gehen, das heißt zum Berg Nebo, an den Ort, wo Gott dem Mose befahl hinaufzusteigen, indem er zu ihm sprach: „Steige auf den Berg Arabot, auf den Berg Nebo, der im Land Moab gegenüber von Jericho ist, und sieh das Land Kanaan, das ich den Kindern Israels zum Besitz gebe, und stirb auf dem Berg, auf den du gestiegen bist" (vgl. Dtn 32,49f).[68]

2. Daher war also Jesus, unser Gott[69], der die nicht verläßt, die auf ihn hoffen, auch hier so gnädig, meinen Willen zu erfüllen.

---

[66] Nach der Chronologie von DEVOS, *Date* 184–188, im Februar 384. Zur gesamten Reise vgl. PICCIRILLO, *Pellegrinaggio* 193–214.
[67] Egeria meint hier mit *Arabia* — im Gegensatz zu 7,9 - 9,5 — die römische Provinz, die unter Kaiser TRAJAN im Jahr 106 n. Chr. gegründet wurde und neben dem Sinai und dem Negev auch Teile des Ostjordanlandes umfaßte; vgl. DONNER, *Pilgerfahrt* 103 Anm. 82.
[68] Vgl. dazu MARAVAL, *Égérie* 165 Anm. 4: Der Irrtum der Egeria — in Dtn 32 ist vom Gebirge Abarim die Rede und nicht von Arabot — ist zurückzuführen auf die Verwechslung mit dem in Dtn 34,8 (LXX) genannten Arabot (bei Egeria zitiert in 10,4).
[69] Zu dieser „dogmatischen Aussage" vgl. Einleitung 20.

3. Proficiscens ergo Ierusolima faciens iter cum sanctis, id est presbytero et diaconibus de Ierusolima et fratribus aliquantis, id est monachis, pervenimus ergo usque ad eum locum Iordanis ubi filii Israhel transierant, quando eos sanctus Iesus filius Nave Iordanem traiecerat, sicut scrip- tum est in libro Iesu Nave. Nam et locus ille ostensus est nobis quasi modice altior, ubi filii Ruben et Gad et dimidia tribus Manasse fecerant aram, in ea parte ripae, qua est Iericho.

4. Transeuntes ergo fluvium pervenimus ad civitatem, que appellatur Libiada, quae est in eo campo, in quo tunc filii Israhel castra fixerant. Nam et fundamenta de castris filiorum Israhel et habitationibus ipsorum, ubi commorati sunt, in eo loco in hodie parent. Campus enim ipse est infinitus subter montes Arabiae super Iordanem. Nam hic est locus, de quo scriptum est: „Et ploraverunt filii Israhel

---

[70] Die traditionelle Stelle der Jordanüberquerung liegt bei *Der Mar Juhanna*, ca. 9 km südöstlich von Jericho; vgl. dazu KEEL/KÜCHLER, *Orte* 2, 527–531. Bemerkenswert ist, daß Egeria den Ort weder mit Elija (vgl. 2 Kön 2) noch mit der Taufe Jesu (vgl. Mt 3) in Verbindung bringt. Eine Taufstelle des Johannes scheint für Egeria noch in Änon bei Salem, weiter im Norden, zu liegen (vgl. 15, 1–4); allerdings erwähnt sie auch dort die Taufe Jesu nicht. Möglicherweise hat Egeria dies bei der (nur z. T. erhaltenen) Beschreibung des Besuches von Jericho und Umgebung getan, wo sie auch die Elijatradition erwähnt; vgl. PETRUS DIACONUS, *loc. sanct.* P 2.
[71] Die sonst kaum genannte Stelle, an der die ostjordanischen Stämme einen Altar bauten, scheint auf der Mergelterrasse gelegen zu haben, die sich an das Flußbett anschließt. Das eigentliche Heiligtum der Land-

Der Jordan

3. Nachdem wir in Begleitung von Heiligen, das heißt von einem Priester und Diakonen aus Jerusalem sowie einiger Brüder, das heißt Mönchen, von Jerusalem aufgebrochen waren, kamen wir also bis zu der Stelle am Jordan, wo ihn die Kinder Israels überschritten hatten, als sie der heilige Josua, der Sohn Nuns, über den Jordan geführt hatte, wie es geschrieben steht im Buch Josua (vgl. Jos 3–4)[70]. Uns wurde ein wenig höher auch jene Stelle gezeigt, wo die Söhne Ruben und Gad und der halbe Stamm Manasse einen Altar gebaut hatten, auf der Seite des Flusses, wo Jericho liegt (vgl. Jos 22, 10–34)[71].

Livias

4. Als wir dann den Fluß überschritten hatten, kamen wir zu einer Stadt, die Livias[72] genannt wird; sie liegt in der Ebene, wo die Kinder Israels damals ihr Lager aufgeschlagen hatten. Die Fundamente des Lagers der Kinder Israels und ihrer Behausungen, wo sie gewohnt haben, sind heute noch zu sehen[73]. Diese Ebene am Jordan, am Fuß der Berge von Arabia, ist endlos. Hier ist nämlich die Stelle, von der geschrieben steht: „Und die Kinder Israels beweinten Mose

---

nahme stellte allerdings das nahegelegene Gilgal dar; vgl. KEEL/KÜCHLER, *Orte* 2, 520–527.

[72] Diese hellenistisch-römische Stadt an der Stelle des alttestamentlichen Bet-Haran (vgl. Num 32,36) wurde von Herodes Antipas zur Ehre des Kaisers AUGUSTUS und seiner Frau LIVIA *Livias* genannt; vgl. EUSEBIUS, *onomast.* (GCS 11/1, Eusebius 3/1, 48). Sie ist mit dem *Tell er-Rameh*, 9 km östlich der Taufstelle, zu identifizieren; vgl. DONNER, *Pilgerfahrt* 104 Anm. 86 und 269 Anm. 51.

[73] Die Bibel lokalisiert das Lager der Israeliten vor Überschreiten des Jordans „in den Steppen von Moab am Jordan bei Jericho" (Num 31,12; 36,13). In der gesamten Gegend östlich des Jordanübergangs gibt es Überreste von beduinischen Steinsetzungen (kreisförmige Abgrenzungen von Lagerplätzen) sowie mittel- oder jungsteinzeitliche Dolmengräber, die mit dem Lager der Israeliten in Zusammenhang gebracht werden konnten; vgl. DONNER, *Pilgerfahrt* 104 Anm. 87.

Moysen in Arabot Moab et Iordane contra Iericho quadraginta diebus."

5. Hic etiam locus est ubi post recessum Moysi statim Iesus filius Nave repletus est spiritu scientiae: imposuerat enim Moyses manus suas super eum, sicut scriptum est.

6. Nam ipse est locus ubi scripsit Moyses librum Deuteronomii. Hic etiam est locus ubi locutus est Moyses in aures totius ecclesiae Israhel verba cantici usque in finem huius, qui scriptus est in libro Deuteronomii. Hic est ipse | locus, ubi benedixit sanctus Moyses, homo Dei, filios Israhel singulatim per ordinem ante obitum suum.

7. Nos ergo cum venissemus in eodem campo, peraccessimus ad locum ipsum, et facta est ibi oratio, lecta etiam pars quedam Deuteronomii in eo loco, nec non etiam et canticus ipsius, sed et benedictiones, quas dixerat super filios Israhel. Et iterato post lectione facta est oratio, et gratias Deo agentes movimus inde. Id enim nobis semper consuetudinis erat ut, ubicumque ad loca desiderata accedere volebamus, primum ibi fieret oratio, deinde legeretur lectio ipsa de codice, diceretur etiam psalmus unus pertinens ad rem et iterato fieret ibi oratio. Hanc ergo consuetudinem iubente Deo semper tenuimus, ubicumque ad loca desiderata potuimus pervenire.

---

[74] Vgl. ZIEGLER, Hl. Schrift 172 f, der darauf hinweist, daß die Zahl 40 — der hebräische Text wie auch LXX haben 30 — in Egerias altlateinischer Bibel stand: In Anknüpfung an Gen 50,3 (40 Tage für die Einbalsamierung Josefs) habe man (u. a. im Bereich der gallikanischen Liturgie) eine 40tägige Trauerzeit gehalten und den biblischen Text entsprechend geändert.
[75] Die Formulierung „einzeln der Reihe nach" *(singulatim per ordinem)* ist nicht in Dtn zu finden; sie geht möglicherweise auf den Einfluß von Gen 49,28b zurück — die Schlußformel des Jakobssegens; vgl. DONNER, *Pilgerfahrt* 105 Anm. 90.

vierzig Tage lang in Arabot Moab und am Jordan gegenüber von Jericho" (vgl. Dtn 34,8 LXX).[74]

5. Hier ist die Stelle, wo Josua, Sohn des Nun, nach dem Heimgang des Mose sofort vom Geist der Einsicht erfüllt wurde: Mose hatte ihm nämlich die Hände aufgelegt, so wie es geschrieben steht (vgl. Dtn 34,9).

6. Das ist nämlich der Ort, wo Mose das Buch Deuteronomium geschrieben hat. Hier ist auch der Ort, wo Mose vor den Ohren der ganzen Gemeinde Israel die Worte des Gesangs gesprochen hat bis zu seinem Ende, wie es im Buch Deuteronomium geschrieben steht (vgl. Dtn 31,30 bis 32,43). Und hier ist auch die Stelle, wo der heilige Mose, der Gottesmann, die Kinder Israels einzeln der Reihe nach vor seinem Tod segnete (vgl. Dtn 33).[75]

7. Als wir nun in diese Ebene gekommen waren, gingen wir auch zu der Stelle selbst, und dort wurde ein Gebet gesprochen; auch wurde ein Teil des Deuteronomiums an diesem Ort vorgelesen und auch der Gesang (des Mose), aber auch die Segnungen, die er über die Kinder Israels gesprochen hatte. Und wieder wurde nach der Lesung ein Gebet gesprochen und Gott gedankt.[76] Dann zogen wir weiter. Das war nämlich immer unsere Gewohnheit, wenn wir zu den ersehnten Orten kamen[77], dort zuerst ein Gebet zu sprechen, dann die Lesung selbst aus dem Kodex zu lesen, auch einen die Sache betreffenden Psalm zu rezitieren und dann wieder zu beten. An dieser Gewohnheit hielten wir also auf Weisung Gottes fest, wann immer wir zu den ersehnten Orten kamen.

---

[76] Erstmals findet sich hier die vollständige Struktur einer sogenannten „Wallfahrtsandacht"; siehe Anm. 26, oben 135.

[77] Die Handschrift überliefert an dieser Stelle *volebamus*. GEYER und FRANCESCHINI/WEBER konjizieren *valebamus*. LÖFSTEDT, *Philologischer Kommentar* 207.209, verweist dagegen auf die rein umschreibende Funktion der Hilfsverben im Spätlatein und hält *accedere volebamus* (= *accedebamus*) für den ursprünglichen Text.

8. Ac sic ergo, ut ceptum opus perficeretur, cepimus festinare, ut perveniremus ad montem Nabau. Euntibus nobis commonuit presbyter loci ipsius, id est de Libiadae, quem ipsum nobiscum rogantes moveramus de mansione, quia melius ipsa loca noverat: dicit ergo nobis ipse presbyter: „Si vultis videre aquam, quae fluit de petra, id est quam dedit Moyses filiis Israhel sitientibus, potestis videre, si tamen volueritis laborem vobis imponere, ut de via camsemus forsitan miliario sexto."

9. Quod cum dixisset, nos satis avidi optati sumus ire, et statim divertentes a via secuti sumus presbyterum, qui nos ducebat. In eo ergo loco ecclesia est pisinna subter montem, non Nabau, sed alterum interiorem: sed nec ipse longe est de Nabau. Monachi autem plurimi commanent ibi vere sancti et quos hic ascites vocant.

11.1. Hi ergo sancti monachi dignati sunt nos suscipere valde humane, nam et ad salutationem suam permiserunt nos ingredi. Cum autem ingressi fuissemus ad eos, facta oratione cum ipsis, eulogias nobis dare dignati sunt, sicut habent consuetudinem dandi his, quos humane suscipiunt.

2. Ibi ergo inter ecclesiam et monasteria in medio fluit de petra aqua ingens, pulchra valde et limpida, saporis

---

5–9 *Exc. Matrit. (l. 10):* Item ubi percussit Moyses petram et produxit aquam. || 12–15 *Exc. Matrit. (l. 10–11):* aeglesiae est ibi parva et monasterius bonus (*cf. supra ad* 4,7 [137,4–7]).

---

[78] Die Bibel berichtet sowohl in Ex 17,5–7 als auch in Num 20,7–13 vom Wasserwunder; einmal ist es am Horeb, das andere Mal in der Nähe der Oase Kadesch-Barnea lokalisiert. (Eine weitere Mosequelle bei Petra beschreibt EUSEBIUS, *onomast.* [GCS 11/1, Eusebius 3/1, 176, 7f].) Egeria, die auf der römischen Straße von Livias zum Berg Nebo unterwegs ist, zeigt man hier eine Mosequelle, die mit keinem der Berichte in Ver-

Die Mosequelle

8. Um das begonnene Werk nun zu vollenden, begannen wir weiterzueilen, damit wir zum Berg Nebo kämen. Unterwegs belehrte uns der Priester, der aus dieser Gegend stammt — nämlich aus Livias — und den wir gebeten hatten, uns zu begleiten, als wir vom Rastplatz aufgebrochen waren, weil er die Orte selbst besser kannte. Dieser Priester erzählte uns also: „Wenn ihr das Wasser sehen wollt, das aus dem Felsen fließt, das Mose den durstigen Kindern Israels gab, dann könnt ihr es sehen. Ihr müßt euch aber die Mühe machen, etwa am sechsten Meilenstein einen Abstecher vom Weg zu machen."[78]

9. Als er das gesagt hatte, wollten wir unbedingt dorthin gehen. Also bogen wir sofort vom Weg ab und folgten dem Priester, der uns führte. An dem Ort aber ist eine kleine Kirche am Fuß eines Berges, nicht des Berges Nebo, sondern eines anderen, weiter innen gelegenen — aber nicht weit weg vom Berg Nebo. Dort leben sehr viele wirklich heilige Einsiedler, die man hier Asketen nennt.

11.1. Diese heiligen Mönche waren so freundlich, uns sehr gastlich aufzunehmen, und sie gestatteten uns sogar, zur Begrüßung bei ihnen einzutreten. Als wir aber bei ihnen eingetreten waren und mit ihnen gebetet hatten, waren sie so freundlich, uns Eulogien zu schenken. So tun sie es gewöhnlich bei denen, die sie gastfreundlich aufnehmen.

2. Dort in der Mitte zwischen der Kirche und den Einsiedeleien entspringt aus dem Felsen eine große Quelle, sehr schön und klar, von ausgezeichnetem Geschmack. Wir

---

bindung zu bringen ist. Diese Mosequelle (noch heute *Ayn Musa* genannt) erreicht man, wenn man nach etwa 9 km von der Straße abbiegt und nach Süden absteigt. Die Quelle liegt am Fuß des Nebo, allerdings nicht an seinem steil aufragenden westlichen Fuß, sondern in einem nordöstlich gelegenen Tal und ist auch vom Nebo aus zu sehen; vgl. DONNER, *Pilgerfahrt* 106 Anm. 92f. Zu der von Egeria beschriebenen Kirche vgl. PICCIRILLO, *Chiesa* 307–318.

optimi. Tunc interrogavimus nos etiam et illos sanctos
monachos, qui ibi mane|bant, quae esset haec aqua talis et | 52
tanti saporis. Tunc illi dixerunt: „Haec est aqua, quam dedit
sanctus Moyses filiis Israhel in hac heremo."

3. Facta est ergo iuxta consuetudinem ibi oratio et lectio 5
ipsa de libris Moysi lecta, dictus etiam psalmus unus; et sic
simul cum illis sanctis clericis et monachis, qui nobiscum
venerant, perexivimus ad montem. Multi autem et ex ipsis
monachis sanctis, qui ibi commanebant iuxta aqua ipsa, qui
tamen potuerunt imponere sibi laborem, dignati sunt no- 10
biscum ascendere montem Nabau.

4. Itaque ergo proficiscentes de eodem loco pervenimus
ad radicem montis Nabau, qui erat valde excelsus, ita tamen
ut pars eius maxima sedendo in asellis possit subiri; modice
autem erat acrius, quod pedibus necesse erat subiri cum 15
labore, sicut et factum est.

12. 1. Pervenimus ergo ad summitatem montis illius, ubi est
nunc ecclesia non grandis, in ipsa summitate montis Nabau. Intra quam ecclesiam, in eo loco ubi pulpitus est, vidi
locum modice quasi altiorem, tantum hispatii habentem 20
quantum memoriae solent habere.

2. Tunc ergo interrogavi illos sanctos, quidnam esset hoc;
qui responderunt: „Hic positus est sanctus Moyses ab
angelis, quoniam, sicut scriptum est, ‚sepulturam illius nullus hominum scit'; quoniam certum est eum ab angelis 25

---

[79] Der Nebo ist der *Ras es-Siyaga* (710 m); vgl. EUSEBIUS, *onomast.* (GCS 11/1, Eusebius 3/1, 136, 6–8). Egeria sah dort wohl eine Mitte des 4. Jh. auf den Fundamenten eines antiken Grabbaus errichtete Memorial-kirche mit einer Trikonchenapsis, die später den Chorraum der im 5. Jh. entstandenen großen Mose-Memorialkirche bildete. Vgl. zu den

fragten damals auch die heiligen Mönche, die dort wohnten, was das für eine Quelle mit so gutem Geschmack sei. Darauf antworteten sie: „Das ist das Wasser, das der heilige Mose den Kindern Israels in dieser Wüste gab."

3. Nach unserer Gewohnheit verrichteten wir dort ein Gebet, es wurde die Lesung aus dem Buch Mose vorgetragen, und wir rezitierten auch einen Psalm; und so zogen wir zusammen mit denjenigen heiligen Klerikern und Einsiedlern, die mit uns gekommen waren, zum Berg. Viele von den heiligen Einsiedlern aber, die dort bei dieser Quelle wohnten, waren so freundlich, mit uns den Berg Nebo zu besteigen — soweit sie sich diese Anstrengung zumuten konnten.

4. Als wir dann von dieser Stelle aufgebrochen waren, kamen wir schließlich zum Fuß des Berges Nebo, der zwar sehr hoch ist, aber doch so, daß man den größten Teil auf Eseln sitzend besteigen kann; nur an wenigen Stellen war er so steil, daß es nötig war, ihn mühsam zu Fuß zu erklimmen. So machten wir es dann auch.

Der Nebo

12.1. Wir kamen also zum Gipfel dieses Berges, wo jetzt eine nicht besonders große Kirche steht — mitten auf dem Gipfel des Berges Nebo.[79] In dieser Kirche sah ich — an der Stelle, wo das Lektorenpult steht — einen etwas erhöhten Platz, der etwa so groß war, wie Grabmale gewöhnlich sind.

2. Daraufhin fragte ich die Heiligen, was denn das sei. Sie antworteten: „Hier ist der heilige Mose von Engeln bestattet worden, denn es steht geschrieben: ‚Kein Mensch kennt sein Grab' (Dtn 34,6). Deshalb ist es sicher, daß er

---

archäologischen Forschungen an dieser Kirche aber auch PICCIRILLO, *Pellegrinaggio* 193–214: Er meint, eine Kirche des 4. Jh. nicht mit Sicherheit nachweisen zu können, und datiert deshalb den Besuch Egerias nach 384. Zur Diskussion vgl. DEVOS, *Egeriana III* 374f.

fuisse sepultum. Nam memoria illius, ubi positus sit, in hodie non ostenditur; sicut enim nobis a maioribus, qui hic manserunt, ubi ostensum est, ita et nos vobis monstramus: qui et ipsi tamen maiores ita sibi traditum a maioribus suis esse dicebant."

3. Itaque ergo mox facta est oratio, et omnia, quae in singulis locis sanctis per ordinem consueveramus facere, etiam et hic facta sunt: et sic cepimus egredere de ecclesia. Tunc autem qui erant loci notores, id est presbyteri vel monachi sancti, dixerunt nobis: „Si vultis videre loca, quae scripta sunt in libris Moysi, accedite foras hostium ecclesiae et de summitate ipsa, ex parte tamen ut possunt hinc parere, attendite et videte, et dicimus vobis singula, quae sunt loca haec, quae parent."

4. Tunc nos gavisi satis statim egressi sumus foras. Nam de hostio ipsius ecclesiae vidimus locum ubi intrat Iordanis in mare Mortuum, qui locus subter nos, quemadmodum stabamus, parebat. Vidimus etiam | de contra non solum Libiadam, quae citra Iordanem erat, sed et Iericho, que trans Iordanem: tantum eminebat excelsus locus ubi stabamus, id est ante hostium ecclesiae.

5. Maxima etiam pars Palestinae, quae est terra repromissionis, inde videbatur, nec non et omnis terra Iordanis, in

---

[80] Die Handschrift hat an dieser Stelle *Nam memoria illius ubi positus sit, in hodie n̄ ostentitur*. Fraglich ist, wie das Kürzel *n̄* aufzulösen ist. Das naheliegende *non* scheint sich zu verbieten, weil man Egeria ja etwas zeigt. Deshalb wurden verschiedene Vorschläge zur Rekonstruktion des Textes gemacht: BERNARD: *in hodie nunc*, GEYER: *in hodie (non* gestrichen), LÖFSTEDT: *in hodiernum* (so auch FRANCESCHINI/WEBER). Heute wird die Fassung *in hodie non* u. a. von DONNER, *Pilgerfahrt* 107, und MARAVAL, *Égérie* 174 Anm. 1, für möglich gehalten: Aus Dtn 34, 6 („bis heute kennt niemand sein Grab") schloß man, daß Mose von Gott selbst („er begrub ihn" im hebräischen Text) oder von Engeln („sie begruben ihn" in LXX) bestattet worden sei — so auch die Aussage gegenüber Egeria. Den Zwiespalt zwischen der Unbekanntheit des Grabes und dem

von Engeln beigesetzt wurde. Bis heute wird sein Grabmal, wo er bestattet ist, nicht gezeigt.[80] So wie es uns nämlich die Alten, die hier, wo es gezeigt wird, wohnten, (überliefert haben,) so zeigen wir es auch euch. Diese Alten sagten, daß es auch ihnen von ihren Vorfahren überliefert worden sei."

3. Und so wurde bald darauf gebetet, und wir taten auch hier all das, was wir an den einzelnen heiligen Orten der Reihe nach gewohnt waren zu tun. Dann begannen wir, aus der Kirche hinauszugehen. Dann aber sagten uns die Ortskundigen, das heißt die Priester und die heiligen Mönche: „Wenn ihr die Orte sehen wollt, die in den Büchern Mose beschrieben sind, dann geht vor die Tür der Kirche, gebt acht und seht von diesem Gipfel aus, soviel man denn von dieser einen Seite aus erblicken kann, und wir erklären euch die einzelnen Orte, die ihr seht."

4. Sehr erfreut gingen wir sofort hinaus vor die Tür. Von der Kirchentür aus sahen wir die Stelle, wo der Jordan in das Tote Meer mündet — eine Stelle, die sich direkt unterhalb unseres Standortes zeigte. Wir sahen vor uns nicht nur Livias, das diesseits des Jordans liegt, sondern auch Jericho, auf der anderen Seite des Jordans: So hoch ragte der Ort auf, wo wir standen — das heißt (der Ort) vor der Kirchentür.

5. Auch der größte Teil von Palästina, dem Land der Verheißung (vgl. Hebr 11,9), war von hier aus sichtbar, und ebenfalls das ganze Jordanland, soweit das Auge reich-

---

Wunsch nach einem Ort der Verehrung habe man dahingehend gelöst, daß man zwar den Begräbnisplatz (den „erhöhten Platz, der etwa so groß war, wie Grabmale gewöhnlich sind") zeigte, aber kein eigentliches Grabmonument. Die Kenntnis dieses Platzes begründen Egerias Begleiter mit einer mündlichen Tradition. MARAVAL verweist zudem auf die wenig später (um 500) bezeugte Offenbarung, durch die einem Hirten die Höhle gezeigt worden sei, in der Mose ruhte; vgl. JOHANNES RUFUS, vit. Petr. (85f RAABE). Danach war dann der Bau eines Grabmals möglich, das sich in der Kirche des 5. Jh. auch findet. Vgl. auch PÉTRÉ/VRETSKA, Pilgerreise 39 f. Ähnlich entscheiden auch SINISCALCO/SCARAMPI sowie GIANNARELLI; anders WILKINSON und GINGRAS.

quantum tamen poterat oculis conspici. In sinistra autem parte vidimus terras Sodomitum omnes nec non et Segor, quae tamen Segor sola de illis quinque in hodie constat.

6. Nam et memoriale ibi est; de ceteris autem illis civitatibus nichil aliud apparet nisi subversio ruinarum, quemadmodum in cinerem converse sunt. Locus etiam, ubi fuit titulus uxoris Loth, ostensus est nobis, qui locus etiam in Scripturis legitur.

7. Sed mihi credite, domine venerabiles, quia columna ipsa iam non paret, locus autem ipse tantum ostenditur: columna autem ipsa dicitur mari Mortuo fuisse quooperta. Certe locum cum videremus, columnam nullam vidimus, et ideo fallere vos super hanc rem non possum. Nam episcopus loci ipsius, id est de Segor, dixit nobis quoniam iam aliquot anni essent, a quo non pareret columna illa. Nam de Segor forsitan sexto miliario ipse locus est, ubi stetit columna illa, quod nunc totum cooperit aqua.

8. Item de dextra parte ecclesiae, a foras tamen, accessimus, et ostense sunt nobis inde a contra duae civitates, id

---

15–17 *Exc. Matrit.* (*l. 12–14*): De Segor usque ubi uxor Lot facta est statua salis habet sex milia; que iam non comparet, quia locus maris Mortui iam illam cooperuit.

---

[81] Rein geographisch ist keineswegs vom Gipfel des Nebo aus der „größte Teil" von Palästina zu überblicken. Hier überwiegt wieder die „religiöse Geographie" der Egeria, die, wie Mose, mit den Augen des Glaubens „sieht"; vgl. Dtn 34, 1–3 sowie DONNER, *Pilgerfahrt* 109 Anm. 94. Der Jordan und Jericho sowie — unter guten Bedingungen — der Ölberg sind aber tatsächlich vom Nebo aus zu sehen.
[82] Die fünf Städte sind Sodom, Gomorra, Adma, Zebojim und Zoar (LXX: Σεγωρ); vgl. Gen 14,2; 19,22. Zoar, südöstlich des Toten Meeres gelegen, bestand als Zoora-Segor noch im 6. Jh., wie die Madabakarte beweist; vgl. auch EUSEBIUS, *onomast.* (GCS 11/1, Eusebius 3/1, 153). Zu sehen ist es vom Nebo aus nicht, genausowenig wie die anderen Städte. Ob daraus zu schließen ist, daß die Orte Egeria am Nordende

te.⁸¹ Links aber sahen wir alle Gebiete der Sodomiter und auch Zoar, die einzige von jenen fünf Städten, die heute noch besteht.⁸²

6. Dort steht auch ein Denkmal; von den übrigen Städten aber ist dort nicht mehr als ein Ruinenfeld vorhanden, da sie in Asche verwandelt wurden. Es wurde uns auch die Stelle gezeigt, wo die Säule von Lots Frau stand — von der man auch in der Heiligen Schrift lesen kann (vgl. Gen 19).⁸³

7. Aber glaubt mir, verehrte Damen, wenn auch die Säule selbst schon nicht mehr sichtbar ist, so wird doch noch ihr Standort gezeigt: Man erzählt, daß die Säule selbst vom Toten Meer überflutet wurde. Jedenfalls erblickten wir, als wir die Stelle sahen, keine Säule mehr, und deshalb will ich euch über diese Sache nicht täuschen. Denn der Bischof dieses Ortes, das heißt von Zoar, erzählte uns, daß es schon einige Jahre her sei, seit die Säule nicht mehr zu sehen sei. Von Zoar aus sind es etwa sechs Meilen bis zu der Stelle, wo jene Säule stand, die jetzt völlig vom Wasser überflutet ist.

8. Ebenso gingen wir auch zur rechten Seite der Kirche — natürlich außen —, und es wurden uns zwei Städte auf der gegenüberliegenden Seite gezeigt, das heißt Hesch-

---

des Toten Meeres gezeigt wurden — wie es später beispielsweise bei *Anon. Plac.* 10 (CCL 175, 134) geschah —, ist unsicher; bei Egeria kann es sich auch hier um „Sehen" mit den Augen des Glaubens handeln. Vgl. zur Etymologie von Zoar/Segor auch HIERONYMUS, *epist.* 108, 11 (CSEL 55, 320), und zum Ganzen DONNER, *Pilgerfahrt* 109 Anm. 97.

[83] Das Wort *titulus* meint eigentlich eine Säuleninschrift oder ein Säulenrelief, kann hier aber aufgrund von Gen 19,26 sinnvoll mit „Säule" übersetzt werden. Diese Säule von Lots Frau wird den Pilgern zu unterschiedlichen Zeiten an verschiedenen Stellen gezeigt, zumal sich die Salzformationen am Toten Meer ständig verändern; vgl. DONNER, *Pilgerfahrt* 109 Anm. 99; KEEL/KÜCHLER, *Orte* 2, 247–252. Ein zeitgenössischer Zeuge, demzufolge die Säule „für die Ewigkeit steht", ist CYRILL, *myst. cat.* 1, 8 (FC 7, 106). Egeria gibt zu, daß sie nichts sieht, aber später taucht die Säule wieder auf: Für THEODOSIUS nimmt sie mit dem Mond ab und zu; vgl. THEODOSIUS, *terr. sanct.* 20 (CCL 175, 122).

est Esebon, quae fuit regis Seon regis Amorreorum, quae nunc appellatur Exebon, et alia Og regis Basan, quae nunc dicitur Safdra. Item de eodem loco ostensa est nobis a contra Fogor, quae fuit civitas regni Edom.

9. Hae autem civitates omnes, quas videbamus, in montibus erant positae, infra autem, modice deorsum, planior locus nobis videbatur. Tunc dictum est nobis quia in isdem diebus, qua sanctus Moyses vel filii Israhel contra illas civitates pugnaverant, castra ibi fixa habuissent: nam et signa ibi parebant castrorum.

10. Sane de illa parte montis, quam dixi sinistra, quae erat super mare Mortuum, ostensus est nobis mons precisus valde, qui dictus | est ante agri specula. Hic est mons, in quo posuit Balac filius Beor Balaam divinum ad maledicendos filios Israhel et noluit Deus ita permittere, sicut scriptum est.

11. Ac sic ergo visis omnibus, quae desiderabamus, in nomine Dei revertentes per Iericho et iter omne, quod iveramus, regressi sumus in Ierusolimam.

---

[84] Vgl. Num 21,26; Dtn 4,46. Vgl. auch EUSEBIUS, *onomast.* (GCS 11/1, Eusebius 3/1, 84). Der offizielle Name der Stadt ist zu Egerias Zeiten Esbus; wie es zum Namen Exebon kommt, ist unklar. Der Ort ist identisch mit Heschbon, 9 km nordöstlich des Nebo.

[85] Gemeint ist das biblische Edrei; vgl. Num 21,33; Dtn 3,10; Jos 13,12. Vgl. auch EUSEBIUS, *onomast.* (GCS 11/1, Eusebius 3/1, 84). Die Stadt hieß auch zur Zeit der Egeria noch Adra oder Edrai(n); die Form „Safdra" ist nicht zu erklären. Die Stadt ist vermutlich identisch mit dem heutigen *Dera* in Südsyrien. Egeria wird also wohl eine andere Stadt gezeigt; vgl. DONNER, *Pilgerfahrt* 110 Anm. 101. Vgl. aber auch MARAVAL, *Égérie* 179 f Anm. 3.

[86] Das biblische Bet-Pegor (vgl. Dtn 3,29; 4,46; 34,6; Jos 13,20) oder Baal-Pegor (verbunden mit dem Abfall der Israeliten zu einer Baal-Gottheit; vgl. z. B. Hos 9,10) ist vermutlich das heutige *Hirbet Ayn*

bon[84], die dem König Sihon, dem König der Amoriter, gehörte und die jetzt Exebon genannt wird, und eine andere des Königs Og von Baschan, die heute Safdra[85] heißt. Und vom selben Ort aus zeigte man uns das gegenüberliegende Pegor[86], eine Stadt, die zum Königreich Edom gehörte.
9. Alle diese Städte, die wir sahen, lagen auf Bergen. Unterhalb aber, etwas tiefer, schien uns die Gegend flacher zu sein. Dann wurde uns gesagt, daß damals in den Tagen, als der heilige Mose und die Kinder Israels gegen diese Städte kämpften (vgl. Num 21,21–35), sie dort ihr Lager aufgeschlagen hätten: Und es waren tatsächlich noch Spuren eines Lagers sichtbar.
10. Auf der von mir links genannten Seite des Berges, die oberhalb des Toten Meeres liegt, wurde uns ein sehr steiler Berg gezeigt, den man früher „Späherfeld" (vgl. Num 23,14)[87] nannte. Das ist der Berg, auf den Balak, der Sohn Beors, den Seher Bileam hinstellte, damit er die Kinder Israels verfluche; doch Gott wollte das nicht zulassen, wie es geschrieben steht (vgl. Num 23,14 – 24,25).[88]
11. Und als wir alles, was wir wollten, gesehen hatten, kehrten wir im Namen Gottes nach Jericho und dann über alle Wege, die wir gekommen waren, nach Jerusalem zurück.

Musa, neben der Mosequelle *Ayn Musa* am Fuß des Nebo; siehe Anm. 78, oben 166 f. Die (falsche) Zuordnung zum Königreich Edom, das sich südöstlich des Toten Meeres befand, ist möglicherweise durch eine Verwechslung mit Fogo/Pagu in Edom (vgl. Gen 36,39) bedingt. ZIEGLER, *Onomastikon* 75f, sieht den Grund für diese Verwechslung in HIERONYMUS' Übersetzung des *Onomastikon;* MARAVAL, *Égérie* 180f Anm. 1, sieht gerade in dieser Stelle ein Indiz dafür, daß Egeria die Übersetzung des HIERONYMUS nicht benutzt hat.
[87] Der Text der LXX und Egeria machen daraus „Höhe des Feldes".
[88] Man zeigt Egeria also vom Nebo aus alle Orte, die von der Bibel mit dem Zug durch das Ostjordanland in Verbindung gebracht wurden. Bezüglich des Vaters von Balak liegt eine Entsprechung zu EUSEBIUS, *onomast.* (GCS 11/1, Eusebius 3/1, 76, 9) vor; auch dort wird er „Beor" und nicht „Zippor" (Num 22,2) genannt.

13. 1. Item post aliquantum tempus volui etiam ad regionem Ausitidem accedere propter visendam memoriam sancti Iob gratia orationis. Multos enim sanctos monachos videbam inde venientes in Ierusolimam ad visenda loca sancta gratia orationis, qui singula referentes de eisdem locis fecerunt magis desiderium imponendi michi laboris, ut etiam usque ad illa loca accederem, si tamen labor dici potest, ubi homo desiderium suum compleri videt.

2. Itaque ergo profecta sum de Ierusolima cum sanctis, qui tamen dignati sunt itineri meo comitatum prestare, et ipsi tamen gratia orationis. Habens ergo iter ab Ierusolima usque ad Carneas eundo per mansiones octo — Carneas autem dicitur nunc civitas Iob, quae ante dicta est Dennaba in terra Ausitidi, in finibus Idumeae et Arabiae —: in quo itinere hiens vidi super ripam fluminis Iordanis vallem pulchram satis et amenam, habundantem vineis et arboribus, quoniam aquae multe ibi erant et optimae satis.

13–14 *Exc. Matrit. (l. 15):* Civitas Iob dicitur Dennaba in finibus Idumeae et Harabiae.

---

[89] Nach DEVOS, *Date* 184–188, fand diese Reise Ende Februar / Anfang März 384 statt.

[90] Mit einer ähnlichen Formulierung begründet auch EUSEBIUS, *h. e.* 6,11,1 (231 SCHWARTZ), die ersten Pilgerreisen.

[91] Egerias *Carneas* ist das biblische Karnion bzw. Karnajim in der Batanäa (1 Makk 5,43; 2 Makk 12,21, Am 6,13) und mit *Scheich Saad* auf halbem Weg zwischen Amman und Damaskus zu identifizieren. Auch EUSEBIUS erwähnt die (vorchristliche) Überlieferung von einem Haus des Ijob in Karnion, unterscheidet dies aber von der Heimat

Die Reise zum Grab des Ijob

13. 1. Nachdem einige Zeit vergangen war[89], wollte ich auch in die Landschaft Ausitis reisen, um das Grab des heiligen Ijob zu besuchen und dort zu beten. Ich sah nämlich viele heilige Mönche von dort nach Jerusalem kommen, um die heiligen Stätten zu besuchen und um zu beten[90]. Sie berichteten mir Einzelheiten über diese Gegend und verstärkten mein Verlangen, die Mühe auf mich zu nehmen, um auch zu diesen Orten zu kommen — wenn man überhaupt von Mühe sprechen kann, wo ein Mensch sieht, daß sein Verlangen erfüllt wird.

2. Deshalb brach ich also von Jerusalem auf, mit Heiligen, die mich auf meinem Weg begleiten wollten — auch wegen des Gebetes. Die Wegstrecke von Jerusalem nach Karnion führt über acht Rastplätze; Karnion nennt man jetzt die Stadt Ijobs, die früher Dinhaba im Land Ausitis hieß[91], im Gebiet von Idumäa und Arabia. Auf dieser Reise sah ich am Ufer des Jordans ein überaus schönes und idyllisches Tal, mit Weingärten und Bäumen im Überfluß, denn es gab dort viel und sehr gutes Wasser.

Ijobs Ausitis/Uz (vgl. Ijob 1,1); vgl. EUSEBIUS, *onomast.* (GCS 11/1, Eusebius 3/1, 112.142). Nach Ijob 42,17b (LXX) hatte das Land Ausitis/Uz zwischen Idumäa und Arabia, also im südlichen Ostjordanland gelegen — was ja auch Egeria (in Unkenntnis dieser Gegenden?) zitiert. Möglicherweise geschah diese Lokalisierung durch die Verwechslung des Edomiterkönigs Jobab (vgl. Gen 36,32f LXX) mit Ijob. Die Hauptstadt Jobabs, Dinhaba, wurde so zur Heimat Ijobs. Die Verbindung Ijobs mit *Carneas* erfolgte entweder durch die Verwechslung von Dinhaba mit der Stadt Dannaba in der Nähe von Karnion — so DONNER, *Pilgerfahrt* 112f Anm. 108 — oder durch die schon bei JOSEPHUS, *ant.* 1, 6, 4 (1, 35 NIESE), anzutreffende Verbindung von Uz mit der Batanäa, deren Hauptort Karnion war — so SCHMITT, *Heimat* 61f, der auch auf eine alte, außerbiblische Ijobtradition verweist. Ihm zufolge ist die Erklärung Egerias, Dinhaba sei ein alter Name Karnions, eine nachträgliche Verbindung beider Traditionen.

3. Nam in ea valle vicus erat grandis, qui appellatur nunc
Sedima. In eo ergo vico, qui est in media planitie positus,
in medio loco est monticulus non satis grandis, sed factus
sicut solent esse tumbae, sed grandes: ibi ergo in summo
ecclesia est et deorsum per girum ipsius colliculi parent 5
fundamenta grandia antiqua; nunc autem in ipso vico turbae aliquantae commanent.

4. Ego autem cum viderem locum tam gratum, requisivi,
quisnam locus esset ille tam amenus. Tunc dictum est michi:
„Haec est civitas regis Melchisedech, quae dicta est ante 10
Salem, unde nunc, corrupto sermone, Sedima appella|tur | 55
ipse vicus. Nam in isto colliculo, qui est medio vico positus,
in summitatem ipsius fabricam, quam vides, ecclesia est,
quae ecclesia nunc appellatur greco sermone opu Melchisedech. Nam hic est locus ubi optulit Melchisedech hostias 15
Deo puras, id est panes et vinum, sicut scriptum est eum
fecisse."

14.1. Statim ergo ut haec audivi, descendimus de animalibus, et ecce occurrere dignatus est sanctus presbyter ipsius loci et clerici; qui nos statim suscipientes duxerunt suso 20
ad ecclesiam. Ubi cum venissemus, statim iuxta consuetu-

10–17 *Exc. Matrit. (l. 16–17):* Item locum ubi Melcisedech primitus
obtulit panem et vinum dicitur Salem, dicitur et Sedima; ibi est fundata
aeglesia.

---

[92] Das Tal, von dem Egeria schreibt, ist die Bucht von Bet-Schean/Skythopolis, die sie auf ihrem Weg durch den Jordangraben zu ihrer Linken findet. Das Dorf Sedima ist mit dem von HIERONYMUS, *onomast.* (GCS 11/1, Eusebius 3/1, 153), erwähnten Salumias, 8 Meilen südlich von Skythopolis, gleichzusetzen. An diesem Ort haftet eine alte Melchisedek-Tradition, siehe dazu Anm. 97, unten 180 f. Eine genaue Identifizierung ist bis heute nicht möglich; vgl. auch STEMBERGER, *Juden und Christen* 86.
[93] GEYER will *turbae* — mit Bezug auf 49, 1 — als „Mönchswohnungen" verstehen. Im Zusammenhang der Stelle scheint „Trümmerhaufen" den besseren Sinn zu geben; vgl. DONNER, *Pilgerfahrt* 113 Anm. 109.

Sedima/Salem

3. In diesem Tal war ein großes Dorf, das heute Sedima heißt.[92] Und in diesem Dorf also, das mitten in der Ebene liegt, erhebt sich in der Mitte des Ortes ein nicht sehr großer Hügel, so gemacht wie ein Grabhügel, aber ein großer: Auf seiner Höhe steht dort eine Kirche, und unterhalb befinden sich um den Hügel herum mächtige alte Grundmauern; auch jetzt noch gibt es in diesem Dorf einige Trümmerhaufen[93].

4. Als ich diese schöne Stelle sah, fragte ich, was das für ein idyllischer Ort sei. Da sagte man mir: „Dies ist die Stadt des Königs Melchisedek, die früher Salem genannt wurde. Jetzt wird das Dorf nach einer verdorbenen Redeweise als Sedima bezeichnet. Das Gebäude, das du oben auf diesem Hügel siehst, der sich mitten im Dorf befindet, ist eine Kirche. Diese Kirche wird heute auf Griechisch ‚Opu Melchisedek'[94] genannt." Hier ist nämlich die Stelle, wo Melchisedek Gott die reinen Opfergaben darbrachte, das heißt Brot und Wein, wie von ihm geschrieben steht (vgl. Gen 14,18)[95].

14.1. Sofort, als ich das hörte, stiegen wir von den Tieren, und siehe, der heilige Priester dieses Ortes und die Kleriker waren so freundlich, uns entgegenzukommen. Sofort nahmen sie uns auf und führten uns zu ihrer Kirche. Als wir dort angekommen waren, verrichteten wir wie gewöhnlich gleich als erstes ein Gebet, dann wurde die passende Stelle aus dem Buch des heiligen Mose vorgelesen

---

[94] Auch hier wird eine Ortsbezeichnung langsam zum Namen einer Kirche: Aus der Formulierung ὅπου Μελχισεδεκ, „wo Melchisedek (war)", wird der Kirchentitel. Zur Melchisedek-Tradition siehe Anm. 97, unten 180 f.

[95] Die Formulierung *hostia pura* setzt die Gaben Melchisedeks in Beziehung zur Eucharistie, deren Vorbild sie sind; nach 14,2 ist Melchisedek der erste, der Gott die Gaben der Eucharistie darbringt; vgl. zu dieser Typologie, die später im römischen Hochgebet aufgenommen wird, auch EUSEBIUS, *d. e.* 5,3,13–15 (GCS 23, Eusebius 6,221).

dinem primum facta est oratio, deinde lectus est ipse locus de libro sancti Moysi, dictus est etiam psalmus unus competens loco ipsi, et denuo facta oratione descendimus.

2. Cum ergo descendissemus, ait nobis ille sanctus presbyter iam senior et de Scripturis bene instructus, id est qui ipsi loco preerat ex monacho, cui presbytero et episcopi plurimi, quantum postmodum cognovimus, vitae ipsius testimonium grande ferebant, nam hoc de ipso dicebant, dignus qui presit in hoc loco ubi sanctus Melchisedech, advenientem sanctum Abraam, hostias Deo puras primus optulit: cum ergo descendissemus, ut superius dixi, de ecclesia deorsum, ait nobis ipse sanctus presbyter: „Ecce ista fundamenta in giro colliculo isto, quae videtis, hae sunt de palatio regis Melchisedech. Nam inde adhuc sic si quis subito iuxta sibi vult facere domum et fundamenta inde continget, aliquotiens et de argento et heramento modica frustella ibi invenit.

3. Nam ecce ista via, quam videtis transire inter fluvium Iordanem et vicum istum, haec est qua via regressus est sanctus Abraam de cede Quodollagomor et regis gentium revertens in Sodomis, qua ei occurrit sanctus Melchisedech rex Salem."

15.1. Tunc ergo, quia retinebam scriptum esse babtizasse sanctum Iohannem in Enon iuxta Salim, requisivi de eo,

---

[96] Der „entsprechende Psalm" ist Ps 110 (Ps 109 LXX); vgl. auch Hebr 5–7.
[97] Der angebliche Palast des Melchisedek in Salem/Salumias wird auch erwähnt bei HIERONYMUS, epist. 73,7–9 (CSEL 55,20f). Diese Salem-Tradition steht im Gegensatz zur jüdischen Identifizierung von Salem mit Jerusalem (vgl. JOSEPHUS, ant. 1, 10, 2 [1, 44 NIESE]), kann sich aber

und ein Psalm rezitiert, der dem Ort entsprach.⁹⁶ Nachdem wir wieder gebetet hatten, stiegen wir hinab.

2. Als wir hinabgestiegen waren, sagte uns jener heilige Priester, der schon älter und in den Schriften sehr bewandert war, das heißt der, der diesem Ort vorstand, aus dem Mönchsstand kam und dem, wie wir später erfuhren, viele Bischöfe über sein Leben das beste Zeugnis ausstellten — sie sagten nämlich über ihn, daß er würdig sei, diesem Ort vorzustehen, wo der heilige Melchisedek, als der heilige Abraham kam, als erster Gott die reinen Gaben darbrachte ... Als wir also von der Kirche herabgestiegen waren, wie ich oben erzählte, sagte uns dieser heilige Priester: „Schaut euch diese Fundamente rings um den Hügel an, die ihr da seht: Sie stammen vom Palast des Königs Melchisedek. Bis heute ist es so: Wenn jemand hier in der Nähe ein Haus bauen möchte und dabei die Fundamente berührt, so findet er dort manchmal kleine Stückchen Silber und Erz.⁹⁷

3. Nun schaut euch diesen Weg an, den ihr zwischen dem Jordan und diesem Dorf seht: Das ist der Weg, auf dem der heilige Abraham nach dem Untergang von Kedor-Laomer, dem König der Völker, nach Sodom zurückkehrte und auf dem ihm der heilige Melchisedek, der König von Salem, entgegenkam" (vgl. Gen 14,1–9).

Änon

15.1. Weil ich mich erinnerte, daß geschrieben steht, der heilige Johannes habe bei Änon, in der Nähe von Salem,

---

auf Gen 33,18 LXX berufen; vgl. HIERONYMUS, onomast. (GCS 11/1, Eusebius 3/1,153). Möglicherweise handelt es sich um eine Tradition der Judenchristen aus der Zeit, als auch ihnen das Betreten Jerusalems verboten war; vgl. STEMBERGER, *Juden und Christen* 86–88. Die Silber- und Erzfunde, von denen Egeria schreibt, sind vermutlich Münzen und ähnliches.

quam longe esset ipse locus. Tunc ait ille sanctus presbyter: „Ecce hic est in ducentis passibus. Nam si vis, ecce modo pedibus duco vos ibi. Nam haec aqua tam grandis et tam pura, quam videtis in isto vico, de ipso fonte venit."

2. Tunc | ergo gratias ei agere coepi et rogare ut duceret nos ad locum, sicut et factum est. Statim ergo cepimus ire cum eo pedibus totum per vallem amenissimam, donec perveniremus usque ad hortum pomarium valde amenum, ubi ostendit nobis in medio fontem aquae optime satis et pure, qui a semel integrum fluvium dimittebat. Habebat autem ante se ipse fons quasi lacum, ubi parebat fuisse operatum sanctum Iohannem Baptistam.

3. Tunc dixit nobis ipse sanctus presbyter: „In hodie hic hortus aliter non appellatur greco sermone nisi cepos tu agiu Iohanni, id est quod vos dicitis latine hortus sancti Iohannis." Nam et multi fratres sancti monachi de diversis locis venientes tendunt se, ut laventur in eo loco.

4. Denuo ergo et ad ipsum fontem, sicut et in singulis locis, facta est oratio et lecta est ipsa lectio; dictus etiam psalmus competens, et singula, quae consuetudinis nobis erant facere, ubicumque ad loca sancta veniebamus, ita et ibi fecimus.

5. Illud etiam presbyter sanctus dixit nobis, eo quod usque in hodierna die semper cata pascha, quicumque essent baptizandi in ipso vico, id est in ecclesia, quae appellatur opu Melchisedech, omnes in ipso fonte baptizarentur,

---

14–16 Liber Glossarum *(Lindsay-Mountford, p. 110, n. 377)*: Egeriae *(sic cod. Vat. Pal. lat. 1773, s. X,* egerie *cod. Paris. 11529 s. VIII–IX,* egene *cod. Turon. 850 s. IX–X)*. Cepos (chepos *cod. Paris.*) tu agiu Iohanni, grece quod latine dicitur ortus sancti Iohanni.

---

[98] Seit EUSEBIUS, *onomast.* (GCS 11/1, Eusebius 3/1, 40), wird Änon mit der starken Quelle in Verbindung gebracht, die in der Nähe von *Tell Schalem* entspringt. Der Name könnte auf das hebräische עינון für Quelle zurückgehen. Möglicherweise hat Johannes tatsächlich an mehreren Stellen getauft; vgl. PIXNER, *Messias* 166–169. Die Taufstelle Jesu

getauft (vgl. Joh 3,23)⁹⁸, fragte ich ihn also, wie weit der Ort entfernt sei. Darauf antwortete mir jener heilige Priester: „Von hier sind es nur 200 Schritte; wenn du willst, führe ich euch gleich zu Fuß hin. Das reichliche und gute Wasser, das ihr hier im Dorf seht, entspringt dieser Quelle."

2. Da dankte ich ihm und bat ihn, uns zu der Stelle zu führen. So geschah es. Sofort begannen wir, zu Fuß durch das ganze, überaus idyllische Tal zu gehen, bis wir zu einem sehr idyllischen Obstgarten kamen, in dessen Mitte er uns die Quelle mit bestem und reinstem Wasser zeigte, aus der gleich ein ganzer Fluß entsprang. Vor der Quelle aber befand sich so etwas wie ein See, wo, wie es schien, der heilige Johannes getauft hat.

3. Dann erzählte uns der heilige Priester: „Bis heute wird der Garten auf Griechisch nicht anders als ‚Cepos tu agiu Iohanni' genannt, was ihr im Lateinischen ‚Garten des heiligen Johannes' nennt."⁹⁹ Es kommen auch viele Brüder, heilige Mönche, aus verschiedenen Orten und möchten hier baden.

4. Schließlich wurde auch an dieser Quelle, wie schon an den anderen Orten, gebetet und die Lesung vorgetragen; auch ein entsprechender Psalm wurde rezitiert. Alles, was wir gewohnt waren zu tun, wann immer wir zu heiligen Stätten kamen, taten wir auch hier.

5. Der heilige Priester erzählte uns auch, daß immer zu Ostern bis auf den heutigen Tag alle, die in diesem Dorf — das heißt in der Kirche, die „Opu Melchisedek" heißt — getauft werden sollen, in dieser Quelle getauft würden. Sie

---

wird allerdings seit ORIGENES am unteren Jordan gesucht. Egeria erwähnt die Taufe Jesu weder hier noch bei der Überquerung des Jordans in 10,3. Möglicherweise hat sie das im verlorenen Teil des Berichtes getan. (Auf der Madabakarte findet sich an beiden Stellen ein Änon.)

⁹⁹ Egerias lateinische Umschrift des griechischen κῆπος τοῦ ἁγίου Ἰοάννου ist nicht ganz korrekt (lateinischer Genitiv *Iohanni* statt des griech. *Iohannu*); trotzdem scheint sie des Griechischen einigermaßen mächtig gewesen zu sein.

sic redirent mature ad candelas cum clericis et monachis
dicendo psalmos vel antiphonas et sic a fonte usque ad
ecclesiam sancti Melchisedech deducerentur mature omnes, qui fuissent baptizati.

6. Nos ergo accipientes de presbytero eulogias, id est de
pomario sancti Iohannis Baptistae, similiter et de sanctis
monachis, qui ibi monasteria habebant in ipso horto pomario, et gratias semper Deo agentes, profecti sumus iter
nostrum, quo ibamus.

16.1. Ac sic ergo euntes aliquandiu per vallem Iordanis
super ripam fluminis ipsius, quia ibi nobis iter erat aliquandiu, ad subito vidimus civitatem sancti prophetae Heliae,
id est Thesbe, unde ille habuit nomen Helias Thesbites.
Inibi est ergo usque in hodie spelunca, in qua sedit ipse
sanctus, et ibi | est memoria sancti Gethae, cuius nomen in
libris Iudicum legimus.

12–16 *Exc. Matrit. (l. 18):* Civitas sancti Aeliae dicitur Tesbe, ibi et iacet
Iepte.

---

[100] *Dicere* für die (gesungene oder gesprochene) Rezitation von liturgischen Texten ist auch bei der Beschreibung der Liturgie Jerusalems ein
fester Terminus. *Psalmus* und *antiphona* bezeichnen dabei wohl nicht
unterschiedliche Texte, sondern verschiedene Arten des Vortrags; vgl.
Einleitung 78f mit Anm. 284.
[101] Am Jordan hält sich der urchristliche Brauch, (Ostern) im Freiwasser
zu taufen (vgl. z. B. Apg 8, 36 und *Did.* 7, 1 [FC 1, 119]), auch wenn man
andernorts seit dem 3. Jh. dazu übergeht, Baptisterien zu bauen; vgl.
KLAUSER, *Wasser* 177–183. Auch KONSTANTIN wollte im Jordan getauft
werden; vgl. EUSEBIUS, *vit. Const.* 4, 62 (GCS, Eusebius 1/1, 145f).
[102] Egeria ist wohl vom Jordangraben aus, kurz hinter „Salem", ins *Wadi
el-Jabis* abgebogen und nicht der alten Römerstraße Skythopolis–Gadara–Karnion–Damaskus gefolgt, die nördlich durch das Tal des *Jarmuk*
führte. „Plötzlich" wird ihr — wohl ohne daß sie den Ort besucht — die

kämen frühmorgens mit Lichtern in Begleitung der Kleriker und Mönche unter Rezitation von Psalmen und Antiphonen[100] zurück, und so würden alle, die getauft worden seien, dann am Morgen von der Quelle bis zur Kirche des heiligen Melchisedek geführt.[101]

6. Nachdem wir dann vom Priester Eulogien erhalten hatten, das heißt aus dem Garten des heiligen Johannes des Täufers, und auch von den heiligen Mönchen, die dort in diesem Obstgarten ihre Einsiedeleien hatten, dankten wir Gott immerfort und machten uns wieder auf unseren Weg, den wir gehen wollten.

Tischbe und der Bach Kerit

16. 1. Als wir so eine Zeitlang durch das Jordantal am Ufer des Flusses gezogen waren, weil uns der Weg eine Zeitlang dort entlangführte, sahen wir plötzlich die Stadt des heiligen Propheten Elija, das heißt Tischbe, woher er den Namen „Elija der Tischbiter" (1 Kön 17,1) hatte[102]. Bis heute befindet sich dort die Höhle, in der der Heilige saß. Dort liegt auch das Grabmal des heiligen Jiftach, dessen Namen wir in den Büchern der Richter lesen (vgl. Ri 11–12).[103]

Gegend gezeigt, in der Elija zu Hause war. Südlich der Straße durch das *Wadi el-Jabis* befindet sich in der Gegend von *Adschlun* der Ort *Hirbet el-Hedamus*, das mit dem alttestamentlichen Tischbe identifiziert wird, welches allerdings nur in 1 Kön 17,1 erwähnt wird. Unweit davon befindet sich der Ort *Lisdib*, der in der Spätantike die Tischbe-Tradition übernommen haben könnte. Vgl. zum Ganzen DONNER, *Pilgerfahrt* 116 Anm. 119.

[103] Es gibt natürlich nur ein Richterbuch. Die Identifizierung des *Getha* bei Egeria mit Jiftach wird gestützt durch das Madrider Fragment, wo *Iepte* überliefert ist; vgl. den Testimonienapparat und BRUYNE, *Fragments* 482 f. Die Lokalisierung des Jiftach-Grabmals in dieser Gegend folgt der Identifizierung des in Ri 12,7 (LXX) als Begräbnisort genannten „Seph(e)" mit dem Wohnort Jiftachs nach Ri 12,1 (LXX) (Zafon = Σεφινα). Dieser Ort lag wohl tatsächlich im Adschlungebirge. Im Widerspruch dazu steht in Ri 11,34 Mizpa (LXX: Μασσηφα) als Wohnort Jiftachs. Vgl. dazu DONNER, *Pilgerfahrt* 117 Anm. 120.

2. Ac sic ergo et ibi gratias Deo agentes iuxta consuetudinem, perexivimus iter nostrum. Item euntes in eo itinere vidimus vallem de sinistro nobis venientem amenissimam, quae vallis erat ingens, mittens torrentem in Iordanem infinitum. Et ibi in ipsa valle vidimus monasterium cuiusdam, fratris nunc, id est monachi.

3. Tunc ego, ut sum satis curiosa, requirere cepi, quae esset haec vallis ubi sanctus, monachus nunc, monasterium sibi fecisset; non enim putabam hoc sine causa esse. Tunc dixerunt nobis sancti, qui nobiscum iter faciebant, id est loci notores: „Haec est vallis Corra, ubi sedit sanctus Helias Thesbites temporibus Achab regis, qua famis fuit, et iusso Dei corvus ei escam portabat, et de eo torrente aquam bibebat. Nam hic torrens, quem vides de ipsa valle percurrentem in Iordanem, hic est Corra."

4. Ac sic ergo nichilominus Deo gratias agentes, qui nobis non merentibus, singula, quae desiderabamus, dignabatur ostendere, itaque ergo ire cepimus iter nostrum sicut singulis diebus. Ac sic ergo facientes iter singulis diebus, ad subito de latere sinistro, unde e contra partes Fenicis videbamus, apparuit nobis mons ingens et altus infinitum, qui tendebatur in longo …

11–13 *Exc. Matrit. (l. 18–19):* Item vallis ubi corbus escam Aeliae afferebat dicitur Corra. || *In lacuna post 22 Exc. Matrit. (l. 20–25):* In loco illo ubi Iob sedebat in stirquilinio, modo locus mundus est, per girum cancellis ferreis clusum, et candela vitrea magna ibi lucet de sero ad serum. Fontem vero ubi testa saniam radebat quater in anno colorem mutat, primum ut purulentum habeat colorem, semel sanguineum, semel ut fellitum et semel ut limpida sit.

---

[104] Der Bach Kerit wird im Altertum unterschiedlich lokalisiert. Wenn Egeria durch das *Wadi el-Jabis* gezogen ist, das zumindest im Frühjahr reichlich Wasser führen kann, sieht sie, da die Straße vor *Adschlun* das

2. Da sagten wir Gott nach unserer Gewohnheit Dank und zogen weiter unseren Weg. Als wir aber so auf unserem Weg gingen, sahen wir auf der linken Seite ein überaus idyllisches Tal, dem wir uns näherten. Dieses Tal war außerordentlich groß, und aus ihm floß ein unermeßlicher Strom in den Jordan. In diesem Tal dort sahen wir die Einsiedelei eines Bruders, das heißt eines Mönches.

3. Daraufhin begann ich — ich bin ja ziemlich neugierig — nachzuforschen, was das für ein Tal sei, wo der Heilige, eben der Mönch, sich eine Einsiedelei eingerichtet habe. Ich glaubte nämlich nicht, daß das ohne Grund sei. Da sagten uns die Heiligen, die mit uns auf dem Weg waren, das heißt die Ortskundigen: „Dies ist das Tal Kerit, wo der heilige Elija aus Tischbe zur Zeit des Königs Ahab war, als eine Hungersnot herrschte; ein Rabe brachte ihm auf Befehl Gottes Speise, und er trank Wasser aus dem Bach (vgl. 1 Kön 17,6).[104] Der Strom nämlich, den du aus diesem Tal in den Jordan münden siehst, das ist der Kerit."

4. Und so dankten wir dann Gott, der uns — ohne daß wir es verdient hätten — alles sehen ließ, was wir verlangten. Dann begannen wir, unseren Weg weiterzuziehen, wie an allen Tagen. Während wir dann Tag um Tag dahinzogen, erschien uns plötzlich auf der linken Seite, wo wir gegenüber die phönizischen Landesteile sahen, ein großer und unendlich hoher Berg, der sich weithin ausdehnte ...

Wadi Richtung Südosten verläßt, das Tal nun zur Linken. Später biegt sie nach Norden ab und sieht kurz hinter Ramot *(Ramtha)* erstmals das Hermon-Massiv, den „großen und unendlich hohen Berg" (16,4); vgl. DONNER, *Pilgerfahrt* 118 Anm. 121, und WILKINSON, *Egeria's travels* 222 Anm. 16,2 und 4.

Deest unum folium.

5. ... qui sanctus monachus, vir ascitis, necesse habuit post | tot annos, quibus sedebat in heremum, movere se et descendere ad civitatem Carneas, ut commoneret episcopum vel clericos temporis ipsius, iuxta quod ei fuerat revelatum, ut foderent in eo loco, qui ei fuerat ostensus, sicut et factum est.

6. Qui fodientes in eo loco, qui ostensus fuerat, invenerunt speluncam, quam sequentes fuerunt forsitan per passus centum, quo ad subito, fodientibus illis, adparuit lapis: quem lapidem cum perdiscoperuissent, invenerunt sculptum in coperculo ipsius Iob. Cui Iob ad tunc in eo loco facta est ista ecclesia, quam videtis, ita tamen ut lapis cum corpore non moveretur in alio loco, sed ibi, ubi inventum fuerat, corpus positum esset, et ut corpus subter altarium iaceret. Illa autem ecclesia, quam tribunus nescio qui faciebat, sic stat inperfecta usque in hodie.

7. Ac sic ergo nos alia die mane rogavimus episcopum ut faceret oblationem, sicut et facere dignatus est, et benedi-

---

[105] Die Lücke kann zu einem kleinen Teil aus einem der Fragmente aus Madrid ergänzt werden; vgl. den Testimonienapparat und BRUYNE, *Fragments* 482: „An dem Ort, wo Ijob auf dem Misthaufen saß, gibt es jetzt eine Grube — ringsum von Eisengittern umschlossen —, und dort leuchtet ein großer Kristalleuchter von Abend zu Abend. Die Quelle aber, wo er sich mit einer Scherbe kratzte, wechselt in der Tat viermal im Jahr die Farbe, zuerst hat sie eine Farbe wie Eiter, dann wie Blut, dann wie Galle, und schließlich wird sie klar." Die Beschreibung der biblischen „Asche" (Ijob 2,8) als „Misthaufen" geht auf das apokryphe *TestJob* 20,1 (JSHRZ 3/3, 341) zurück.
[106] Der „Ijobstein" — schon in Karnion (siehe Anm. 91, oben 176f) gelegen —, von dem Egeria hier schreibt, ist vermutlich ein Denkmal mit kaum mehr zu erkennender Oberflächengravur von RAMSES II., der noch heute in *Scheich Saad* gezeigt wird. Vgl. DONNER, *Pilgerfahrt* 119

Hier fehlt ein Blatt.[105]

Das Grab des Ijob

5. ... dieser heilige Mönch, ein Asket, hielt es für nötig, nach so vielen Jahren, die er in der Wüste gelebt hatte, aufzubrechen und zur Stadt Karnion hinabzusteigen, um den Bischof oder die Kleriker seiner Zeit zu ermahnen, so wie es ihm offenbart worden war, an der Stelle zu graben, die ihm gezeigt worden war. So geschah es auch.

6. Als sie an der Stelle gruben, die ihnen gezeigt worden war, fanden sie eine Höhle, in die sie etwa 100 Schritte hineingingen. Beim Graben entdeckten sie plötzlich einen Stein, und als sie diesen Stein freigelegt hatten, fanden sie in dessen Oberfläche „Iob" eingemeißelt.[106] Deshalb wurde dort dem Ijob damals diese Kirche, die ihr seht, errichtet, aber so, daß der Stein mit dem Leichnam nicht an einen anderen Ort gebracht werden mußte, sondern daß der Leichnam dort, wo man ihn gefunden hatte, bleiben konnte und jetzt unter dem Altar liegt.[107] Diese Kirche aber, die ein mir unbekannter Tribun erbauen ließ, steht bis heute noch unvollendet dort.[108]

7. Und so baten wir früh am nächsten Tag den Bischof, das Opfer zu feiern, wozu er auch bereit war. Nachdem der

---

Anm. 125. Skeptisch ist dagegen SCHMITT, *Heimat* 63. Zur Auffindung von Heiligengräbern im 4. und 5. Jh. in Palästina vgl. STEMBERGER, *Juden und Christen* 92-99, und WILKINSON, *Egeria's travels* 281-283.

[107] Der Brauch, die Reliquien unter dem Altar zu deponieren oder zu belassen, geht auf Offb 6,9 zurück und wird im 4. Jh. auch architektonisch umgesetzt: Die Martyrien werden so errichtet, daß die Apsis direkt über dem Grab liegt; vgl. dazu AUF DER MAUR, *Feste der Heiligen* 96-99, und Einleitung 36 f.

[108] Diese Stelle wird von manchen als Beleg für eine Datierung des Itinerariums nach 397 angesehen, weil die Überlieferung von Ijobs Grab erst um 400 greifbar wird; vgl. dazu aber Einleitung 27. Die unvollendete Kirche stand wohl an dem Platz, wo sich heute über dem Ijobstein das „Weli" (muslimisches Heiligengrab) *Sahrat Eyyub* befindet; vgl. DONNER, *Pilgerfahrt* 119 Anm. 125.

cens nos episcopus profecti sumus. Communicantes ergo
et ibi, gratias agentes Deo semper, regressi sumus in Ierusolimam, iter facientes per singulas mansiones, per quas
ieramus tres annos.

17.1. Item in nomine Dei, transacto aliquanto tempore,
cum iam tres anni pleni essent, a quo in Ierusolimam
venisse, visis etiam omnibus locis sanctis, ad quos orationis
gratia me tenderam, et ideo iam revertendi ad patriam
animus esset: volui, iubente Deo, ut et ad Mesopotamiam
Syriae accedere ad visendos sanctos monachos, qui ibi
plurimi et tam eximiae vitae esse dicebantur, ut vix referri
possit; nec non etiam et gratia orationis ad martyrium
sancti Thomae apostoli, ubi corpus illius integrum positum
est, id est apud Edessam, quem se illuc missurum, posteaquam in caelis ascendisset, Deus noster Iesus testatus est
per epistolam, quam ad Aggarum regem per Ananiam cursorem misit, que epistola cum grandi reverentia apud Edessam civitatem, ubi est ipsud martyrium, custoditur.

---

[109] Zur Übersetzung von *tres annos* mit „vor drei Jahren" vgl. LÖFSTEDT, *Philologischer Kommentar* 249f. Da nicht anzunehmen ist, daß Egeria über die *via maris* am Mittelmeer zurückkehrt, deutet die Formulierung darauf hin, daß Egeria bei der Hinreise einen Weg durchs Landesinnere genommen hat und Jerusalem von Norden erreichte.

[110] Edessa ist das heutige *Urfa* (oder *Sanlıurfa*) und liegt im Bereich des oberen Eufrat (Türkei). Eine alte Siedlung war von SELEUKOS I. nach der alten Königsstadt der Makedonen „Edessa" genannt worden; seit 165 n. Chr. war die Stadt römisch und wurde im 4. Jh. n. Chr. eines der bedeutendsten Zentren des syrischen Christentums. Vgl. zur Geschichte der Stadt SEGAL, *Edessa*, und KIRSTEN, *Edessa* 552–597.

[111] Die Korrespondenz Jesu mit dem König Abgar ist erstmals überliefert bei EUSEBIUS, *h. e.* 1, 13; 2, 1, 6–8 (32–37. 41f SCHWARTZ), der den Bericht dem Archiv von Edessa entnommen haben will. Er berichtet auch, daß Thomas den Thaddäus nach der Himmelfahrt nach Edessa

Bischof uns gesegnet hatte, brachen wir auf. Wir empfingen dort auch die Kommunion und zogen, nachdem wir Gott immer wieder Dank gesagt hatten, zurück nach Jerusalem und nahmen den Weg über die einzelnen Rastplätze, über die wir drei Jahre zuvor gekommen waren.[109]

Die Reise nach Mesopotamien

Von Jerusalem nach Antiochia

17.1. Als schon einige Zeit vergangen und drei Jahre verstrichen waren, seit ich nach Jerusalem gekommen war und alle heiligen Stätten gesehen hatte, zu denen ich mich wegen des Gebetes hingezogen fühlte, und ich deshalb schon daran dachte, in die Heimat zurückzukehren, da wollte ich, im Namen Gottes und auf seine Weisung hin, noch nach Mesopotamien in Syrien ziehen, um die heiligen Mönche zu besuchen, die dort sehr zahlreich und von solch ausgezeichnetem Lebenswandel sein sollen, daß man es kaum berichten kann. Und auch wegen des Gebetes am Grab des heiligen Apostels Thomas (wollte ich dorthin ziehen), wo sein unversehrter Leichnam bestattet ist, das heißt bei Edessa.[110] Diesen (*sc.* Thomas) wollte unser Gott Jesus nach seiner Himmelfahrt dorthin senden, wie er in einem Brief bezeugt, den er durch den Eilboten Hananias zum König Abgar schickte. Dieser Brief wird mit großer Ehrfurcht in der Stadt Edessa aufbewahrt, wo sich auch das Martyrium befindet.[111]

---

gesandt habe und so zum Begründer des edessenischen Christentums geworden sei. Um 400 liegt dieser Bericht vom Kontakt Jesu mit Edessa erweitert in der sogenannten Thaddäuslegende *(Doctrina Addai)* vor, die Egeria noch nicht kennt; vgl. dazu DRIJVERS, *Abgarsage* 389–395. Der erwähnte König Abgar soll ABGAR V. UKKAMA (der Schwarze) sein, der 4 v. bis 7 n. und 13–50 n. Chr. regierte; in Wirklichkeit ist die Abgarlegende wohl entstanden als (korrigierender) Bericht über Anfänge des edessenischen Christentums im 3. Jh. (unter König ABGAR IX.) — mit einer deutlichen Tendenz gegen den Manichäismus, der diese Anfänge sehr geprägt hatte.

2. Nam mihi credat volo affectio vestra, quoniam nullus christianorum est, qui non se tendat illuc gratia orationis, quicumque tamen usque ad loca sancta, id est in Ierusolimis, accesserit; et hic locus de Ierusolima vicesima et | quinta mansione est.

3. Et quoniam de Anthiocia propius est Mesopotamiam, fuit mihi iubente Deo oportunum satis ut, quemadmodum revertebar Constantinopolim, quia per Anthiociam iter erat, inde ad Mesopotamiam irem, sicut et factum est Deo iubente.

18. 1. Itaque ergo in nomine Christi Dei nostri profecta sum de Antiochia ad Mesopotamiam habens iter per mansiones seu civitates aliquot provinciae Sirie Celen, quae est Anthiociae, et inde ingressa fines provinciae Augustofratensis, perveni ad civitatem Gerapolim, quae est metropolis ipsius provinciae, id est Augustofratensis. Et quoniam haec civitas valde pulchra et opulenta est atque abundans omnibus, necesse me fuit ibi facere stativam, quoniam iam inde non longe erant fines Mesopotamiae.

2. Itaque ergo proficiscens de Ierapolim in quintodecimo miliario in nomine Dei perveni ad fluvium Eufraten, de quo satis bene scriptum est esse „flumen magnum Eufraten" et ingens, et quasi terribilis est; ita enim decurrit habens impetum, sicut habet fluvius Rodanus, nisi quod adhuc maior est Eufrates.

---

[112] Der nordöstliche Teil der Provinz *Syria Coele* wurde 341 abgetrennt und als *Augusta Euphratensis* selbständige Provinz; die Stadt Hierapolis ist das heutige *Membiğ*, ca. 100 km nordöstlich von Aleppo. Die Provinz *Mesopotamia Syriae* mit der Hauptstadt Edessa lag auf der anderen Seite des Eufrat. Vgl. DONNER, *Pilgerfahrt* 121 Anm. 130.
[113] Im Altertum ist die Rhône für ihren unbändigen Flußlauf im oberen Bereich bekannt; es bleibt fraglich, ob man aus dieser Äußerung Schlüsse

2. Glaubt mir, meine Verehrtesten: Es gibt unter all denen, die zu den heiligen Stätten, das heißt nach Jerusalem, kamen, keinen Christen, der nicht wegen des Gebetes dorthin möchte. Dieser Ort ist 25 Rastplätze von Jerusalem entfernt.

3. Weil es von Antiochia näher nach Mesopotamien ist, schien es mir, auf Weisung Gottes, recht günstig, wenn ich auf meiner Rückreise nach Konstantinopel — weil der Weg über Antiochia führte — von dort nach Mesopotamien ginge. Auf Weisung Gottes geschah es auch so.

Von Antiochia nach Edessa

18.1. So zog ich also im Namen Christi, unseres Gottes, von Antiochia nach Mesopotamien und nahm den Weg über mehrere Rastplätze und Städte der Provinz Coelesyrien, das heißt der Provinz von Antiochia. Von dort ging ich in das Gebiet der Provinz Augusta Euphratensis und kam zur Stadt Hierapolis, der Hauptstadt dieser Provinz, das heißt von Augusta Euphratensis. Und weil diese Stadt sehr schön und reich ist und von allem im Überfluß hat, mußte ich dort Rast machen, denn von dort aus war das Gebiet von Mesopotamien nicht mehr weit.[112]

2. Als ich dann von Hierapolis aufbrach, kam ich im Namen Gottes nach 15 Meilen zum Eufrat, von dem sehr richtig geschrieben steht, der Eufrat sei ein großer Strom (vgl. Gen 15,18) und außerordentlich groß; er ist auch in gewisser Weise schrecklich. Er stürzt nämlich mit einer solchen Wucht herab, wie sie die Rhône hat, nur daß der Eufrat noch größer ist.[113]

---

auf die Herkunft Egerias ziehen kann, obwohl sie selbst höchstwahrscheinlich die Rhône überqueren mußte. Aber kannten ihre Adressatinnen die Rhône aus eigener Anschauung oder nur aus der Literatur — und sei es aus einem Teil von Egerias Bericht, der verlorengegangen ist? Zur Rhône in der antiken Literatur vgl. BLUDAU, *Pilgerreise* 236f.

3. Itaque ergo quoniam necesse erat eum navibus transire, et navibus non nisi maioribus, ac sic immorata sum ibi forsitan plus media die; et inde in nomine Dei transito flumine Eufraten ingressa sum fines Mesopotamiae Siriae.

19.1. Ac sic denuo faciens iter per mansiones aliquot perveni ad civitatem, cuius nomen in Scripturis positum legimus, id est Batanis, quae civitas usque in hodie est. Nam et ecclesia cum episcopo vere sancto et monacho et confessore habet, et martyria aliquanta. Ipsa etiam civitas habundans multitudine hominum est; nam et miles ibi sedet cum tribuno suo.

2. Unde denuo proficiscens, pervenimus in nomine Christi Dei nostri Edessam. Ubi cum pervenissemus, statim perreximus ad ecclesiam et ad martyrium sancti Thomae. Itaque ergo iuxta consuetudinem factis orationibus et cetera, quae consuetudo erat fieri in locis sanctis, nec non etiam et aliquanta ipsius sancti Thomae ibi legimus.

---

[114] Es bleibt unklar, auf welche Schriftstelle Egeria anspielt, ob auf Jos 13,26 („Betonim") oder Jdt 1,9 („Batana"); vgl. DONNER, *Pilgerfahrt* 122 Anm. 135. Die Stadt Batanis/Serug, das heutige *Suruç*, liegt 40 km westlich von Edessa. Von JOHANNES CHRYSOSTOMUS, *Stag.* 2,6 (PG 47,458), wird sie mit der Wanderung Abrahams in Verbindung gebracht.
[115] Die Bezeichnung *confessor* für die Bischöfe von Batanis, Edessa (19,5) und Haran (20,2) ist eine wichtige Stütze bei der Datierung des Itinerariums auf die Jahre 381–384; vgl. dazu Einleitung 23–25.
[116] Die Formulierung *ad ecclesiam et ad martyrium* ist in ihrer Deutung umstritten. Handelt es sich um zwei Gebäude, wobei mit der Kirche die „alte Kirche" von Edessa gemeint ist und mit „Martyrium" ein außerhalb der Kirche liegendes Heiligtum? Oder handelt es sich um die neue Kirche, in der sich seit dem 22. 8. 394 auch die Gebeine (*sc.* das Martyrium) des heiligen Thomas befanden? Sowohl das disjunktive als auch das konjunktive Verständnis des *et* ist möglich; zur Bedeutung für die Datierung vgl. Einleitung 26f. Die Kirche selbst stand möglicherweise an der Stelle der heutigen *Ridwanije-Camii*.

3. Weil man ihn deshalb mit Schiffen, und zwar nur mit großen, überqueren mußte, blieb ich dort etwas länger als einen halben Tag. Dann überquerte ich im Namen Gottes den Eufrat und betrat das Gebiet von Mesopotamien in Syrien.

19.1. Als ich mich dann so wieder auf den Weg über mehrere Rastplätze machte, erreichte ich eine Stadt, deren Namen wir in der Schrift lesen, nämlich Batanis — eine Stadt, die es heute noch gibt.[114] Sie hat eine Kirche mit einem wirklich heiligen Bischof, einem Mönch und Bekenner[115], und einige Martyrien. Auch ist diese Stadt überaus reich an Menschen; es sind auch Soldaten mit ihrem Tribun dort stationiert.

Edessa
2. Als wir dann wieder von dort aufbrachen, kamen wir im Namen Christi, unseres Herrn, nach Edessa. Dort angekommen, machten wir uns sofort auf zur Kirche und zum Martyrium des heiligen Thomas.[116] Nachdem wir dort — wie gewohnt — ein Gebet und das übrige verrichtet hatten, lasen wir da, unter anderem, wie es unserer Gewohnheit an heiligen Stätten entsprach, einiges vom heiligen Thomas.[117]

---

[117] Gemeint sind wahrscheinlich die apokryphen *Thomasakten*, die in syrischer Sprache in Ostsyrien im 3. Jh. entstanden. Deren Darstellung des Thomas als „Apostel Indiens" beruht wohl auf den intensiven Beziehungen Edessas zu Nordindien im 3. Jh.; vgl. dazu DRIJVERS, *Thomasakten* 289–292. Allerdings ist seit dem 3. Jh. auch ein Thomasevangelium bezeugt, das möglicherweise aus manichäischen Kreisen stammt; vgl. BLATZ, *Thomasevangelium* 93–97. Die Aussage der Egeria, daß „einiges" (und nicht wie z. B. in 23,5 „Akten") des Thomas gelesen wird, und die Tatsache, daß Edessa lange manichäisch geprägt war, lassen auch einen Gebrauch dieses Evangeliums in Edessa möglich erscheinen; vgl. SMELIK, *Aliquanta* 290–294. Anders MARAVAL, *Égérie* 203f Anm. 6, mit Hinweis auf die Verdammung des Thomasevangeliums beispielsweise durch CYRILL, *cat.* 4,36 (1,130 REISCHL/RUPP). MARAVAL verweist auch auf die Wahl der Formulierung *legimus* anstelle von *lecta sunt*, die seines Erachtens auf private Lektüre anstelle von offizieller Lesung hindeutet.

3. Ecclesia autem, ibi que est, ingens et valde pulchra et nova dispositione, ut vere digna est esse domus Dei; et quoniam multa erant, quae ibi desiderabam videre, necesse me fuit ibi stativa triduana facere.

4. Ac sic ergo vidi in eadem civitate martyria plurima nec non et sanctos monachos, commanentes alios per martyria, alios | longius de civitate in secretioribus locis habentes monasteria.

5. Et quoniam sanctus episcopus ipsius civitatis, vir vere religiosus et monachus et confessor, suscipiens me libenter ait michi: „Quoniam video te, filia, gratia religionis tam magnum laborem tibi imposuisse, ut de extremis porro terris venires ad haec loca, itaque ergo, si libenter habes, quaecumque loca sunt hic grata ad videndum Christianis, ostendimus tibi": tunc ergo gratias agens Deo primum et sic ipsum rogavi plurimum, ut dignaretur facere quod dicebat.

6. Itaque ergo duxit me primum ad palatium Aggari regis et ibi ostendit michi archiotepam ipsius ingens, simillimam, ut ipsi dicebant, marmoream, tanti nitoris ac si de margarita esset; in cuius Aggari vultu parebat de contra vere fuisse hunc virum satis sapientem et honoratum. Tunc ait mihi sanctus episcopus: „Ecce rex Aggarus, qui antequam videret Dominum, credidit ei, quia esset vere filius Dei." Nam erat et iuxta archiotipa similiter de tali marmore facta, quam dixit filii ipsius esse Magni, similiter et ipsa habens aliquid gratiae in vultu.

---

[118] Vgl. zu *extremis terris* VALERIUS, *epist*. 5 (SCh 296, 346), wo es heißt, Egeria sei *extremo occidui maris oceani litore* (am äußersten Rand des westlichen Ozeans) aufgebrochen.

[119] Gemeint ist die (hellenistische) Zitadelle auf einem Vorberg des *Top Dağı*, die die Stadt überragt; vgl. 19,14.

[120] Der Bischof benutzt hier eine Formulierung aus dem Brief, den Jesus an Abgar geschrieben haben soll; vgl. EUSEBIUS, *h. e*. 1, 13,10 (34 SCHWARTZ): „Selig bist du, daß du an mich geglaubt hast, ohne mich

3. Die Kirche aber, die dort steht, ist außerordentlich groß, sehr schön und neu errichtet, so daß sie wirklich würdig ist, Haus Gottes zu sein. Weil es aber vieles gab, was ich sehen wollte, mußte ich dort drei Tage bleiben.
4. Und so sah ich also in dieser Stadt viele Martyrien und auch heilige Mönche, die dort ihre Einsiedeleien hatten, einige nahe bei den Martyrien, andere weiter außerhalb der Stadt an abgelegeneren Orten.
5. Und der heilige Bischof dieser Stadt, ein wahrhaft frommer Mann, ein Mönch und Bekenner, nahm mich großzügig auf und sagte: „Weil ich sehe, daß du, meine Tochter, um der Religion willen so viele Mühen auf dich genommen hast, daß du von den äußersten Gegenden[118] hier an diesen Ort kamst, deshalb wollen wir dir, wenn du möchtest, alle Orte zeigen, die Christen gerne sehen wollen." Da dankte ich zuerst Gott und bat dann ihn selbst inständig, zu tun, was er gesagt hatte.
6. So führte er mich also zuerst zum Palast des Königs Abgar[119] und zeigte mir dort dessen außerordentlich große und ihm, wie sie sagten, sehr ähnliche Marmorstatue, die von so hellem Glanz war, als wäre sie aus Perlen. An der Miene des Abgar konnte man dagegen erkennen, daß er wirklich ein sehr weiser und ehrbarer Mann gewesen war. Da sagte mir der heilige Bischof: „Schau dir den König Abgar an; noch ehe er den Herrn sah, glaubte er ihm, daß er wahrhaftig der Sohn Gottes sei."[120] Daneben stand noch eine ähnliche marmorne Statue, die, wie er sagte, dessen Sohn Manu[121] darstellte. Auch sie hatte im Antlitz einen Ausdruck von Güte.

---

gesehen zu haben" (vgl. Joh 20,29). Vgl. auch DONNER, *Pilgerfahrt* 124 Anm. 141.
[121] Egeria latinisiert „Manu" falsch als *Magnus;* MANU IX. war der Sohn von ABGAR IX.; siehe Anm. 111, oben 190f, sowie DONNER, *Pilgerfahrt* 120 Anm. 128 und 124 Anm. 143.

7. Item perintravimus in interiori parte palatii; et ibi erant fontes piscibus pleni, quales ego adhuc nunquam vidi, id est tantae magnitudinis et vel tam perlustres aut tam boni saporis. Nam ipsa civitas aliam aquam penitus non habet nunc nisi eam, quae de palatio exit, quae est ac si fluvius ingens argenteus.

8. Et tunc retulit michi de ipsa aqua sic sanctus episcopus dicens: „Quodam tempore, posteaquam scripserat Aggarus rex ad Dominum et Dominus rescripserat Aggaro per Ananiam cursorem, sicut scriptum est in ipsa epistola: transacto ergo aliquanto tempore superveniunt Perse et girant civitatem istam.

9. Sed statim Aggarus epistolam Domini ferens ad portam cum omni exercitu suo publice oravit. Et post dixit: ‚Domine Iesu, tu promiseras nobis, ne aliquis hostium ingrederetur civitatem istam, et ecce nunc Persae inpugnant nos.' Quod cum dixisset tenens manibus levatis epistolam ipsam apertam rex, ad subito tantae tenebrae factae sunt, foras civitatem tamen ante oculos Persarum, cum iam prope plicarent civitati, ita ut usque tertium miliarium de civitate essent: sed ita mox tenebris turbati sunt, ut vix castra ponerent et pergirarent in miliario tertio totam civitatem.

10. Ita autem turbati sunt Persae, ut nunquam viderent postea qua parte in civitate ingrederentur, sed custodirent

---

[122] Es ist fraglich, ob *quales* sich auf die Quellen oder die Fische bezieht. DEVOS, *Perlustris* 77–88, hält wegen der ähnlichen Formulierung in 11,2 (vgl. auch PETRUS DIACONUS, *loc. sanct.* Y 12) einen Bezug auf *fontes* für wahrscheinlich. Aber auch Fische weiß Egeria zu schätzen (vgl. PETRUS DIACONUS, *loc. sanct.* Y 10), und *magnitudo* bezieht sich doch wohl eher auf Fische als auf Quellen. Die Teiche *Birket Ibrahim* und *Birket Zulha* gibt es in Edessa noch heute; sie werden aber, wie die „heiligen Karpfen" darin, mit Abraham in Verbindung gebracht. Vgl. zum Ganzen auch WILKINSON, *Egeria's travels* 284–287.

7. Und dann traten wir in das Innere des Palastes; dort waren Quellen mit vielen Fischen, wie ich sie bisher noch nicht gesehen hatte, das heißt von solcher Größe, so glänzend und von so gutem Geschmack.[122] Die Stadt hat nämlich in ihrem Innern kein anderes Wasser als das, was wie ein außerordentlich großer, silberner Fluß aus dem Palast fließt.

8. Und dann erzählte mir der heilige Bischof folgendes über das Wasser: „Einige Zeit nachdem damals der König Abgar an den Herrn und der Herr an Abgar durch den Eilboten Hananias zurückgeschrieben hatte, so wie es in dem Brief geschrieben steht, umzingelten die Perser diese Stadt und griffen sie an.[123]

9. Aber Abgar brachte sofort den Brief des Herrn an das Tor und betete dort mit seinem ganzen Heer in aller Öffentlichkeit. Dann sagte er: ‚Herr Jesus, du hattest uns versprochen, daß kein Feind in unsere Stadt eindringe, und siehe, jetzt bekämpfen uns die Perser.' Als der König das gesagt hatte und den geöffneten Brief mit den Händen hochhielt, entstand plötzlich außerhalb der Stadt vor den Augen der Perser, die sich schon bis auf drei Meilen der Stadt genähert hatten, eine große Finsternis. Sie waren durch die Finsternis so verwirrt, daß sie nur unter Mühen ihr Lager aufschlagen und die Stadt (nur) im Abstand von drei Meilen gänzlich einschließen konnten.

10. Die Perser waren aber so verwirrt, daß sie später nie erkannten, an welcher Stelle sie in die Stadt eindringen

---

[123] Gemeint ist wohl die Belagerung von Edessa während der Perserkriege im Jahr 363. Im Anschluß daran entsteht eine Neufassung des Briefes Jesu an Abgar, der wegen der darin enthaltenen Schutzverheißung auch im Westen (als Talisman) verbreitet ist; vgl. KIRSTEN, *Edessa* 589 f. Der folgende Erzählstoff findet sich noch nicht bei EUSEBIUS, aber schon in der *Doctrina Addai* (siehe Anm. 111, oben 190 f). Vgl. DONNER, *Pilgerfahrt* 125 Anm. 45, und DEVOS, *Égérie à Édesse* 398 f.

civitatem per giro clusam hostibus, in miliario tamen tertio, quam tamen custo|dierunt mensibus aliquod.

11. Postmodum autem, cum viderent se nullo modo posse ingredi in civitatem, voluerunt siti eos occidere, qui in civitate erant. Nam monticulum istum, quem vides, filia, super civitate hac, in illo tempore ipse huic civitati aquam ministrabat. Tunc videntes hoc Persae averterunt ipsam aquam a civitate et fecerunt ei decursum contra ipso loco, ubi ipsi castra posita habebant.

12. In ea ergo die et in ea hora, qua averterant Persae aquam, statim hii fontes, quos vides, in eo loco, iusso Dei a semel eruperunt: ex ea die hi fontes usque in hodie permanent hic gratia Dei. Illa autem aqua, quam Persae averterant, ita siccata est in ea hora, ut nec ipsi haberent vel una die quod biberent, qui obsedebant civitatem, sicut tamen et usque in hodie apparet; nam postea nunquam nec qualiscumque humor ibi apparuit usque in hodie.

13. Ac sic iubente Deo, qui hoc promiserat futurum, necesse fuit eos statim reverti ad sua, id est in Persida. Nam et postmodum quotienscumque voluerunt venire et expugnare hanc civitatem hostes, haec epistola prolata est et lecta est in porta, et statim nutu Dei expulsi sunt omnes hostes."

14. Illud etiam retulit sanctus episcopus eo quod „hii fontes ubi eruperunt, ante sic fuerit campus intra civitatem subiacens palatio Aggari. Quod palatium Aggari quasi in editiori loco positum erat, sicut et nunc paret, ut vides. Nam consuetudo talis erat in illo tempore, ut palatia, quotiensque fabricabantur, semper in editioribus locis fierent.

15. Sed postmodum quam hii fontes in eo loco eruperunt, tunc ipse Aggarus filio suo Magno, id est isti, cuius

---

[124] Es handelt sich hier um eine Ätiologie für die außergewöhnliche Wasserversorgung der Stadt: Das Wasser eines Wadis, das die Stadt ursprünglich gefährdete, wurde unterirdisch in die Stadt geleitet; vgl. WILKINSON, *Egeria's travels* 284–287.

könnten. Aber sie belagerten die Stadt, indem sie diese in einem Abstand von drei Meilen mit Soldaten umgaben, und hielten sie so einige Monate lang belagert.

11. Später aber, als sie erkannten, daß sie überhaupt nicht in die Stadt eindringen konnten, wollten sie die Einwohner der Stadt durch Durst töten. Dieser Hügel nämlich, den du, meine Tochter, dort oberhalb der Stadt siehst, diente in jener Zeit der Stadt zur Wasserversorgung. Als die Perser das gesehen hatten, leiteten sie das Wasser von der Stadt weg und lenkten seinen Lauf zu der Stelle, wo sie selbst ihr Lager aufgeschlagen hatten.

12. An diesem Tag aber und zu der Stunde, als die Perser das Wasser wegleiteten, entsprangen sofort auf Weisung Gottes hier an dieser Stelle diese Quellen, die du siehst. Seit jenem Tag fließen diese Quellen durch die Gnade Gottes bis heute. Das Wasser aber, das die Perser abgeleitet hatten, trocknete in jener Stunde so aus, daß die Belagerer der Stadt nicht einmal mehr einen Tag zu trinken hatten. So ist es bis heute geblieben, denn auch später zeigte sich dort bis heute nie mehr irgendwelche Feuchtigkeit.[124]

13. Und so mußten sie auf Weisung Gottes, der versprochen hatte, daß es so geschehen werde, sofort in ihr Land, das heißt nach Persien, zurückkehren. Und auch später, immer wenn Feinde kommen und diese Stadt erobern wollten, wurde der Brief hervorgeholt und am Tor vorgelesen, und sofort wurden auf göttlichen Befehl hin alle Feinde vertrieben."

14. Dann erzählte der heilige Bischof auch: „Wo diese Quellen entspringen, war früher ein freies Feld in der Stadt am Fuß des Palastes des Abgar. Der Palast des Abgar lag auf einem erhöhten Platz. So ist es noch heute, wie du sehen kannst. Es war nämlich zu jener Zeit üblich, Paläste, wenn sie gebaut wurden, immer auf höher gelegenen Plätzen zu errichten.

15. Später, nachdem hier diese Quellen entsprungen waren, ließ Abgar seinem Sohn Manu — das ist der, dessen

archiotipa vides iuxta patre posita, hoc palatium fecit in eo loco, ita tamen ut hii fontes intra palatium includerentur."

16. Postea ergo quam haec omnia retulit sanctus episcopus, ait ad me: „Eamus nunc ad portam, per quam ingressus est Ananias cursor cum illa epistola, quam dixeram." Cum ergo venissemus ad portam ipsam, stans episcopus fecit orationem et legit nobis ibi ipsas epistolas et denuo benedicens nos facta est iterato oratio.

17. Illud etiam retulit nobis sanctus ipse dicens eo quod ex ea die, qua Ananias cursor per ipsam portam ingressus est cum epistolam Domini, usque in presentem diem custodiatur, ne quis immundus, ne quis lugubris per ipsam portam transeat, sed nec corpus alicuius mortui eiciatur per ipsam portam.

18. Ostendit etiam nobis sanctus episcopus memoriam Aggari vel totius familiae ipsius valde pulchra, sed facta more antiquo. Duxit | etiam nos et ad illum palatium superiorem, quod habuerat primitus rex Aggarus, et si qua preterea loca erant, monstravit nobis.

19. Illud etiam satis mihi grato fuit, ut epistolas ipsas sive Aggari ad Dominum sive Domini ad Aggarum, quas nobis ibi legerat sanctus episcopus, acciperem michi ab ipso sancto. Et licet in patria exemplaria ipsarum haberem, tamen gratius mihi visum est, ut et ibi eas de ipso acciperem, ne quid forsitan minus ad nos in patria pervenisset; nam vere amplius est, quod hic accepi. Unde si Deus noster Iesus iusserit et venero in patria, legitis vos, dominae animae meae.

---

[125] Vgl. dazu SEGAL, *Edessa* 186.

Statue du neben der seines Vaters stehen siehst — hier an dieser Stelle einen Palast erbauen, so daß die Quellen von dem Palast umschlossen wurden."

16. Nachdem der heilige Bischof mir das alles erzählt hatte, sagte er: „Laßt uns jetzt zu dem Tor gehen, durch das der Eilbote Hananias mit jenem Brief hereinkam, von dem ich erzählte." Als wir dann zu dem Tor gekommen waren, betete der Bischof stehend und las uns dort die Briefe vor; dann segnete er uns und betete noch einmal.

17. Der Heilige erzählte uns auch folgendes und berichtete, daß seit dem Tag, als der Eilbote Hananias mit dem Brief des Herrn durch dieses Tor gekommen war, bis in die Gegenwart darauf geachtet werde, daß kein Unreiner, kein Trauernder durch dieses Tor hindurchgehe und daß auch kein Leichnam eines Toten durch dieses Tor getragen werde.[125]

18. Der heilige Bischof zeigte uns auch das Grabmal des Abgar und seiner ganzen Familie — sehr schön, aber in altertümlichem Stil erbaut. Er führte uns auch zu jenem höher gelegenen Palast, den der König Abgar zuerst gehabt hatte; und falls es sonst noch besondere Orte gab, zeigte er sie uns.

19. Und auch das machte mich sehr dankbar: Ich erhielt für mich von dem Heiligen sowohl die Briefe des Abgar an den Herrn als auch die des Herrn an Abgar, die uns der heilige Bischof dort vorgelesen hatte. Obwohl ich zu Hause davon Abschriften habe, so schien es mir doch wünschenswerter, sie dort von ihm zu bekommen, falls sie weniger komplett zu uns in die Heimat gekommen sein sollten; denn was ich hier erhielt, ist wirklich umfassender.[126] Wenn unser Gott Jesus es befiehlt und ich nach Hause komme, werdet ihr sie lesen können, meine lieben Damen.

---

[126] Egeria kennt die Briefe entweder in der Fassung des EUSEBIUS oder in Form eines Talismans. Was sie erhält, ist wohl die Neufassung des Briefes aus der Zeit nach 363, eine Vorstufe der *Doctrina Addai*.

20. 1. Ac sic ergo facto ibi triduano necesse me fuit adhuc in ante accedere usque ad Charris, quia modo sic dicitur. Nam in Scripturis sanctis dicta est Charra, ubi moratus est sanctus Abraam, sicut scriptum est in Genesi, dicente Domino ad Abraam: „Exi de terra tua et de domo patris tui et vade in Charram" et reliqua.

2. Ibi ergo cum venissem, id est in Charra, ibi statim fui ad ecclesiam, quae est intra civitate ipsa. Vidi etiam mox episcopum loci ipsius vere sanctum et hominem Dei, et ipsum et monachum et confessorem, qui mox nobis omnia loca ibi ostendere dignatus est, quae desiderabamus.

3. Nam duxit nos statim ad ecclesiam, quae est foras civitatem, in eo loco ubi fuit domus sancti Abrahae, id est in ipsis fundamentis et de ipso lapide, ut tamen dicebat sanctus episcopus. Cum ergo venissemus in ipsa ecclesia, facta est oratio et lectus ipse locus de Genesi, dictus etiam unus psalmus, et iterata oratione et sic benedicens nos episcopus, egressi sumus foras.

4. Item dignatus est nos ducere ad puteum illum, unde portabat aquam sancta Rebecca. Et ait nobis sanctus episcopus: „Ecce puteus unde potavit sancta Re|becca camelos pueri sancti Abrahae, id est Eleazari", et singula ita nobis dignabatur ostendere.

3–6 *Exc. Matrit. (l. 26–27):* Hic dicit egressurum Abraham de Hur Caldeorum civitas, venit primo et habitavit in Carpa *(in marg.* in carra*)*. *(lin. 28–31 require infra ad* 20,5 [206,2–4] *et* 20,12 [210,14–20]) ‖ 21–23 *Exc. Matrit. (l. 32–33):* Item puteum unde Rebecca dat aquam pueri Abrahe, nomine Aeleazar; eclesia est ibi hodie *(add.* finit *M)*

---

[127] Keine Fassung dieses biblischen Textes nennt das Land Haran; Egeria vergißt, daß Abraham, nachdem er aus Ur in Chaldäa weggezogen war (Gen 11,31), bereits in Haran wohnte, als er den Ruf zum Aufbruch nach Kanaan hört. Haran ist die alte Stadt Harranu; die Ruinen der Stadt, die zu Egerias Zeit Carrhae bzw. Karrai hieß, liegen noch heute

Haran

20.1. Als ich nun drei Tage dort geblieben war, schien es mir notwendig, bis nach Carrhae — wie es jetzt heißt — weiterzuziehen. In den Heiligen Schriften wird es Haran genannt, wo der heilige Abraham wohnte, wie es in der Genesis geschrieben steht, als der Herr zu Abraham sagte: „Zieh aus deinem Land und deinem Vaterhaus und geh in das Land Haran" (vgl. Gen 12, 1)[127] und so weiter.

2. Als ich dort angekommen war, nämlich in Haran, ging ich dort sofort in die Kirche, die mitten in der Stadt liegt. Bald sah ich auch den Bischof dieses Ortes, einen wahren Heiligen und Gottesmann, einen Mönch und Bekenner, der so freundlich war, uns dort alle Orte zu zeigen, wie wir es wünschten.

3. Er führte uns sofort zur Kirche, die vor der Stadt liegt, an dem Ort, wo das Haus des heiligen Abraham war, das heißt auf dessen Fundamenten und aus demselben Stein; so sagte uns jedenfalls der heilige Bischof. Als wir also dort in der Kirche angekommen waren, beteten wir und lasen die entsprechende Stelle aus der Genesis (vgl. Gen 12, 1–9). Wir rezitierten auch einen Psalm, beteten noch einmal und gingen, nachdem der Bischof uns gesegnet hatte, hinaus.

4. Er war auch so freundlich, uns zu jenem Brunnen zu führen, aus dem die heilige Rebekka Wasser holte. Dann sprach der heilige Bischof zu uns: „Seht den Brunnen, wo die heilige Rebekka die Kamele des Dieners des heiligen Abraham, das heißt Eliësers, tränkte" (vgl. Gen 24, 15 bis 20).[128] Und er war so freundlich, uns alle Einzelheiten zu zeigen.

---

ca. 40 km südlich von *Urfa* (Edessa). Für *Anon. Plac.* 47 (CCL 175, 153) ist Haran sogar der Geburtsort Abrahams.
[128] Der Name des Dieners Eliëser (nicht „Eleazar") stammt aus Gen 15, 2; vgl. DONNER, *Pilgerfahrt* 128 Anm. 150.

5. Nam ecclesia, quam dixi foras civitatem, dominae sorores venerabiles, ubi fuit primitus domus Abrahae, nunc et martyrium ibi positum est, id est sancti cuiusdam monachi nomine Helpidi. Hoc autem nobis satis gratum evenit, ut pridie martyrium die ibi veniremus, id est sancti ipsius Helpidii, nono k. Maias, ad quam diem necesse fuit undique et de omnibus Mesopotamiae finibus omnes monachos in Charra descendere, etiam et illos maiores, qui in solitudine sedebant, quos ascites vocant, per diem ipsum, qui ibi satis granditer attenditur, et propter memoriam sancti Abrahae, quia domus ipsius fuit ubi nunc ecclesia est, in qua positum est corpus ipsius sancti martyris.

6. Itaque ergo hoc nobis ultra spem grate satis evenit, ut sanctos et vere homines Dei monachos Mesopotamenos ibi videremus, etiam et eos, quorum fama vel vita longe audiebatur, quos tamen non estimabam me penitus posse videre, non quia inpossibile esset Deo etiam et hoc prestare michi, qui omnia prestare dignabatur, sed quia audieram eos, eo quod extra diem Paschae et extra diem hanc non eos descendere de locis suis, quoniam tales sunt ut et virtutes faciant multas, et quoniam nesciebam, quo mense esset dies hic martyrii, quem dixi. Itaque Deo iubente sic evenit, ut ad diem, quem nec sperabam, ibi venirem.

1–4 *Exc. Matrit.* (*l. 28–29*): Ibi aedificavit domus et ibi est fundata aeclesia de ipsas parietes et ibi iacet corpus sancti martiris Elpidi.

---

[129] Die Abrahamskirche beherbergt das Grab des ansonsten unbekannten Lokalheiligen HELPIDIUS, der wahrscheinlich als Märtyrer in der Christenverfolgung um 342 unter SAPOR II. (309–379) starb. Ausgrabungen in Haran haben sowohl eine dreischiffige Kirche als auch Reste eines als „Haus des Abraham" bezeichneten Gebäudes nachgewiesen; vgl. MARAVAL, *Égérie* 214f Anm. 3 und 4, und CRAMER, *Harran* 646–650.
[130] KÖTTING, *Peregrinatio* 116–118, denkt bei *descendere* an Styliten, die an diesem Tag von ihren Säulen herabsteigen. (Darauf bezieht er den Bericht von den *virtutes*, den „Wundertaten" dieser Mönche in 20, 6.) Aber zum einen kann *descendere* auch allgemein das Kommen zu einem besonderen Ort bezeichnen (vgl. VERMEER, *Observations* 24f); zum

5. Was die Kirche angeht, von der ich erzählte, daß sie vor der Stadt steht, verehrte Damen Schwestern, wo zuerst das Haus Abrahams war, so ist dort jetzt auch ein Martyrium, nämlich eines heiligen Mönches namens Helpidius.[129] Es traf sich für uns sehr gut, daß wir am Tag vor dem Fest dieses heiligen Märtyrers Helpidius, dem 23. April, dorthin kamen, an dem Tag, da von überall her und aus ganz Mesopotamien alle Mönche nach Haran kommen mußten.[130] Auch die Alten, die in der Einsamkeit lebten, die man Asketen nennt, mußten an diesem Tag kommen, der dort wegen der Erinnerung an den heiligen Abraham sehr feierlich begangen wird — schließlich war es sein Haus, wo heute die Kirche steht, in der jetzt der Leib dieses heiligen Märtyrers ruht.

6. Deshalb also traf es sich für uns wider Erwarten ausgesprochen günstig, daß wir dort die Heiligen und wahrhaftigen Gottesmänner, die Mönche aus Mesopotamien, sahen — auch die, von deren Ruf und Leben man weithin hörte. Ich hätte nie geglaubt, sie jemals sehen zu können — nicht, weil es Gott, der mir in seiner Güte alles gewährte, unmöglich wäre, mir auch das zu schenken, sondern weil ich gehört hatte, daß sie außer an Ostern und an diesem Tag ihre Orte nicht verlassen, da sie so leben und deshalb auch viel Wunderbares tun[131], und weil ich nicht wußte, in welchem Monat der Tag des Märtyrerfestes ist, von dem ich sprach. Also ereignete es sich auf Weisung Gottes so, daß ich an dem Tag, den ich nicht erhoffen konnte, dorthin kam.

---

anderen hätte Egeria bei ihrer Vorliebe für die Mönche diese Besonderheit sicher erwähnt. DEVOS, Date 175–178, datiert die Ankunft Egerias in Haran auf den 22. April 384.

[131] Unter *virtutes* ist sowohl das heiligmäßige, „wunderbare" Leben der Mönche zu verstehen als auch die unerklärlichen, „wunderbaren" Taten, die sie vollbringen. Das Substantiv *virtutes* wird ähnlich wie *mirabilia* verwendet (vgl. 20, 13); vgl. VERMEER, Observations 64, und DONNER, Pilgerfahrt 129 Anm. 152.

7. Fecimus ergo et ibi biduum propter diem martyrii et propter visionem sanctorum illorum, qui dignati sunt ad salutandum libenti satis animo me suscipere et alloqui, in quo ego non merebar. Nam et ipsi statim post martyrii diem nec visi sunt ibi, sed mox de nocte petierunt heremum et unusquisque eorum monasteria sua, qui ubi habebat.

8. In ipsa autem civitatem extra paucos clericos et sanctos monachos, si qui tamen in civitate commorantur, penitus nullum Christianum inveni, sed totum gentes sunt. Nam sicut nos cum grandi reverentia attendimus locum illum ubi primitus domus sancti Abrahae fuit, pro memoria illius, ita et illae gentes forte ad mille passus de civitate cum grandi reverentia adtendunt locum, ubi sunt memoriae Naor et Bathuhelis.

9. Et quoniam episcopus illius civitatis valde instructus est de Scripturis, requisivi ab eo dicens: „Rogo te, | domine, ut dicas michi, quod desidero audire." Et ille ait: „Dic, filia, quod vis, et dicam tibi, si scio." Tunc ego dixi: „Sanctum Abraam cum patre Thara et Sarra uxore et Loth fratris filio scio per Scripturas in eo loco venisse; Naor autem vel Bathuhelem non legi quando in isto loco transierint, nisi quod hoc solum scio, quia postmodum puer Abraae, ut peteret Rebeccam filiam Bathuhelis filii Nahor filio domini sui Abraae, id est Ysaac, in Charra venerit."

10. Tunc ait michi sanctus episcopus: „Vere, filia, scriptum est, sicut dicis, in Genesi sanctum Abraam hic transisse cum suis; Nachor autem cum suis vel Bathuhelem non dicit

---

[132] Nahor kann entweder der Großvater (vgl. Gen 11,22–24) oder der Bruder Abrahams sein (vgl. Gen 11,26); Betuël ist der Vater Rebekkas (vgl. Gen 22,22f; 24,15). Von den synkretistischen Bräuchen der überwiegend heidnischen Bewohner Harans berichtet auch THEODORET,

7. Wir blieben also auch dort zwei Tage wegen des Märtyrerfestes und weil wir jene Heiligen sehen wollten. Sie waren so freundlich, mich sehr bereitwillig zur Begrüßung aufzunehmen und anzusprechen, wie ich es nicht verdiente. Sie selbst aber waren sofort nach dem Märtyrerfest dort nicht mehr zu sehen, sondern gingen noch in der Nacht zurück in die Wüste, jeder in seine Einsiedelei, die er dort hatte.

8. In dieser Stadt aber habe ich außer wenigen Klerikern und heiligen Mönchen, soweit sie überhaupt in der Stadt wohnen, fast keinen Christen angetroffen, sondern alle sind Heiden. Denn so wie wir mit großer Ehrfurcht zu der Stelle eilen, wo einmal das Haus Abrahams stand, um seiner zu gedenken, so eilen auch die Heiden mit großer Ehrfurcht zu einem Ort, ungefähr 1000 Schritt von der Stadt entfernt, wo die Grabmale Nahors und Betuëls sind.[132]

9. Weil der Bischof dieser Stadt in den Schriften sehr bewandert ist, fragte ich ihn und sagte: „Ich bitte dich, Herr, mir zu sagen, was ich gerne hören möchte." Er sprach: „Sag, was du willst, Tochter, und ich will dir antworten, wenn ich es weiß." Da sagte ich: „Der heilige Abraham ist mit seinem Vater Terach und seiner Frau Sarai und Lot, dem Sohn seines Bruders, hierher gekommen, wie ich aus den Schriften weiß (vgl. Gen 11,31). Von Nahor und Betuël aber habe ich nicht gelesen, wann sie hierher gekommen sein sollen. Nur eines weiß ich, daß später ein Diener Abrahams nach Haran kam, um Rebekka, die Tochter Betuëls, Sohn des Nahor, für den Sohn seines Herrn Abraham, also für Isaak, zu erbitten" (vgl. Gen 24).

10. Da sagte der heilige Bischof zu mir: „Tatsächlich, meine Tochter, steht in der Genesis geschrieben, wie du sagst, daß der heilige Abraham mit den Seinen hierher gezogen sei; aber von Nahor und seiner Familie und von

---

h. e. 3,26; 4,18; 5,4–6 (GCS 44, 205.242.283). Vgl. auch DRIJVERS, *Cults* 143–145, und MARAVAL, *Égérie* 218 Anm. 1.

Scriptura canonis, quo tempore transierint. Sed manifeste postmodum hic transierunt et ipsi; denique et memoriae illorum hic sunt forte ad mille passus de civitate. Nam vere Scriptura hoc testatur, quoniam ad accipiendam sanctam Rebeccam huc venerit puer sancti Abraae, et denuo sanctus Iacob hic venerit, quando accepit filias Laban Syri."

11. Tunc ego requisivi ubi esset puteus ille ubi sanctus Iacob potasset pecora, quae pascebat Rachel filia Laban Siri. Et ait mihi episcopus: „In sexto miliario est hinc locus ipse iuxta vicum, qui fuit tunc villa Laban Siri, sed cum volueris ire, imus tecum et ostendimus tibi, nam et multi monachi ibi sunt valde sancti et ascites et sancta ecclesia est ibi."

12. Illud etiam requisivi a sancto episcopo, ubinam esset locus ille Chaldeorum ubi habitaverant primo Thara cum suis. Tunc ait mihi ipse sanctus episcopus: „Locus ille, filia, quem requiris, decima mansione est hinc intus in Persida. Nam hinc usque ad Nisibin mansiones sunt quinque, et inde usque ad Hur, quae fuit civitas Chaldeorum, aliae mansiones sunt quinque; sed modo ibi accessus Romanorum non est, totum enim illud Persae tenent. Haec autem pars specialiter orientalis appellatur, quae est in confinium Romanorum et Persarum vel Chaldeorum."

14–20 *Exc. Matrit. (l. 29–31):* De ipso loco usque in domos Tare unde exiit Abraham mansiones sunt decem, quinque usque in Nivizin et quinque usque in Hur *(lin. 32–33 require supra ad 20,4 [204, 21–23])*

---

[133] Das Wort „kanonisch" für die Sammlung der approbierten Schriften taucht erstmals im 4. Jh. auf; vgl. CAMPOS, *Documento* 284.
[134] In LXX und Vg. (Gen 25,20; 28,5) werden die „Aramäer" Betuël und Laban als „Syrer" (H: „Aramäer") bezeichnet; die Übersetzungen beziehen sich auf die Zugehörigkeit der Landschaft zu Syrien z. Zt. ihrer Abfassung.
[135] Die Stadt Nisibis ist das heutige *Nusaybin* und liegt ca. 200 km östlich von Edessa. Nach dem Tod des JULIAN (363) war Nisibis, das im

Betuël erzählt die kanonische Schrift[133] nicht, wann sie kamen. Sicher aber sind auch sie später hierher gezogen, denn schließlich sind auch ihre Grabmale hier, etwa 1000 Schritt vor der Stadt. Die Schrift belegt tatsächlich, daß ein Diener des heiligen Abraham hierhin kam, um die heilige Rebekka zu erhalten, und daß noch einmal der heilige Jakob hierher kam, als er die Töchter des Syrers Laban (zur Frau) erhielt" (vgl. Gen 28,2–5; 29,1–30).[134]

11. Darauf fragte ich, wo der Brunnen sei, an dem der heilige Jakob die Herde tränkte, die Rahel, die Tochter des Syrers Laban, weidete. Der Bischof antwortete mir: „Dieser Ort ist sechs Meilen von hier, nahe einem Dorf, wo damals das Anwesen des Syrers Laban war. Wenn du dorthin gehen möchtest, gehen wir mit dir und zeigen ihn dir, denn dort leben auch viele Mönche, die sehr heilig und Asketen sind. Auch eine heilige Kirche gibt es dort."

12. Dann fragte ich den heiligen Bischof auch noch, wo denn der Ort in Chaldäa sei, wo Terach mit den Seinen zuerst gewohnt hatte (vgl. Gen 11,28). Da sagte mir der heilige Bischof: „Dieser Ort, Tochter, nach dem du fragst, liegt am zehnten Rastplatz von hier in Richtung Persien. Von hier bis Nisibis[135] sind es nämlich fünf Rastplätze und von dort bis Ur[136], das die Stadt der Chaldäer war, sind es noch einmal fünf Rastplätze; jetzt haben die Römer dort keinen Zutritt mehr, denn die Perser beherrschen das ganze (Gebiet). Dieser Teil wird eigens als ‚der Osten' bezeichnet, der im Grenzgebiet von Römern und Persern bzw. Chaldäern liegt."

---

4. Jh. eine hervorragende Bedeutung für den römisch-persischen Handel hatte, den Persern überlassen worden; vgl. DONNER, *Pilgerfahrt* 131 Anm. 160; MARAVAL, *Égérie* 220f Anm. 2.

[136] Ur ist *el-Muqqayyar* am unteren Eufrat (heute Irak); das dürfte zur Zeit der Egeria aber nicht mehr bekannt gewesen sein: Die Entfernung von Haran beträgt 850 km — das paßt nicht zu den 5 Rastplätzen, die sie erwähnt; vgl. DONNER, *Pilgerfahrt* 131 Anm. 160.

13. Et cetera plura referre dignatus est, sicut et ceteri sancti episcopi vel sancti monachi facere dignabantur, omnia tamen de Scripturis Dei vel sanctis viris gesta, id est monachis, sive qui iam recesserant, quae mirabilia fecerint, sive etiam qui adhuc in corpore sunt, quae | cotidie faciant, hi tamen qui sunt ascites. Nam nolo estimet affectio vestra monachorum aliquando alias fabulas esse nisi aut de Scripturis Dei aut gesta monachorum maiorum.

21.1. Post biduo autem, quam ibi feceram, duxit nos episcopus ad puteum illum ubi adaquaverat sanctus Iacob pecora sanctae Rachel, qui puteus sexto miliario est a Charris. In cuius putei honorem fabricata est ibi iuxta sancta ecclesia ingens valde et pulchra. Ad quem puteum cum venissemus, facta est ab episcopo oratio, lectus etiam locus ipse de Genesi, dictus etiam unus psalmus competens loco, atque iterata oratione benedixit nos episcopus.

2. Vidimus etiam loco iuxta puteum iacente lapidem illum infinitum nimis, quem moverat sanctus Iacob a puteo, qui usque hodie ostenditur.

3. Ibi autem circa puteo nulli alii commanent nisi clerici de ipsa ecclesia, quae ibi est, et monachi habentes iuxta monasteria sua, quorum vitam sanctus episcopus nobis retulit, sed vere inauditam. Ac sic ergo facta oratione in aecclesia accessi cum episcopo ad sanctos monachos per monasteria ipsorum, et Deo gratias agens et ipsis, qui dignati sunt me per monasteria sua, ubicumque ingressa sum, libenti animo suscipere et alloqui illis sermonibus, quos dignum erat de ore illorum procedere. Nam et eulogias dignati sunt dare michi et omnibus, qui mecum erant, sicut

---

[137] Vgl. zur Formulierung *in corpore esse* 2 Kor 12,3. Bei Paulus bezieht sie sich allerdings auf visionäre Erlebnisse; bei Egeria ist sie zum Ausdruck für das Leben vor dem Tod geworden.

[138] Es ist nicht festzustellen, wo diese 9 km entfernte Stelle sein könnte.

13. Und er war so freundlich, mir noch vieles Weitere zu berichten, so wie auch die übrigen heiligen Bischöfe und heiligen Mönche bereit waren, es zu tun: Sie erzählten alles über die Schriften Gottes oder über die Taten der heiligen Männer, das heißt der Mönche — sei es, sofern sie schon heimgegangen waren, welche Wunder sie getan hatten, sei es auch, sofern sie noch im Leibe sind[137], welche sie täglich vollbringen. Denn viele von ihnen sind Asketen. Ich möchte nicht, daß ihr, meine Verehrtesten, glaubt, daß diese Mönche jemals von etwas anderem erzählen als von den Schriften Gottes oder den Taten der früheren Mönche.

21.1. Nach zwei Tagen aber, die ich dort verbracht hatte, führte uns der Bischof zu dem Brunnen, wo der heilige Jakob die Herde der heiligen Rahel getränkt hatte — sechs Meilen von Haran entfernt (vgl. Gen 29,1-14).[138] Zu Ehren des Brunnens ist gleich daneben eine sehr große und schöne heilige Kirche errichtet worden. Als wir an dem Brunnen angekommen waren, verrichtete der Bischof ein Gebet, auch die Stelle aus der Genesis wurde vorgelesen, ein dem Ort entsprechender Psalm wurde rezitiert, und nachdem er noch einmal gebetet hatte, segnete uns der Bischof.

2. Neben dem Brunnen sahen wir auch jenen unendlich großen Stein liegen, den der heilige Jakob vom Brunnen gewälzt hatte (vgl. Gen 29,2.10). Er wird bis heute gezeigt.

3. Dort um den Brunnen herum wohnt niemand außer den Klerikern der Kirche, die dort steht, und Mönchen, die in der Nähe ihre Einsiedeleien haben, von deren Leben uns der heilige Bischof erzählte — einem tatsächlich unglaublichen Leben. Und nachdem wir in der Kirche gebetet hatten, ging ich mit dem Bischof zu den heiligen Mönchen durch deren Einsiedeleien, sagte Gott und ihnen Dank, daß sie so freundlich waren, mich in ihren Einsiedeleien, wo immer ich eintrat, gastlich zu empfangen und mit mir zu sprechen — mit solchen Reden, die würdig waren, aus ihrem Mund hervorzugehen. Sie waren auch so gut, mir und allen, die bei mir waren, Eulogien mitzugeben — wie

est consuetudo monachis dare, his tamen quos libenti animo suscipiunt in monasteriis suis.

4. Et quoniam ipse locus in campo grandi est, de contra ostensus est michi a sancto episcopo vicus ingens satis, forte ad quingentos passos de puteo, per quem vicum iter habuimus. Hic autem vicus, quantum episcopus dicebat, fuit quondam villa Laban Siri, qui vicus appellatur Fadana. Nam ostensa est michi in ipso vico memoria Laban Siri, soceri Iacob, ostensus est etiam michi locus, unde furata est Rachel idola patris sui.

5. Ac sic ergo in nomine Dei pervisis omnibus, faciens vale sancto episcopo et sanctis monachis, qui nos usque ad illum locum deducere dignati fuerant, regressi sumus per iter vel mansiones, quas veneramus de Anthiocia.

22. 1. Anthiocia autem cum fuissem regressa, feci postmodum septimana, quousque ea, quae necessaria erant itineri, pararentur. Et sic proficiscens de Anthiocia faciens iter per mansiones aliquot perveni ad provinciam, quae Cilicia appellatur, quae habet civitatem metropolim Tharso, ubi quidem Tharso et eundo Ierusolimam iam fueram.

2. Sed quoniam de | Tharso tertia mansione, id est in Hisauria, est martyrium sanctae Teclae, gratum fuit satis

---

[139] Egerias *Fadana* ist nicht genau zu lokalisieren; möglicherweise ist es mit *Tell Feddan* westlich von Haran zu identifizieren. Das im AT genannte Paddan-Aram (vgl. Gen 25,20; 28,2.5–7 — dort im Sinne von Mesopotamien) dürfte im Hintergrund stehen; vgl. DONNER, *Pilgerfahrt* 133 Anm. 164.

es bei den Mönchen Gewohnheit ist, denen etwas zu geben, die sie in ihren Einsiedeleien gastfreundlich aufnehmen.

4. Weil dieser Ort in einer großen Ebene liegt, wurde mir von dem heiligen Bischof ein gegenüberliegendes, sehr großes Dorf gezeigt — ich denke, etwa 500 Schritt vom Brunnen entfernt. Durch dieses Dorf gingen wir. Dieses Dorf nämlich, so erzählte der Bischof, war einst das Anwesen des Syrers Laban und heißt heute Fadana[139]. Dann wurde mir in dem Dorf das Grabmal des Syrers Laban gezeigt, des Schwiegervaters Jakobs, und mir wurde auch die Stelle gezeigt, wo Rahel die Götterbilder ihres Vaters stahl (vgl. Gen 31,19.34).

5. Als wir so im Namen Gottes alles gesehen hatten, verabschiedeten wir uns von dem heiligen Bischof und den heiligen Mönchen, die so freundlich gewesen waren, uns bis zu dieser Stelle zu führen, und wir kehrten auf demselben Weg und über dieselben Rastplätze zurück, die wir von Antiochia aus genommen hatten.

Die Rückreise nach Konstantinopel

Von Antiochia nach Seleukia

22.1. Nachdem ich nach Antiochia zurückgekehrt war, blieb ich dort eine Woche, bis alles, was ich für die Weiterreise benötigte, vorbereitet war. Und so brach ich von Antiochia auf, nahm den Weg über einige Rastplätze und kam zu einer Provinz, die Kilikien genannt wird. Ihre Hauptstadt ist Tarsus, wo ich schon auf meiner Reise nach Jerusalem gewesen war.[140]

2. Weil es aber von Tarsus nur drei Rastplätze bis zum Grab der heiligen Thekla sind, das heißt bis Isaurien, war

---

[140] Egeria erwähnt die Verbindung dieser Stadt mit Paulus (vgl. Apg 9,30) nicht. Möglicherweise hat sie das im verlorengegangenen Teil, der die Hinreise beschrieb, getan. Die Stadt mit einem großen Flußhafen ist im 4. Jh. Bischofssitz und bezieht seine Bedeutung vor allem durch die Lage am Zugang zur Kilikischen Pforte.

ut etiam illuc accedere, presertim cum tam in proximo esset.

23.1. Nam proficiscens de Tharso perveni ad quandam civitatem supra mare adhuc Ciliciae, que appellatur Ponpeiopolim. Et inde iam ingressa fines Hisauriae mansi in civitate, quae appellatur Corico, ac tertia die perveni ad civitatem, quae appellatur Seleucia Hisauriae. Ubi cum pervenissem, fui ad episcopum vere sanctum ex monacho, vidi etiam ibi ecclesiam valde pulchram in eadem civitate.

2. Et quoniam inde ad sanctam Teclam, qui locus est ultra civitatem in colle sed plano, habebat de civitate forsitan mille quingentos passus, malui ergo perexire illuc, ut stativa, quam factura eram, ibi facerem. Ibi autem ad sanctam ecclesiam nichil aliud est nisi monasteria sine numero virorum ac mulierum.

3. Nam inveni ibi aliquam amicissimam michi, et cui omnes in oriente testimonium ferebant vitae ipsius, sancta diaconissa nomine Marthana, quam ego aput Ierusolimam noveram, ubi illa gratia orationis ascenderat; haec autem monasteria aputactitum seu virginum regebat. Quae me

---

[141] Von der Stadt Pompeiopolis, dem antiken Soloi, existiert heute noch das große Ruinenfeld von *Viranşehir,* ca. 40 km westlich von Tarsus.
[142] Korykos (bei Egeria *Corico*) ist das heutige *Kızkalesi* an der Kilikischen Küste; vgl. DONNER, *Pilgerfahrt* 134 Anm. 168.
[143] Heute *Silifke,* an der Mündung des *Göksu,* dem antiken Kalykadmos, gelegen. Die von SELEUKOS I. gegründete Stadt muß eine der prächtigsten Städte Kleinasiens gewesen sein.
[144] Von der heiligen Thekla berichten erstmals die apokryphen *Acta Pauli et Theclae* (siehe Anm. 148, unten 218f). Als vorbildliche Hörerin des paulinischen Evangeliums der Keuschheit (!) gehörte sie zu den besonders verehrten Märtyrerinnen der frühen Kirche und war auch im Westen bekannt; vgl. RORDORF, *Sainte Thècle*. Der Legende nach (man zeigte keine Reliquien) verschwand sie in einer Felsspalte/Höhle, die in

es für mich sehr günstig, auch dorthin zu gehen, zumal es gerade so in der Nähe war.

23.1. Ich brach also von Tarsus auf und kam zu einer Stadt am Meer — noch in Kilikien —, die Pompeiopolis heißt.[141] Von dort aus betrat ich schon das Gebiet von Isaurien und machte halt in einer Stadt, die Korykos genannt wird[142], und am dritten Tag kam ich zu einer Stadt, die Seleukia in Isaurien heißt[143]. Als ich dort angekommen war, ging ich zu dem wahrhaft heiligen Bischof aus dem Mönchsstand und sah dort auch eine sehr schöne Kirche in der Stadt.

Das Grab der Thekla
2. Weil es von dort bis zur heiligen Thekla — einem Ort, der außerhalb der Stadt auf einem Hügel liegt, der oben aber flach ist — von der Stadt aus 1500 Schritt waren, wollte ich also lieber dorthin gehen, um dort, wie geplant, Station zu machen.[144] Dort bei der heiligen Kirche stehen nur unzählige Einsiedeleien von Männern und Frauen[145].

3. Dort traf ich eine meiner besten Freundinnen, der alle im Orient ein gutes Zeugnis über ihr Leben ausstellten, die heilige Diakonisse namens Marthana[146], die ich in Jerusalem kennengelernt hatte, wohin sie des Gebetes wegen gekommen war. Sie stand Einsiedeleien von Apotaktiten

---

Meriamlik 1 km südlich von Seleukia lokalisiert wurde; vgl. dazu BASILIUS VON SELEUKIA, *vit. Thecl.* 1 (PG 85, 560A). Über dieser zur Kapelle ausgestalteten Höhle wurde vielleicht schon im 4. Jh. eine erste Kirche errichtet. Ob Egeria die Höhle oder die Kirche beschreibt, ist nicht zu entscheiden. Vgl. auch die Beschreibung des Heiligtums bei KÖTTING, *Peregrinatio* 145–151, und WILKINSON, *Egeria's travels* 288–292.

[145] Weibliche Asketen werden hier von Egeria zum ersten Mal genannt. Gleichzeitig wird sichtbar, daß sich die Bedeutung von *monasterium* in Richtung auf „Klostersiedlung" verschiebt. Zu den Anfängen des weiblichen Mönchtums in Kleinasien vgl. ALBRECHT, *Makrina*.

[146] Von der Diakonisse MARTHANA berichtet auch BASILIUS VON SELEUKIA, *vit. Thecl.* 2, 30 (PG 85, 617B). Zum Amt der Diakonisse in der Alten Kirche vgl. KALSBACH, *Diakonisse* 917–928.

cum vidisset, quod gaudium illius vel meum esse potuerit, nunquid vel scribere possum?

4. Sed ut redeam ad rem, monasteria ergo plurima sunt ibi per ipsum collem et in medio murus ingens, qui includet ecclesiam, in qua est martyrium, quod martyrium satis pulchrum est. Propterea autem murus missus est ad custodiendam ecclesiam propter Hisauros, quia satis mali sunt et frequenter latrunculantur, ne forte conentur aliquid facere circa monasterium, quod ibi est deputatum.

5. Ibi ergo cum venissem in nomine Dei, facta oratione ad martyrium nec non etiam et lectione actus sanctae Teclae, gratias Christo Deo nostro egi infinitas, qui mihi dignatus est indignae et non merenti in omnibus desideria complere.

6. Ac sic ergo facto ibi biduo, visis etiam sanctis monachis vel aputactitis, tam viris quam feminis, qui ibi erant, et facta oratione et communione, reversa sum Tharso ad iter meum; ubi facta stativa triduana in nomine Dei profecta sum inde iter meum. Ac sic perveniens eadem die ad mansionem, quae appellatur Mansocrenas, quae est sub monte Tauro, ibi mansi.

---

[147] Der Ausdruck „Apotaktiten" kommt im 4. Jh. in Ägypten auf und bezeichnet in allgemeinem Sinn die Asketen, die durch Absage (ἀπόταξις) „auf allen Besitz verzichtet hatten" (vgl. Lk 14,33). Auch bei Egeria ist der Ausdruck in diesem Sinne zu verstehen (vgl. 28,3 u. ö.). Eine Beziehung zu den wegen ihres Rigorismus verurteilten Apotaktiten/Enkratiten Kleinasiens (vgl. z. B. EPIPHANIUS, haer. 47 [GCS 31, Epiphanius 2,215–219]) und Cod. Theod. 16,5,7,9 [858 MOMMSEN]) besteht nicht. Vgl. LAMBERT, Apotactites 2607–2609, und DONNER, Pilgerfahrt 134 Anm. 172.

[148] Die Acta Pauli et Theclae, die im 2. Jh. in Kleinasien mit stark romanhaften Zügen entstanden, sind als Teil der Paulusakten überlie-

und Jungfrauen vor[147]. Als sie mich gesehen hatte, wie groß war da ihre und auch meine Freude! Wie könnte ich es beschreiben?

4. Aber zurück zur Sache: Es gibt dort also sehr viele Einsiedeleien auf dem Hügel selbst und in der Mitte eine große Mauer, die eine Kirche einschließt, in der sich das Martyrium befindet. Dieses Martyrium ist sehr schön. Die Mauer zum Schutz der Kirche wurde angelegt wegen der Isaurier — denn sie sind sehr schlecht und begehen oft Diebstähle —, damit sie nicht versuchen, irgend etwas gegen die Klostersiedlung, die dort dazugehört, zu unternehmen.

5. Als ich dort schließlich im Namen Gottes angekommen war, betete ich am Martyrium, las die gesamten Akten der heiligen Thekla[148] und dankte endlos Christus, unserem Gott, der so gütig war, mir alle meine Hoffnungen zu erfüllen — mir, die ich unwürdig war und solches nicht verdient hatte.

Von Seleukia nach Konstantinopel

6. Ich blieb dort zwei Tage und sah auch die heiligen Mönche und Apotaktiten — Männer und Frauen, die dort lebten. Nachdem ich gebetet und die Kommunion empfangen hatte, kehrte ich auf meinen Weg nach Tarsus zurück. Dort machte ich im Namen Gottes drei Tage Rast und zog dann auf meinem Weg weiter. Als ich am selben Tag zu einem Rastplatz kam, der Mopsukrene heißt und am Fuß des Taurus liegt, blieb ich dort.[149]

---

fert. Sie bezeugen Lehrtätigkeit und Taufe durch eine Frau (sc. Thekla) und wurden in der Alten Kirche viel gelesen; vgl. SCHNEEMELCHER, *Paulusakten* 193-214 (Einleitung), und JENSEN, *Thekla*.

[149] Mopsukrene ist der Ort, wo Kaiser CONSTANTIUS 361 starb; eine genaue Lokalisierung ist bis heute nicht gelungen; der Ort muß an der Straße zwischen Tarsus und dem Einstieg zur Kilikischen Pforte gelegen haben; vgl. DONNER, *Pilgerfahrt* 135 Anm. 174. Die Kilikische Pforte, heute *Gülek Boğazı*, stellte den einzigen Übergang über den Taurus nach Kappadokien dar.

7. Et inde | alia die subiens montem Taurum et faciens |67
iter iam notum per singulas provincias, quas eundo transiveram, id est Cappadociam, Galatiam et Bithiniam, perveni Calcedona, ubi propter famosissimum martyrium
sanctae Eufimiae ab olim michi notum iam, quod ibi est, 5
mansi loco.

8. Ac sic ergo alia die transiens mare perveni Constantinopolim, agens Christo Deo nostro gratias, quod michi
indignae et non merenti prestare dignatus est tantam gratiam, id est ut non solum voluntatem eundi, sed et facultatem 10
perambulandi quae desiderabam dignatus fuerat prestare et
revertendi denuo Constantinopolim.

9. Ubi cum venissem, per singulas ecclesias vel apostolos
nec non et per singula martyria, quae ibi plurima sunt, non
cessabam Deo nostro Iesu gratias agere, qui ita super me 15
misericordiam suam prestare dignatus fuerat.

10. De quo loco, domnae, lumen meum, cum haec ad
vestram affectionem darem, iam propositi erat in nomine
Christi Dei nostri ad Asiam accedendi, id est Efesum,
propter martyrium sancti et beati apostoli Iohannis gratia 20

---

[150] Chalkedon (heute als *Kadiköy* Stadtteil von Istanbul) ist die Stadt
gegenüber von Konstantinopel auf der anderen Seite des Bosporus, in
der 451 das vierte Ökumenische Konzil stattfand. Die Kirche, in der das
Konzil tagte, war 326 auf den Ruinen eines Artemistempels errichtet
worden und war der heiligen EUPHEMIA geweiht, einer vorwiegend von
Griechen verehrten Märtyrerin, die in einer der diokletianischen Verfolgungen zu Tode kam; vgl. DONNER, *Pilgerfahrt* 136 Anm. 175.
[151] Die als Rundbau errichtete Apostelkirche in Konstantinopel war
von KONSTANTIN dem Gedächtnis aller Apostel gewidmet worden und

7. Von dort aus stieg ich am anderen Tag in das Taurus-Gebirge und gelangte auf dem schon bekannten Weg durch die einzelnen Provinzen, die ich auch auf der Hinreise durchwandert hatte, das heißt durch Kappadokien, durch Galatien und Bithynien, bis nach Chalkedon, wo ich wegen des vielgerühmten Martyriums der heiligen Euphemia, das dort ist und mir schon lange bekannt war, am Ort blieb.[150]

8. Als ich dann am nächsten Tag über das Meer gefahren war, kam ich nach Konstantinopel, dankte Christus, unserem Gott, weil er mir, die ich unwürdig war und es nicht verdient hatte, eine so große Gnade gewährt hatte — das heißt, daß er mir nicht nur den Wunsch nach einer Reise erfüllt, sondern mir auch die Möglichkeit gegeben hatte, dorthin zu gehen, wohin ich wollte, und schließlich wieder nach Konstantinopel zurückzukehren.

Konstantinopel

9. Als ich dorthin gekommen war, versäumte ich nicht, in jeder einzelnen Kirche und der Apostel(kirche)[151] und auch an den einzelnen Märtyrergräbern, die dort sehr zahlreich sind, unserem Gott Jesus Dank zu sagen, weil er so gütig mit seiner Barmherzigkeit über mir gewacht hatte.

10. Von diesem Ort aus, ihr Damen, mein Licht[152], hatte ich mir, als ich euch, meine Verehrtesten, dies schrieb, schon vorgenommen, im Namen Christi, unseres Gottes, nach Asien zu reisen, das heißt nach Ephesus[153], wegen des Gebetes beim Martyrium des heiligen und seligen Apostels

---

war auch seine Grabkirche; vgl. dazu EUSEBIUS, *vit. Const.* 4,58–60 (GCS, Eusebius 1/1, 144 f).

[152] Zu ähnlichen abstrakten Anreden vgl. SANDERS, *Égérie* 189 f, und ZILLIACUS, *Anredeformen* 176–178.

[153] Ephesus (in der Nähe des heutigen *Selçuk*) war ein Zentrum des kleinasiatischen Christentums; seit dem 4. Jh. stand dort eine Basilika mit dem Johannesgrab, das seit dem 2./3. Jh. in Ephesus lokalisiert wurde.

orationis. Si autem et post hoc in corpo fuero, si qua preterea loca cognoscere potuero, aut ipsa presens, si Deus fuerit prestare dignatus, vestrae affectioni referam aut certe, si aliud animo sederit, scriptis nuntiabo. Vos tantum, dominae, lumen meum, memores mei esse dignamini, sive in corpore, sive iam extra corpus fuero.

Johannes. Wenn ich hiernach noch lebe und auch noch andere Orte besichtigen kann, werde ich es euch, meine Verehrtesten, später entweder persönlich berichten, wenn Gott mich das erleben läßt, oder ich werde es sicherlich per Brief mitteilen, falls ich mich anders entschließe. Ihr Damen, mein Licht, seid so freundlich, meiner zu gedenken, sei es, daß ich im Leibe, sei es, daß ich schon gestorben bin.[154]

---

[154] Vgl. 20,13 mit Anm. 137, oben 212.

24. 1. Ut autem sciret affectio vestra, quae operatio singulis diebus cotidie in locis sanctis habeatur, certas vos facere debui, sciens quia libenter haberetis haec cognoscere. Nam singulis diebus ante pullorum cantum aperiuntur omnia hostia Anastasis et descendent omnes monazontes et par- 5 thene, ut hic dicunt, et non solum hii, sed et laici preter, viri aut mulieres, qui tamen volunt maturius vigilare. Et ex ea hora usque in luce dicuntur ymni et psalmi responduntur, similiter et antiphonae: et cata singulos ymnos fit oratio. Nam presbyteri bini vel terni, similiter et diacones, singulis 10 diebus vices habent simul cum monazontes, qui cata singulos ymnos vel antiphonas orationes dicunt.

---

[1] Die wöchentliche und tägliche Vigil entwickelt sich aus der Ostervigil und wird von Asketen vor dem Morgengebet gefeiert; vgl. BAUMSTARK, *Nocturna laus* 34–94; für Jerusalem bes. 129–132. Vgl. auch Einleitung 78 f.

[2] Egeria bezeichnet mit *Anastasis* die Rotunde des Komplexes über Golgota und Grab, deren Tore sich auf ein Atrium hin öffnen; vgl. Einleitung 55 f.

[3] Egeria benutzt hier die griechischen Termini *monazontes* und *parthenae* und übernimmt damit auch hier die ortsüblichen Termini (μονάζοντες, παρθένοι). Inhaltlich unterscheiden sie sich anscheinend nicht von den vorherigen Bezeichnungen für geistliche Menschen *(monachi, ascites, fratres, aputactitae);* vgl. MARAVAL, *Égérie* 235 Anm. 4.

ZWEITER TEIL: BESCHREIBUNG DER LITURGIE IN JERUSALEM

STUNDENLITURGIE

Stundenliturgie an den Wochentagen
Vigilien[1]
24. 1. Damit ihr, meine Verehrtesten, wißt, welcher Gottesdienst täglich während der einzelnen Tage an den heiligen Stätten gefeiert wird, fühle ich mich verpflichtet, euch davon zu berichten, weil ich weiß, daß ihr es gerne erfahren möchtet: Jeden Tag werden vor dem Hahnenschrei alle Tore der Anastasis[2] geöffnet, und alle Mönche und Jungfrauen[3], wie man hier sagt, steigen hinab[4], aber nicht nur sie, sondern außerdem auch Laien, Männer und Frauen, die frühmorgens an den Vigilien teilnehmen wollen. Von dieser Stunde an bis zum Morgengrauen werden Hymnen vorgetragen und Psalmen rezitiert[5], ebenso auch Antiphonen. Auf die einzelnen Hymnen folgt ein Gebet.[6] Zwei oder drei Priester und ebenso die Diakone wechseln sich an den einzelnen Tagen mit den Mönchen ab und sprechen nach den einzelnen Hymnen oder Antiphonen die Gebete.

---

[4] Die Anastasis lag deutlich tiefer als die Basilika — deshalb „steigt man hinab"; vgl. 24,3 und KRETSCHMAR, *Festkalender* 38 mit Anm. 24. In diesem Fall könnte *descendere* aber auch bedeuten, daß die Kleriker und Laien aus ihren Quartieren herabsteigen, die sich beim Anastasiskomplex befanden — möglicherweise in den Galerien der beiden Vorhöfe. Auf der Madabakarte finden sich neben der Anastasis Gebäude, die als Klerikerwohnungen gedeutet werden. Aber auch vom „Davidsturm" am heutigen Jaffator, wo viele Mönche wohnten, und vom Zion aus mußte man zur Anastasis hinabsteigen; vgl. MARAVAL, *Égérie* 234 Anm. 3.
[5] *Respondere* wird im Zusammenhang der Liturgie normalerweise gleichbedeutend mit *dicere* verwandt. Hier könnte auch „responsorische Rezitation" gemeint sein; vgl. BASTIAENSEN, *Vocabulaire liturgique* 89–91.
[6] Die Ausdrücke *hymnus, psalmus, antiphona* bezeichnen verschiedene Arten des Psalmengebetes; vgl. Einleitung 78 f mit Anm. 284.

2. Iam autem ubi ceperit lucescere, tunc incipiunt matutinos ymnos dicere. Ecce et supervenit episcopus cum clero et statim ingreditur intro spelunca et de intro cancellos primum dicet orationem pro omnibus; commemorat etiam ipse nomina, quorum vult, sic benedicet cathecuminos. 5
Item dicet orationem et benedicet fideles. Et post hoc exeunte episcopo de intro cancellos omnes ad manum ei accedunt, et | ille eos uno et uno benedicet exiens iam, ac | 68 sic fit missa iam luce.

3. Item hora sexta denuo descendent omnes similiter ad 10 Anastasim et dicuntur psalmi et antiphonae, donec commonetur episcopus; similiter descendet et non sedet, sed statim intrat intra cancellos intra Anastasim, id est intra speluncam, ubi et mature, et inde similiter primum facit orationem, sic benedicet fideles, et sic exiens de intro can- 15 cellos similiter ei ad manum acceditur. Ita ergo et hora nona fit sicuti et ad sexta.

---

[7] Zu diesem eigentlichen Morgengebet vgl. Einleitung 79f.
[8] Der klassische Morgenpsalm *(hymnus matutinus)* ist Ps 63 (Ps 62 LXX); vgl. dazu Einleitung 79.
[9] *Spelunca* meint hier den eigentlichen Grabbau. Der Fels, der die ursprüngliche Grabhöhle umschloß, wurde im Zuge der Bauarbeiten entfernt, so daß eine Ädikula entstand, die Egeria *spelunca* (Grotte) nennt; vgl. Einleitung 55f.
[10] Die Grotte (vgl. vorhergehende Anm.) war wahrscheinlich von einem Baldachin überspannt, der auf Säulen ruhte. Zwischen den Säulen waren Gitter oder Schranken *(cancelli)* angebracht, die man sich als halbhohe Abtrennung, ähnlich wie „Chorschranken", vorstellen muß. Der Terminus *intro cancellos* meint, daß der Bischof „innerhalb der Gitter", aber vor der Grotte steht. Wenn es in 24,3 heißt, daß der Ausdruck *intro cancellos* „innerhalb der Grotte" bedeutet, liegt das möglicherweise daran, daß der von den Schranken abgegrenzte Raum insgesamt als

Morgenlob[7]

2. Bei Tagesanbruch fangen sie an, die Morgenhymnen zu rezitieren.[8] Jetzt kommt auch der Bischof mit dem Klerus dazu, betritt sofort die Grotte[9] und spricht zuerst innerhalb der Gitter[10] ein Gebet für alle. Er nennt auch die Namen derjenigen, deren er gedenken möchte[11], und segnet die Katechumenen. Er spricht dann wieder ein Gebet und segnet die Gläubigen. Und wenn der Bischof hinter dem Gitter hervorkommt, kommen alle zu seiner Hand[12], und beim Hinausgehen segnet er jeden einzelnen. So geschieht die Entlassung[13] — inzwischen schon bei Tageslicht.

Sext und Non[14]

3. Auch zur sechsten Stunde steigen alle noch einmal auf ähnliche Weise zur Anastasis hinab, man singt Psalmen und Antiphonen, bis der Bischof gerufen wird. Er steigt ebenfalls hinunter, setzt sich aber nicht, sondern geht sofort hinter das Gitter der Anastasis, das heißt in die Grotte, und wie schon in der Frühe spricht er zunächst ein Gebet, segnet dann die Gläubigen, und wenn er schließlich hinter dem Gitter hervorkommt, kommen wieder alle zu seiner Hand. So geschieht es auch zur neunten Stunde, genauso wie schon zur sechsten.[15]

---

spelunca bezeichnet wurde; vgl. auch 34 und MARAVAL, *Égérie* 236 Anm. 1.

[11] Von der liturgischen *commemoratio* berichtet auch CYRILL, *myst. cat.* 5, 8–9 (FC 7, 152f).

[12] Zu diesem Ritus vgl. Einleitung 79f.

[13] Zum Wort *missa* in der Bedeutung „Entlassung" und „Gottesdienst" vgl. MOHRMANN, *Missa* 67–92, und Einleitung 74. An dieser Stelle zeigt der Zusammenhang, daß nur die Entlassung gemeint ist. Noch scheint die tägliche Eucharistiefeier nicht üblich zu sein.

[14] Egeria erwähnt keine Terz. Diese wird wohl nur in der Fastenzeit gefeiert; vgl. 27, 4.

[15] Vgl. 27, 5 und 44, 3, wo Egeria ergänzt, daß am Mittwoch und Freitag die Non auf dem Zion gefeiert wird.

4. Hora autem decima, quod appellant hic licinicon, nam nos dicimus lucernare, similiter se omnis multitudo colliget ad Anastasim, incenduntur omnes candelae et cerei et fit lumen infinitum. Lumen autem de foris non affertur, sed de spelunca interiori eicitur, ubi noctu ac die semper lucerna lucet, id est de intro cancellos. Dicuntur etiam psalmi lucernares, sed et antiphonae diutius. Ecce et commonetur episcopus et descendet et sedet susum, nec non etiam et presbyteri sedent locis suis, dicuntur ymni vel antiphonae.

5. Et at ubi perdicti fuerint iuxta consuetudinem, lebat se episcopus et stat ante cancellum, id est ante speluncam, et unus ex diaconibus facit commemorationem singulorum, sicut solet esse consuetudo. Et diacono dicente singulorum nomina semper pisinni plurimi stant respondentes semper: kyrie eleyson, quod dicimus nos: miserere Domine, quorum voces infinitae sunt.

6. Et at ubi diaconus perdixerit omnia, quae dicere habet, dicet orationem primum episcopus et orat pro omnibus; et sic orant omnes, tam fideles quam et cathecumini simul. Item mittet vocem diaconus, ut unusquisque, quomodo stat, cathecuminus, inclinet caput; et sic dicet episcopus stans benedictionem super cathecuminos. Item fit oratio et denuo mittet diaconus vocem et commonet, ut unusquisque stans fidelium inclinent capita sua; item benedicet

[16] Die Feier, im Westen später „Vesper" genannt, beginnt mit Einbruch der Dunkelheit. Der von Egeria zitierte Ausdruck gibt das griechische λυχνικόν (Lichtfeier) wieder. Möglicherweise gehörte zum Lichtritus das sogenannte Φῶς ἱλαρόν. Zu den Lucernarpsalmen gehörte mit Sicherheit Ps 141 (Ps 140 LXX). Vgl. auch Einleitung 80f.

[17] Der Vorgang erinnert an die Zeremonie des heiligen Feuers, das noch heute innerhalb der Osterliturgie (am Karsamstag) aus dem Grab gebracht wird; vgl. Einleitung 96. Die Lampe am Grab wird von den Pilgern oft erwähnt und auf den „Pilgerampullen" dargestellt, in denen das darin befindliche Öl mit in die Heimat genommen wird. Vgl. die Erwähnung und die Mitnahme von Öl als *eulogia* bei Anon. Plac. 18 (CCL 175, 138).

Lucernar[16]

4. Zur zehnten Stunde aber, die man hier „Lychnikon" nennt — wir sagen „Lucernar" —, versammelt sich die ganze Menge wieder in der Anastasis; es werden alle Leuchter und Kerzen angezündet, und es erstrahlt unendliches Licht. Man bringt dabei kein Licht von außen herein, sondern es wird aus dem Innern der Grotte gebracht, wo Tag und Nacht immer eine Lampe leuchtet, das heißt innerhalb des Gitters.[17] Man rezitiert sowohl die Lucernarpsalmen als auch, lange Zeit hindurch, Antiphonen. Jetzt wird der Bischof gerufen, er steigt herab und setzt sich auf einen erhöhten Platz. Dann setzen sich auch die Priester auf ihre Plätze, und es werden Hymnen und Antiphonen rezitiert.

5. Sobald die gewohnte Rezitation beendet ist, erhebt sich der Bischof und stellt sich vor das Gitter, das heißt vor die Grotte. Dann liest einer der Diakone die einzelnen Namen derjenigen vor, deren er gedenken möchte, wie man es gewohnt ist. Und wenn der Diakon die einzelnen Namen nennt, antworten sehr viele Kinder, die dort stehen und deren Stimmen zahllos sind, immer „Kyrie eleison" — wir sagen „Herr, erbarme dich".[18]

6. Und wenn der Diakon alle Namen genannt hat, die er nennen soll, spricht zunächst der Bischof ein Gebet und betet für alle; dann beten alle, Gläubige und Katechumenen, zusammen. Sodann sagt der Diakon mit erhobener Stimme, daß jeder Katechumene dort, wo er steht, den Kopf senken soll. Daraufhin spricht der Bischof stehend den Segen über die Katechumenen. Dann erfolgt ein Gebet, und wieder erhebt der Diakon seine Stimme und fordert dazu auf, daß jeder Gläubige im Stehen seinen Kopf senken

---

[18] Offensichtlich ist dieser Gottesdienst besonders feierlich, was durch die Anwesenheit einer Schola betont wird; vgl. auch die Zeugnisse bei JUNGMANN, *Missarum sollemnia* 1, 412 f.

fideles episcopus et sic fit missa Anastasi. Et incipient episcopo ad manum accedere singuli.

7. Et postmodum de Anastasim usque ad Crucem cum ymnis ducitur episcopus, simul et omnis populus vadet. Ubi cum perventum fuerit, primum facit orationem, item benedicet cathecuminos; item fit alia oratio, item benedicit fideles. Et post hoc denuo tam episcopus quam omnis turba vadent denuo post Crucem et ibi denuo similiter fit sicuti et ante Crucem. Et si|militer ad manum episcopo acceditur sicut ad Anastasim, ita et ante Crucem, ita et post Crucem. Candelae autem vitreae ingentes ubique plurimae pendent et cereofala plurima sunt tam ante Anastasim quam etiam ante Crucem, sed et post Crucem, finiuntur ergo haec omnia cum crebris. Haec operatio cotidie per dies sex ita habetur ad Crucem et ad Anastasim.

8. Septima autem die, id est dominica die, ante pullorum cantum colliget se omnis multitudo, quecumque esse potest in eo loco, ac si per pascha, in basilica, quae est loco iuxta Anastasim, foras tamen, ubi luminaria pro hoc ipsud pendent. Dum enim verentur, ne ad pullorum cantum non occurrant, antecessus veniunt et ibi sedent. Et dicuntur ymni nec non et antiphonae, et fiunt orationes cata singulos ymnos vel antiphonas. Nam et presbyteri et diacones semper parati sunt in eo loco ad vigilias propter multitudinem,

---

[19] Gemeint sind zwei Zeremonien westlich und östlich des Golgotafelsens. Zu den Begriffen *post Crucem* und *ante Crucem* vgl. Einleitung 56 f.

[20] Der Ausdruck *basilica* für den Hof vor der Anastasis ist merkwürdig. Er entspricht aber der Bezeichnung in 2 Chr 6, 13 Vg. für den Vorhof

soll. Dann segnet der Bischof auch die Gläubigen, und es erfolgt die Entlassung aus der Anastasis. Und alle beginnen, einzeln zur Hand des Bischofs zu kommen.

7. Danach wird der Bischof mit Hymnen von der Anastasis bis zum Kreuz geführt, ebenso kommt auch das ganze Volk mit. Wenn er dort angekommen ist, spricht er zuerst ein Gebet, dann segnet er die Katechumenen; nach einem weiteren Gebet segnet er die Gläubigen. Und dann zieht der Bischof schließlich mit dem ganzen Volk wieder hinter das Kreuz, und dort geschieht das gleiche wie vor dem Kreuz.[19] Man tritt vor dem Kreuz und hinter dem Kreuz zur Hand des Bischofs, ähnlich wie in der Anastasis. Dort hängen überall sehr viele, außerordentlich große Lampen aus Glas, und zahlreiche Kerzenleuchter stehen vor der Anastasis, vor dem Kreuz und auch hinter dem Kreuz. Das ganze endet in der Dunkelheit. So wird dieser Gottesdienst täglich an sechs Tagen am Kreuz und in der Anastasis gefeiert.

Stundenliturgie am Sonntag

Vigilien

8. Am siebten Tag aber, das heißt am Sonntag, versammelt sich noch vor dem Hahnenschrei die ganze Menge, so weit sie an diesem Ort Platz hat, wie an Ostern in der Basilika — das ist der Ort nahe bei der Anastasis, aber außerhalb —, weshalb dort Lampen hängen.[20] Weil sie fürchten, nicht rechtzeitig vor dem Hahnenschrei zu kommen, laufen sie vorher zusammen und setzen sich dort hin. Sie rezitieren Hymnen und auch Antiphonen, und nach den einzelnen Hymnen oder Antiphonen werden Gebete gesprochen. Es stehen nämlich an diesem Ort wegen der Menge, die sich dort versammelt, immer Priester und Diakone für die Vi-

---

des Tempels; vgl. WILKINSON, *Egeria's travels* 303 Anm. 26. Im Hof sind wegen dieser Versammlung in der Dunkelheit Leuchter aufgehängt.

quae se colliget. Consuetudo enim talis est, ut ante pullorum cantum loca sancta non aperiantur.

9. Mox autem primus pullus cantaverit, statim descendet episcopus et intrat intro speluncam ad Anastasim. Aperiuntur hostia omnia et intrat omnis multitudo ad Anastasim, ubi iam luminaria infinita lucent, et quemadmodum ingressus fuerit populus, dicet psalmum quicumque de presbyteris et respondent omnes; post hoc fit oratio. Item dicit psalmum quicumque de diaconibus, similiter fit oratio, dicitur et tertius psalmus a quocumque clerico, fit et tertio oratio et commemoratio omnium.

10. Dictis ergo his tribus psalmis et factis orationibus tribus ecce etiam thiamataria inferuntur intro spelunca Anastasis, ut tota basilica Anastasis repleatur odoribus. Et tunc ubi stat episcopus intro cancellos, prendet evangelium et accedet ad hostium et leget resurrectionem Domini episcopus ipse. Quod cum ceperit legi, tantus rugitus et mugitus fit omnium hominum et tantae lacrimae, ut quamvis durissimus possit moveri in lacrimis, Dominum pro nobis tanta sustinuisse.

11. Lecto ergo evangelio exit episcopus et ducitur cum ymnis ad Crucem, et omnis populus cum illo. Ibi denuo dicitur unus psalmus et fit oratio. Item benedicit fideles et fit missa. Et exeunte episcopo omnes ad manum accedent.

12. Mox autem recipit se episcopus in domum suam, et iam ex illa hora revertuntur omnes mona|zontes ad Anastasim et psalmi dicuntur et antiphonae usque ad lucem et cata

---

[21] Weihrauchgefäße und Duft erinnern an die Frauen, die mit wohlriechenden Salben zum Grab kommen (vgl. Mk 16, 1 f) — auch dies ist eine Form der Dramatisierung der Liturgie.

[22] Offensichtlich wird zusammen mit der Ostererzählung auch ein Teil der Passionsgeschichte vorgelesen, wie Egeria mit der Beschreibung der Reaktion der Menschen und durch die Formulierung *Dominum pro nobis tanta sustinuisse* belegt. RENOUX, *Codex arménien* 1, 158 f, vermutet sicher zu Recht, daß es sich bei dieser „Auferstehung" genannten

gilien bereit. Denn es ist üblich, die heiligen Orte nicht vor dem Hahnenschrei zu öffnen.

9. Beim ersten Hahnenschrei steigt der Bischof sofort hinunter und betritt die Grotte der Anastasis. Dann werden alle Tore geöffnet, und die ganze Menge kommt in die Anastasis, wo schon unendlich viele Leuchter brennen. Wenn dann das Volk eingetreten ist, rezitiert einer der Priester einen Psalm, und alle antworten; darauf folgt ein Gebet. Ebenso rezitiert auch einer der Diakone einen Psalm, und es wird wieder genauso gebetet. Dann wird noch ein dritter Psalm von einem Kleriker rezitiert, es folgt ein drittes Gebet und das Gedenken aller.

10. Und siehe, wenn die drei Psalmen gesungen und die drei Gebete gesprochen sind, bringt man auch Weihrauchgefäße in die Grotte der Anastasis hinein, so daß die ganze Anastasis-Basilika von den Düften erfüllt wird.[21] Dann nimmt der Bischof innerhalb des Gitters, wo er steht, das Evangelium, trägt es bis zur Tür und liest dort selbst die Auferstehung des Herrn. Wenn er begonnen hat zu lesen, brechen alle in ein solches Jammern und Klagen und in solche Tränen aus, daß selbst der Härteste zu Tränen darüber gerührt werden kann, daß der Herr so Großes für uns auf sich genommen hat.[22]

11. Nach dem Lesen des Evangeliums tritt der Bischof heraus, man geleitet ihn mit Hymnen zum Kreuz, und das ganze Volk geht mit ihm. Dort wird ein Psalm rezitiert und ein Gebet gesprochen; er segnet dann die Gläubigen und entläßt sie. Wenn der Bischof hinausgeht, kommen alle zu seiner Hand.

12. Und sobald sich der Bischof in sein Haus zurückzieht, kehren schon von dieser Stunde an alle Mönche zur Anastasis zurück, bis zum Tagesanbruch werden Psalmen und Antiphonen rezitiert, und nach den einzelnen Psalmen

---

Lesung um die auch für die Ostervigil vorgesehene Perikope Joh 19,38 bis 20,18 handelt.

singulos psalmos vel antiphonas fit oratio: vicibus enim quotidie presbyteri et diacones vigilant ad Anastasim cum populo. De laicis etiam, viris aut mulieribus, si qui volunt, usque ad lucem loco sunt, si qui nolunt, revertuntur in domos suas et reponent se dormito.

25. 1. Cum luce autem, quia dominica dies est, et proceditur in ecclesia maiore, quam fecit Constantinus, quae ecclesia in Golgotha est post Crucem, et fiunt omnia secundum consuetudinem, qua et ubique fit die dominica. Sane quia hic consuetudo sic est, ut de omnibus presbyteris, qui sedent, quanti volunt, predicent, et post illos omnes episcopus predicat, quae predicationes propterea semper dominicis diebus fiunt, ut semper erudiatur populus in Scripturis et in Dei dilectione: quae predicationes dum dicuntur, grandis mora fit, ut fiat missa ecclesiae, et ideo ante quartam horam aut forte quintam missa <non> fit.

2. At ubi autem missa facta fuerit ecclesiae iuxta consuetudinem, qua et ubique fit, tunc de ecclesia monazontes cum ymnis ducunt episcopum usque ad Anastasim. Cum autem coeperit episcopus venire cum ymnis, aperiuntur omnia hostia de basilica Anastasis, intrat omnis populus, fidelis tamen, nam cathecumini non.

3. Et at ubi intraverit populus, intrat episcopus et statim ingreditur intra cancellos martyrii speluncae. Primum

---

[23] So wie die tägliche Vigil von Asketen vor das Morgengebet gesetzt worden ist, wird von ihnen auch nach dem Morgengebet weiter gewacht; vgl. dazu BAUMSTARK, *Nocturna laus* 130.

[24] Gemeint ist nun die große Basilika, das Martyrium; vgl. 30,1 und Einleitung 53f.

[25] Egeria erwähnt nur wenige Details des Sonntagsgottesdienstes; offensichtlich unterschied sich die Feier — abgesehen von den zahlreichen

und Antiphonen wird ein Gebet gesprochen. Priester und Diakone wachen täglich abwechselnd in der Anastasis mit dem Volk. Auch von den Laien, den Männern und Frauen, bleibt, wer will, bis zum Tagesanbruch. Wer nicht will, geht nach Hause und legt sich schlafen.[23]

Morgenlob mit Eucharistie

25. 1. Bei Tagesanbruch geht man dann, weil es Sonntag ist, in die große Kirche[24], die Konstantin auf Golgota hinter dem Kreuz hat erbauen lassen, und man macht alles wie gewöhnlich — so wie es überall am Sonntag geschieht.[25] Hier besteht allerdings der Brauch, daß von all den Priestern, die dort (um den Bischof) sitzen, predigt, wer will. Nach ihnen allen predigt der Bischof. Diese Predigten finden deshalb immer an den Sonntagen statt, damit das Volk immer in der Heiligen Schrift und in der Liebe Gottes unterwiesen wird. Während diese Predigten gehalten werden, verzögert sich die Entlassung aus der Kirche sehr; deshalb findet die Entlassung nicht[26] vor der vierten oder fünften Stunde statt.

2. Sobald aber die Entlassung aus der Kirche wie gewöhnlich geschehen ist, wie es überall passiert, geleiten die Mönche den Bischof mit Hymnen aus der Kirche zur Anastasis. Wenn dann der Bischof unter Hymnen ankommt, werden alle Tore der Anastasis-Basilika geöffnet, und das ganze Volk tritt herein, jedoch nur die Gläubigen, nicht die Katechumenen.

3. Und wenn das Volk eingetreten ist, kommt auch der Bischof herein und geht sofort hinter das Gitter der Mar-

---

Predigten — kaum von dem ihr und ihren Adressatinnen bekannten Sonntagsgottesdienst. Das 4. Jh. ist gekennzeichnet von einer Tendenz zur Vereinheitlichung liturgischer Formen; Egeria ist hier Zeugin dieser reichskirchlichen Entwicklung. Vgl. auch MATEOS, *Vigile cathédrale* 293–295.

[26] In der Handschrift fehlt das *non*. Schon GAMURRINI hat diese konjekturale Ergänzung eingeführt, die von 25, 4 her notwendig ist.

aguntur gratiae Deo, et sic fit orationem pro omnibus; postmodum mittet vocem diaconus, ut inclinent capita sua omnes, quomodo stant, et sic benedicet eos episcopus stans intra cancellos interiores et postmodum egreditur.

4. Egredienti autem episcopo omnes ad manum accedent. Ac sic est, ut prope usque ad quintam aut sextam horam protraitur missa. Item et ad lucernare similiter fit iuxta consuetudinem cotidianam. Haec ergo consuetudo singulis diebus ita per totum annum custoditur, exceptis diebus sollemnibus, quibus et ipsis quemadmodum fiat infra annotavimus.

5. Hoc autem inter omnia satis precipuum est, quod faciunt ut psalmi vel antiphonae apti semper | dicantur, tam qui nocte dicuntur, tam qui contra mature, tam etiam qui per diem vel sexta aut nona vel ad lucernare, semper ita apti et ita rationabiles, ut ad ipsam rem pertineant, quae agitur.

6. Et cum toto anno semper dominica die in ecclesia maiore procedatur, id est quae in Golgotha est, id est post Crucem, quam fecit Constantinus, una tantum die dominica, id est quinquagesimarum per pentecosten, in Syon proceditur, sicut infra annotatum invenietis, sic tamen in Syon ut, antequam sit hora tertia, illuc eatur, fiat primum missa in ecclesiam maiorem ...

Deest unum folium.

---

[27] Hier bezeichnet der Begriff *Martyrium* — entgegen Egerias sonstiger Gewohnheit in Jerusalem — den Grabbau. Das ist insofern richtiger, als ursprünglich die Grabbauten von Märtyrern als *martyrium* bezeichnet werden — und der eigentliche Grabbau ist ja die Anastasis. Vgl. auch Einleitung 56.
[28] Man hat überlegt, ob das *gratias agere* als Bezeichnung für die Eucharistie (= Danksagung) zu verstehen sei. Egeria benutzt aber andere Ausdrücke für die Eucharistiefeier, und auch *Lect. Arm.* 44 (171 RENOUX) bezeugt keine (zweite) Eucharistiefeier in der Anastasis. Vgl. auch Einleitung 83.
[29] Vgl. dazu Einleitung 107 f.   [30] Vgl. 43,1–9.
[31] Das fehlende Blatt der Handschrift enthielt die Fortsetzung der Beschreibung der sonntäglichen Stundenliturgie und den Anfang der Be-

tyriumsgrotte.²⁷ Zuerst wird Gott Dank gesagt²⁸, und dann wird ein Gebet für alle gesprochen. Hiernach sagt der Diakon mit erhobener Stimme, daß alle, wo sie stehen, ihren Kopf senken sollen, und so segnet der Bischof sie, während er innerhalb des Gitters steht. Danach geht er hinaus.

4. Wenn er hinausgeht, treten alle zur Hand des Bischofs. So kommt es, daß sich die Entlassung fast bis zur fünften oder sechsten Stunde hinauszögert. Ebenso geschieht es auch gemäß der täglichen Gewohnheit beim Lucernar. Diese Gewohnheit behält man an allen Tagen das ganze Jahr hindurch bei — ausgenommen die Festtage, an denen es so geschieht, wie ich unten beschreiben werde.

5. Vor allem aber ist sehr bemerkenswert, daß sie es so machen, daß immer passende Psalmen und Antiphonen rezitiert werden: Sowohl die, die in der Nacht, als auch die, die gegen Morgen und am Tag, zur Sext, zur Non oder zum Lucernar rezitiert werden, sind immer so passend und vernünftig ausgewählt, daß sie sich jeweils auf die Sache beziehen, die gefeiert wird.²⁹

6. Während man das ganze Jahr hindurch am Sonntag immer in die große Kirche geht, das heißt in die, die auf Golgota steht — also hinter dem Kreuz — und die Konstantin hat erbauen lassen, geht man an einem einzigen Sonntag, nämlich am 50. Tag nach Ostern, zu Pfingsten, auf den Zion, wie ihr unten angegeben findet³⁰. Man geht vor Anbruch der dritten Stunde zum Zion; vorher geschieht die Entlassung in der großen Kirche ...

*Hier fehlt ein Blatt.*³¹

---

schreibung des liturgischen Jahres, d.h. die Beschreibung des Epiphaniefestes in Betlehem. Aus *Lect. Arm.* 1 (211–215 RENOUX) und *Lect. Georg.* 2–25 (1, 9–13 TRACHNISCHVILI) läßt sich ein ungefährer Ablauf rekonstruieren: Feier auf dem Hirtenfeld am Nachmittag des 5. Januar, Feier in der Geburtsgrotte, Vigilien in der Geburtsbasilika, Rückkehr der Jerusalemer Gemeinde unter Gesang von Ps 118 (Ps 117 LXX) mit dem Kehrvers 118, 26; vgl. MARAVAL, *Égérie* 250 Anm. 2, und Einleitung 84–86.

... „Benedictus qui venit in nomine Domini" et cetera, quae secuntur. Et quoniam pro monazontes, qui pedibus vadent, necesse est lenius iri: ac sic pervenitur in Ierusolima ea hora, qua incipit homo hominem posse cognoscere, id est prope luce, ante tamen quam lux fiat.

7. Ubi cum perventum fuerit, statim sic in Anastase ingreditur episcopus et omnes cum eo, ubi luminaria iam supra modo lucent. Dicitur ergo ibi unus psalmus, fit oratio, benedicuntur ab episcopo primum cathecumini, item fideles. Recipit se episcopus et vadent se unusquisque ad ospitium suum ut se resumant. Monazontes autem usque ad lucem ibi sunt et ymnos dicunt.

8. At ubi autem resumpserit se populus, hora incipiente secunda colligent se omnes in ecclesia maiore, quae est in Golgotha. Qui autem ornatus sit illa die ecclesiae vel Anastasis aut Crucis aut in Bethleem, superfluum fuit scribi. Ubi extra aurum et gemmas aut sirico nichil aliud vides; nam et si vela vides, auroclava olescrica sunt, si cortinas vides, similiter auroclave olesericae sunt. Ministerium autem omne genus aureum gemmatum profertur illa die. Numerus autem vel ponderatio de ceriofalis vel cicindelis aut lucernis vel diverso ministerio nunquid vel extimari aut scribi potest?

9. Nam quid dicam de ornatu fabricae ipsius, quam Constantinus sub presentia matris suae, in quantum vires regni sui habuit, honoravit auro, musivo et mar-

Das liturgische Jahr

Epiphanie

Nach den Vigilien
... „Gesegnet sei, der kommt im Namen des Herrn" (Ps 118,26: LXX Ps 117,26) und das übrige, was folgt. Weil man wegen der Mönche, die zu Fuß sind, recht langsam gehen muß, kommt man in Jerusalem erst zu der Stunde an, in der einer den anderen wieder richtig erkennen kann, das heißt nahe dem Morgengrauen, aber noch kurz bevor es Tag wird.

7. Sobald der Bischof angekommen ist, geht er sofort mit allen in die Anastasis, wo schon mehr Lichter als sonst brennen. Dort wird ein Psalm rezitiert, dann ein Gebet gesprochen, und vom Bischof werden zuerst die Katechumenen gesegnet, dann die Gläubigen. Darauf zieht sich der Bischof zurück, und jeder geht in seine Herberge, um sich auszuruhen. Die Mönche aber bleiben bis zum Morgengrauen dort und rezitieren Hymnen.

8. Und wenn sich das Volk ausgeruht hat, versammeln sich zu Beginn der zweiten Stunde alle in der großen Kirche, die auf Golgota steht. Es ist überflüssig zu beschreiben, wie an diesem Tag der Schmuck der Anastasis, am Kreuz und auch der Kirche in Betlehem ist. Dort ist nichts als Gold, Edelsteine und Seide zu sehen. Schaut man auf die Vorhänge, sind sie mit Goldstreifen und Seide verziert, sieht man sich die Decken an, sind sie genauso mit Seide und Goldstreifen geschmückt. An diesem Tag werden mit Gold und Edelsteinen verzierte Geräte jeder Art benutzt. Die Anzahl oder das Gewicht der Leuchter, Lampen und Lämpchen oder der verschiedenen Geräte — wie könnte man das schätzen oder beschreiben?

9. Was soll ich vom Schmuck des Bauwerks selbst erzählen, das Konstantin, vertreten durch seine Mutter, soweit es das Vermögen seines Reiches zuließ, mit Gold hat aus-

more pretioso, tam ecclesiam maiorem quam Anastasim vel ad Crucem vel cetera loca sancta in Ierusolima?

10. Sed ut redeamus ad rem, fit ergo prima die missa in ecclesia maiore, | quae est in Golgotha. Et quoniam dum predicant, vel legent singulas lectiones vel dicunt ymnos, omnia tamen apta ipsi diei, et inde postmodum cum missa ecclesiae facta fuerit, hitur cum ymnis ad Anastasim iuxta consuetudinem: ac sic fit missa forsitan sexta hora.

11. Ipsa autem die similiter et ad lucernare iuxta consuetudinem cotidianam fit.

Alia denuo die similiter in ipsa ecclesia proceditur in Golgotha, hoc idem et tertia die. Per triduo ergo haec omnis laetitia in ecclesia, quam fecit Constantinus, celebratur usque ad sextam. Quarta die in Eleona, id est in ecclesia quae est in monte Oliveti, pulchra satis, similiter omnia ita ornantur et ita celebrantur ibi, quinta die in Lazariu, quod est ab Ierusolima forsitan ad mille quingentos passus, sexta die in Syon, septima die in Anastase, octava die ad Crucem. Ac sic ergo per octo dies haec omnis laetitia et is hornatus celebratur in omnibus locis sanctis, quos superius nominavi.

---

[32] Zu Bau und Ausschmückung der Kirchen in und bei Jerusalem sowie zur Rolle HELENAS vgl. EUSEBIUS, *vit. Const.* 3, 41–43 (GCS, Eusebius 1/1, 98–102).

[33] Auch wenn *missa* hier — wegen des Folgenden — nicht im Sinne von Entlassung gemeint sein kann (siehe Anm. 13, oben 227), so bedeutet es dennoch nicht „Messe" im heutigen Sinn. An dieser Stelle ist das Morgengebet mit Eucharistiefeier gemeint; als Lesungen sind laut *Lect. Arm.* 2 (215–217 RENOUX) Tit 2, 11–15 und Mt 1, 18–25 vorgesehen.

schmücken lassen, mit Mosaiken und kostbarem Marmor — sowohl die große Kirche als auch die Anastasis und (den Ort) beim Kreuz und die anderen heiligen Stätten in Jerusalem?[32]

10. Um aber auf die Sache zurückzukommen: Am ersten Tag wird also der Gottesdienst[33] in der großen Kirche gefeiert, die auf Golgota steht. Und sowohl das, was gepredigt wird, als auch die einzelnen Lesungen, die man vorliest, und die Hymnen, die gesungen werden — alles ist auf den Tag abgestimmt. Nachdem dann die Entlassung aus der Kirche erfolgt ist, geht man wie gewöhnlich unter Hymnengesang in die Anastasis, und ungefähr zur sechsten Stunde geschieht dort die Entlassung.

11. An diesem Tag aber wird auch das Lucernar nach der täglichen Gewohnheit gefeiert.

Die Oktav von Epiphanie
Man zieht schließlich am nächsten Tag wieder genauso zu jener Kirche auf Golgota, ebenso auch am dritten Tag. Drei Tage lang wird also dieses Freudenfest in der Kirche, die Konstantin hat erbauen lassen, bis zur Sext gefeiert. Am vierten Tag wird in der Eleona[34], das heißt in der Kirche, die auf dem Ölberg steht und die sehr schön ist, alles genauso geschmückt, und man feiert dort. Am fünften Tag (feiert man) im Lazarium[35], das etwa 1500 Schritt von Jerusalem entfernt ist, am sechsten Tag auf dem Zion[36], am siebten Tag in der Anastasis, am achten Tag beim Kreuz. So wird an diesen acht Tagen das ganze Freudenfest mit diesem Glanz an all den heiligen Stätten gefeiert, die ich oben genannt habe.

---

[34] Die von KONSTANTIN errichtete Eleona-Kirche auf dem Ölberg war neben der Geburtskirche und der Anastasis die dritte Hauptkirche Jerusalems; vgl. Einleitung 63 f.
[35] Zum Lazarium vgl. Einleitung 69 f.
[36] Zur Kirche auf dem Zion vgl. 39,5; 43,3 und Einleitung 59–62.

12. In Bethleem autem per totos octo dies cotidie is ornatus est et ipsa laetitia celebratur a presbyteris et ab omni clero ipsius loci et a monazontes, qui in ipso loco deputati sunt. Nam et illa hora, qua omnes nocte in Ierusolima revertuntur cum episcopo, tunc loci ipsius monachi, quicumque sunt, usque ad lucem in ecclesia in Bethleem pervigilant ymnos seu antiphonas dicentes, quia episcopum necesse est hos dies semper in Ierusolima tenere. Pro sollemnitate autem et laetitia ipsius diei infinite turbae se undique colligent in Ierusolima, non solum monazontes, sed et laici, viri aut mulieres.

26. Sane quadragesimae de epiphania valde cum summo honore hic celebrantur. Nam eadem die processio est in Anastase, et omnes procedunt et ordine suo aguntur omnia cum summa laetitia ac si per pascha. Predicant etiam omnes presbyteri et sic episcopus, semper de eo loco tractantes evangelii ubi quadragesima die tulerunt Dominum in templo Ioseph et Maria et viderunt eum Symeon vel Anna prophetissa filia Fanuhel, et de verbis eorum, quae dixerunt viso Domino, vel de oblatione ipsa, qua optulerunt parentes. Et postmodum celebratis omnibus per ordinem, quae consuetudinis sunt, aguntur sacramenta et sic fit missa.

27.1. Item dies paschales cum venerint, celebrantur sic. | Nam sicut apud nos quadragesimae ante pascha adten-

---

[37] Das „Fest der Darstellung des Herrn" wird z. Zt. der Egeria — noch ohne diesen Namen — also am 14. Februar gefeiert. In *Lect. Arm.* 13 (229 RENOUX) sind Gal 3,24–29 und Lk 2,22–40 als Lesungen vorgesehen.

12. In Betlehem aber herrscht die ganzen acht Tage
hindurch täglich dieser Glanz, und von den Priestern, vom
gesamten Klerus des Ortes und von den Mönchen, die zu
jenem Ort gehören, wird das gleiche Freudenfest gefeiert.
Von jener Stunde an, wo in der Nacht alle mit dem Bischof
nach Jerusalem zurückkehren, wachen alle Mönche dieses
Ortes bis zum Morgengrauen in der Kirche in Betlehem
und rezitieren Hymnen und Antiphonen, weil der Bischof
an diesen Tagen immer in Jerusalem bleiben muß. Zu diesem
Hochfest aber und zu diesem Freudentag kommen
unzählige Scharen von überall her nach Jerusalem, nicht
nur Mönche, sondern auch Laien, Männer und Frauen.

Der 40. Tag nach Epiphanie

26. Der 40. Tag nach Epiphanie[37] wird hier wirklich mit den
allergrößten Ehren gefeiert. Denn an diesem Tag zieht man
in die Anastasis; alle gehen mit, und mit höchster Freude,
wie an Ostern, wird alles nach seiner Ordnung vollzogen.
Es predigen auch alle Priester und der Bischof — immer
über die Stelle aus dem Evangelium, wo Josef und Maria
den Herrn am 40. Tag in den Tempel trugen und Simeon
und die Prophetin Hanna, die Tochter Penuëls, ihn sahen,
und über ihre Worte, die sie sprachen, als sie den Herrn
sahen, und über das Opfer selbst, das die Eltern darbrachten.
Nachdem dann alles der Ordnung gemäß wie gewöhnlich
vollzogen worden ist, werden die Sakramente gefeiert[38],
und es erfolgt die Entlassung.

Die Fastenzeit

27.1. Ebenso werden, wenn es soweit ist, die österlichen
Tage gefeiert. Denn so wie man bei uns die 40tägige
Fastenzeit vor Ostern einhält, so hält man hier acht

---

[38] Egeria benutzt an keiner weiteren Stelle den Begriff *sacramentum*,
der hier die Feier der Eucharistie einschließt; vgl. BASTIAENSEN, *Vocabulaire liturgique* 82 f.

duntur, ita hic octo septimanae attenduntur ante pascha. Propterea autem octo septimane attenduntur, quia dominicis diebus et sabbato non ieiunantur excepta una die sabbati, qua vigiliae paschales sunt et necesse est ieiunari; extra ipsum ergo diem penitus nunquam hic toto anno sabbato ieiunatur. Ac sic ergo de octo septimanis deductis octo diebus dominicis et septem sabbatis, quia necesse est una sabbati ieiunari, ut superius dixi, remanent dies quadraginta et unum qui ieiunantur, quod hic appellant eortae, id est quadragesimas.

2. Singuli autem dies singularum ebdomadarum aguntur sic, id est ut die dominica de pullo primo legat episcopus intra Anastase locum resurrectionis Domini de evangelio, sicut et toto anno dominicis diebus fit, et similiter usque ad lucem aguntur ad Anastasem et ad Crucem, quae et toto anno dominicis diebus fiunt.

3. Postmodum mane sicut et semper dominica die proceditur, et aguntur quae dominicis diebus consuetudo est agi, in ecclesia maiore, quae appellatur Martyrio, quae est in Golgotha post Crucem. Et similiter missa de ecclesia facta ad Anastase itur cum ymnis, sicut semper dominicis diebus fit. Haec ergo dum aguntur, facit se hora quinta; lucernare hoc idem hora sua fit, sicut semper ad Anastasem

---

[39] Der Verzicht auf das Fasten am Samstag hängt mit der neuen Wertschätzung des Sabbats im Osten während des 4. Jh. zusammen. Im Westen wird seit dem 3. Jh. auch samstags gefastet; vgl. dazu AUF DER MAUR, *Herrenfeste* 33f, und ARBESMANN, *Fasttage* 509f.
[40] In der ersten Hälfte des 4. Jh. kommt die Gewohnheit einer *Quadragesima* vor Ostern auf. Die „40 Tage" werden allerdings unterschiedlich

Wochen vor Ostern ein. Es werden deshalb acht Wochen eingehalten, weil an den Sonntagen und Samstagen nicht gefastet wird — mit Ausnahme des einen Samstags, an dem die Ostervigilien sind und an dem man fasten muß. Außer an diesem einen Tag wird aber sonst an keinem anderen Samstag im ganzen Jahr gefastet.[39] Es bleiben dann also von den acht Wochen nach Abzug der acht Sonntage und sieben Samstage — weil nur an dem einen gefastet werden muß, wie ich oben sagte — einundvierzig Tage übrig, an denen gefastet wird. Diese Tage werden hier „Heortae" genannt, das heißt 40tägige Fastenzeit.[40]

Die Sonntage
2. Die jeweiligen Tage dieser einzelnen Wochen werden so begangen, daß am Sonntag beim ersten Hahnenschrei der Bischof innerhalb der Anastasis die Stelle von der Auferstehung des Herrn aus dem Evangelium vorliest, so wie es an den Sonntagen im ganzen Jahr geschieht. Und es geschieht bis zum Morgengrauen in der Anastasis und beim Kreuz alles genauso, wie es im ganzen Jahr an den Sonntagen geschieht.
3. Danach zieht man am Morgen, so wie immer am Sonntag, in die große Kirche, die Martyrium genannt wird und nahe dem Kreuz auf Golgota steht, und feiert, was an den Sonntagen gewöhnlich zu feiern ist. Und nach der Entlassung aus der Kirche geht man, so wie es immer am Sonntag geschieht, mit Hymnen in die Anastasis. Wenn das geschieht, geht es auf die fünfte Stunde zu. Auch das Lucernar ist zur selben Stunde, immer in der Anastasis,

---

gezählt: Im Westen (Egerias Heimat) beginnt die Fastenzeit am Montag nach dem sechsten Sonntag vor Ostern, in Jerusalem nach dem achten Sonntag vor Ostern, da am Samstag nicht gefastet wird; vgl. dazu Einleitung 87–89. Der Name *eortae*, der sich vom griechischen ἑορτή ableitet und „Fest" bedeutet, verwundert in diesem Zusammenhang. Vgl. zum Ganzen ARBESMANN, *Fasten* 473f und *Fasttage* 515–518.

et ad Crucem, sicut et singulis locis sanctis fit: dominica
enim die nona <non> fit.

4. Item secunda feria similiter de pullo primo ad Anastasem
itur sicut et toto anno, et aguntur usque ad mane, quae
semper. Denuo ad tertia itur ad Anastasim, et aguntur que
toto anno ad sextam solent agi, quoniam in diebus quadragesimarum et hoc additur, ut et ad tertiam eatur. Item ad
sextam et nonam et lucernare ita aguntur, sicut consuetudo
est per totum annum agi semper in ipsis locis sanctis.

5. Similiter et tertia feria similiter omnia aguntur sicut et
secunda feria. Quarta feria autem similiter itur de noctu ad
Anastase et aguntur ea, quae semper, usque ad mane; similiter et ad tertiam et ad sexta; ad nonam autem, quia consuetudo est semper, id est toto anno, quarta feria et sexta
feria ad nona in Syon procedi, quoniam in istis locis, excepto si martirorum dies evenerit, semper quarta et sexta feria
etiam et a cathecuminis ieiunatur: et ideo ad nonam in Syon
proceditur. Nam si fortuito in quadragesimis | martyrorum
dies evenerit quarta feria aut sexta feria, ... atque ad nona
in Syon proceditur.

6. Diebus vero quadragesimarum, ut superius dixi, quarta feria ad nona in Sion proceditur iuxta consuetudinem
totius anni et omnia aguntur, quae consuetudo est ad no-

---

[41] Die Handschrift hat hier *nona fit*. Erstmals hat DUCHESNE *nona non fit* konjiziert. Zwar ist die Beschreibung des Stundengebets an normalen Sonntagen verloren, da aber an allen anderen Tagen des Jahres und der Fastenzeit eine Non stattfindet, ist der Hinweis nur verständlich, wenn sich die Ordnung am Sonntag von der Praxis der anderen Tage unterscheidet. Anders MARAVAL, *Égérie* 259f Anm. 2.

[42] Das *atque* der Handschrift gibt keinen Sinn und wird von verschiedenen Editoren geändert. FRANCESCHINI/WEBER vermuten *aeque* („geht man gleichfalls zum Zion"); das Wort kommt aber sonst bei Egeria nicht vor. GAMURRINI und GEYER schlagen *neque* vor („geht man

beim Kreuz und bei den einzelnen heiligen Stätten: Denn am Sonntag findet keine[41] Non statt.

Die Wochentage

4. Ebenso geht man am Montag beim ersten Hahnenschrei in die Anastasis, wie das ganze Jahr hindurch, und man feiert bis zum Morgengrauen, wie immer. Zur Terz geht man dann erneut zur Anastasis und tut, was das ganze Jahr zur Sext stattzufinden pflegt, denn in den 40 Tagen (der Fastenzeit) kommt hinzu, daß man auch zur Terz hingeht. So feiert man zur Sext, zur Non und zum Lucernar, wie es gewöhnlich das ganze Jahr hindurch an diesen heiligen Stätten geschieht.

5. Genauso wie schon am Montag wird alles auch am Dienstag gemacht. Und genauso geht man am Mittwoch in der Nacht zur Anastasis und feiert, wie immer, bis in den Morgen; in gleicher Weise auch zur Terz und zur Sext. Zur Non aber (zieht man), weil es immer schon, das ganze Jahr hindurch, üblich ist, am Mittwoch und Freitag zur Non zum Zion zu ziehen, weil hier, ausgenommen wenn ein Märtyrertag ist, immer am Mittwoch und Freitag auch von den Katechumenen gefastet wird — deshalb jedenfalls zieht man zur Non zum Zion. Wenn zufällig in der Fastenzeit ein Märtyrerfest auf einen Mittwoch oder Freitag fällt, ... und[42] man geht zur Non zum Zion.

6. An den Tagen der Fastenzeit geht man also, wie ich oben schon erzählt habe, am Mittwoch zur Non zum Zion, wie es das ganze Jahr hindurch üblich ist, und alles wird so gemacht, wie man es gewöhnlich zur Non macht — außer

---

nicht zum Zion"). MARAVAL vermutet mit HERAEUS eine Lücke; der verlorengegangene Text könnte sich auf die Stationskirchen solcher Tage oder auf die Unterbrechung des Fastens bezogen haben; vgl. MARAVAL, Égérie 261 Anm. 2. Da die Veränderung des *atque* die Anfügung dieses Satzes nicht verständlich macht bzw. ihn im Sinn umkehrt, ist am ehesten eine Lücke anzunehmen.

nam agi, preter oblatio. Nam ut semper populus discat legem, et episcopus et presbyter predicant assidue. Cum autem facta fuerit missa, inde cum ymnis populus deducet episcopum usque ad Anastasem; inde sic venitur, ut cum intratur in Anastase, iam et hora lucernari sit; sic dicuntur ymni et antiphonae, fiunt orationes et fit missa lucernaris in Anastase et ad Crucem.

7. Missa autem lucernari in isdem diebus, id est quadragesimarum, serius fit semper quam per toto anno. Quinta feria autem similiter omnia aguntur, sicut secunda feria et tertia feria. Sexta feria autem similiter omnia aguntur sicut quarta feria, et similiter ad nonam in Syon itur, et similiter inde cum ymnis usque ad Anastase adducetur episcopus. Sed sexta feria vigiliae in Anastase celebrantur ab ea hora, qua de Sion ventum fuerit cum ymnis, usque in mane, id est de hora lucernarii, quemadmodum intratum fuerit in alia die mane, id est sabbato. Fit autem oblatio in Anastase maturius, ita ut fiat missa ante solem.

8. Tota autem nocte vicibus dicuntur psalmi responsorii, vicibus antiphonae, vicibus lectiones diversae, quae omnia usque in mane protrahuntur. Missa autem, quae fit sabbato ad Anastase, ante solem fit, hoc est oblatio, ut ea hora, qua incipit sol procedere, et missa in Anastase facta sit. Sic ergo singulae septimanae celebrantur quadragesimarum.

---

[43] Bei der Beschreibung der Non am Mittwoch (und Freitag) außerhalb der Fastenzeit wird weder der Gang zum Zion noch ein „Opfer" (Eucharistie) erwähnt. Die christlichen Fasttage Mittwoch und Freitag sind allerdings die Wochentage, an denen man im 4. Jh. beginnt, neben dem Sonntag Eucharistie zu feiern. Diese Eucharistiefeier am Nachmittag schloß das Tages-Fasten ab, das bis zur neunten Stunde dauerte. In der Fastenzeit fällt das Ende des Wochenfastens auf den Samstagmorgen — nur dann wird Eucharistie gefeiert; vgl. 27, 9. Vgl. zum Ganzen auch ARBESMANN, *Fasttage* 509 f, und Einleitung 87–89.

dem Opfer[43]. Bischof und Priester predigen ausdauernd, damit das Volk immer neu das Gesetz lernt. Wenn aber die Entlassung erfolgt ist, begleitet das Volk den Bischof mit Hymnen zur Anastasis. Man kommt so dorthin, daß beim Eintreten in die Anastasis schon die Zeit für das Lucernar ist. So rezitiert man Hymnen und Antiphonen und verrichtet Gebete. Die Entlassung aus dem Lucernar geschieht sowohl in der Anastasis als auch beim Kreuz.

7. Die Entlassung aus dem Lucernar findet an diesen Tagen, das heißt in der Fastenzeit, später statt als sonst im ganzen Jahr. Am Donnerstag wird alles genauso gemacht wie am Montag und am Dienstag. Am Freitag aber wird alles genauso gemacht wie am Mittwoch; zur Non geht man genauso zum Zion, und genauso wird der Bischof von dort mit Hymnen zur Anastasis geführt. Am Freitag aber werden die Vigilien in der Anastasis von der Stunde an, da man mit Hymnen vom Zion zurückkommt, bis zum Morgengrauen gefeiert, das heißt von der Stunde des Lucernars bis zum Morgen des nächsten Tages, also bis es Samstag ist. Das Opfer aber wird sehr früh in der Anastasis gefeiert, so daß die Entlassung noch vor Sonnenaufgang erfolgt.

8. Während der ganzen Nacht aber werden abwechselnd Psalmen und Antiphonen rezitiert und verschiedene Lesungen vorgetragen, was sich alles bis zum Morgen hinzieht. Der Gottesdienst aber, das heißt das Opfer, das am Samstag in der Anastasis gefeiert wird, ist vor Sonnenaufgang, so daß die Entlassung in der Anastasis zu der Stunde geschieht, wenn die Sonne aufzugehen beginnt.[44]

---

[44] Die Eucharistiefeier am Samstag beendet zum einen das Wochenfasten (vgl. 27,9), zum anderen hängt sie mit der neuen Wertschätzung des Sabbats zusammen, der im 4. Jh. an vielen Orten eine Eucharistiefeier erhält; vgl. Einleitung 77.

9. Quod autem dixi, maturius fit missa sabbato, id est ante solem, propterea fit, ut citius absolvant hi, quos dicunt hic ebdomadarios. Nam talis consuetudo est hic ieiuniorum in quadragesimis, ut hi, quos appellant ebdomadarios, id est qui faciunt septimanas, dominica die, quia hora quinta fit missa, ut manducent. Et quemadmodum prandiderint dominica die, iam non manducant nisi sabbato mane, mox communicaverint in Anastase. Propter ipsos ergo, ut citius absolvant, ante sole fit missa in Anastase sabbato. Quod autem dixi, propter illos fit missa mane, non quod illi soli communicent, sed omnes communicant, qui volunt eadem die in Anastase communicare.

28.1. Ieiuniorum enim consuetudo hic talis est in quadragesimis, ut alii, quemadmodum manducaverint dominica die post missa, id est hora quinta aut sexta, iam non manducent per tota septimana nisi sabbato veniente post missa Anastasis, hi qui faciunt ebdomadas.

2. Sabbato autem quod manducaverint mane, iam nec sera manducant, sed ad aliam diem, id est dominica, prandent post missa ecclesiae, hora quinta vel plus et postea iam non manducant, nisi sabbato veniente, sicut superius dixi.

3. Consuetudo enim hic talis est, ut omnes, qui sunt, ut hic dicunt, aputactite, viri vel feminae, non solum diebus quadragesimarum, sed et toto anno, qua manducant, semel in die manducant. Si qui autem sunt de ipsis aputactitis, qui non possunt facere integras septimanas ieiuniorum, sicut superius diximus, in totis quadragesimis in medio quinta

---

[45] Der Begriff „Hebdomadar" leitet sich von *hebdomada* (Woche) ab (vgl. 28,1). Zur Praxis des Wochenfastens vgl. auch ARBESMANN, *Fasttage* 507f, und Einleitung 88.
[46] Das *prandium* (vgl. auch 28,2; 39,3; 43,4) war die erste von zwei Hauptmahlzeiten und wurde gegen 11.00 Uhr eingenommen.
[47] Siehe dazu Anm. 147, oben 218.

Das Fasten

9. Wie ich schon sagte, ist die Entlassung am Samstag früher, das heißt vor Tagesanbruch. Das geschieht deshalb, damit die, die man hier „Hebdomadare" nennt, früher mit dem Fasten aufhören können. Es ist hier nämlich in der Fastenzeit folgende Art des Fastens üblich: Diejenigen, die man „Hebdomadare" nennt, das heißt, die eine Woche lang fasten, essen am Sonntag, wenn um die fünfte Stunde die Entlassung ist.[45] Sobald sie am Sonntag gegessen haben[46], essen sie nichts mehr bis zum Samstagmorgen, wenn sie in der Anastasis kommuniziert haben. Ihretwegen also geschieht am Samstag die Entlassung in der Anastasis vor Tagesanbruch, damit sie früher fertig sind. Auch wenn ich sagte, daß die Entlassung ihretwegen so früh ist, kommunizieren doch nicht sie allein, sondern es kommunizieren alle, die an diesem Tag in der Anastasis kommunizieren wollen.

28.1. Es ist hier in der Fastenzeit folgende Art des Fastens üblich: Diejenigen, die am Sonntag nach der Messe gegessen haben — das heißt um die fünfte oder sechste Stunde —, essen die ganze Woche hindurch nichts mehr bis zum nächsten Samstag nach der Entlassung aus der Anastasis. Das sind die, die das Wochenfasten halten.

2. An dem Samstag aber, an dem sie in der Frühe gegessen haben, essen sie am Abend nicht mehr, sondern sie essen erst wieder am anderen Tag, also am Sonntag, nach der Entlassung aus der Kirche, zur fünften Stunde oder etwas später, und anschließend essen sie nichts mehr, nur am kommenden Samstag, wie ich oben schon sagte.

3. Es ist hier so üblich, daß alle Apotaktiten[47], wie man sie hier nennt, Männer und Frauen, nicht nur in den Tagen der Fastenzeit, sondern im ganzen Jahr, wenn sie essen, nur einmal am Tag essen. Wenn es aber unter diesen Apotaktiten welche gibt, die keine ganze Woche, wie ich es oben beschrieben habe, fasten können, dann essen sie in der ganzen Fastenzeit etwas in der Mitte (der Woche), am

feria cenant. Qui autem nec hoc potest, biduanas facit per
totas quadragesimas; qui autem nec ipsud, de sera ad seram
manducant.

4. Nemo autem exigit, quantum debeat facere, sed unusquisque ut potest id facit; nec ille laudatur, qui satis fecerit,
nec ille vituperatur, qui minus. Talis est enim hic consuetudo. Esca autem eorum quadragesimarum diebus haec est,
ut nec panem quid lib[er]ari non potest, nec oleum
gustent, nec aliquid, quod de arboribus est, sed tantum
aqua et sorbitione modica de farina. Quadragesimarum sic
fit, ut diximus.

29.1. Et completo earum septimanarum ... <Prima sep-
timana> vigiliae in Anastase sunt de hora lucernarii sexta
feria, qua de Syon venitur cum psalmis, usque in mane
sabbato, qua oblatio fit in Anastase. Item secunda septimana et tertia et quarta et quinta et sexta similiter fiunt, ut
prima de quadragesimis.

2. Septima autem septimana cum venerit, id est quando iam
due superant cum ipsa, ut pascha sit, singulis diebus omnia
quidem sic aguntur sicut et ceteris septimanis, quae transierunt; tantummodo quod vigiliae, quae in illis sex septi-

---

[48] Namentlich die spanische Kirche war zu Egerias Zeit von besonde-
rem Rigorismus geprägt. Ob sie deshalb diese tolerante Haltung besonders erwähnt? MARAVAL, *Égérie* 266 Anm. 2, vermutet, daß die Passage
auf dem Hintergrund der (strengeren) kirchlichen Frühzeit zu verstehen
ist.
[49] Die Handschrift überliefert an dieser Stelle *panem quid liberari non
potest*. Es sind verschiedene Vorschläge gemacht worden, den Text zu
korrigieren. Nur MEISTER, *De Itinerario* 378, bleibt beim überlieferten
Text und versteht ihn in dem Sinne, daß den Asketen kein Brot „gelie-
fert" wurde. GAMURRINI und GEYER dagegen korrigieren in *quod libra-*

Donnerstag. Wer auch das nicht kann, fastet in der ganzen Fastenzeit immer zwei Tage; wer auch das nicht kann, ißt jeweils am Abend.

4. Niemand fordert, wieviel einer tun muß, sondern jeder tut, was er kann. Auch wird der, der viel tut, nicht gelobt, und der nicht getadelt, der weniger tut. Das ist hier so üblich.[48] Die Nahrung während dieser Tage der Fastenzeit ist so, daß man weder Brot — selbst das kann nicht genossen werden[49] — noch Öl zu sich nimmt, noch irgend etwas von den Bäumen, sondern nur Wasser und eine Mehlspeise. In der Fastenzeit[50] geschieht es so, wie wir schon erzählt haben.

29.1. Wenn diese Wochen voll sind ... (In der ersten Woche) finden am Freitag die Vigilien in der Anastasis statt, von der Stunde des Lucernars an, da man mit Psalmen vom Zion kommt, bis zum Samstagmorgen, an dem in der Anastasis das Opfer gefeiert wird. Das wird in der zweiten, dritten, vierten, fünften und sechsten Woche genauso gemacht wie in der ersten Woche der Fastenzeit.

Die siebte Woche

2. Wenn dann die siebte Woche gekommen ist, das heißt, wenn es nur noch zwei Wochen bis Ostern sind, wird an den einzelnen Tagen alles so gemacht wie in den übrigen vergangenen Wochen; nur daß die Vigilien, die in diesen

---

ri. PÉTRÉ konjiziert mit HERAEUS *qui delibari;* MARAVAL schlägt mit MEIJER, *Remarks,* hier *quidem libari* vor; FRANCESCHINI/WEBER schließlich haben *quid libari.* Das hier übernommene *quidem libari* vermeidet den grammatischen Fehler *quid* statt *qui.* Der Zusatz erklärt sich daraus, daß Brot neben Salz und Wasser eigentlich zu den klassischen Fastenspeisen gehört; vgl. ARBESMANN, *Fastenspeisen* 495–497.
[50] Zwischen *farina* und *quadragesimarum* vermutet LÖFSTEDT, *Philologischer Kommentar* 301, im Anschluß an MEISTER eine Ellipse von *tempore.* Der Sinn ist klar. Die gleiche Ellipse vermutet er in 29,1 nach *septimanarum.* Dort ist aber ein größeres Textstück ausgefallen. Mit HERAEUS wird man ... *Prima septimana* konjizieren müssen.

manis in Anastase factae sunt, septima autem septimana, id
est sexta feria, in Syon fiunt vigiliae iuxta consuetudinem
eam, | qua in Anastase factae sunt per sex septimanas. |76
Dicuntur autem horis singulis apti psalmi semper vel antiphonae tam loco quam diei.

3. At ubi autem ceperit se mane facere sabbato illucescente,
offeret episcopus et facit oblationem mane sabbato. Iam ut
fiat missa, mittit vocem archidiaconus et dicit: „Omnes
hodie hora septima in Lazario parati simus." Ac sic ergo
cum ceperit se hora septima facere, omnes ad Lazarium
veniunt. Lazarium autem, id est Bethania, est forsitan secundo miliario a civitate.

4. Euntibus autem de Ierusolima in Lazarium forsitan ad
quingentos passus de eodem loco ecclesia est in strata in eo
loco, in quo occurrit Domino Maria soror Lazari. Ibi ergo
cum venerit episcopus, occurrent illi omnes monachi, et
populus ibi ingreditur, dicitur unus ymnus et una antiphona et legitur ipse locus de evangelio, ubi occurrit soror
Lazari Domino. Et sic facta oratione et benedictis omnibus,
inde iam usque ad Lazarium cum ymnis itur.

5. In Lazario autem cum ventum fuerit, ita se omnis
multitudo colligit, ut non solum ipse locus, sed et campi
omnes in giro pleni sint hominibus. Dicuntur ymni etiam
et antiphonae apti ipsi diei et loco; similiter et lectiones apte
diei, quaecumque leguntur. Iam autem, ut fiat missa, de-

---

[51] Der Titel „Archidiakon" ist nicht vor dem 4. Jh. bezeugt. Ursprünglich ist wohl nur ein Ehrenvorrang aufgrund des Alters gemeint; erst
später wird daraus (in Rom) ein eigenes Amt.
[52] Gemeint ist der heutige Ort *el-Azariye*, der seinen Namen ebenfalls
von Lazarus hat; vgl. auch Einleitung 70.
[53] *Lect. Arm.* 33 (255–257 RENOUX) sieht Ps 30 (Ps 29 LXX) und die
Lesungen 1 Thess 4, 13–18 und Joh 11, 55 – 12, 11) vor. Bei Egeria erfolgt

sechs Wochen in der Anastasis stattfanden, in der siebten
Woche, das heißt am Freitag, auf dem Zion stattfinden —
so wie sie gewöhnlich in der Anastasis sechs Wochen lang
gefeiert wurden. Bei allen Vigilien werden immer dem Ort
und der Zeit entsprechende Psalmen und Antiphonen rezitiert.

Der Lazarus-Samstag

3. Sobald es Morgen zu werden beginnt und der Samstag
aufleuchtet, opfert der Bischof und feiert am Samstag in der
Frühe das Opfer. Wenn dann die Entlassung erfolgt, erhebt
der Archidiakon[51] die Stimme und spricht: „Laßt uns heute
alle um die siebte Stunde beim Lazarium bereit sein." Und
wenn es dann auf die siebte Stunde zugeht, kommen alle
zum Lazarium. Das Lazarium aber, das heißt Betanien, ist
etwa zwei Meilen vor der Stadt.[52]

4. Wenn man dann von Jerusalem zum Lazarium geht,
liegt etwa 500 Schritt von diesem Ort entfernt eine Kirche
an der Straße an der Stelle, wo Maria, die Schwester des Lazarus, dem Herrn entgegenkam (vgl. Joh 11,1–35). Wenn
der Bischof dorthin kommt, ziehen ihm alle Mönche entgegen, und das Volk kommt hinzu. Man rezitiert einen
Hymnus und eine Antiphon und liest das zum Ort passende Evangelium, wo die Schwester des Lazarus dem Herrn
entgegenkommt. Nachdem dann gebetet worden ist und
alle gesegnet worden sind, geht man von dort mit Hymnen
bis zum Lazarium.

5. Ist man aber im Lazarium angekommen, dann versammelt sich die ganze Menge so, daß nicht nur der Ort selbst,
sondern auch die umliegenden Felder voll von Menschen
sind. Man rezitiert auch zum Tag und zu diesem Ort
passende Hymnen und Antiphonen. Genauso sind auch die
vorgetragenen Lesungen für den Tag passend.[53] Wenn aber

---

die Verlesung von Joh 12,1–11 noch einmal bei der Ankündigung von
Ostern.

nuntiatur pascha, id est subit presbyter in altiori loco et leget illum locum, qui scriptus est in evangelio: „Cum venisset Iesus in Bethania ante sex dies paschae" et cetera. Lecto ergo eo loco et annuntiata pascha, fit missa.

6. Propterea autem ea die hoc agitur, quoniam sicut in evangelio scriptum est, ante sex dies paschae factum hoc fuisset in Bethania; de sabbato enim usque in quinta feria, qua post cena noctu comprehenditur Dominus, sex dies sunt. Revertuntur ergo omnes ad civitatem rectus ad Anastase et fit lucernare iuxta consuetudinem.

30.1. Alia ergo die, id est dominica, qua intratur in septimana paschale, quam hic appellant septimana maior, celebratis de pullorum cantu his, quae consuetudinis sunt in Anastase vel ad Crucem usque ad mane agi: die ergo dominica mane proceditur iuxta consuetudinem in ecclesia maiore, quae appellatur Martyrium. Propterea autem Martyrium appellatur, quia in Golgotha est, id est post Crucem, ubi Dominus passus est, et ideo Martyrio.

2. Cum ergo celebrata fuerint omnia iuxta consuetudinem in ecclesia maiore, et antequam fiat missa, mittet vocem archidiaconus et dicit | primum: „Ista septimana omne, id est de die crastino, hora nona omnes ad Martyri-

---

[54] Erstmals wird hier der Versuch einer Dramatisierung sowie zeitlichen und örtlichen Parallelisierung von Heilsgeschichte und Liturgie sichtbar; vgl. Einleitung 75 f. 107–115.

[55] Zur Zeit Egerias wird dieser Herrentag, mit dem die „Große Woche" beginnt, anscheinend noch nicht als „Palmsonntag" bezeichnet; vgl. aber *Lect. Arm.* 34 (257 RENOUX), wo vom „Tag der Palmen" die Rede ist.

die Entlassung erfolgen soll, wird Ostern angekündigt, das heißt, ein Priester geht an einen erhöhten Ort und liest die Stelle, wo im Evangelium geschrieben steht: „Als Jesus sechs Tage vor dem Osterfest nach Betanien kam ..." (Joh 12,1) und das folgende. Nach dem Verlesen dieser Stelle und der Ankündigung von Ostern erfolgt die Entlassung.

6. Das geschieht deshalb an diesem Tag, weil im Evangelium geschrieben steht, daß es sich sechs Tage vor dem Osterfest in Betanien ereignet habe. Vom Samstag bis zum Donnerstag, an dem der Herr in der Nacht nach dem Mahl gefangengenommen wurde, sind es nämlich sechs Tage.[54] Dann kehren alle direkt zur Stadt in die Anastasis zurück, und das Lucernar findet wie gewöhnlich statt.

Die „große Woche"

Sonntag (Palmsonntag)

30.1. Am nächsten Tag, das heißt am Sonntag[55], mit dem man in die Osterwoche[56] eintritt, die hier die „große Woche" genannt wird — nachdem man vom Hahnenschrei an bis zum Morgen gefeiert hat, was man gewöhnlich in der Anastasis oder am Kreuz vollzieht, zieht man also am Sonntag früh wie gewöhnlich in die große Kirche, die Martyrium genannt wird. Sie wird deswegen Martyrium genannt, weil sie auf Golgota steht, das heißt hinter dem Kreuz, wo der Herr gelitten hat — deswegen also Martyrium.[57]

2. Wenn dann alles wie gewöhnlich in der großen Kirche gefeiert worden ist, erhebt der Archidiakon, bevor die Entlassung erfolgt, seine Stimme und sagt zuerst: „In dieser ganzen Woche, das heißt von morgen an, laßt uns alle zur

---

[56] Der Ausdruck *septimana paschalis* meint hier die Karwoche; zu den Ausdrücken „Osterwoche" und „große Woche" vgl. Einleitung 90.
[57] Zu dieser Erklärung vgl. Einleitung 54.

um conveniamus, id est in ecclesia maiore." Item mittet vocem alteram et dicet: „Hodie omnes hora septima in Eleona parati simus."

3. Facta ergo missa in ecclesia maiore, id est ad Martyrium, deducitur episcopus cum ymnis ad Anastase, et ibi completis quae consuetudo est diebus dominicis fieri in Anastase post missa Martyrii, et iam unusquisque hiens ad domum suam festinat manducare, ut hora inquoante septima omnes in ecclesia parati sint, quae est in Eleona, id est in monte Oliveti, ubi est spelunca illa, in qua docebat Dominus.

31.1. Hora ergo septima omnis populus ascendet in monte Oliveti, id est in Eleona, in ecclesia; sedet episcopus, dicuntur ymni et antiphonae apte diei ipsi vel loco, lectiones etiam similiter. Et cum ceperit se facere hora nona, subitur cum ymnis in Inbomon, id est in eo loco, de quo ascendit Dominus in caelis, et ibi seditur; nam omnis populus semper presente episcopo iubetur sedere, tantum quod diacones soli stant semper. Dicuntur et ibi ymni vel antiphonae aptae loco aut diei: similiter et lectiones interpositae et orationes.

2. Et iam cum coeperit esse hora undecima, legitur ille locus de evangelio, ubi infantes cum ramis vel palmis occurrerunt Domino dicentes: „Benedictus, qui venit in nomine Domini." Et statim levat se episcopus et omnis popu-

---

[58] Der „Imbomon" war die Kuppe des Ölbergs. Zum Zustand z. Zt. Egerias vgl. Einleitung 64–66.
[59] Laut Mt 21,1 begann der Zug Jesu nach Jerusalem, der im folgenden gefeiert wird, in Betfage am Ölberg. Der Ort wurde zu Egerias Zeit noch auf der Spitze des Ölbergs lokalisiert; vgl. BIEBERSTEIN/BLOEDHORN, *Jerusalem* 3, 325f. 345. Man scheint aber in Jerusalem auch theologisch eine Beziehung zwischen dem Einzug in der Stadt Jerusalem und dem Einzug ins himmlische Jerusalem (Himmelfahrt) gesehen zu haben; vgl. Einleitung 90f.
[60] Möglicherweise erwähnt Egeria die Kinder *(infantes)* deshalb gesondert, weil sie in Mt 21,15 — nach dem Einzug Jesu in den Tempel — eine wichtige Rolle spielen; vgl. GIANARELLI, *Egeria* 235 Anm. 2. Mög-

Non im Martyrium zusammenkommen, das heißt in der großen Kirche." Dann erhebt er noch einmal seine Stimme und spricht: „Heute wollen wir alle um die siebte Stunde in der Eleona bereit sein."

3. Hat die Entlassung aus der großen Kirche stattgefunden, das heißt aus dem Martyrium, wird der Bischof mit Hymnen zur Anastasis geführt, und dort wird alles getan, was an Sonntagen in der Anastasis nach der Entlassung aus dem Martyrium üblich ist. Dann geht jeder nach Hause, um schnell zu essen, damit alle zu Beginn der siebten Stunde in der Kirche bereit sind, die in Eleona steht, das heißt auf dem Ölberg, wo die Höhle ist, in der der Herr gelehrt hat.

31.1. Um die siebte Stunde steigt das ganze Volk auf den Ölberg, das heißt nach Eleona, (und geht) in die Kirche. Der Bischof setzt sich, und es werden zu diesem Tag und Ort passende Hymnen und Antiphonen rezitiert — genauso auch Lesungen. Zu Beginn der neunten Stunde steigt man mit Hymnen zum Imbomon[58] hinauf, das heißt an jenen Ort, wo der Herr in den Himmel auffuhr. Dort setzt man sich.[59] Das ganze Volk wird nämlich in Gegenwart des Bischofs immer aufgefordert, sich zu setzen. Nur die Diakone stehen immer. Dort werden wieder zu Tag und Ort passende Hymnen und Antiphonen rezitiert — genauso auch dazwischen eingefügte Lesungen und Gebete.

2. Und wenn die elfte Stunde begonnen hat, wird die Stelle aus dem Evangelium vorgelesen, wo die Kinder[60] mit Zweigen und Palmwedeln dem Herrn entgegengehen und rufen: „Gesegnet, der kommt im Namen des Herrn (Mt 21,1–11)."[61] Sofort erhebt sich der Bischof, und dann geht

---

licherweise ist aber auch der liturgische Brauch, daß (nur?) die Kinder Palmzweige tragen, für diese Schilderung verantwortlich. Zu *infantes* als Bezeichnung für die Neugetauften vgl. 38,1; 39,3.

[61] Vgl. *Lect. Arm.* 34 (257–259 RENOUX). Dort wird diese Lesung schon am Morgen in der Anastasis verlesen; zur neunten Stunde findet nur die Prozession mit Palmzweigen statt — unter Gesang von Ps 118 (Ps 117 LXX); vgl. dazu RENOUX, *Codex arménien* 1,79f.

lus, porro inde de summo monte Oliveti totum pedibus itur. Nam totus populus ante ipsum cum ymnis vel antiphonis respondentes semper: „Benedictus, qui venit in nomine Domini."

3. Et quotquot sunt infantes in hisdem locis, usque etiam qui pedibus ambulare non possunt, quia teneri sunt, in collo illos parentes sui tenent, omnes ramos tenentes alii palmarum, alii olivarum; et sic deducetur episcopus in eo typo, quo tunc Dominus deductus est.

4. Et de summo monte usque ad civitatem et inde ad Anastase per totam civitatem totum pedibus omnes, sed et si quae matrone sunt aut si qui domini, sic deducunt episcopum respondentes et sic lente et lente, ne lassetur populus, porro iam sera pervenitur ad Anastase. Ubi cum ventum fuerit, quamlibet sero sit, tamen fit lucernare, fit denuo oratio ad Crucem et dimittitur populus.

32.1. Item alia die, id est secunda feria, aguntur quae consuetudinis sunt de pullo primo agi usque ad mane ad Anastase, similiter et ad tertia et ad sexta aguntur ea, quae | totis quadragesimis. Ad nona autem omnes in ecclesia maiore, id est ad Martyrium, colligent se et ibi usque ad horam primam noctis semper ymni et antiphonae dicuntur;

---

[62] Vgl. *Lect. Arm.* 34bis (259 RENOUX), wo ebenfalls dieser Vers als Antwort des Volkes auf den Vortrag von Ps 118 (Ps 117 LXX) bei der Prozession genannt ist.
[63] Der Weg führt zunächst ins Kidrontal. Von einer Station auf dem Platz des Tempels, in den Jesus nach Mt 21,12 einzieht, ist nicht die Rede.

das ganze Volk zu Fuß von der Spitze des Ölberges hinab. Das ganze Volk geht vor ihm her mit Hymnen und Antiphonen und rezitiert als Antwortvers immer: „Gesegnet, der kommt im Namen des Herrn (Ps 118,26: LXX Ps 117,26; Mt 21,9)."[62]

3. Und alle Kinder, die es hier gibt, auch die, die noch nicht zu Fuß gehen können, weil sie zu klein sind, und sich bei ihren Eltern am Hals festhalten, tragen Zweige — die einen von Palmen, die anderen von Ölbäumen. So wird der Bischof in der Weise geleitet, wie der Herr begleitet worden ist.

4. Vom Gipfel des Berges bis zur Stadt und von dort durch die ganze Stadt bis zur Anastasis gehen alle den ganzen Weg zu Fuß, auch wenn es vornehme Damen und Herren sind. Sie geleiten den Bischof, während sie Antwortverse rezitieren, langsam, Schritt für Schritt, damit das Volk nicht müde wird. So erreicht man ziemlich spät schließlich die Anastasis.[63] Dort angekommen, wird, egal wie spät es auch ist, das Lucernar gefeiert. Dann folgt erneut ein Gebet beim Kreuz, und das Volk wird entlassen.

Montag

32.1. Am andern Tag, das heißt am Montag, geschieht alles, was gewöhnlich vom ersten Hahnenschrei an bis zum Morgen in der Anastasis geschieht. Genauso geschieht es auch zur Terz und zur Sext wie in der ganzen Fastenzeit. Aber zur Non versammeln sich alle in der großen Kirche, das heißt im Martyrium, und dort werden bis zur ersten Nachtstunde Hymnen und Antiphonen rezitiert. Es werden auch

---

Man zieht also wahrscheinlich durch das im Osten gelegene Benjamintor (das heutige Löwentor) in die Stadt und von dort zur Hauptstraße *(Cardo)*, wo der „neue Tempel" liegt. Auch THEODOSIUS, *terr. sanct.* 21 (CCL 175,122), nennt das Benjamintor als Tor des Einzugs Jesu in Jerusalem, und *Brev.* 3 (CCL 175, 111) identifiziert sogar das Atrium der Anastasis mit dem Vorhof des Tempels, wo nach Mt 21,12–17 die Vertreibung der Händler stattfand.

lectiones etiam aptae diei et loco leguntur; interpositae semper orationes.

2. Lucernarium etiam agitur ibi, cum ceperit hora esse: sic est ergo, ut nocte etiam fiat missa ad Martyrium. Ubi cum factum fuerit missa, inde cum ymnis ad Anastase ducitur episcopus. In quo autem ingressus fuerit in Anastase, dicitur unus ymnus, fit oratio, benedicuntur cathecumini, item fideles, et fit missa.

33. 1. Item tertia feria similiter omnia fiunt sicut secunda feria. Illud solum additur tertia feria, quod nocte sera, posteaquam missa facta fuerit ad Martyrium et itum fuerit ad Anastase et denuo in Anastase missa facta fuerit, omnes illa hora noctu vadent in ecclesia, quae est in monte Eleona.

2. In qua ecclesia cum ventum fuerit, intrat episcopus intra spelunca, in qua spelunca solebat Dominus docere discipulos, et accipit codicem evangelii, et stans ipse episcopus leget verba Domini, quae scripta sunt in evangelio in cata Matheo, id est ubi dicit: „Videte, ne quis vos seducat." Et omnem ipsam allocutionem perleget episcopus. At ubi autem illa perlegerit, fit oratio, benedicuntur cathecumini, item et fideles, fit missa, et revertuntur a monte unusquisque ad domum suam satis sera iam nocte.

---

[64] *Lect. Arm.* 35 (259–261 RENOUX) gibt als Lesungen an: Gen 1, 1–3.24; Spr 1, 2–9; Jes 40, 1–8; Mt 20, 17–28. Die Osterwoche wird also theologisch als Rekapitulation der Heilsgeschichte verstanden und auch liturgisch entsprechend gestaltet, indem Lesungen von Schöpfung, Sündenfall und Erlösung zusammengestellt werden. Die Evangelienperikope mit der Leidensankündigung spielt noch vor dem Einzug; am Dienstag kommt dann zu den theologischen Bezügen auch die Parallelisierung von Zeit, Ort und Lesung.

[65] Vgl. *Lect. Arm.* 36 (261–263 RENOUX), wo als Lesung neben Gen 6, 9 bis 9, 17; Spr 9, 1–11; Jes 40, 9–17 die Perikope Mt 24, 1 – 26, 2 angegeben

zu Tag und Ort passende Lesungen vorgetragen[64] — immer wieder unterbrochen von Gebeten.

2. Auch das Lucernar wird dort gefeiert, wenn die Stunde dafür begonnen hat: So kommt es auch, daß die Entlassung aus dem Martyrium erst in der Nacht geschieht. Wenn also die Entlassung erfolgt ist, wird der Bischof mit Hymnen zur Anastasis geleitet. Ist man in die Anastasis eingetreten, wird ein Hymnus rezitiert, ein Gebet gesprochen, die Katechumenen werden gesegnet, ebenso die Gläubigen. Dann werden alle entlassen.

Dienstag

33.1. Am Dienstag wird alles so ähnlich wie am Montag gemacht. Nur eines wird am Dienstag hinzugefügt, nämlich daß spät in der Nacht, nachdem die Entlassung aus dem Martyrium erfolgt und man zur Anastasis gegangen ist und nachdem schließlich auch in der Anastasis die Entlassung erfolgt ist, alle noch in dieser Nachtstunde in die Kirche gehen, die auf dem Berg Eleona steht.

2. Wenn man in der Kirche angekommen ist, tritt der Bischof in die Höhle, in der der Herr die Jünger zu belehren pflegte, nimmt den Evangelienkodex und liest stehend die Worte des Herrn, die im Evangelium nach Matthäus geschrieben stehen, das heißt (die Stelle), wo er sagt: „Seht, daß euch niemand irreführt" (Mt 24, 4).[65] Diese ganze Rede liest der Bischof vor. Nachdem er sie vorgelesen hat, betet er, die Katechumenen werden gesegnet, dann auch die Gläubigen. Wenn die Entlassung erfolgt ist, kehrt jeder vom Berg nach Hause zurück — schon sehr spät in der Nacht.

---

ist. Auf diese Belehrung über die Endzeit bezieht man hier die Bezeichnung der Eleonagrotte als Ort, „wo Jesus seine Jünger zu belehren pflegte". Deshalb auch ist dieser Ort für den Gottesdienst gewählt; vgl. dazu auch Einleitung 91 f.

34. Item quarta feria aguntur omnia per tota die a pullo primo sicut secunda feria et tertia feria, sed posteaquam missa facta fuerit nocte ad Martyrium et deductus fuerit episcopus cum ymnis ad Anastase, statim intrat episcopus in spelunca, quae est in Anastase, et stat intra cancellos; presbyter autem ante cancellum stat et accipit evangelium et legit illum locum, ubi Iudas Scariothes hivit ad Iudeos, definivit quid ei darent, ut traderet Dominum. Qui locus at ubi lectus fuerit, tantus rugitus et mugitus est totius populi, ut nullus sit, qui moveri non possit in lacrimis in ea hora. Postmodum fit oratio, benedicuntur cathecumini, postmodum fideles et fit missa.

35.1. Item quinta feria aguntur ea de pullo primo, quae consuetudinis est usque ad mane ad Anastase; similiter ad tertia et ad sexta. Octava autem hora iuxta consuetudinem | ad Martyrium colliget se omnis populus, propterea autem temporius quam ceteris diebus, quia citius missa fieri necesse est. Itaque ergo collecto omni populo aguntur quae agenda sunt; fit ipsa die oblatio ad Martyrium et facitur missa hora forsitan decima ibidem. Ante autem quam fiat missa, mittet vocem archidiaconus et dicet: „Hora prima noctis omnes in ecclesia, quae est in Eleona, conveniamus, quoniam maximus labor nobis instat hodie nocte ista."

---

[66] Vgl. *Lect. Arm.* 37 (263–265 RENOUX). Dort sind neben Mt 26,3 bis 26,16 die Lesungen Gen 18,1 – 19,30; Spr 1,10–19 und Sach 11,11–14 vorgesehen, die allesamt von der Sünde handeln. Da es für den Verrat

Mittwoch

34. Auch am Mittwoch geschieht den ganzen Tag vom ersten Hahnenschrei an alles wie schon am Montag und am Dienstag. Wenn aber in der Nacht die Entlassung aus dem Martyrium erfolgt ist und der Bischof mit Hymnen zur Anastasis geleitet worden ist, geht er sofort in die Grotte, die in der Anastasis ist, und steht dann innerhalb der Gitter. Ein Priester aber bleibt vor dem Gitter stehen, nimmt das Evangelium und liest die Stelle vor, wo Judas Iskariot zu den Juden geht und dort bestimmt, was sie ihm geben sollten, damit er den Herrn verrate (vgl. Mt 26,3-16).[66] Wenn diese Stelle vorgelesen worden ist, bricht das ganze Volk in solches Jammern und Klagen aus, daß es keinen gibt, der in dieser Stunde nicht zu Tränen gerührt ist. Dann wird ein Gebet gesprochen, die Katechumenen werden gesegnet, danach auch die Gläubigen, und es erfolgt die Entlassung.

Donnerstag (Gründonnerstag)

35.1. Am Donnerstag geht in der Anastasis vom ersten Hahnenschrei bis zum Morgen alles so vor sich wie gewöhnlich — ähnlich auch zur Terz und Sext. Zur achten Stunde aber versammelt sich das ganze Volk wie gewöhnlich im Martyrium, jedoch früher als an den anderen Tagen, weil auch die Entlassung früher erfolgen muß. Deshalb geschieht, wenn das Volk versammelt ist, was zu geschehen hat. An diesem Tag wird das Opfer im Martyrium gefeiert; die Entlassung findet dort etwa um die zehnte Stunde statt. Bevor aber die Entlassung erfolgt, erhebt der Archidiakon seine Stimme und sagt: „Laßt uns alle in der ersten Stunde der Nacht in der Kirche, die in Eleona steht, zusammenkommen, weil uns heute nacht noch eine sehr große Mühe bevorsteht."

---

des Judas (noch) keine Lokalisierung gibt, findet der Gottesdienst in der Anastasis statt.

2. Facta ergo missa Martyrii venitur post Crucem, dicitur ibi unus ymnus tantum, fit oratio et offeret episcopus ibi oblationem et communicant omnes. Excepta enim ipsa die una, per totum annum nunquam offeritur post Crucem nisi ipsa die tantum. Facta ergo et ibi missa, itur ad Anastase, fit oratio, benedicuntur iuxta consuetudinem cathecumini et sic fideles et fit missa. Et sic unusquisque festinat reverti in domum suam, ut manducet, quia statim ut manducaverint, omnes vadent in Eleona in ecclesia ea, in qua est spelunca, in qua ipsa die Dominus cum apostolis fuit.

3. Et ibi usque ad hora noctis forsitan quinta semper aut ymni aut antiphonae apte diei et loco, similiter et lectiones dicuntur; interpositae orationes fiunt; loca etiam ea de evangelio leguntur, in quibus Dominus allocutus est discipulos eadem die sedens in eadem spelunca, quae in ipsa ecclesia est.

4. Et inde iam hora noctis forsitan sexta itur susu in Imbomon cum ymnis, in eo loco unde ascendit Dominus in caelis. Et ibi denuo similiter lectiones et ymni et antiphonae aptae diei dicuntur; orationes etiam ipsae quecumque fiunt, quas dicet episcopus, semper et diei et loco aptas dicet.

---

[67] Nach Egerias Beschreibung wird zweimal hintereinander Messe gefeiert: zunächst im Martyrium, dann später „hinter dem Kreuz", wobei alle kommunizieren. Auch wenn Egeria das Abendmahl nicht erwähnt, so wird doch deutlich, daß dieser Tag dem Gedächtnis des letzten Mahles gewidmet ist. Dieses Gedächtnis wird aber noch nicht auf dem Zion gefeiert; die Tradition wird erst in *Lect. Arm.* 39 (267–269 RENOUX) mit dem Zion verbunden. Dennoch wird dort die doppelte Eucharistiefeier im Martyrium und hinter dem Kreuz (*Lect. Arm.* 39: „vor dem

2. Nach der Entlassung aus dem Martyrium geht man hinter das Kreuz, singt dort nur einen Hymnus, spricht ein Gebet, der Bischof feiert dort das Opfer, und alle kommunizieren. Mit Ausnahme dieses einen Tages wird nämlich das ganze Jahr hindurch niemals hinter dem Kreuz geopfert, nur an diesem Tag.[67] Ist dort die Entlassung erfolgt, geht man zur Anastasis, betet, die Katechumenen werden wie gewöhnlich gesegnet, auch die Gläubigen, und es erfolgt die Entlassung. Dann beeilt sich jeder, nach Hause zu kommen, um zu essen[68], weil alle sofort nach dem Essen nach Eleona in die Kirche gehen, in der die Höhle ist, in der an diesem Tag der Herr mit den Aposteln war.

3. Dort werden etwa bis zur fünften Nachtstunde fortwährend zu Tag und Ort passende Hymnen und Antiphonen rezitiert, genauso werden auch Lesungen vorgetragen; dazwischen wird gebetet. Es werden auch diejenigen Stellen aus dem Evangelium gelesen, in denen der Herr zu den Jüngern sprach an dem Tag, an dem er in eben der Höhle saß, die sich in dieser Kirche befindet.[69]

4. Etwa zur sechsten Nachtstunde geht man mit Hymnen zum Imbomon hinauf, an den Ort, wo der Herr in den Himmel auffuhr. Dort werden wieder genauso zum Tag passende Lesungen[70], Hymnen und Antiphonen rezitiert; auch die Gebete, die erfolgen und die der Bischof spricht, spricht er immer passend zu Tag und Ort.

Kreuz") beibehalten. Als Lesungen sind Gen 22, 1–18; Jes 41, 1–6; Apg 1, 15–26 vorgesehen. Nach Entlassung der Katechumenen folgen 1 Kor 11, 23–35 sowie Mt 26, 17–30. Vgl. zum Ganzen Einleitung 92f.

[68] Gemeint ist die *cena*, die am späten Nachmittag eingenommen wurde.

[69] *Lect. Arm.* 39ter (269–273 RENOUX) spricht von 15 Psalmen; anschließend werden die Abschiedsreden (Joh 13, 16 – 18, 1) gelesen. Hier wird anscheinend diese vorösterliche Belehrung mit der Höhle in Verbindung gebracht; vgl. zur ursprünglichen Tradition Einleitung 63.

[70] *Lect. Arm.* 40 (273–275 RENOUX) nennt als Lesung auf dem Berg Lk 22, 1–65. Hier wird also des Gebetes Jesu gedacht; vgl. Einleitung 93.

36. 1. Ac sic ergo cum ceperit esse pullorum cantus, descenditur de Imbomon cum ymnis et acceditur eodem loco, ubi oravit Dominus, sicut scriptum est in evangelio: „Et accessit quantum iactum lapidis et oravit" et cetera. In eo enim loco ecclesia est elegans. Ingreditur ibi episcopus et omnis populus, dicitur ibi oratio apta loco et diei, dicitur etiam unus ymnus aptus et legitur ipse locus de evangelio, ubi dixit discipulis suis: „Vigilate, ne intretis in temptationem." Et omnis ipse locus perlegitur ibi et fit denuo oratio.

2. Et iam inde cum ymnis usque ad minimus infans in Gessamani pedibus cum episcopo descendent, ubi pre tam magna turba multitudinis et fatigati de vigiliis et ieiuniis cotidianis lassi, quia tam magnum montem necesse habent descendere, lente et lente | cum ymnis venitur in Gessamani. Candelae autem ecclesiasticae super ducente paratae sunt propter lumen omni populo.

3. Cum ergo perventum fuerit in Gessamani, fit primum oratio apta, sic dicitur ymnus; item legitur ille locus de evangelio ubi comprehensus est Dominus. Qui locus ad quod lectus fuerit, tantus rugitus et mugitus totius populi est cum fletu, ut forsitan porro ad civitatem gemitus populi omnis auditus sit. Et iam ex illa hora hitur ad civitatem pedibus cum ymnis, pervenitur ad portam ea hora qua

---

[71] Diese *ecclesia elegans* wird häufig mit der unter THEODOSIUS I. (379–395) erbauten Basilika identifiziert, die er am Fuß des Ölbergs über einem Felsen errichten ließ, der später als die Stelle des Gebetes Jesu in der Nacht galt. Der folgende Abstieg nach Getsemani, zum Ort des Verrates, legt nahe, daß die von Egeria gemeinte Kirche am Hang des Ölberges lag und mit der Eleonakirche identisch ist; vgl. dazu Einleitung 29. 66–68.

[72] Erst jetzt erreicht man Getsemani am Fuß des Ölbergs, das nicht näher beschrieben wird und wo auch keine Kirche erwähnt wird. Gemeint ist der Ort mit dem von *Itin. Burdig.* 17 (CCL 175,17) als Ort des Verrates beschriebenen Felsen, der in die theodosianische Kirche einbezogen wurde.

Freitag (Karfreitag)

36. 1. Nach dem ersten Hahnenschrei steigt man dann mit Hymnen wieder vom Imbomon herab und geht zu dem Ort, wo der Herr gebetet hat, wie im Evangelium geschrieben steht: „Und er entfernte sich einen Steinwurf weit und betete ..." (vgl. Lk 22, 41) und das folgende. An dieser Stelle steht nämlich eine herrliche Kirche.[71] Der Bischof und das ganze Volk treten dort ein, man spricht ein zu Ort und Tag passendes Gebet, singt auch einen passenden Hymnus und liest dort die Stelle aus dem Evangelium, wo er zu seinen Jüngern spricht: „Wacht, damit ihr nicht in Versuchung geratet" (Mk 14, 33–42). Diese ganze Stelle wird dort vorgelesen, und schließlich wird wieder ein Gebet gesprochen.

2. Von dort steigen sie, bis hin zum kleinsten Kind, mit Hymnen und zusammen mit dem Bischof zu Fuß nach Getsemani hinab. Sie kommen wegen des großen Gedränges, erschöpft vom Wachen und müde vom täglichen Fasten, nur langsam, Schritt für Schritt mit Hymnen nach Getsemani, zumal sie einen sehr steilen Berg hinabsteigen müssen.[72] Als Licht für das ganze Volk sind über 200 Kirchenleuchter aufgestellt.[73]

3. Ist man dann in Getsemani angekommen, werden zunächst ein passendes Gebet gesprochen und ein Hymnus rezitiert. Ebenso wird die Stelle aus dem Evangelium vorgelesen, wo der Herr gefangengenommen wird (Mt 26, 31 bis 56).[74] Wenn diese Stelle vorgelesen wird, gibt es ein solches Jammern und Klagen des ganzen Volkes — einschließlich Weinen —, daß man die Klagelaute des Volkes wohl bis zur Stadt hören kann. Von dieser Stunde an geht man zu Fuß mit Hymnen zur Stadt und kommt zu der Stunde am Tor an, wo einer wieder anfängt, den ande-

---

[73] Zu *occurrere* im Sinne von „bereitstehen, aufstellen" vgl. BASTIAENSEN, *Passages* 272–274. 200 Mönche mit Lampen werden auch bei THEODOSIUS, *terr. sanct.* 10 (CCL 175, 119) erwähnt.
[74] Vgl. *Lect. Arm.* 40ter (275–277 RENOUX).

incipit quasi homo hominem cognoscere; inde totum per mediam civitatem omnes usque ad unum, maiores atque minores, divites, pauperes, toti ibi parati, specialiter illa die nullus recedit a vigiliis usque in mane. Sic deducitur episcopus a Gessemani usque ad portam et inde per totam civitate usque ad Crucem.

4. Ante Crucem autem at ubi ventum fuerit, iam lux quasi clara incipit esse. Ibi denuo legitur ille locus de evangelio ubi adducitur Dominus ad Pilatum, et omnia, quaecumque scripta sunt Pilatum ad Dominum dixisse aut ad Iudeos, totum legitur.

5. Postmodum autem alloquitur episcopus populum confortans eos, quoniam et tota nocte laboraverint et adhuc laboraturi sint ipsa die, ut non lassentur sed habeant spem in Deo, qui eis pro eo labore maiorem mercedem redditurus sit. Et sic confortans eos, ut potest ipse, alloquens dicit eis: „Ite interim nunc unusquisque ad domumcellas vestras, sedete vobis et modico, et ad horam prope secundam diei omnes parati estote hic, ut de ea hora usque ad sextam sanctum lignum crucis possitis videre ad salutem sibi unusquisque nostrum credens profuturum. De hora enim sexta denuo necesse habemus hic omnes convenire in isto loco, id est ante Crucem, ut lectionibus et orationibus usque ad noctem operam demus."

37.1. Post hoc ergo missa facta de Cruce, id est antequam sol procedat, statim unusquisque animosi vadent in Syon orare ad columnam illam, ad quem flagellatus est Dominus.

---

[75] Zur Zeit Egerias waren weder das Haus des Kajaphas noch das Prätorium, der Palast des Pilatus, als Stationen in den Weg der Karfreitagsprozession mit einbezogen. Man geht direkt vom heutigen Löwentor zur Anastasis. Das *Armenische Lektionar* bezeugt die Einbeziehung des Kajaphashauses; vgl. *Lect. Arm.* 42 (277–279 RENOUX). In der späteren Fassung Ms. P des *Lect. Arm.* sowie in *Lect. Georg.* 657 (1,95 TRACHNISCHVILI) wird auch das Prätorium, die spätere „Kirche des Pilatus" bzw. Sophienkirche, besucht. Vgl. zur Lokalisierung auch PIXNER, *Messias* 229–266.275–286.

ren zu erkennen. Dann ziehen alle ohne Ausnahme mitten durch die Stadt, groß und klein, arm und reich — alle sind dort bereit, und gerade an diesem Tag geht niemand von den Vigilien weg bis zum Morgen. So wird der Bischof von Getsemani bis zum Tor und von hier durch die ganze Stadt bis zum Kreuz geleitet.[75]

4. Wenn man vor dem Kreuz angekommen ist, beginnt es heller Tag zu werden. Dort wird noch einmal jene Stelle aus dem Evangelium gelesen, wo der Herr zu Pilatus geführt wird, und alles, was nach der Schrift Pilatus zum Herrn oder zu den Juden gesprochen hat (vgl. Joh 18, 28 bis 40) — alles wird vorgelesen.[76]

5. Dann spricht der Bischof zum Volk, um sie zu ermutigen, weil sie sich doch die ganze Nacht abgemüht haben und sich noch an diesem Tag abmühen werden, daß sie nicht müde werden, sondern auf Gott hoffen sollen, der ihnen für ihre Mühe einen großen Lohn geben wird. Wenn er sie in dieser Weise, so gut er kann, ermutigt hat, spricht er: „Geht inzwischen alle in eure Häuser und ruht euch auch ein bißchen aus und seid etwa um die zweite Stunde des Tages alle wieder hier bereit, damit ihr von dieser Stunde an bis zur sechsten das heilige Holz des Kreuzes sehen könnt, das — wie wir glauben — jedem von uns zum Heil dient. Von der sechsten Stunde an nämlich müssen wir alle wieder hier an dieser Stelle zusammenkommen, das heißt vor dem Kreuz, um uns den Lesungen und Gebeten bis zur Nacht zu widmen."

37. 1. Nachdem dann die Entlassung vom Kreuz erfolgt ist, das heißt, bevor die Sonne aufgeht, geht sofort jeder eifrig zum Zion, um bei der Säule zu beten, an der der Herr

---

[76] Vgl. *Lect. Arm.* 42bis Ms. J (279–281 RENOUX), wo am Kreuz (bis zur Einbeziehung des Prätoriums; vgl. vorhergehende Anm.) Joh 18, 28 bis 19, 16a als Lesung vorgesehen ist.

Inde reversi sedent modice in domibus suis et statim toti parati sunt. Et sic ponitur cathedra episcopo in Golgotha post Crucem, quae stat nunc; residet episcopus in cathedra; ponitur ante eum mensa sublinteata; stant in giro mensa diacones et affertur loculus argenteus deauratus, in quo est lignum sanctum crucis, aperitur et profertur, ponitur in mensa | tam lignum crucis quam titulus.

2. Cum ergo positum fuerit in mensa, episcopus sedens de manibus suis summitates de ligno sancto premet, diacones autem, qui in giro stant, custodent. Hoc autem propterea sic custoditur, quia consuetudo est ut unus et unus omnis populus veniens, tam fideles quam cathecumini, acclinantes se ad mensam, osculentur sanctum lignum et pertranseant. Et quoniam nescio quando dicitur quidam fixisse morsum et furasse de sancto ligno, ideo nunc a diaconibus, qui in giro stant, sic custoditur, ne qui veniens audeat denuo sic facere.

3. Ac sic ergo omnis populus transit unus et unus toti acclinantes se, primum de fronte, sic de oculis tangentes crucem et titulum, et sic osculantes crucem pertranseunt, manum autem nemo mittit ad tangendum. At ubi autem osculati fuerint crucem, pertransierint, stat diaconus, tenet anulum Salomonis et cornu illud, de quo reges ungueban-

---

[77] Die Säule wurde dem Pilger von Bordeaux noch im Kajaphashaus gezeigt; vgl. *Itin. Burdig.* 592 (CCL 175,16). Inzwischen ist sie in die Zionskirche integriert; vgl. HIERONYMUS, *epist.* 108,9 (CSEL 55, 315), und Einleitung 60 f.

[78] D. h. im südlichen Seitenschiff der Basilika, wo es an den Golgotafelsen heranreicht; vgl. Einleitung 56 f.

[79] MARAVAL, *Égérie* 284 mit Anm. 2, möchte an dieser Stelle das *quae* der Handschrift in ein *qua* ändern, weil seiner Meinung nach *crux* nur den Golgotafelsen bezeichnet; das *qua* bezieht sich dann auf den Ort, wo der Bischof steht. Es ist aber nicht unmöglich, daß auf dem Golgotafelsen ein Memorialkreuz errichtet wurde und der Golgotafelsen seinen Namen *crux* von diesem Kreuz erhalten hat; so versteht es auch WILKINSON. Eine Änderung des überlieferten Textes erscheint daher nicht notwendig.

[80] Vom Holz des wahren Kreuzes und seiner Verehrung berichtet auch

gegeißelt wurde.⁷⁷ Wenn sie von dort zurückgekehrt sind, ruhen sie etwas in ihren Häusern aus, und sofort sind alle wieder bereit. Dann wird auf Golgota für den Bischof hinter dem Kreuz⁷⁸, das⁷⁹ (dort) jetzt steht, ein Sitz aufgestellt, und der Bischof läßt sich auf dem Sitz nieder. Vor ihn wird ein mit Leinen gedeckter Tisch gestellt, und die Diakone stehen um den Tisch herum. Dann wird ein vergoldetes Silberkästchen gebracht, in dem sich das heilige Holz des Kreuzes befindet; es wird geöffnet, das Kreuzesholz wird herausgehoben und zusammen mit der (Kreuzes-)Inschrift auf den Tisch gelegt.⁸⁰

2. Wenn es nun auf den Tisch gelegt worden ist, hält der Bischof im Sitzen die beiden Enden des heiligen Holzes mit den Händen fest; die Diakone aber, die (um den Tisch) herum stehen, bewachen es. Es wird deshalb so bewacht, weil es üblich ist, daß das Volk, einer nach dem anderen, kommt, sowohl die Gläubigen als auch die Katechumenen. Sie verbeugen sich vor dem Tisch, küssen das heilige Holz und gehen weiter. Und weil irgendwann einmal jemand zugebissen und einen Splitter vom Kreuz gestohlen haben soll, deshalb wird es nun von den Diakonen, die (um den Tisch) herum stehen, so bewacht, daß keiner, der herantritt, wagt, so etwas wieder zu tun.

3. So geht das ganze Volk vorüber — einer nach dem andern, alle verbeugen sich, berühren zuerst mit der Stirn, dann mit den Augen das Kreuz und die Inschrift, küssen das Kreuz und gehen weiter; aber niemand streckt die Hand aus, um es zu berühren. Wenn sie nun das Kreuz geküßt haben und weitergegangen sind, steht da ein Diakon, der den Ring des Salomo und das Horn hält, mit dem

---

CYRILL, *cat.* 4,10; 10,19; 13,4 (1,100. 286; 2,54–56 REISCHL/RUPP). Die Beschreibung Egerias legt nahe, daß es sich um ein relativ kleines Reliquiar gehandelt hat. Zur Legende von der Kreuzauffindung und ihrer Entstehung in Jerusalem, die von Egeria nicht berichtet wird, vgl. Einleitung 57f.

tur. Osculantur et cornu, attendunt et anulum <de hora
plus> minus secunda; <ac sic ergo> usque ad horam sextam
omnis populus transit, per unum ostium intrans, per alterum perexiens, quoniam hoc in eo loco fit, in quo pridie, id
est quinta feria, oblatio facta est.

4. At ubi autem sexta hora se fecerit, sic itur ante Crucem, sive pluvia sive estus sit, quia ipse locus subdivanus
est, id est quasi atrium valde grandem et pulchrum satis,
quod est inter Cruce et Anastase. Ibi ergo omnis populus
se colliget, ita ut nec aperiri possit.

5. Episcopo autem cathedra ponitur ante Cruce, et de
sexta usque ad nona aliud nichil fit nisi leguntur lectiones
sic: id est ita legitur primum de psalmis, ubicumque de
passione dixit; legitur et de apostolo sive de epistolis apostolorum vel de actionibus, ubicumque de passione Domini
dixerunt; nec non et de evangeliis leguntur loca, ubi patitur;
item legitur de prophetis, ubi passurum Dominum dixerunt; item legitur de evangeliis, ubi passionem dicit.

6. Ac sic ab hora sexta usque ad horam nonam semper
sic leguntur lectiones aut dicuntur ymni, ut ostendatur
omni populo quia, quicquid dixerunt prophetae futurum
de passione Domini, ostendatur tam per evangelia quam
etiam per apostolorum scripturas factum esse. Et sic per
illas tres horas docetur populus omnis nichil factum esse,

---

[81] Die beiden Salomoreliquien werden hier erstmals erwähnt. Das Salbhorn der Könige von Juda, die neben dem Tempel thronten (vgl. Ps 110,1: LXX Ps 109,1), charakterisiert die Grabeskirche als neues Reichsheiligtum. Später wird es auf dem Zion gezeigt; vgl. *Anon. Plac.* 22 (CCL 175,140). Vgl. auch Einleitung 58. Der Ring Salomos steht in Zusammenhang mit dessen Macht über die Dämonen. Dem Pilger von Bordeaux war am Tempelplatz der Ort gezeigt worden, wo Salomo die Dämonen bezwang (vgl. *Itin. Burdig.* 589 [CCL 175,15]); da Golgota vor KONSTANTIN als Kultort heidnischer Götter (= Dämonen) genutzt worden ist, lag eine Übertragung nahe; vgl. dazu KRETSCHMAR, *Festkalender* 101.

[82] Nach *anulum* hat die Handschrift eine Lücke. Auf *minus secunda* folgt erneut eine Lücke. Der übersetzte Text ist von FRANCESCHINI/WEBER rekonstruiert.

die Könige gesalbt wurden.[81] Man küßt auch das Horn und betrachtet den Ring von etwa der zweiten Stunde an.[82] Und so zieht also das ganze Volk bis zur sechsten Stunde vorüber; es tritt durch eine Tür herein und geht durch eine andere hinaus, weil das am selben Ort geschieht, an dem am Vortag, das heißt am Donnerstag, das Opfer gefeiert worden ist.[83]

4. Wenn die sechste Stunde gekommen ist, geht man vor das Kreuz, ob es nun regnet oder heiß ist, denn diese Stelle liegt unter freiem Himmel — es ist wie ein großer und sehr schöner Innenhof, der zwischen dem Kreuz und der Anastasis liegt. Dort also versammelt sich das ganze Volk, so daß man (die Tore) nicht öffnen kann.

5. Dem Bischof wird dann ein Sitz vor das Kreuz gestellt, und von der sechsten bis zur neunten Stunde werden ausschließlich Lesungen vorgetragen[84]: Das heißt, daß man zuerst aus den Psalmen liest, wo auch immer von der Passion gesprochen wird; dann wird aus dem Apostel gelesen, sei es aus den Briefen oder aus der Geschichte der Apostel, wo immer sie vom Leiden des Herrn gesprochen haben, und auch aus den Evangelien werden die Stellen gelesen, wo er leidet. Ebenso liest man aus den Propheten, wo sie vom künftigen Leiden des Herrn gesprochen haben, und genauso wird aus den Evangelien vorgelesen, wo sie vom Leiden sprechen.

6. Und von der sechsten bis zur neunten Stunde werden ständig Lesungen vorgetragen oder Hymnen rezitiert, um dem ganzen Volk anhand der Evangelien und auch der Schriften der Apostel zu zeigen, daß sich alles, was die Propheten vom zukünftigen Leiden des Herrn gesagt haben, erfüllt hat. So wird das ganze Volk diese drei Stunden

---

[83] Vgl. 35,2: Gemeint ist die Kapelle *post Crucem*.
[84] Der Hinweis auf die sechste und neunte Stunde entspricht der Zeitangabe im Evangelium für die Kreuzigung und den Tod Jesu; vgl. Mk 15,33 par.

quod non prius dictum sit, et nichil dictum | esse, quod non |82
totum completum sit. Semper autem interponuntur orationes, quae orationes et ipsae apte diei sunt.

7. Ad singulas autem lectiones et orationes tantus affectus
et gemitus totius populi est, ut mirum sit; nam nullus est
neque maior neque minor, qui non illa die illis tribus horis
tantum ploret, quantum nec extimari potest, Dominum pro
nobis ea passum fuisse. Post hoc cum coeperit se iam hora
nona facere, legitur iam ille locus de evangelio cata Iohannem, ubi reddidit spiritum; quo lecto iam fit oratio et missa.

8. At ubi autem missa facta fuerit de ante Cruce, statim
omnes in ecclesia maiore ad Martyrium conveniunt et
aguntur ea, quae per ipsa septimana de hora nona, qua ad
Martyrium convenitur, consueverunt agi usque ad sero per
ipsa septimana. Missa autem facta, de Martyrium venitur
ad Anastase. Et ibi cum ventum fuerit, legitur ille locus de
evangelio ubi petit corpus Domini Ioseph a Pilato, ponet
illud in sepulcro novo. Hoc autem lecto fit oratio, benedicuntur cathecumini, sic fit missa.

9. Ipsa autem die non mittitur vox ut pervigiletur ad
Anastase, quoniam scit populum fatigatum esse; sed consuetudo est ut pervigiletur ibi. Ac sic qui vult de populo,
immo qui possunt, vigilant; qui autem non possunt, non
vigilant ibi usque in mane, clerici autem vigilant ibi id est
qui aut fortiores sunt aut iuveniores; et tota nocte dicuntur
ibi ymni et antiphonae usque ad mane. Maxima autem

---

[85] Vgl. *Lect. Arm.* 43 (281–293 RENOUX). Dort sind folgende Lesungen — und zwar so, daß sich die neutestamentlichen Texte jeweils auf
die alttestamentlichen beziehen — vorgesehen: Sach 11,11–14; Gal 6,14
bis 18; Jes 3,9b–15; Phil 2,5–11; Jes 50,4–9a; Röm 5,6–11; Am 8,9–12;
1 Kor 1,18–31; Jes 52,13 – 53,12; Hebr 2,11–18; Mt 27,1–56; Jes 63,1–6;
Hebr 9,11–28; Mk 15,1–41; Jer 11,18–20; Hebr 10,19–31; Sach 14,5c–11;
1 Tim 6,13–16; Joh 19,16b–37.
[86] Vgl. *Lect. Arm.* 43 (293 RENOUX).
[87] Vgl. auch *Lect. Arm.* 43bis (295 RENOUX).

lang belehrt, daß nichts geschehen ist, was nicht prophezeit, und nichts prophezeit, was nicht gänzlich erfüllt worden ist. Immer aber werden Gebete eingeschoben, und zwar zu diesem Tag passende Gebete.[85]

7. Bei den einzelnen Lesungen und Gebeten aber kommt es zu einer so großen Rührung und zu solchen Klagelauten im ganzen Volk, daß es verwunderlich ist. Es gibt niemanden, weder alt noch jung, der nicht während dieser drei Stunden des Tages so sehr weint, wie man es nicht für möglich halten möchte — (und zwar) weil der Herr das für uns gelitten hat. Wenn schon die neunte Stunde begonnen hat, wird die Stelle aus dem Johannesevangelium vorgelesen, wo er seinen Geist aufgab (Joh 19,16 bis 37)[86]; auf diese Lesung folgen ein Gebet und die Entlassung.

8. Sobald aber vor dem Kreuz die Entlassung erfolgt ist, gehen alle sofort in die große Kirche, ins Martyrium, und dort vollzieht man alles, was man gewöhnlich in dieser Woche von der neunten Stunde bis zum Abend dort tut, wenn man im Martyrium zusammenkommt. Nach der Entlassung aus dem Martyrium geht man zur Anastasis, und wenn man dort angekommen ist, wird die Stelle aus dem Evangelium gelesen, wo Josef von Pilatus den Leichnam des Herrn erbittet und ihn dann in ein neues Grab legt (vgl. Joh 19,38–42)[87]. Nach dieser Lesung wird ein Gebet gesprochen, die Katechumenen werden gesegnet, und es erfolgt die Entlassung.

9. An diesem Tag wird aber nicht verkündet, daß Vigilien in der Anastasis gehalten werden sollen, weil man weiß, daß das Volk müde ist. Es ist dort aber (dennoch) üblich zu wachen. Und wer aus dem Volk es will, oder besser wer es kann, der wacht auch; die es aber nicht können, wachen dort nicht bis zum Morgen. Die Kleriker aber wachen dort, das heißt die stärkeren und jüngeren. Die ganze Nacht hindurch bis zum Morgen werden dort Hymnen und Antiphonen rezitiert. Eine sehr große Menge aber wacht

turba pervigilant, alii de sera, alii de media nocte, qui ut possunt.

38.1. Sabbato autem alia die iuxta consuetudinem fit ad tertia, item fit ad sexta; ad nonam autem iam non fit sabbato, sed parantur vigiliae paschales in ecclesia maiore, id est in Martyrium. Vigiliae autem paschales sic fiunt, quemadmodum ad nos; hoc solum hic amplius fit, quod infantes, cum baptidiati fuerint et vestiti, quemadmodum exient de fonte simul cum episcopo primum ad Anastase ducuntur.
2. Intrat episcopus intro cancellos Anastasis, dicitur unus ymnus, et sic facit orationem episcopus pro eis, et sic venit ad ecclesiam maiorem cum eis, ubi iuxta consuetudinem omnis populus vigilat. Aguntur ibi quae consuetudinis est etiam et aput nos, et facta oblatione fit missa. Et post facta missa vigiliarum in ecclesia maiore, statim cum ymnis venitur ad | Anastase et ibi denuo legitur ille locus evangelii resurrectionis, fit oratio et denuo ibi offeret episcopus; sed totum ad momentum fit propter populum, ne diutius tardetur, et sic iam dimittetur populus. Ea autem hora fit missa vigiliarum ipsa die, qua hora et aput nos.

---

[88] Zur Taufliturgie in Jerusalem vgl. CYRILL, *myst. cat.* 1–3 (FC 7, 94–133), sowie die Darstellung bei RÖWEKAMP, *Cyrill* 24–43, und KRETSCHMAR, *Geschichte des Taufgottesdienstes* 198–210. Der Ausdruck *infantes* für die „neugeborenen", aber erwachsenen Täuflinge findet sich schon in *Itin. Burdig.* 594 (CCL 175,17).
[89] Zur Taufeucharistie vgl. CYRILL, *myst. cat.* 4–5 (FC 7, 134–165), sowie die Darstellung bei RÖWEKAMP, *Cyrill* 43–56.
[90] Leider beschreibt Egeria die Ostervigil nicht näher, weil ihren Adressatinnen die Struktur der Feier bekannt ist. Das *Armenische Lektionar* nennt für die Vigilien folgende zwölf Lesungen: Gen 1,1 bis 3,24; Gen 22,1–18; Ex 12,1–24; Jona 1,1 – 4,11; Ex 14,24 – 15,21; Jes

doch — einige vom Abend an, andere ab Mitternacht, je
nachdem wie sie können.

Ostern und Pfingsten

Die Ostervigilien

38.1. Am nächsten Tag, dem Samstag, geschieht zur Terz
alles wie gewohnt, ebenso auch zur Sext; aber zur Non
macht man es schon nicht mehr wie am Samstag, sondern
es werden die Ostervigilien in der großen Kirche, dem
Martyrium, vorbereitet. Die Ostervigilien werden nämlich
so gefeiert wie bei uns auch, nur kommt hier hinzu, daß die
Kinder, wenn sie getauft und bekleidet sind, sobald sie vom
Taufbrunnen kommen, zusammen mit dem Bischof zuerst
zur Anastasis geführt werden.[88]

2. Dann tritt der Bischof hinter die Gitter der Anastasis,
und man rezitiert einen Hymnus. Darauf spricht der Bischof ein Gebet für sie und kommt wieder mit ihnen zur
großen Kirche, wo das ganze Volk wie gewöhnlich wacht.
Es geschieht, was auch bei uns fester Brauch ist; es wird das
Opfer gefeiert, und es folgt die Entlassung.[89] Nach Beendigung der Vigilien in der großen Kirche geht man mit Hymnen sofort in die Anastasis. Dort wird noch einmal die
Stelle aus dem Evangelium von der Auferstehung vorgelesen. Es wird ein Gebet gesprochen, und der Bischof opfert
noch einmal. Aber mit Rücksicht auf das Volk geschieht
alles eilig, damit es nicht länger aufgehalten wird; dann
wird das Volk entlassen. Die Entlassung aus den Vigilien
erfolgt an diesem Tag zur selben Stunde wie bei uns.[90]

60,1.2.5.6–13; Ijob 38,2–28; 2 Kön 2,1–22; Jer 38,31–34; Jos 1,1–9; Ez
37,1–14; Dan 3,1–35a. Für die Eucharistiefeier sind 1 Kor 15,1–11 sowie
Mt 28,1–20 vorgesehen. Das abschließende Osterevangelium in der
Anastasis ist das gleiche wie in der allsonntäglichen Vigil, Joh 19,38 bis
20,18; vgl. *Lect. Arm.* 44 (295–311 RENOUX). Zur gesamten Ostervigil
in Jerusalem vgl. auch Einleitung 96–98.

39.1. Sero autem illi dies paschales sic attenduntur quemadmodum et ad nos, et ordine suo fiunt missae per octo dies paschales, sicut et ubique fit per pascha usque ad octavas. Hic autem ipse ornatus est et ipsa compositio et per octo dies paschae, quae et per epiphania, tam in ecclesia maiore quam ad Anastase aut ad Crucem vel in Eleona, sed et in Bethleem nec non etiam in Lazariu vel ubique, quia dies paschales sunt.

2. Proceditur autem ipsa die dominica prima in ecclesia maiore, id est ad Martyrium, et secunda feria et tertia feria, ubi ita tamen, ut semper missa facta de Martyrio ad Anastase veniatur cum ymnis. Quarta feria autem in Eleona proceditur, quinta feria ad Anastase, sexta feria in Syon, sabbato ante Cruce, dominica autem die, id est octavis, denuo in ecclesia maiore, id est ad Martyrium.

3. Ipsis autem octo diebus paschalibus cotidie post prandium episcopus cum omni clero et omnibus infantibus, id est qui baptidiati fuerint, et omnibus, qui aputactitae sunt, viri ac feminae, nec non etiam et de plebe quanti volunt, in Eleona ascendent. Dicuntur ymni, fiunt orationes tam in ecclesia, quae in Eleona est, in qua est spelunca, in qua docebat Iesus discipulos, tam etiam in Imbomon, id est in eo loco, de quo Dominus ascendit in caelis.

4. Et posteaquam dicti fuerint psalmi et oratio facta fuerit, inde usque ad Anastase cum ymnis descenditur hora

---

[91] Das *sero* der Handschrift wird von einigen Herausgebern in *octo* geändert. Die Textänderung ist nicht notwendig.
[92] Gemeint sind die unterschiedlichen Orte des Morgengottesdienstes in der Osteroktav. Vgl. dazu *Lect. Arm.* 46–52 (313–329 RENOUX); dort findet sich eine etwas andere Ordnung, bei der Orte und Tage besser zusammenpassen: Am Mittwoch geht man zum Zion, am Donnerstag nach Eleona, am Freitag zum Kreuz und am Samstag in die Anastasis. Möglicherweise liegt ein Irrtum der Egeria vor. Die Tage, an denen in der Grabeskirche gefeiert wird, sind auch die Tage der Mystagogischen Katechesen, die im Anschluß an diese Gottesdienste stattfinden; vgl. 47.

Die Osteroktav

39. 1. Vom Abend an[91] werden die Ostertage so gefeiert wie bei uns auch, und die Gottesdienste werden während der acht Ostertage in der Ordnung gehalten, wie es bei uns und überall während Ostern bis zum achten Tag geschieht. Hier aber sind Schmuck und Ausstattung während der acht Tage des Osterfestes dieselben wie auch während Epiphanie — in der großen Kirche und in der Anastasis, am Kreuz und in der Eleona, aber auch in Betlehem und sogar im Lazarium und überall, denn es sind die Ostertage.

2. Am ersten Tag, dem Sonntag, zieht man in die große Kirche, das heißt ins Martyrium. Am Montag und Dienstag ebenfalls, jedoch so, daß man immer nach der Entlassung aus dem Martyrium mit Hymnen zur Anastasis kommt. Am Mittwoch zieht man dann nach Eleona, am Donnerstag zur Anastasis, am Freitag zum Zion, am Samstag vor das Kreuz, am Sonntag aber, das ist der achte Tag, geht man wieder in die große Kirche, das heißt ins Martyrium.[92]

3. An diesen acht Ostertagen steigt der Bischof täglich nach dem Essen mit dem gesamten Klerus und allen Kindern, das heißt mit den Neugetauften, mit allen Apotakiten, Männern und Frauen, und auch mit denen vom Volk, die es wollen, nach Eleona hinauf. Man rezitiert Hymnen und spricht Gebete in der Kirche, die in Eleona steht, in der sich die Höhle befindet, in der der Herr die Jünger belehrte, und auch am Imbomon, das heißt an dem Ort, von dem aus der Herr in den Himmel auffuhr.[93]

4. Nachdem dann Psalmen rezitiert worden sind und ein Gebet gesprochen worden ist, steigt man zur Zeit des Lucernars mit Hymnen zur Anastasis hinab; das geschieht

---

[93] Die Bedeutung dieser Prozessionen und der Gottesdienste wird nicht ganz klar. Wahrscheinlich beziehen sie sich auf die Belehrung der Jünger zwischen Ostern und Himmelfahrt (vgl. Apg 1,3), die seit dem 2. Jh. mit der Höhle in Verbindung gebracht wurde; vgl. Einleitung 63.

lucernae: hoc per totos octo dies fit. Sane dominica die per pascha post missa lucernarii, id est de Anastase, omnis populus episcopum cum ymnis in Syon ducet.

5. Ubi cum ventum fuerit, dicuntur ymni apti diei et loco, fit oratio et legitur ille locus de evangelio ubi eadem die Dominus in eodem loco, ubi ipsa ecclesia nunc in Syon est, clausis ostiis ingressus est discipulis, id est quando tunc unus ex discipulis ibi non erat, id est Thomas, qua reversus est et dicentibus ei aliis apostolis quia Dominum vidissent, ille dixit: „Non credo, nisi videro." Hoc lecto fit denuo oratio, benedicuntur cathecumini, item fideles, et revertuntur unusquisque ad domum suam sera, hora forsitan noctis secunda.

40. 1. Item octavis paschae, id est die dominica, statim post sexta omnis populus cum episcopo ad Eleona ascendit; primum in ecclesia, quae ibi est, aliquandiu sedetur; dicuntur ymni, dicuntur antiphonae aptae diei et loco, fiunt orationes similiter aptae diei et loco. Denuo inde cum ymnis itur in Imbomon susu, similiter et ibi ea aguntur, quae et illic. Et cum ceperit hora esse, iam omnis populus et omnes aputactite deducunt episcopum cum ymnis usque ad Anastase. Ea autem hora pervenitur ad Anastase, qua lucernarium fieri solet.

2. Fit ergo lucernarium tam ad Anastase quam ad Crucem, et inde omnis populus usque ad unum cum ymnis ducunt episcopum usque ad Syon. Ubi cum ventum fuerit, similiter dicuntur ymni apti loco et diei, legitur denuo et

---

[94] Vgl. *Lect. Arm.* 45bis (313 RENOUX).

an allen acht Tagen. Am Ostersonntag aber begleitet das ganze Volk den Bischof nach der Entlassung aus dem Lucernar, das heißt aus der Anastasis, mit Hymnen zum Zion.
5. Ist man dort angekommen, werden zu Tag und Ort passende Hymnen rezitiert, ein Gebet wird gesprochen und die Stelle aus dem Evangelium wird vorgelesen, wo der Herr an diesem Tag und an diesem Ort, wo jetzt diese Kirche auf dem Zion steht, durch die verschlossenen Türen bei den Jüngern eintrat (vgl. Joh 20, 19–25).[94] Damals war einer von den Jüngern nicht dabei, nämlich Thomas, und als er zurückgekehrt war und die anderen Apostel ihm erzählten, daß sie den Herrn gesehen hätten, sagte er: „Ich glaube nicht, wenn ich ihn nicht sehe" (vgl. Joh 20,25). An diese Lesung schließt sich wieder ein Gebet an, die Katechumenen werden gesegnet, ebenso die Gläubigen, und jeder geht spät in sein Haus zurück — etwa zur zweiten Nachtstunde.

Der Sonntag nach Ostern
40.1. Auch acht Tage nach Ostern, das heißt am Sonntag, geht sofort nach der sechsten Stunde das ganze Volk mit dem Bischof nach Eleona hinauf. Zuerst sitzt man eine Weile in der Kirche, die dort steht. Es werden Hymnen rezitiert, es werden zu Tag und Ort passende Antiphonen rezitiert, und es werden genauso zu Tag und Ort passende Gebete gesprochen. Schließlich geht man wieder mit Hymnen zum Imbomon hinauf, und da macht man das gleiche wie auch dort. Wenn es Zeit geworden ist, begleiten das ganze Volk und die Apotaktiten den Bischof mit Hymnen zur Anastasis. Man kommt zu der Stunde zur Anastasis, in der dort gewöhnlich das Lucernar stattfindet.
2. Das Lucernar findet also in der Anastasis und am Kreuz statt, und von dort geleitet das ganze Volk ohne Ausnahme den Bischof mit Hymnen zum Zion. Dort angekommen, werden wieder genauso zu Ort und Tag passende Hymnen gesungen, es wird dann wieder die Stelle

ille locus de evangelio ubi octavis paschae ingressus est
Dominus ubi erant discipuli, et arguet Thomam quare
incredulus fuisset. Et tunc omnis ipsa lectio perlegitur;
postmodum fit oratio; benedictis cathecuminis quam fide-
libus iuxta consuetudinem, revertuntur unusquisque ad
domum suam similiter ut die dominica paschae, hora noctis
secunda.

41. A pascha autem usque ad quinquagesima, id est pentecosten, hic penitus nemo ieiunat, nec ipsi aputactitae qui
sunt. Nam semper ipsos dies sicut toto anno ita ad Anastase
de pullo primo usque ad mane consuetudinaria aguntur,
similiter et ad sexta et ad lucernare. Dominicis autem diebus semper in Martyrio, id est in ecclesia maiore, proceditur iuxta consuetudinem et inde itur ad Anastase cum
ymnis. Quarta feria autem et sexta feria, quoniam ipsis
diebus penitus nemo ieiunat, in Syon proceditur, sed mane;
fit missa ordine suo.

42. Die autem quadragesimarum post pascha, id est quinta feria, pridie omnes post sexta, id est quarta feria, in
Bethleem vadunt propter vigilias celebrandas. Fiunt autem
vigiliae in ecclesia in Bethleem, in qua ecclesia spelunca est
ubi natus est Dominus. Alia die autem, id est quinta feria
quadragesimarum, celebratur missa ordine suo, ita ut et

---

[95] Vgl. *Lect. Arm.* 52bis (325 RENOUX). Da auch der Ort der zweiten
Erscheinung vor den Jüngern auf dem Zion gesucht wird, zieht man
erneut dorthin. Thomas ist einer der ersten Apostel, dessen Fest in
Jerusalem gefeiert wird; vgl. *Lect. Arm.* 65 (357–359 RENOUX).

aus dem Evangelium vorgelesen, wo acht Tage nach Ostern der Herr da eintrat, wo die Jünger zusammen waren, und er den Thomas tadelte, weil er ungläubig gewesen war (vgl. Joh 20,26–31).[95] Dann wird der ganze Abschnitt vorgelesen, danach wird ein Gebet gesprochen. Wie gewöhnlich werden zuerst die Katechumenen und dann die Gläubigen gesegnet, und jeder geht nach Hause zurück, genauso wie am Ostersonntag, zur zweiten Nachtstunde.

Die Osterzeit

41. Von Ostern bis zum fünfzigsten Tag, das heißt bis Pfingsten, fastet hier überhaupt niemand, auch nicht die Apotaktiten, die hier leben. An diesen Tagen aber wird, wie das ganze Jahr über, in der Anastasis vom ersten Hahnenschrei an bis zum Morgen immer alles wie gewöhnlich gemacht, genauso auch zur Sext und zum Lucernar. An den Sonntagen aber zieht man wie gewöhnlich ins Martyrium, das heißt in die große Kirche, und von dort geht man mit Hymnen zur Anastasis. Am Mittwoch und Freitag zieht man dann zum Zion, aber — weil überhaupt niemand in diesen Tagen fastet — in der Frühe.[96] Der Gottesdienst (dort) findet ordnungsgemäß statt.

Der 40. Tag nach Ostern

42. Am vierzigsten Tag nach Ostern, das heißt am Donnerstag, gehen am Vortag alle nach der Sext, also noch am Mittwoch, nach Betlehem zur Feier der Vigilien. Die Vigilien werden aber in der Kirche von Betlehem gehalten, in der die Höhle ist, wo der Herr geboren wurde. Am anderen Tag aber, das heißt am Donnerstag, dem vierzigsten Tag, wird der Gottesdienst ordnungsgemäß gefeiert, so daß

---

[96] Während des Jahres geht man an den Fasttagen (erst) um die neunte Stunde zum Zion, um das Fasten zu beenden; vgl. 27,5.

presbyteri et episcopus predicent dicentes apte diei et loco; et postmodum sera revertuntur unusquisque in Ierusolima.

43.1. Quinquagesimarum autem die, id est dominica, qua die maximus labor est populo, aguntur omnia sic de pullo quidem primo iuxta consuetudinem: vigilatur in Anastase, ut legat episcopus locum illum evangelii, qui semper dominica die legitur, id est resurrectionem Domini; et postmodum sic ea aguntur in Anastase, quae consuetudinaria sunt, | sicut toto anno.

2. Cum autem mane factum fuerit, procedit omnis populus in ecclesia maiore, id est ad Martyrium, aguntur etiam omnia, quae consuetudinaria sunt agi; predicant presbyteri, postmodum episcopus, aguntur omnia legitima, id est offertur iuxta consuetudinem, qua dominica die consuevit fieri; sed eadem adceleratur missa in Martyrium, ut ante hora tertia fiat. Quemadmodum enim missa facta fuerit ad Martyrium, omnis populus usque ad unum cum ymnis ducent episcopum in Syon, sed <ut> hora tertia plena in Syon sint.

3. Ubi cum ventum fuerit, legitur ille locus de actus apostolorum, ubi descendit spiritus, ut omnes linguae intellegerent quae dicebantur; postmodum fit ordine suo missa. Nam presbyteri de hoc ipsud, quod lectum est, <praedicant,> quia ipse est locus in Syon, alia modo eccle-

---

[97] An dieser Stelle wird nicht klar, was der Inhalt dieses Festes am 40. Tag nach Ostern in Betlehem ist. Die Himmelfahrt Christi kann es nicht sein — deren wird am 50. Tag (Pfingsten) gedacht; vgl. 43,5. Außerdem müßte ein solches Fest am Ölberg gefeiert werden; so berichtet es wenig später auch *Lect. Arm.* 57 (337–339 RENOUX). Der Bischof aber predigt „passend zu Tag und Ort". Wahrscheinlich wurde der Gedenktag der unschuldigen Kinder gefeiert; vgl. Einleitung 24f.
[98] Das *ut* ist von GEYER hinzugefügt.
[99] Auch hier ist es wichtig, daß man zu der in der Bibel angegebenen

sowohl die Priester als auch der Bischof predigen; sie sprechen passend zu Tag und Ort. Danach kehrt jeder am Abend nach Jerusalem zurück.[97]

Pfingsten

43. 1. Am fünfzigsten Tag aber, dem Sonntag, einem Tag, an dem das Volk sehr große Mühen hat, geschieht vom ersten Hahnenschrei an alles wie gewöhnlich: Man feiert die Vigilien in der Anastasis, so daß der Bischof die Stelle aus dem Evangelium liest, die immer am Sonntag gelesen wird, also die Auferstehung des Herrn. Danach wird in der Anastasis das Gewöhnliche gefeiert wie im ganzen Jahr.

2. Wenn es Morgen geworden ist, zieht das ganze Volk in die große Kirche, das heißt ins Martyrium, und alles wird dort wie gewöhnlich gefeiert. Zuerst predigen die Priester, dann der Bischof, und alles Vorgeschriebene wird getan, das heißt, es wird wie gewöhnlich geopfert, so wie es am Sonntag gewöhnlich geschieht. An diesem Tag wird der Gottesdienst im Martyrium beschleunigt, damit man vor der dritten Stunde fertig ist. Wenn dann der Gottesdienst im Martyrium beendet ist, begleitet das ganze Volk ohne Ausnahme den Bischof mit Hymnen zum Zion, so daß[98] sie zur vollen dritten Stunde auf dem Zion sind[99].

3. Wenn man dort angekommen ist, wird jene Stelle aus der Apostelgeschichte gelesen, wo der Geist herabkommt, so daß alle die Sprachen verstanden, in denen geredet wurde (Apg 2,1–21). Danach wird ordnungsgemäß Gottesdienst gefeiert.[100] Denn die Priester (predigen) über das, was vorgelesen wurde; und man liest dort aus der Apostelgeschichte, weil dort auf dem Zion die Stelle ist — die Kirche ist (jetzt) allerdings von anderer Art[101] —, wo da-

---

Zeit (vgl. Apg 2,15) das Fest feiert.
[100] Vgl. *Lect. Arm.* 58 (339–341 RENOUX), wo neben der Pfingstlesung Joh 14,25–31 als Evangelium vorgesehen ist.
[101] Vgl. dazu Einleitung 61f.

sia est, ubi quondam post passionem Domini collecta erat multitudo cum apostolis, qua hoc factum est, ut superius diximus, legi<tur> ibi de actibus apostolorum. Postmodum fit ordine suo missa, offertur et ibi, et iam ut dimittatur populus mittit vocem archidiaconus et dicet: „Hodie statim post sexta omnes in Eleona parati simus <in> Inbomon."

4. Revertitur ergo omnis populus unusquisque in domum suam resumere se, et statim post prandium ascenditur mons Oliveti, id est in Eleona, unusquisque quomodo potest, ita ut nullus Christianus remaneat in civitate, qui non omnes vadent.

5. Quemadmodum ergo subitum fuerit in monte Oliveti, id est in Eleona, primum itur in Imbomon, id est in eo loco, unde ascendit Dominus in caelis, et ibi sedet episcopus et presbyteri, sed et omnis populus, leguntur ibi lectiones, dicuntur interposite ymni, dicuntur et antiphonae aptae diei ipsi et loco; orationes etiam, quae interponuntur, semper tales pronuntiationes habent, ut et diei et loco conveniunt. Legitur etiam et ille locus de evangelio ubi dicit de ascensu Domini; legitur et denuo de actus apostolorum, ubi dicit de ascensu Domini in celis post resurrectionem.

---

[102] Der lateinische Satz scheint unvollständig. PÉTRÉ/VRETSKA, *Pilgerreise* 243 Anm. 3, verweisen auf die vermutete Ergänzung von *praedicant* nach *lectum est* durch CHOLODNIAK. Auch das *legi* der Handschrift ist eher in *legit* oder *legitur* als in *legunt* (so FRANCESCHINI/WEBER) zu ergänzen; vgl. auch DEVOS, *Egeriana IV* 250f.

[103] Wie an Gründonnerstag und Ostern wird am Pfingsttag ein zweites Mal Eucharistie gefeiert.

[104] Die Handschrift hat an dieser Stelle nur *Inbomon*. CHOLODNIAK hat erstmals in *in Inbomon* geändert. So wie der Name *Eleona* vom Berg auf die Kirche überging, wurde aus der Ortsbezeichnung ἐν βουνῷ der Eigenname *Imbomon* — so auch normalerweise bei Egeria. Vgl. dazu DEVOS, *Egeriana IV* 252–254, und Einleitung 65.

mals nach dem Leiden des Herrn die Menge mit den Aposteln versammelt war und wo all das geschehen ist, was ich oben schon erzählte (vgl. Apg 1,13).[102] Dann wird ordnungsgemäß Gottesdienst gefeiert. Es wird auch dort geopfert[103], und zur Entlassung des Volkes erhebt der Archidiakon seine Stimme und spricht: „Wir wollen heute sofort nach der sechsten Stunde alle in Eleona am Imbomon[104] bereit sein."

4. Dann kehrt das ganze Volk zurück, ein jeder in sein Haus, um sich zu erholen, und sofort nach dem Essen steigt man den Ölberg hinauf, also nach Eleona, jeder wie er kann, so daß kein Christ in der Stadt bleibt, der nicht (ginge) — alle gehen.

5. Sobald man dann auf den Ölberg gestiegen ist, das heißt nach Eleona, geht man zunächst zum Imbomon, das heißt an die Stelle, von wo der Herr in den Himmel auffuhr. Dort setzen sich der Bischof und die Priester, aber auch das ganze Volk. Lesungen werden dort vorgetragen, dazwischen werden Hymnen und zu diesem Tag und Ort passende Antiphonen rezitiert; auch die Gebete, die dazwischen eingeschoben werden, haben immer einen Inhalt, der Ort und Tag angemessen ist. Man liest auch jene Stelle aus dem Evangelium, an der es von der Himmelfahrt des Herrn berichtet (vgl. Mk 16,19 par.); und noch einmal wird aus der Apostelgeschichte vorgelesen, wo sie von der Himmelfahrt des Herrn nach der Auferstehung erzählt (vgl. Apg 1,1–14).[105]

---

[105] Es wird am Pfingsttag (auch) die Himmelfahrt gefeiert; deswegen ist hier auch die Lesung Apg 1,1–14 vorgesehen. In *Lect. Arm.* 58bis (341–343 RENOUX) ist für die Feier auf dem Ölberg am Pfingsttag wie am Morgen die Lesung Apg 2,1–21 vorgesehen, anschließend folgt Joh 16,5–14. Die Lesung Apg 1,1–14 ist dagegen für den Himmelfahrtstag vorgesehen: Obwohl also die Feier der Himmelfahrt auf den 40. Tag nach Ostern verlegt wurde, behielt man den Gottesdienst auf dem Ölberg bei, mußte aber die Lesung ändern bzw. verdoppeln.

6. Cum autem hoc factum fuerit, benedicuntur cathecumini, sic fideles, et hora iam nona descenditur inde et cum ymnis itur ad illam ecclesiam, quae et ipsa in Eleona est, id est in qua spelunca sedens docebat Dominus apostolos. Ibi autem cum ventum fuerit, iam est hora plus decima; fit ibi lucernare, fit oratio, benedicuntur cathecumini et sic fideles. Et iam inde descenditur cum | ymnis, omnis populus | 86 usque ad unum toti cum episcopo ymnos dicentes vel antiphonas aptas diei ipsi; sic venitur lente et lente usque ad Martyrium.

7. Cum autem pervenitur ad portam civitatis, iam nox est et occurrent candele ecclesiasticae vel ducente propter populo. De porta autem, quoniam satis est usque ad ecclesia maiore, id est ad Martirium, porro hora noctis forsitan secunda pervenitur, quia lente et lente itur totum pro populo, ne fatigentur pedibus. Et apertis balvis maioribus, quae sunt de quintana parte, omnis populus intrat in Martyrium cum ymnis et episcopo. Ingressi autem in ecclesia, dicuntur ymni, fit oratio, benedicuntur cathecumini et sic fideles; et inde denuo cum ymnis itur ad Anastase.

8. Similiter ad Anastase cum ventum fuerit, dicuntur ymni seu antiphone, fit oratio, benedicuntur cathecumini, sic fideles; similiter fit et ad Crucem. Et denuo inde omnis populus christianus usque ad unum cum ymnis ducunt episcopum usque ad Syon.

9. Ubi cum ventum fuerit, leguntur lectiones aptae, dicuntur psalmi vel antiphone, fit oratio, benedicuntur cathe-

---

[106] Die *quintana* war ursprünglich die Straße, die das Heerlager zwischen fünftem und sechstem Manipel teilte und (in Lagern und Städten) als Marktplatz genutzt wurde; vgl. GEORGES, *Handwörterbuch* 2, 2170. In Jerusalem lag das Martyrium an der Hauptstraße, am Rand des von HADRIAN errichteten Forums. Eine der in die Stützmauer des Forums geschnittenen Türen, die zum Atrium führten und auch auf der Mosaikkarte von Madaba eingezeichnet sind, konnte bei Ausgrabungen im Bereich des russischen Alexanderhospizes freigelegt werden. Vgl. zur

6. Wenn das geschehen ist, werden die Katechumenen gesegnet, dann die Gläubigen, und wenn es schon die neunte Stunde ist, steigt man von dort herab und geht mit Hymnen zu der Kirche, die in Eleona selbst steht, das heißt, wo die Höhle ist, in der der Herr die Apostel belehrte. Ist man dort angekommen, ist es schon nach der zehnten Stunde. Dort feiert man das Lucernar, spricht ein Gebet und segnet die Katechumenen und die Gläubigen. Dann steigt das ganze Volk von dort ohne Ausnahme mit dem Bischof hinunter — unter Rezitation von Hymnen und Antiphonen, die für diesen Tag passend sind. So nähert man sich langsam, Schritt für Schritt dem Martyrium.

7. Gelangt man an das Stadttor, ist es bereits Nacht, und wegen des Volkes sind etwa 200 Kirchenleuchter aufgestellt. Weil es vom Tor aus bis zu der großen Kirche, dem Martyrium, sehr weit ist, erreicht man sie erst etwa in der zweiten Nachtstunde, zumal man wegen des Volkes die ganze Strecke langsam, Schritt für Schritt geht, damit ihre Füße nicht ermüden. Und nachdem die großen Torflügel geöffnet worden sind, die von der Hauptstraße hineinführen[106], betritt das ganze Volk mit Hymnen und mit dem Bischof das Martyrium. Ist man in die Kirche eingetreten, werden Hymnen rezitiert, ein Gebet wird gesprochen, die Katechumenen und Gläubigen werden gesegnet; dann geht man wieder mit Hymnen zur Anastasis.

8. Genauso werden, wenn man in der Anastasis angekommen ist, Hymnen und Antiphonen rezitiert, ein Gebet wird gesprochen, und die Katechumenen und Gläubigen werden gesegnet. Ebenso geschieht es auch am Kreuz. Dann begleitet das ganze christliche Volk ohne Ausnahme den Bischof wieder mit Hymnen zum Zion.

9. Dort angekommen, werden passende Lesungen vorgetragen, Psalmen und Antiphonen werden rezitiert, ein

---

Beschreibung des Eingangsbereiches auch EUSEBIUS, *vit. Const.* 3,39 (GCS, Eusebius 1/1, 100), und Einleitung 53.

cumini et sic fideles, et fit missa. Missa autem facta accedunt omnes ad manum episcopi et sic revertuntur unusquisque ad domum suam hora noctis forsitan media. Ac sic ergo maximus labor in ea die suffertur, quoniam de pullo primo vigilatum est ad Anastase et inde per tota die numquam cessatum est; et sic omnia quae celebrantur protrahuntur, ut nocte media post missa, quae facta fuerit in Sion, omnes ad domos suas revertantur.

44. 1. Iam autem de alia die quinquagesimarum omnes ieiunant iuxta consuetudinem sicut toto anno, qui prout potest, excepta die sabbati et dominica, qua nunquam ieiunatur in hisdem locis. Etiam postmodum ceteris diebus ita singula aguntur ut toto anno, id est semper, de pullo primo ad Anastase vigiletur.

2. Nam si dominica dies est, primum leget de pullo primo episcopus evangelium iuxta consuetudinem intro Anastase locum resurrectionis Domini, qui semper dominica die legitur, et postmodum ymni seu antiphone usque ad lucem dicuntur in Anastase. Si autem dominica dies non est, tantum quod ymni vel antiphone similiter de pullo primo usque ad lucem dicuntur in Anastase.

3. Aputactitae omnes vadent, de plebe autem qui quomodo possunt vadent, clerici autem cotidie vicibus vadent de pullo primo; episcopus autem albescente vadet semper, ut missa fiat matutina, cum omnibus clericis, excepta dominica die, quia necesse est illum de pullo primo ire, ut evangelium legat | in Anastase. Denuo ad horam sextam

Gebet wird gesprochen, und die Katechumenen und Gläubigen werden gesegnet; dann erfolgt die Entlassung. Nach der Entlassung kommen alle zur Hand des Bischofs, und dann kehrt jeder — etwa um Mitternacht — nach Hause zurück. Und so wird an diesem Tag die größte Mühe ertragen, weil man vom ersten Hahnenschrei an in der Anastasis die Vigilien gefeiert hat und sich von da an den ganzen Tag lang keine Ruhe gegönnt hat. Alle Feiern ziehen sich so in die Länge, daß alle erst um Mitternacht, nach der Entlassung, die auf dem Zion erfolgte, in ihre Häuser zurückkehren.

Nach Pfingsten

44.1. Vom Tag nach Pfingsten an fasten wieder alle, wie es das ganze Jahr ihre Gewohnheit ist, jeder wie er kann — ausgenommen die Samstage und Sonntage, an denen an diesem Ort nie gefastet wird. Auch an den übrigen Tagen danach geschieht alles wie das ganze Jahr über; das heißt, daß vom ersten Hahnenschrei an in der Anastasis immer die Vigilien gefeiert werden.

2. Am Sonntag liest der Bischof nach dem ersten Hahnenschrei in der Anastasis zuerst wie gewöhnlich das Evangelium vor — (und zwar) die Stelle von der Auferstehung des Herrn, die immer am Sonntag gelesen wird. Danach werden in der Anastasis bis zum Morgengrauen Hymnen und Antiphonen rezitiert. Wenn kein Sonntag ist, werden genauso vom ersten Hahnenschrei bis zum Morgengrauen in der Anastasis nur Hymnen und Antiphonen rezitiert.

3. Alle Apotaktiten kommen vom ersten Hahnenschrei an, vom Volk kommen (nur) diejenigen, die es können, die Kleriker aber kommen täglich im Wechsel. Der Bischof aber kommt immer erst, wenn der Tag anbricht, so daß der Frühgottesdienst mit allen Klerikern gefeiert werden kann — ausgenommen am Sonntag, weil er dann schon beim ersten Hahnenschrei kommen muß, um das Evangelium in der Anastasis zu lesen. Dann macht man wieder zur

aguntur, quae consuetudinaria sunt, in Anastase, similiter et ad nona, similiter et ad lucernare iuxta consuetudinem, quam consuevit toto anno fieri. Quarta autem et sexta feria semper nona in Syon fit iuxta consuetudinem.

45. 1. Et illud etiam scribere debui, quemadmodum docentur hi qui baptidiantur per pascha. Nam qui dat nomen suum, ante diem quadragesimarum dat et omnium nomina annotat presbyter, hoc est ante illas octo septimanas, quibus dixi hic attendi quadragesimas.

2. Cum autem annotaverit omnium nomina presbyter, postmodum alia die de quadragesimis, id est qua inchoantur octo ebdomadae, ponitur episcopo cathedra media ecclesia maiore, id est ad Martyrium, sedent hinc et inde presbyteri in cathedris et stant clerici omnes. Et sic adducuntur unus et unus conpetens; si viri sunt, cum patribus suis veniunt, si autem feminae, cum matribus suis.

3. Et sic singulariter interrogat episcopus vicinos eius, qui intravit, dicens: „Si bonae vitae est hic, si parentibus deferet, si ebriacus non est aut vanus?" Et singula vitia, quae sunt tamen graviora in homine, requiret.

4. Et si probaverit sine reprehensione esse de his omnibus, quibus requisivit presentibus testibus, annotat ipse manu sua nomen illius. Si autem in aliquo accusatur, iubet illum foras exire dicens: „Emendet se et, cum emendaverit

---

[107] Auch CYRILL berichtet mehrfach von diesem Einschreiben; vgl. CYRILL, *procat.* 4. 13; *cat.* 3, 2 (1, 6–8. 16–18. 64–66 REISCHL/RUPP). Diese Einschreibung ist nicht identisch mit der Anmeldung zum Katechumenat, das mehrere Jahre dauern konnte; gemeint ist die Anmeldung zur eigentlichen Taufvorbereitung. Vgl. auch RÖWEKAMP, *Cyrill* 15 f.
[108] Unter *patres* und *matres* sind nicht die leiblichen Eltern, sondern die geistlichen „Eltern", die Taufpaten, zu verstehen — vgl. auch den Aus-

Sext alles so, wie es in der Anastasis gewöhnlich geschieht; ebenso zur Non und ebenso auch zum Lucernar wie gewöhnlich — so wie es das ganze Jahr über gemacht wird. Am Mittwoch und Freitag aber wird die Non wie gewöhnlich immer auf dem Zion gefeiert.

Taufe und Taufunterweisung

Anmeldung

45.1. Ich muß aber auch beschreiben, wie hier die Täuflinge, die an Ostern getauft werden sollen, unterrichtet werden. Wer sich eintragen läßt, tut das vor Beginn der 40tägigen Fastenzeit, und ein Priester schreibt alle Namen auf. Das geschieht vor den acht Wochen, von denen ich sprach, in denen hier die Fastenzeit eingehalten wird.[107]

2. Wenn der Priester alle Namen aufgeschrieben hat, wird am anderen Tag der Fastenzeit, das heißt also, wenn die acht Wochen beginnen, für den Bischof ein Sitz in die Mitte der großen Kirche, das heißt des Martyriums, gestellt; auch die Priester setzen sich dann auf (ihre) Sitze, alle (anderen) Kleriker bleiben stehen. Dann wird ein Bewerber nach dem anderen herangeführt. Sind es Männer, kommen sie mit ihren Vätern, sind es aber Frauen, so kommen sie mit ihren Müttern.[108]

3. Dann fragt der Bischof die Angehörigen dessen, der vor ihn getreten ist, einzeln: „Führt er ein gutes Leben, ehrt er die Eltern, ist er ein Trinker oder Lügner?" Und er forscht nach den einzelnen Lastern, jedoch nur nach denen, die schwerwiegender beim Menschen sind.

4. Hat er sie dann ohne Tadel befunden in all dem, was er von den anwesenden Zeugen erfragt hat, trägt er ihre Namen mit eigener Hand ein. Erhebt aber jemand einen Einwand, so befiehlt er ihm hinauszugehen und sagt: „Er

---

druck *infantes* für die erwachsenen Täuflinge und CYRILL, *cat.* 15,18 (2,178 REISCHL/RUPP). Vgl. auch RÖWEKAMP, *Cyrill* 16.19.

se, tunc accedet ad lavacrum." Sic de viris, sic de mulieribus requirens dicit. Si quis autem peregrinus est, nisi testimonia habuerit, qui eum noverint, non tam facile accedet ad baptismum.

46. 1. Hoc autem, dominae sorores, ne extimaretis sine ratione fieri, scribere debui. Consuetudo est enim hic talis, ut qui accedunt ad baptismum per ipsos dies quadraginta, quibus ieiunatur, primum mature a clericis exorcizentur, mox missa facta fuerit de Anastase matutina. Et statim ponitur cathedra episcopo ad Martyrium in ecclesia maiore, et sedent omnes in giro prope episcopo, qui baptidiandi sunt, tam viri quam mulieres, stant etiam loco patres vel matres, nec non etiam qui volunt audire de plebe omnes intrant et sedent, sed fideles.

2. Cathecuminus autem ibi non intrat tunc qua episcopus docet illos legem, id est sic: inchoans a Genese per illos dies quadraginta percurret omnes Scripturas, primum exponens carnaliter et sic illud solvens spiritualiter. Nec non etiam et de resurrectione, similiter et de fide omnia docentur per | illos dies; hoc autem cathecisis appellatur.

3. Et iam quando completae fuerint septimanae quinque, a quo docentur, tunc accipient simbolum; cuius simboli

---

[109] Zu den oft zweifelhaften Motiven, sich zur Taufe anzumelden, vgl. CYRILL, *procat.* 5 (1,8 REISCHL/RUPP).
[110] Zum Exorzismus in der Taufvorbereitung vgl. CYRILL, *procat.* 9.13f (1,12–14.16–20 REISCHL/RUPP), und RÖWEKAMP, *Cyrill* 18f.
[111] Die Katechesen finden auch laut CYRILL, *cat.* 4,10; 10,19 (1,100.284 bis 286 REISCHL/RUPP), im Martyrium, der „Kirche auf Golgota", statt. Egeria betont, daß diese Katechesen nur den Gläubigen bzw. denen, die sich zur Taufe angemeldet haben, vorbehalten sind. Zur sogenannten „Arkandisziplin" vgl. Einleitung 105.
[112] Gemeint ist die Erklärung der historischen Bedeutung der Texte und die Übertragung des Textes auf das Leben der Kirche und der Gläubigen; vgl. KRETSCHMAR, *Jerusalemer Liturgie* 35f.

soll sich bessern, und wenn er sich gebessert hat, dann wird er zum Taufbad zugelassen." So prüft er die Männer und auch die Frauen. Wenn aber ein Fremder kommt, der keine Zeugen hat, die ihn kennen, wird er gar nicht leicht zur Taufe zugelassen.[109]

Katechesen vor der Taufe

46.1. Folgendes aber, meine Damen Schwestern, muß ich euch schreiben, damit ihr nicht denkt, (dies alles) geschehe ohne Grund. Es ist hier nämlich üblich, daß bei denen, die zur Taufe kommen, während der Fastenzeit in der Frühe — sobald am Morgen die Entlassung aus der Anastasis geschehen ist — zunächst durch einen Kleriker der Exorzismus durchgeführt wird.[110] Dann wird der Sitz für den Bischof im Martyrium, in der großen Kirche, aufgestellt, und alle, die getauft werden sollen, setzen sich um den Bischof herum, Männer und Frauen. Auch die Väter und Mütter stehen dort, und genauso kommen alle aus dem Volk, die zuhören wollen, herein und setzen sich — aber nur die Gläubigen.[111]

2. Der Katechumene darf aber dort nicht eintreten, wenn der Bischof sie das Gesetz lehrt — und zwar auf folgende Weise: Angefangen von der Genesis geht er in diesen vierzig Tagen alle Schriften durch; zuerst legt er sie wörtlich aus, dann deutet er sie geistlich.[112] Sie werden in diesen Tagen aber auch über die Auferstehung und genauso über alles, was den Glauben betrifft, belehrt; das nennt man Katechese.[113]

3. Und wenn dann fünf Wochen voll sind, seitdem sie unterrichtet werden, empfangen sie das Glaubensbekennt-

---

[113] Dieser Ausdruck scheint für Egeria neu zu sein. 46,1 und 46,3 legen sogar nahe, daß ihr die gesamte Praxis der vorösterlichen Unterweisung fremd ist. Zur Entwicklung dieser Unterweisung vgl. KRETSCHMAR, *Geschichte des Taufgottesdienstes* 63–86.

rationem similiter, sicut omnium Scripturarum ratione, exponet eis singulorum sermonum, primum carnaliter et sic spiritualiter, ita et simbolum exponet. Ac sic est ut in hisdem locis omnes fideles sequantur Scripturas, quando leguntur in ecclesia, quia omnes docentur per illos dies quadraginta, id est ab hora prima usque ad horam tertiam, quoniam per tres horas fit cathecisin.

4. Deus autem scit, dominae sorores, quoniam maiores voces sunt fidelium, qui ad audiendum intrant in cathecisen, ad ea quae dicuntur vel exponuntur per episcopum, quam quando sedet et predicat in ecclesia ad singula, quae taliter exponuntur. Missa autem facta cathecisis, hora iam tertia statim inde cum ymnis ducitur episcopus ad Anastase et fit missa ad tertia; ac sic tribus horis docentur ad die per septimanas septem. Octava enim septimana quadragesimarum, id est quae appellatur septimana maior, iam non vacat eos doceri, ut impleantur ea, quae superius dicta sunt.

5. Cum autem iam transierint septem septimanae, superat illa una septimana paschalis, quam hic appellant septimana maior, iam tunc venit episcopus mane in ecclesia maiore ad Martyrium. Retro in absida post altarium poni-

---

[114] Als „Empfang des Glaubensbekenntnisses" bezeichnet man das Vorsprechen des Glaubensbekenntnisses vor den Taufbewerbern; die Weitergabe geschieht nur mündlich, weil der Text nicht für die Ungetauften bestimmt ist. Vgl. dazu CYRILL, cat. 5,12 (1, 148–150 REISCHL/RUPP), und RÖWEKAMP, Cyrill 19f.

[115] Zur Bedeutung von sermo als „Artikel des Glaubensbekenntnisses" vgl. BASTIAENSEN, Vocabulaire liturgique 116–118.

[116] Diese Katechesen über das Glaubensbekenntnis entsprechen den 18 Katechesen des CYRILL. Allerdings sind diese kaum durch „geistlich-allegorische Auslegung" im Sinne der alexandrinischen Theologie gekennzeichnet, sondern stellen biblische Zeugnisse für den Inhalt der Glaubenslehren zusammen; vgl. zum Prinzip CYRILL, cat. 10,6 (1,268 REISCHL/RUPP). Auch diese Art der Schriftauslegung aber ist eine „geistliche" Lesart des AT; vgl. BASTIAENSEN, Vocabulaire liturgique 106f. Das Armenische Lektionar nennt 19 biblische Perikopen, die am Beginn dieser Katechesen stehen; sie stimmen (bis auf die letzte) mit den von

nis.¹¹⁴ Dessen Bedeutung erklärt er Artikel für Artikel¹¹⁵ genauso wie die Bedeutung aller Schriften — zunächst wörtlich, dann geistlich, so deutet er auch das Glaubensbekenntnis.¹¹⁶ Daher kommt es, daß alle Gläubigen an diesem Ort die Schriften verfolgen können, wenn sie in der Kirche vorgelesen werden, weil sie alle in den vierzig Tagen unterrichtet werden, das heißt von der ersten bis zur dritten Stunde, denn die Katechesen dauern drei Stunden.

4. Gott aber weiß, meine Damen Schwestern, daß der Beifall der Gläubigen, die kommen, um die Katechesen zu hören über die Dinge, die vom Bischof berichtet und erklärt werden, größer ist, als wenn er in der Kirche sitzt und über etwas einzelnes predigt, das so erklärt wird. Wenn die Entlassung aus der Katechese erfolgt ist, wird der Bischof sofort zur dritten Stunde mit Hymnen zur Anastasis geleitet, und dort feiert man den Gottesdienst zur Terz.¹¹⁷ So werden sie jeden Tag in den sieben Wochen drei Stunden lang unterrichtet. In der achten Fastenwoche, die „große Woche" genannt wird, ist keine Zeit mehr, sie zu belehren, damit erfüllt wird, was vorher berichtet worden ist.¹¹⁸

5. Wenn dann schon sieben Wochen verstrichen sind und nur noch jene eine Osterwoche übrigbleibt, die hier „große Woche" genannt wird, kommt der Bischof frühmorgens in die große Kirche, das Martyrium. Hinten in der Apsis, hinter dem Altar, wird für den Bischof ein Sitz aufgestellt,

---

CYRILL benutzten Perikopen überein: Jes 1,16–20; Ez 18,20b–23; Röm 6,3–14; Kol 2,8 – 3,4; Hebr 11,1–31; Jes 45,16b–26; Eph 3,14 – 4,13; Jer 39,19b–44; Ijob 38,2 – 40,5; 1 Kor 8,5 – 9,23; Hebr 1,1 – 2,1; Jes 7,10 – 8,10; Jes 53,1 – 54,5; 1 Kor 15,1–28; Dan 7,2–27; 1 Kor 12,1–7; 1 Kor 12,8–27; Ez 37,1–14; (1 Tim 3,14–16); vgl. Lect. Arm. 17 (233–237 RENOUX).
¹¹⁷ GINGRAS, Missa ad tertia 596–603, zeigt, daß wegen des vorherigen hora iam tertia an dieser Stelle die Stundenliturgie der Terz gemeint ist, die nur in der Fastenzeit gefeiert wird; vgl. 27,4.
¹¹⁸ Das, „was vorher berichtet worden ist", sind die Gottesdienste der Karwoche, an denen die Täuflinge teilnehmen sollen.

tur cathedra episcopo, et ibi unus et unus vadet, viri cum patre suo aut mulier cum matre sua, et reddet simbolum episcopo.

6. Reddito autem simbolo episcopo, alloquitur omnes episcopus et dicet: „Per istas septem septimanas legem omnem edocti estis Scripturarum nec non etiam de fide audistis; audistis etiam et de resurrectione carnis, sed et simboli omnem rationem, ut potuistis tamen adhuc cathecumini audire: verum autem quae sunt misterii altioris, id est ipsius baptismi, quia adhuc cathecumini, audire non potestis. Et ne extimetis aliquid sine ratione fieri, cum in nomine Dei baptidiati fueritis, per octo dies paschales post missa facta de ecclesia in Anastase audietis: quia adhuc cathecumini estis, misteria Dei secretiora dici vobis non possunt."

47.1. Post autem venerint dies paschae, per illos octo dies, id est a pascha usque ad octavas, quemadmodum missa facta fuerit de aecclesia, et itur cum ymnis ad Anastase, mox fit oratio, benedicuntur fideles et stat episcopus incumbens in | cancello interiore, qui est in spelunca Anastasis, et exponet omnia, quae aguntur in baptismo.

---

[119] Die sogenannte „Rückgabe des Glaubensbekenntnisses" *(redditio symboli)* gehört ebenso wie der „Empfang des Glaubensbekenntnisses" zum festen Bestandteil der Taufvorbereitung. Die Bewerber treten vor den Bischof und sprechen ihm den erlernten Text vor; vgl. dazu RÖWEKAMP, *Cyrill* 19f.

[120] *Mysterium altior* erinnert an θειότερα μυστήρια bei CYRILL, *myst. cat.* 1,1 (FC 7, 94). Die 19. Lesung des *Armenischen Lektionars* (siehe Anm. 116, oben 299) 1 Tim 3,14–16 spricht ebenfalls vom „großen Geheimnis des Glaubens"; möglicherweise ist sie deshalb für diesen Gottesdienst mit Rückgabe des Glaubensbekenntnisses vorgesehen.

und dort tritt einer nach dem andern vor ihn hin — die Männer mit ihren Vätern und die Frauen mit ihren Müttern — und sagt vor dem Bischof das Glaubensbekenntnis auf.[119]

6. Nach dieser Rückgabe des Glaubensbekenntnisses an den Bischof wendet sich der Bischof an alle und spricht: „In diesen sieben Wochen seid ihr im ganzen Gesetz der Schrift gründlich unterrichtet worden und habt auch vom Glauben gehört. Ebenso habt ihr von der Auferstehung des Fleisches gehört und die ganze Bedeutung des Glaubensbekenntnisses, soweit ihr darüber als Katechumenen hören konntet: Weil ihr noch Katechumenen seid, könnt ihr noch nicht hören, was das höhere Mysterium[120] betrifft, das heißt die Taufe selbst. Damit ihr nicht glaubt, daß etwas ohne Grund geschieht, sollt ihr alles, wenn ihr auf den Namen Gottes getauft seid, in den acht Ostertagen nach der Entlassung aus der Kirche in der Anastasis hören. Weil ihr jetzt Katechumenen seid, können euch die tieferen Mysterien Gottes noch nicht gesagt werden."[121]

Katechesen nach der Taufe (Mystagogische Katechesen)
47.1. Wenn die Ostertage gekommen sind, geht man an acht Tagen, nämlich von Ostern bis zum achten Tag, nach der Entlassung aus der Kirche mit Hymnen zur Anastasis. Dort spricht man ein Gebet, und die Gläubigen werden gesegnet. Dann steht der Bischof an das innere Gitter gelehnt[122], das sich an der Grotte in der Anastasis befindet, und erläutert alles, was bei der Taufe geschieht.[123]

---

[121] Vgl. den ganz ähnlichen Text bei CYRILL, *cat.* 18,33 (2, 336–338 REISCHL/RUPP).
[122] Vielleicht ist hier ein zweites Gitter gemeint, das den Eingang der eigentlichen Grabhöhle verschloß; vgl. MARAVAL, *Égérie* 236 f Anm. 1.
[123] Die fünf „Mystagogischen Katechesen" (CYRILL, *cat. myst.* 1–5 [FC 7, 94–165]), entsprechen in etwa den hier gemeinten Katechesen; vgl. RÖWEKAMP, *Cyrill* 8–15.56–58. Diese Katechesen finden im Gegensatz zu den Katechesen vor der Taufe, die im Martyrium gehalten wurden, in der Anastasis statt; vgl. auch CYRILL, *cat.* 18,33 (2,336–338 REISCHL/RUPP).

2. Illa enim hora cathecuminus nullus accedet ad Anastase; tantum neofiti et fideles, qui volunt audire misteria, in Anastase intrant. Clauduntur autem ostia, ne qui cathecuminus se dirigat. Disputante autem episcopo singula et narrante, tante voces sunt collaudantium, ut porro foras ecclesia audiantur voces eorum. Vere enim ita misteria omnia absolvet, ut nullus non possit commoveri ad ea quae audit sic exponi.

3. Et quoniam in ea provincia pars populi et grece et siriste novit, pars etiam alia per se grece, aliqua etiam pars tantum siriste, itaque quoniam episcopus, licet siriste noverit, tamen semper grece loquitur et nunquam siriste: itaque ergo stat semper presbyter, qui, episcopo grece dicente, siriste interpretatur, ut omnes audiant, quae exponuntur.

4. Lectiones etiam, quecumque in ecclesia leguntur, quia necesse est grece legi, semper stat, qui siriste interpretatur propter populum, ut semper discant. Sane quicumque hic latini sunt, id est qui nec siriste nec grece noverunt, ne contristentur, et ipsis exponitur eis, quia sunt alii fratres et sorores grecolatini, qui latine exponunt eis.

5. Illud autem hic ante omnia valde gratum fit et valde admirabile, ut semper tam ymni quam antiphonae et lectiones nec non etiam et orationes, quas dicet episcopus, tales

---

[124] Das aus dem Griechischen entlehnte Wort *neofiti* (νεόφυτοι) für die Neugetauften gebraucht Egeria nur an dieser Stelle.

[125] *Disputare* und *narrare* sind laut BASTIAENSEN, *Vocabulaire liturgique* 100–105, zwei Termini technici, die dem von Egeria dargelegten Prinzip der zweifachen Auslegung entsprechen und hier die Passagen bezeichnen, in denen der Bischof die Riten berichtet und dann deutet (vgl. z. B. *myst. cat.* 1, 2–3 [FC 7, 96–99]). Mit *dicere* und *exponere* findet sich ein ähnliches Begriffspaar bereits in 46, 4.

[126] Derartige zustimmende Akklamation bezeugt auch CYRILL, *cat.* 13, 23 (2, 80 REISCHL/RUPP).

[127] Griechisch war zunächst die Umgangs- und Liturgiesprache der ganzen Kirche; im 4. Jh. ist sie es nur noch im Osten. Auch dort nimmt

2. Zu dieser Stunde hat nämlich kein Katechumene Zugang zur Anastasis; nur die Neugetauften[124] und die Gläubigen, die etwas über die Mysterien hören wollen, betreten die Anastasis. Es werden sogar die Türen verschlossen, damit kein Katechumene dazukommt. Während der Bischof alles einzeln deutet und berichtet[125], sind die Stimmen der begeisterten Zuhörer so laut, daß ihre Stimmen sogar weit draußen vor der Kirche zu hören sind.[126] Er enthüllt ihnen nämlich alle Mysterien so, daß keiner von dem unberührt bleiben kann, was er derart erklärt hört.

3. Weil in dieser Provinz ein Teil des Volkes sowohl Griechisch als auch Syrisch spricht, ein Teil aber nur Griechisch, ein anderer Teil nur Syrisch, und weil der Bischof doch nur griechisch spricht und niemals syrisch, obwohl er das Syrische beherrscht, steht immer ein Priester da, der ins Syrische übersetzt, wenn der Bischof griechisch spricht, damit alle verstehen, was er erklärt.

4. Weil die Lesungen, die in der Kirche verlesen werden, griechisch gelesen werden müssen, steht immer jemand da, der sie wegen des Volkes ins Syrische übersetzt, damit sie immer etwas lernen. Damit freilich die Lateiner, die sich hier aufhalten, die weder Syrisch noch Griechisch können, nicht traurig werden, wird es auch ihnen erklärt. Denn hier sind andere, griechisch-lateinische Brüder und Schwestern, die es ihnen auf lateinisch erklären.[127]

5. Folgendes ist hier vor allem sehr schön und bewundernswert, daß die Hymnen, Antiphonen und sogar die Lesungen und die Gebete, die der Bischof spricht, immer

---

die Kenntnis dieser Hochsprache in den Randprovinzen ab; in Palästina setzt sich das Aramäische (*siriste* bei Egeria) als Volkssprache und teilweise auch als Liturgiesprache immer mehr bzw. wieder durch: Seit persischer Zeit war das Aramäische in großen Teilen des Vorderen Orients Alltagssprache gewesen. Aus den Sprachunterschieden entwickeln sich später Konfessionsunterschiede. Vom Psalmgebet in drei Sprachen berichtet auch HIERONYMUS, *epist.* 108,29 (CSEL 55,348).

pronuntiationes habeant, ut et diei, qui celebratur, et loco, in quo agitur, aptae et convenientes sint semper.

48. 1. Item dies enceniarum appellantur quando sancta ecclesia, quae in Golgotha est, quam Martyrium vocant, consecrata est Deo; sed et sancta ecclesia, quae est ad Anastase, id est in eo loco ubi Dominus resurrexit post passionem, ea die et ipsa consecrata est Deo. Harum ergo ecclesiarum sanctarum encenia cum summo honore celebrantur, quoniam crux Domini inventa est ipsa die.
2. Et ideo propter hoc ita ordinatum est, ut quando primum sanctae ecclesiae suprascriptae consecrabantur, ea dies esset qua crux Domini fuerat inventa, ut simul omni laetitia eadem die celebrarentur. Et hoc per Scripturas sanctas invenitur, quod ea dies sit enceniarum qua et sanctus Salomon consummata domo Dei, quam edificaverat, steterit ante altarium Dei et oraverit, sicut scriptum est in libris Paralipomenon.
49. 1. Hi ergo dies enceniarum cum venerint, octo diebus | attenduntur. Nam ante plurimos dies incipiunt se undique

---

[128] Das Wort *enceniae* leitet sich aus der griechischen Bezeichnung (τὰ ἐγκαίνια) für das Fest der jüdischen Tempelweihe her (vgl. 1 Makk 4,56; Joh 10,22) und wurde als Bezeichnung für die Kirchweihe übernommen. Es fand sich so auch in der lateinischen Bibel der Egeria; vgl. BASTIAENSEN, *Observations* 119f. Zum Zusammenhang mit dem jüdischen Fest vgl. auch Einleitung 102–104.
[129] Vgl. zu dieser Kirchweihe, die wohl am 13.9.335 stattgefunden hat, EUSEBIUS, *vit. Const.* 4, 40. 43–46 (GCS, Eusebius 1/1, 135 f. 138–140).
[130] Bei der Weihe des Martyriums war die Anastasis-Rotunde noch nicht vollendet; sie wird weder bei *Itin. Burdig.* noch von EUSEBIUS erwähnt. Die Weihe der Anastasis ist auch in *Lect. Arm.* 67 (361 RENOUX) noch mit der des Martyriums verbunden. Später werden die Feiern getrennt am 13. September (Anastasis) und 14. September (Martyrium) gefeiert; vgl. ESBROECK, *Homéliaires géorgiennes* 314 f. Da hat die Tradition der

einen solchen Inhalt haben, daß sie für den Tag, der gefeiert wird, und für den Ort, an dem sie begangen werden, immer passend und angemessen sind.

Kirchweihe

48.1. „Tage der Weihe"[128] nennt man (die Tage), da die heilige Kirche, die auf Golgota steht und die man Martyrium nennt, Gott geweiht worden ist.[129] Auch die heilige Kirche, die bei der Anastasis steht, wo die Stelle ist, an der der Herr nach seinem Leiden auferstanden ist, wurde am selben Tag Gott geweiht.[130] Weil am selben Tag das Kreuz des Herrn gefunden wurde, wird die Weihe dieser heiligen Kirchen mit größtem Aufwand gefeiert.[131]

2. Deswegen hat man es so eingerichtet, daß der Tag, an dem die beiden Kirchen neu geweiht wurden, auch der Tag war, an dem man das Kreuz des Herrn gefunden hatte, so daß an diesem Tag beides mit großer Freude gefeiert wird. Man findet außerdem in der Heiligen Schrift, daß es dieser Weihetag war, an dem der heilige Salomo, als das Haus Gottes geweiht wurde[132], das er gebaut hatte, sich vor den Altar stellte und betete, wie in den Büchern der Chronik aufgeschrieben ist (vgl. 2 Chr 6, 12–42).[133]

49.1. Wenn dann die „Tage der Weihe" gekommen sind, wird acht Tage lang gefeiert. Schon sehr viele Tage vorher

---

Kreuzverehrung am 14. September (siehe folgende Anm.) für eine Verschiebung gesorgt.
[131] Die Kreuzauffindung wurde nachträglich mit dem Datum der Kirchweihe verbunden; vgl. HEID, Ursprung 54–57. Laut Lect. Arm. 68 (363 RENOUX) wird das Kreuz am 14. September gezeigt; daraus entwickelt sich das Fest Kreuzerhöhung. Zur Feier der Kirchweihe sind im Armenischen Lektionar 1 Tim 3, 14–16 und Joh 10, 22–42 als Lesungen vorgesehen.
[132] Offensichtlich wird consummare hier, wie in der Vetus Latina, im Sinn von consecrare verwendet; vgl. BASTIAENSEN, Vocabulaire liturgique 121 f.
[133] Vgl. dazu Einleitung 102 f.

colligere turbae, non solum monachorum vel aputactitum
de diversis provinciis, id est tam de Mesopotamia vel Syria
vel de Egypto aut Thebaida, ubi plurimi monazontes sunt,
sed et de diversis omnibus locis vel provinciis; nullus est
enim, qui non se eadem die in Ierusolima tendat ad tantam
laetitiam et tam honorabiles dies; seculares autem tam viri
quam feminae fideli animo propter diem sanctum similiter
se de omnibus provinciis isdem diebus Ierusolima colligunt.

2. Episcopi autem, quando parvi fuerint, hisdem diebus
Ierusolima plus quadraginta aut quinquaginta sunt; et cum
illis veniunt multi clerici sui. Et quid plura? Putat se maximum peccatum incurrisse, qui in hisdem diebus tante sollennitati inter non fuerit, si tamen nulla necessitas contraria
fuerit, que hominem a bono proposito retinet.

3. His ergo diebus enceniarum ipse ornatus omnium
ecclesiarum est, qui et per pascha vel per epiphania, et ita
per singulos dies diversis locis sanctis proceditur ut per
pascha vel epiphania. Nam prima et secunda die in ecclesia
maiore, quae appellatur Martyrium, proceditur. Item tertia
die in Eleona, id est in ecclesia, quae est in ipso monte, a
quo ascendit Dominus in caelis post passionem, intra qua
ecclesia est spelunca illa, in qua docebat Dominus apostolos in monte Oliveti. Quarta autem die ...

---

[134] MARAVAL, *Égérie* 319 Anm. 2, hält es für möglich, daß Egeria bei
dieser Gelegenheit den Bischof von Zoar/Segor (vgl. 12,7) kennengelernt hat.

beginnen Scharen von überall her zusammenzukommen, nicht nur Mönche und Apotaktiten aus den verschiedenen Provinzen, das heißt aus Mesopotamien, Syrien, Ägypten oder der Thebais, wo es sehr viele Mönche gibt, sondern auch aus allen anderen verschiedenen Orten und Provinzen. Es gibt niemanden, der an diesem Tag nicht zu einem so bedeutenden Freuden- und Ehrentag nach Jerusalem ziehen möchte. Weltliche Personen, Männer und Frauen aus allen Provinzen, versammeln sich wegen dieses heiligen Tages in gleicher Weise mit gläubigem Herzen in Jerusalem.

2. Bischöfe aber sind in diesen Tagen — wenn es wenige sind — mehr als vierzig oder fünfzig in Jerusalem; mit ihnen kommen viele Kleriker.[134] Was soll ich weiter erzählen? Wer an diesen Tagen nicht bei den großen Feierlichkeiten dabeigewesen ist, glaubt, eine sehr große Schuld auf sich geladen zu haben, wenn es keinen Grund gab, der einen von dem guten Vorsatz abgehalten hat.

3. An diesen „Tagen der Weihe" ist der Schmuck aller Kirchen wie an Ostern und Epiphanie, und an jedem Tag zieht man zu den heiligen Stätten — ganz so wie an Ostern oder Epiphanie. Am ersten und zweiten Tag zieht man in die große Kirche, die als Martyrium bezeichnet wird. Am dritten Tag (geht man) nach Eleona, das heißt in die Kirche, die auf diesem Berg steht, von dem der Herr nach seinem Leiden in den Himmel aufgefahren ist, und in welcher Kirche sich auch die Höhle befindet, in der der Herr die Apostel auf dem Ölberg belehrte. Am vierten Tag aber ...[135]

---

[135] Hier endet das letzte Blatt der Handschrift.

ANHANG

PETRUS DIACONUS, DIE HEILIGEN STÄTTEN

EINLEITUNG

Petrus Diaconus (ca. 1100 — ca. 1153), war Bibliothekar und Archivar des Benediktinerklosters Monte Cassino. Fünfjährig war er als Oblate ins Kloster gekommen. Nach einer Verbannung 1128 kehrte er 1130 ins Kloster zurück und entfaltete eine umfangreiche literarische und archivalische Tätigkeit. Er verfaßte unter anderem verschiedene Heiligenviten, setzte die Chronik des Leo Marsicanus fort und stellte eine umfangreiche Sammlung des Urkundenmaterials von Monte Cassino zusammen. Die Werke sind allerdings von zahlreichen Fälschungen durchsetzt.[1]

Eine der Schriften des Petrus trägt den Titel *De locis sanctis*. Das Original-Manuskript ist erhalten in einem Codex des Klosters Monte Cassino.[2] Darüber hinaus existiert eine Abschrift dieser Handschrift aus dem 15. Jahrhundert. Die für die Ergänzung des Itinerariums der Egeria wichtigen Passagen wurden im Anhang der Edition von Franceschini/Weber von R. Weber herausgegeben.

Das Vorwort der Schrift ist auf 1137 datiert, die folgenden Blätter sind etwas früher geschrieben. Eine nähere Untersuchung des Textes ergab, daß Petrus keine eigene Reise beschreibt, sondern die Schrift aus drei Werken kompiliert hat. Beda Venerabilis hatte um 703/704 unter dem Titel *De locis sanctis* eine Bearbeitung des Pilgerberichtes des Adomnanus, der von der Reise des Bischofs Arculf berichtete, veröffentlicht. Dieses Werk lag dem Petrus vor; große Teile hat er unverändert in seine Schrift übernommen. Das Itinerarium der Egeria hat dem Petrus ebenfalls vorgelegen, wie sich aus der Übereinstimmung vieler Pas-

---

[1] Vgl. WOLTER, *Petrus* 360.
[2] Es handelt sich um den Codex Casinensis 361, 12. Jh., *fol.* 67–80.

sagen ergibt. Schließlich muß Petrus eine ansonsten unbekannte Quelle vorgelegen haben, die aus dem Anfang des 12. Jahrhunderts, aus der Zeit kurz nach der Eroberung Jerusalems durch die Kreuzfahrer, stammt.

Beim Versuch, die auf das Itinerarium der Egeria zurückgehenden Teile des Werkes von Petrus Diaconus zu identifizieren, bietet sich folgendes Verfahren an. Die Passagen aus Beda sind durch einen direkten Vergleich ohne Schwierigkeiten zu erkennen. Beim verbleibenden Text sind manche Sequenzen ebenfalls eindeutig zuzuordnen: Wenn Gebäude und Traditionen beschrieben werden, die sicher aus der Zeit nach Egeria stammen, ist die Passage der späteren Quelle zuzuordnen. Das ist beispielsweise der Fall bei den muslimischen Bauten auf dem Tempelplatz, Felsendom und el-Aqsa-Moschee (C 3f), aber auch bei verschiedenen Teilen der Grabeskirche (C 1). Wenn dagegen Gebäude und Traditionen erwähnt werden, die (teilweise schon sehr bald) nach Egeria nicht mehr bekannt oder vorhanden sind, ist eine Zuweisung der entsprechenden Passage an das Itinerarium sehr wahrscheinlich. Das gilt zum Beispiel für die Bauten in Tabgha und Kafarnaum (V 2f), aber auch in Mamre (N 1). Ähnliches gilt für einen Ausdruck wie „Römisches Reich" (Y 5f) im Zusammenhang der Sinaireise, der nur zu Zeiten Egerias Sinn gibt. Zudem wird im letzten Teil des Werkes (Y) genau die Wegstrecke beschrieben, auf die Egeria im erhaltenen Teil des Berichtes mehrfach zurückkommt. An einzelnen Stellen aber bleibt es unsicher, welche Quelle Petrus verwandt hat. In den Anmerkungen werden jeweils die Argumente für und gegen eine Zuweisung an Egeria genannt.

In der folgenden Übersetzung sind die Passagen, die wahrscheinlich von Egeria stammen, in Normalschrift wiedergegeben, die übrigen in Kursivschrift.[3]

---

[3] Die Markierung folgt in den meisten Fällen derjenigen in der Übersetzung von WILKINSON, *Egeria's travels* 180–210.

Die so isolierten Passagen gehören zu den verschiedenen Reisen der Egeria, die sie von Jerusalem aus unternommen hat.

1. Aufenthalt in Jerusalem (C–I)
Egeria hat zumindest die heiligen Stätten, die sie auch bei der Beschreibung der Jerusalemer Liturgie erwähnt, und den Tempelplatz besucht.

2. Reisen in der Umgebung Jerusalems und in Judäa (L–P 2)
Unklar bleibt, ob Egeria eine Reise oder mehrere in die Umgebung von Jerusalem unternommen hat. Möglicherweise hat eine Reise sie nach Jericho und zum Toten Meer geführt und eine weitere Reise nach Betlehem, Bet-Zur, Hebron, Tekoa und zum Herodeion.[4] Außerdem besuchte Egeria Anatot und Kirjat-Jearim.

3. Reise durch Samaria und Galiläa (P 3 – V 7)
Möglicherweise hat Egeria eine ähnliche Route gewählt, wie sie für Paula und Theodosius bezeugt ist[5]: Diese häufig durchgeführte Reise führte nach Bet-El, Timnat-Serach, Gibea, Schilo[6], Sichem und Sebaste, in die Gilboaberge, nach Jesreël, zum Kleinen Hermon, nach Schunem, Nain, En-Dor, zum Tabor, schließlich nach Nazaret, Tiberias, Kafarnaum, Tabgha und nach Chorazin.

4. Erste Reise nach Ägypten (V 7 – Y 3)
Über Eleutheropolis gelangte Egeria nach Aschkelon; dann folgte sie der Küstenstraße über Maiuma und Gaza[7] nach

---

[4] Vgl. MARAVAL, *Égérie* 75–79. 99–104.
[5] Vgl. MARAVAL, *Égérie* 86–98.
[6] Egerias Angabe, daß Schilo „am zwanzigsten Meilenstein, hinter Sichem" liegt, spricht allerdings dafür, daß sie von Norden kommt.
[7] Vgl. zu dieser Route *Anon. Plac.* 33 (CCL 175, 145).

Pelusium. In Ägypten selbst besuchte sie Alexandria, Tanis, Memfis, Babylon (Kairo), Heliopolis und die Thebais.

5. Zweite Reise nach Ägypten und zum Sinai (Y 4 – Y 17)

Bei ihrer zweiten Reise gelangte Egeria von Pelusium nach Klysma; von dort machte sie sich, entlang der Westküste der Sinaihalbinsel, auf den Weg in den Sinai.

Aus dem Vergleich der Passagen, die bei Egeria erhalten sind und von Petrus in seinen Bericht übernommen wurden, lassen sich die Arbeitsweise des Petrus und das Prinzip der Übernahme ablesen. Als Beispiel kann die Passage über den Ausblick vom Sinai dienen. Der Text lautet bei Egeria (*Itin. Eger.* 3, 8):

> „Ich möchte aber, daß ihr folgendes wißt, verehrte Damen Schwestern: Von der Stelle aus, an der wir standen — das heißt außerhalb der Kirchenmauern, also auf dem Gipfel des mittleren Berges —, schienen die Berge, die wir zuerst mit Mühe bestiegen hatten, im Vergleich mit dem mittleren, auf dem wir standen, so weit unter uns zu liegen, als wären sie kleine Hügel. Tatsächlich waren sie aber so groß, daß ich meinte, niemals höhere gesehen zu haben; aber dieser mittlere hier überragte sie alle bei weitem. Von hier aus aber sahen wir unter uns Ägypten und Palästina, das Rote Meer und das Parthenische Meer, das bis nach Alexandria reicht, sowie das endlose Gebiet der Sarazenen — man konnte es kaum glauben. Die Heiligen aber zeigten uns das in allen Einzelheiten."

Bei Petrus lautet die entsprechende Passage (*loc. sanct.* Z 15):

> „Vom Gipfel des mittleren Berges sieht man jene überaus hohen Berge so weit unten liegen wie kleine Hügel. Rund um den Berg Sinai aber sieht man Ägypten, Palästina, das Rote Meer, das Parthenische Meer, das bis nach Alexandria reicht, und das Gebiet der Sarazenen."

Petrus hat also aus dem Reisebericht eine Ortsbeschreibung gemacht, indem er die persönliche Form und das Tempus der Egeria („wir sahen") in eine allgemeine Formulierung geändert hat („man sieht"). Auch alle anderen

Anklänge an die Reise („Berge, die wir zuerst bestiegen hatten") und Egerias persönliche Bemerkungen („man konnte es kaum glauben") werden von ihm nicht übernommen. Nur wenn Petrus, wie bei der Sinaireise, lange Passagen des Itinerariums wiedergibt, kann es vorkommen, daß er auch die für Egeria typischen Merkmale übernimmt wie ihre Ausführlichkeit und ihre Begeisterung für die Wüste und deren Großartigkeit.

Die (hier erstmals ins Deutsche übersetzten) Passagen aus dem Werk des Petrus Diaconus stellen somit eine ziemlich zuverlässige Ergänzung des Itinerariums der Egeria, besonders für einige Orte in Galiläa und für die Reise zum Sinai, dar.

Übersicht über Petrus Diaconus, Die heiligen Stätten

A Vorwort des Petrus Diaconus
B Jerusalem (BEDA, *loc. sanct.* 1–2a)
C Grabeskirche und Tempelplatz
D Zion und andere heilige Plätze (BEDA, *loc. sanct.* 2b)
E Zion und der Tempelplatz
F Hakeldama und das Schweißtuch des Herrn (BEDA, *loc. sanct.* 3–4a)
G Das Schweißtuch des Herrn (Forts.)
H Am Ölberg (BEDA, *loc. sanct.* 4b–6)
I Am Ölberg (Forts.)
K Betlehem (BEDA, *loc. sanct.* 7)
L Die Umgebung Jerusalems
M Hebron und Mamre (BEDA, *loc. sanct.* 8)
N Hebron und Umgebung (Forts.)
O Jericho, Jordan und Totes Meer (BEDA, *loc. sanct.* 9–13)
P Die Umgebung Jerusalems (Forts.)
Q Der Jakobsbrunnen (BEDA, *loc. sanct.* 14)
R Der Jakobsbrunnen (Forts.)
S Am See Gennesaret (BEDA, *loc. sanct.* 15)
T Nazaret
U Der Tabor (BEDA, *loc. sanct.* 16)
V Galiläa — Die Reise nach Ägypten
X Alexandria und der Nil (BEDA, *loc. sanct.* 18)
Y Memfis, Babylon — Beginn der Sinaireise
Z Die Sinaireise (siehe Testimonienapparat zu *Itin. Eger.* 1–7)

TEXT UND ÜBERSETZUNG
IN AUSZÜGEN

LIBER DE LOCIS SANCTIS

C. 1. Sepulcrum vero Domini, de quo supra retulimus, est
fabricatum in medio templi, templum vero in media civitate
contra aquilonem non longe a porta Davit. Post resurrectionem autem est hortus, in qua sancta Maria cum Domino
locuta est. Foris ecclesiam retro est medietas orbis, de quo
loco dicit David: „Operatus es salutem in medio terre."
Alius etiam propheta dicit: „Hec dicit Dominus: ista est
Ierusalem, in medio gentium posui eam."
2. In Golgotha autem est pars ligni salutipherae crucis,
| in qua confixus est Dominus, et titulum, quod est repositum in locello argenteo. Est illic et cornu, unde ungebantur
reges, et anulum Salomonis.

Non longe autem a medietate mundi est carcer; ibi vero
est alligatio, ibi prope et flagellatio ibique prope spinis
coronatio, ibi prope est dispoliatio et vestimenti divisio.

---

[1] Der „Tempel" ist die Anastasis. Nach der Zerstörung durch den Kalifen EL-HAKIM 1009 ist allein dieser Teil der konstantinischen Anlage wieder aufgebaut worden. Von Anfang an gilt die Grabeskirche als neuer Tempel (vgl. EUSEBIUS, *vit. Const.* 3, 33. 40 [GCS, Eusebius 1/1, 99. 101]) und übernimmt viele von dessen Traditionen.
[2] Die Anastasis bildet vor allem theologisch die „Mitte" der Stadt. So ist es schon auf der Madabakarte dargestellt. In der Kreuzfahrerzeit wird das heutige Jaffator neben der Zitadelle „Davidstor" genannt. Erstmals findet sich der Name bei ADOMNANUS, *loc. sanct.* 1, 3 (CCL 175, 185).
[3] Als „Garten" bezeichnet den Hof zwischen Anastasis und Martyrium auch CYRILL, *cat.* 14, 5 (2, 112 REISCHL/RUPP). Beim Wiederaufbau der Anastasis nach der Zerstörung von 1009 — und vor der Umgestaltung der Grabeskirche durch die Kreuzfahrer, die den „Garten" mit dem Katholikon überbauten — ist der Hof vor der Anastasis durch Kaiser MONOMACHOS wiederhergestellt worden. Von ihm spricht hier der Text.
[4] Die Vorstellung vom Mittelpunkt der Welt in Jerusalem ist vielleicht

Die heiligen Stätten

Jerusalem

C. 1. *Das Grab des Herrn, von dem wir oben berichtet haben, ist in der Mitte eines Tempels*[1] *errichtet worden. Der Tempel aber liegt in der Mitte der Stadt gegen Norden hin, nicht weit vom Davidstor.*[2] *Hinter der Anastasis liegt ein Garten, in dem die heilige Maria mit dem Herrn gesprochen hat (vgl. Joh 20,14–17).*[3] *Außerhalb, hinter der Kirche, ist der Mittelpunkt der Welt, der Ort, von dem David sagt: „In der Mitte der Erde hast du das Heil gewirkt" (Ps 73,12 Vg.). Und ein anderer Prophet sagt: „So spricht der Herr: Das ist Jerusalem; in die Mitte der Völker habe ich es gesetzt" (Ez 5,5).*[4]

2. Auf Golgota aber befindet sich ein Stück vom Holz des heiltragenden[5] Kreuzes, an das der Herr geheftet wurde, und die (Kreuzes-)Inschrift, die in einem silbernen Kästchen aufbewahrt wird. Dort ist auch das Horn, aus dem die Könige gesalbt wurden, und der Ring Salomos.[6]

Nicht weit von der Mitte der Welt ist ein Gefängnis, dort ist die (Stelle der) Fesselung. Dort in der Nähe ist die (Stelle der) Geißelung und die (Stelle der) Dornenkrönung; und dort in der Nähe ist die (Stelle der) Entkleidung und die (Stelle der) Kleiderteilung.[7]

---

schon vorisraelitischer Herkunft. Sie hängt zunächst am Tempelberg und „wandert" in christlicher Zeit zur Grabeskirche — genauer zum Golgota; vgl. schon CYRILL, *cat.* 13,28 (2,86 REISCHL/RUPP), mit Berufung auf Ps 73,12 LXX. Vgl. zum Ganzen OTTO, *Jerusalem* 39f, und KRETSCHMAR, *Festkalender* 92–97. Im Katholikon der Kreuzfahrer zeigt man noch heute den „Omphalos", den Nabel der Welt.

[5] Vgl. dazu *Itin. Eger.* 36,5.
[6] Die Beschreibung entspricht den Verhältnissen in *Itin. Eger.* 37,1.3.
[7] Diese Orte werden z. Zt. der Egeria noch nicht gezeigt.

In Calvaria autem, ubi crucifixus est Dominus, est mons scissus, et in ipso monte Calvarie ascenditur per gradus decem et septem, et ibi pendent lampades novem cum singulis nappis argenteis. Subtus vero est Golgotha, ubi cecidit sanguis Christi super petram scissam.

3. Subtus autem monte Calvarie contra Orientem est templum Domini ex alia parte civitatis, quem Salomon edificavit. Quattuor portas habet: prima ab oriente, secunda ab occidente, tertia a meridie, quarta ab aquilone, que habent significationem quattuor partium mundi, de foris vero octo angulos habet, per unumquodque angulum duodecim passus volvitur. In medium templi est mons magnus circumdatus parietibus, in quo tabernaculum, illuc et arca testamenti fuit, quae a Vespasiano imperatore destructo templo Rome delata est. A latere vero sinistro tabernaculi super saxum posuit Dominus Iesus Christus pedem suum, quando eum Symeon accepit in ulnis, et ita remansit pes scultus ibidem, ac si in cera positus esset. Ab alio vero latere saxi est tabernaculus apertus, in quo per gradus viginti duo descendunt. Ibi Dominus orabat, ibi et Zacharias sacrificabat. Extra templum locus est, ubi Zacharias filius Barachie

---

[8] Das lateinische Wort *Calvaria* anstelle des griechisch-hebräischen *Golgota* wird erst in der Kreuzfahrerzeit benutzt. Seitdem unterscheidet man auch zwischen den „beiden" Stellen.

[9] Der Riß im Fels (möglicherweise einer der Gründe, warum der Fels im Steinbruch stehenblieb) wird auch von CYRILL, *cat.* 13,39 (2,102 REISCHL/RUPP), erwähnt und auf Mt 27,51 zurückgeführt. Von Pilgern wird er nicht vor der Zeit der Kreuzfahrer erwähnt.

[10] Nicht erwähnt wird die Tradition vom Grab Adams am Fuß von Golgota, der durch das Blut Christi getauft wird; vgl. dazu KRETSCHMAR, *Festkalender* 84–92.

[11] Die Kreuzfahrer hielten den 688–691 erbauten Felsendom für den von Salomo erbauten Tempel.

[12] Das Allerheiligste des Salomonischen Tempels hat sich möglicherweise auf dem heiligen Felsen befunden — sicher nicht in der (noch vorhandenen) Höhle im Innern des Felsens; vgl. OTTO, *Jerusalem* 53 f.

[13] Die Bundeslade war von David nach Jerusalem gebracht worden (vgl. 2 Sam 6) und von Salomo im Allerheiligsten aufgestellt worden (vgl.

Auf Kalvaria[8] *aber, wo der Herr gekreuzigt worden ist, ist der Berg gespalten*[9]. *Auf diesen Berg steigt man über 17 Stufen, und neun Lampen hängen dort, jede einzelne mit silberner Schale. Unterhalb ist Golgota, wo das Blut Christi auf den gespaltenen Felsen tropfte.*[10]

3. *Unterhalb vom Kalvarienberg, in Richtung Osten, befindet sich in einem anderen Teil der Stadt der Tempel des Herrn, den Salomo erbaut hat.*[11] *Er hat vier Eingänge — den ersten von Osten, den zweiten von Westen, den dritten von Süden und den vierten von Norden —, die die vier Teile der Welt bezeichnen. Von außen ist er achteckig; durch jede Ecke wird (eine Seite von) 12 Schritt gebildet. In der Mitte des Tempels ist ein großer von Mauern umgebener Berg, in dem das Allerheiligste ist.*[12] *Dort befand sich auch die Bundeslade, die von Kaiser Vespasian nach der Zerstörung des Tempels nach Rom gebracht wurde.*[13] *Auf der linken Seite des Allerheiligsten setzte der Herr Jesus Christus seinen Fuß auf den Felsen, als Simeon ihn in die Arme nahm, und so blieb der Fußabdruck dort, als wenn er in Wachs gedrückt worden wäre.*[14] *Von der anderen Seite des Felsens her ist das Allerheiligste offen, in das man über 22 Stufen hinabsteigt. Dort betete der Herr, dort hat auch Zacharias geopfert (vgl. Lk 1, 8–10). Außerhalb des Tempels ist der Ort, wo Zacharias, der Sohn des Barachias, getötet wurde (vgl. 2 Chr 24, 20–22; Mt 23, 35).*[15] *In der Mitte des*

---

1 Kön 8). Sie wurde bei der Eroberung Jerusalems durch NEBUKADNEZZAR zerstört und verschwand (vgl. 2 Kön 25); das Allerheiligste des „Zweiten Tempels" war leer.

[14] Zu den Fußspuren Jesu auf dem Ölberg siehe oben 63. In islamischer Zeit zeigt man die Fußspuren von MOHAMMEDS Pferd Buraq auf dem heiligen Felsen. Hier bzw. in PETRUS' später Quelle wird die muslimische Tradition anscheinend an Jesus zurückgebunden.

[15] Die Darstellung folgt der schon bei Matthäus anzutreffenden Identifizierung des Secharja/Zacharias, Sohn des Jojada, der laut 2 Chr 24, 20–22 ermordet wurde, mit dem Schriftpropheten Sacharja/Zacharias, Sohn des Berechja/Barachias. Zum Grab des Sacharja/Zacharias siehe Anm. 93, unten 343.

interfectus est. Super saxum in medio templi pendet candela aurea, in qua est sanguis Christi, qui per petram scissam descendit.

4. Contra meridiem autem non longe templum Salomonis, in quo abitavit, constructum est, in quo sunt porte viginti quinque; intus habet columnas tercentas sexaginta duo, et subtus non longe cunabula Christi et balneum eius, et lectum sancte Dei genitricis. Subtus templum Domini ab oriente est porta speciosa, unde Dominus intravit sedens super pullum asine. Ibi et Petrus claudum sanavit. Contra aquilonem est ecclesia sanctae Anne, ubi tribus annis beata Maria nutrita fuit. Prope vero est probatica piscina, quae quinque porticus habet.

E. In ecclesia vero, quae dicitur sancta Syon, est thronus Iacobi fratris Domini, qui iuxta templum sepultus est; in eo autem loco fundata est, ubi cenantibus apostolis post passionem ostiis clausis abparuit Dominus. Prope vero illic est porta, de qua angelus Petrum eduxit.

---

[16] Gemeint ist die el-Aqsa-Moschee.
[17] Aus dem biblischen Bericht, daß Jesus sich Jerusalem über den Abhang des Ölbergs genähert habe und sofort in den Tempel gezogen sei (vgl. v. a. Lk 19, 28–48), schloß man in der Kreuzfahrerzeit, daß er das heutige „Goldene Tor" an der Ostseite des Tempelplatzes benutzt haben müsse. Die „Schöne Pforte" der Apostelgeschichte war aber vermutlich das heutige „Kettentor" im Westen des Platzes. Seit der Kreuzfahrerzeit wird den Pilgern das „Goldene Tor" als „Schöne Pforte" gezeigt.
[18] Die Tradition vom Wohnort der Maria nahe beim Tempel in Jerusalem geht auf das apokryphe Jakobusevangelium zurück; vgl. *Protev.* 7 (FC 18, 108 f). Die Kirche St. Anna entsteht erst in der Kreuzfahrerzeit.
[19] Die fünf Säulenhallen umgaben z. Zt. Jesu die beiden Teiche in Form eines geteilten Rechtecks. Schon z. Zt. des EUSEBIUS scheinen sie nicht mehr gestanden zu haben; vgl. EUSEBIUS, *onomast.* (GCS 11/1, Eusebius 3/1, 58), zu Bezata und *Itin. Burdig.* 589 (CCL 175, 14 f).

Tempels über dem Felsen hängt eine goldene Lampe, in der sich das Blut Christi befindet, das durch den gespaltenen Felsen hinablief.
4. In Richtung Süden aber, nicht weit davon, ist der Tempel Salomos errichtet, in dem er wohnte.[16] *Er hat 25 Türen; innen befinden sich 362 Säulen. Und nicht viel weiter unten ist das Zimmer Christi und sein Bad sowie das Bett der heiligen Gottesgebärerin. Unterhalb vom Tempel des Herrn ist die „Schöne Pforte", von wo aus der Herr (in Jerusalem) einzog (vgl. Mk 11, 1–11 par.)*[17]*, sitzend auf dem Füllen einer Eselin. Dort heilte Petrus auch den Lahmen (vgl. Apg 3, 1–10). Gegen Norden liegt die Kirche der heiligen Anna, wo die selige Maria drei Jahre lang genährt wurde.*[18] *Ganz in der Nähe liegt der Schafteich, der fünf Säulenhallen hat (vgl. Joh 5, 2).*[19]

E. In der Kirche, die „Heilige Zion"[20] genannt wird, befindet sich der Thron des Herrenbruders Jakobus, der gleich beim Tempel begraben ist.[21] Sie wurde an jenem Ort gegründet, wo der Herr den Aposteln bei verschlossenen Türen erschien, als sie Mahl hielten (vgl. Joh 20, 19.26). Ganz in der Nähe liegt dort das Tor, durch das der Engel Petrus hinausführte (vgl. Apg 12, 10).[22]

---

[20] Der Ausdruck „Hagia Sion" ist die Bezeichnung der Zionskirche seit dem 5. Jh.; siehe oben 61. Die erwähnten Traditionen stimmen mit den Traditionen z. Zt. der Egeria überein. Zum Thron des Jakobus vgl. EUSEBIUS, *h. e.* 7, 19 (287 SCHWARTZ); zur Erscheinung des Auferstandenen vgl. *Itin. Eger.* 39, 5; 43, 3.
[21] Das Grab des Jakobus erwähnt auch EUSEBIUS, *h. e.* 2, 23, 18 (70 SCHWARTZ). Er lokalisiert es „nahe beim Tempel". Seit dem 4. Jh. wird eines der hellenistischen Gräber am Ostrand des Kidrontales als „Jakobusgrab" angesehen; vgl. BIEBERSTEIN/BLOEDHORN, *Jerusalem* 3, 233 f.
[22] Zu Jesu Zeiten hatte der Zionsberg innerhalb der Stadtmauer gelegen, z. Zt. der Egeria lag dieser „Ort der Urgemeinde" außerhalb; siehe oben 59–62. So lag es nahe, das in Apg erwähnte Tor mit dem Vorgänger des heutigen Zionstores zu identifizieren.

De templo vero, quem Salomon edificavit, due tantum
pinne permanent, quarum una, que altior valde est, ipsa est,
in qua Dominus temptatus | est a diabolo, reliqua autem |96
destructa sunt. In area vero Orne Iebusei templum constructum fuit. Prope autem portam effusus est sanguis 5
Zacharie, filii Barachie.

G. Sudarium vero, cum quo Christus faciem suam extersit,
que ab aliis Veronyca dicitur, tempore Tyberii Cesaris
Rome delatum est. Arundo vero cum qua caput eius per-
cussum est, et sandalia eius et lora cum quibus ligatus est, 10
et circumcisio eius et sanguis eius in basilica Constantini-
ana Rome venerabiliter honorantur.

I. Trans torrentem Cedron est spelunca et super eam ecclesia in eo loco, ubi quinta feria post cenam Salvatorem Iudei
comprehenderunt, qui locus est in capite vallis Iosaphat. In 15
eadem vero valle stetit palma unde pueri ramos tulerunt,
quando clamaverunt Hosanna. Item in monte Oliveti est
spelunca, et in ea altarium, bene lucida, in qua solebat
Dominus docere discipulos suos, supra quam speluncam

---

[23] Im Gegensatz zu C 3–4 gibt diese Beschreibung den Zustand des
Tempelplatzes z. Zt. der Egeria wieder. Mit den Zinnen sind die hoch
aufragenden Ecken des Tempelplatzes gemeint. Vgl. auch *Itin. Burdig.*
590f (CCL 175,15): Auch dort ist von der Zinne *(turris)* die Rede, von
den noch sichtbaren Zerstörungsspuren, die die römischen Soldaten
hinterlassen haben, und vom Martyrium des Zacharias. Zu letzterem
vgl. auch STEMBERGER, *Juden und Christen* 82, wo die judenfeindliche
Funktion dieser Tradition deutlich wird. Im 6. Jh. wandert sie zum
„neuen Tempel", zur Grabeskirche; vgl. *Brev.* 3 (CCL 175,110).
[24] Die Legende vom „wahren Bild" Christi ist alt. Die *Doctrina Addai*
bringt es mit König Abgar von Edessa in Zusammenhang. Egeria kennt
es noch nicht; vgl. *Itin. Eger.* 17, 1. Erst in der Kreuzfahrerzeit aber wird
aus der *vera icona* die „Veronica".

Von dem Tempel, den Salomo erbaut hat, sind nur zwei Zinnen erhalten, von denen eine, die sehr viel höher ist, diejenige ist, auf der der Herr vom Teufel versucht wurde (vgl. Mt 4,5). Das andere aber ist zerstört. Der Tempel war auf dem Gelände des Jebusiters Arauna errichtet worden. Nahe beim Tor aber wurde das Blut des Zacharias, Sohn des Barachias (vgl. 2 Chr 24,20–22; Mt 23,35) vergossen.[23]

G. Das Schweißtuch, mit dem Christus sein Gesicht trocknete, das von anderen „Veronica" genannt wird, wurde zur Zeit des Kaisers Tiberius nach Rom gebracht.[24] *Das Rohr, mit dem sein Haupt geschlagen wurde, seine Sandalen und die Fesseln, mit denen er gebunden wurde, und seine Vorhaut und sein Blut werden in der Konstantinischen Basilika in Rom ehrfürchtig verehrt.*[25]

I. Jenseits des Baches Kidron liegt eine Höhle, und über der Höhle ist eine Kirche an dem Ort, wo die Juden am Donnerstag nach dem (Abend-)Mahl den Erlöser festnahmen.[26] Der Ort liegt am Anfang des Tales Joschafat. In demselben Tal stand die Palme, von der die Kinder die Palmzweige nahmen, als sie „Hosanna" riefen (vgl. Mt 21,4–9).[27] Ebenfalls am Ölberg liegt eine prächtige Höhle mit einem Altar darin, wo der Herr seine Jünger zu lehren pflegte. Über

---

[25] Noch im 6. Jh. weiß man von diesen Reliquien in Rom nichts; vgl. WILKINSON, *Egeria's travels* 184 Anm. 2.
[26] Gemeint ist die heutige Verratsgrotte neben dem Mariengrab. Egeria verbindet die Gefangennahme (noch) nicht mit einer Höhle. Vgl. *Itin. Eger.* 36,2 und BIEBERSTEIN/BLOEDHORN, *Jerusalem* 3,248 f. Eine Kirche ist für das 4. Jh. ebenfalls nicht nachgewiesen; anders WILKINSON, *Egeria's travels* 326.
[27] Vgl. *Itin. Eger.* 31,2. Zur Zeit CYRILLS steht die Palme noch; vgl. CYRILL, *cat.* 10,19 (1,284–286 REISCHL/RUPP).

est sancta ecclesia grandis et non longe est martirium sancti Stephani. Inde non longe est locus, ubi oravit Dominus, quando factus est sudor eius sicut gutte sanguinis. In itinere autem Bethaniae vicus est, de quo adducta est asina.

L. 1. Piscina vero, ubi exprobravit Rabsaces, iusta Bethleem est. Iusta ostium autem spelunce puteus est, unde aquam concupivit Davit. In valle etiam, que in Bethleem est sunt memorie regum Iuda.

Non longe autem inde est ecclesia, que appellatur Ad Pastores, ubi nunc est viridarium grande, clausum parietibus diligenter per girum et ibi est spelunca lucidissima abens altarium in eo loco, ubi pastoribus, cum vigilias

---

[28] Die Zuweisung dieser Passage an Egeria ist unsicher. Die Tatsache, daß die Kirche über der Eleona-Grotte spätestens im 9. Jh. zerstört wurde, und die Kreuzfahrer nur ein kleines Oratorium errichteten, wo sie der Schaffung des Vaterunser gedachten (vgl. P 1 und BIEBERSTEIN/BLOEDHORN, Jerusalem 3, 286–288), spricht für die Herkunft der Passage aus dem Egeria-Manuskript.

[29] Nach der Auffindung der Stephanus-Gebeine (415) wurden diese zunächst in der „Hagia Sion" aufbewahrt. Kaiserin EUDOKIA errichtete 460 nördlich der Stadt eine eigene Kirche für sie. Hier aber ist möglicherweise ein Stephanus-Martyrium auf dem Ölberg gemeint, von dem GERONTIUS berichtet, MELANIA D. J. habe es 438 errichtet; vgl. GERONTIUS, vit. Mel. 57; 64 (SCh 90, 240. 256–258).

[30] Die Stelle paßt gut zu den Angaben der Egeria, denen zufolge der Todesangst Jesu auf dem Ölberg, und nicht in Getsemani gedacht wurde; vgl. Itin. Eger. 36, 1 und oben 66–68.

[31] Der Ort, von wo die Eselin geholt wird, wird in byzantinischer Zeit nicht immer mit Betfage (auf der Spitze des Ölbergs, siehe oben 70) identifiziert, liegt aber in der Nähe von Betanien; vgl. HIERONYMUS, epist. 108, 12 (CSEL 55, 320).

dieser Höhle steht eine große heilige Kirche.[28] *Und nicht weit davon liegt das Martyrium des heiligen Stephanus.*[29] Nicht weit davon entfernt ist der Ort, wo der Herr betete, als sein Schweiß wie Blutstropfen wurde (vgl. Lk 22,44).[30] Am Weg nach Betanien liegt das Dorf, von wo die Eselin geholt wurde (vgl. Mk 11,1 par.).[31]

Die Umgebung Jerusalems und Judäa

L. 1. Der Teich, wo der Rabschake (dem König Hiskija) Vorhaltungen machte (vgl. 2 Kön 18,17–25), *liegt nahe bei Betlehem.*[32] In der Nähe eines Höhleneingangs liegt der Brunnen, aus dem David Wasser haben wollte (vgl. 2 Sam 23,14–16).[33] In einem Tal, das in Betlehem ist, liegen auch die Grabstätten der Könige von Juda.[34]

Nicht weit davon aber liegt die Kirche, die „Bei den Hirten" genannt wird, wo nun ein großer Garten ist, sorgfältig mit Mauern rings umschlossen. Und dort befindet sich auch eine überaus prächtige Höhle mit einem Altar an

---

[32] Das biblische Ereignis um den assyrischen Beamten am „oberen Teich" in Jerusalem wird von anderen Pilgern nicht erwähnt. PETRUS lokalisiert es irrtümlich bei Betlehem; vgl. WILKINSON, *Egeria's travels* 185 Anm. 4 und 5; MARAVAL, *Égérie* 75. Sollte eine Verwechslung mit den sogenannten „Teichen Salomos" bei Betlehem vorliegen?
[33] Der Brunnen wird mit *Bir Daud*, ca. 1 km nördlich der Geburtskirche, identifiziert. Dort befinden sich auch (Grab-)Höhlen; vgl. WILKINSON, *Egeria's travels* 185 Anm. 6.
[34] Die Könige von Juda wurden in der Davidsstadt (*sc.* Jerusalem) beerdigt (vgl. z.B. 1 Kön 2,10). Der Ort dieser Gräber war nach der Zerstörung der Davidsstadt durch HADRIAN aber unbekannt. So wird später berichtet, die Gräber befänden sich in Betlehem. Christlicherseits mag dabei die Benennung von Davids Geburtsort Betlehem in Lk 2,4.11 als „Stadt Davids" eine Rolle gespielt haben. Vgl. dazu schon EUSEBIUS, *onomast.* (GCS 11/1, Eusebius 3/1, 42); *Itin. Burdig.* 598 (CCL 175,20). Vgl. auch JEREMIAS, *Heiligengräber* 53–60.

aberent, apparens angelus annuntiavit eis Christi nativitatem.

2. In Anatho autem est turris, in qua lamentavit Ieremias propheta, distat autem ab Ierusalem miliario quarto. Miliario vero ab Ierusalem duodecimo est sepulchrum sancti 5 Amos prophete, qui locus abpellatur Thecue. In quo itinere contra mons est, quam excavavit Erodes et fecit sibi palatium super heremum contra mare Mortuum.

In Thamnadsare | est sepulchrum sancti Iesu filii Nave; |97 ibi sunt et gladii petrini, unde circumcisi sunt filii Israel 10 secundo; ecclesia vero ibi constructa est, distat autem ab Ierusalem miliariis viginti. In alio autem monte ad miliarium secundum est ecclesia, ubi requiescunt corpora sanctorum Eleazari et Finees.

Miliario vero nono ab Ierusalem in loco, qui dicitur 15 Cariathiarim, ubi fuit arca Domini, ecclesia illuc constructa est.

---

[35] Beschrieben wird hier das sogenannte „griechische Hirtenfeld" bei *Der er-Rawat*. Die Entwicklung einer Ortsbeschreibung „bei den Hirten" zum Kirchentitel paßt gut zu den von Egeria erwähnten Orten *En Horeb, Opu Melchisedek;* vgl. WILKINSON, *Egeria's travels* 185 Anm. 8 und 293–295. Damit wäre der Text der erste Zeuge für die Tradition des „griechischen Hirtenfeldes"; vgl. dazu KEEL/KÜCHLER, *Orte* 2,638–650; TZAFERIS, *Shepherd's Field*, und HIERONYMUS, *epist.* 108,10 (CSEL 55,318). In *Lect. Arm.* 1 (42f RENOUX) werden die Hirtenfelder als liturgische Station im Zusammenhang des Epiphaniefestes erwähnt; siehe oben 85.

[36] Der Turm ist ansonsten unbekannt; im 4. Jh. gibt es in Anatot allerdings eine Kirche, wo am 1. Mai das Fest des Propheten gefeiert wird; vgl. *Lect. Arm.* 53 (331 RENOUX).

[37] *Hirbet Tequa*, 8 km südlich von Betlehem. Das Grab des Amos scheint man dort bereits im 1. Jh. n. Chr. verehrt zu haben. Mögliche Reste eines Amos-Propheteion sind gefunden worden; vgl. EUSEBIUS,

dem Ort, wo den Hirten, als sie Nachtwache hielten, ein Engel erschien und ihnen die Geburt Christi verkündete.[35]

2. In Anatot aber steht der Turm, in dem der Prophet Jeremia seine Klagelieder sang; die Entfernung von Jerusalem beträgt vier Meilen.[36] Zwölf Meilen von Jerusalem entfernt befindet sich das Grab des Propheten Amos; der Ort wird Tekoa genannt.[37] Auf dem Weg (dorthin) liegt gegenüber der Berg, den Herodes ausgehöhlt hat und wo er sich oberhalb der Wüste in Richtung auf das Tote Meer hin einen Palast gebaut hat.[38]

In Timnat-Serach befindet sich das Grab des heiligen Josua, Sohn des Nun; dort finden sich auch die Steinmesser, mit denen die Kinder Israels ein zweites Mal beschnitten wurden (vgl. Jos 5,2f). Eine Kirche ist dort errichtet worden; die Entfernung von Jerusalem beträgt 20 Meilen. Auf einem anderen Berg, zwei Meilen entfernt, gibt es eine Kirche, wo die Leiber der heiligen Eleasar und Pinhas ruhen.[39]

Neun Meilen von Jerusalem entfernt, an dem Ort, der Kirjat-Jearim genannt wird, wo die Lade des Herrn stand (vgl. 1 Sam 6,21), ist eine Kirche errichtet worden.[40]

---

onomast. (GCS 11/1, Eusebius 3/1,86), zu Elteke; HIERONYMUS, *epist.* 108,12 (CSEL 55,320), sowie JEREMIAS, *Heiligengräber* 87f, und KEEL/KÜCHLER, *Orte* 2,667f.

[38] Zum Herodeion vgl. KEEL/KÜCHLER, *Orte* 2,650–661.

[39] Die beiden erwähnten Orte (Timnat-Serach als Begräbnisort Josuas, vgl. Jos 24,30, und Gibea als Begräbnisort des Eleasar, vgl. Jos 24,33) wurden von den Christen abseits der Straße Jerusalem–Neapolis in *Hirbet Tibne* und *Hirbet Siya* gesucht; vgl. auch HIERONYMUS, *epist.* 108,13 (CSEL 55,322). Ausgrabungen brachten Reste von zwei Kirchen und auch zahlreiche Feuersteine ans Licht, die möglicherweise für die Steinmesser von Jos 5,2 gehalten wurden; vgl. WILKINSON, *Egeria's travels* 186f Anm. 5 und 8; JEREMIAS, *Heiligengräber* 38–40.

[40] Reste einer byzantinischen Kirche wurden auf der Höhe oberhalb von *Abu Gosh* gefunden. EUSEBIUS, *onomast.* (GCS 11/1, Eusebius 3/1,48), erwähnt die Kirche allerdings nicht; dagegen erwähnt *Lect. Arm.* 61 (349 RENOUX) ein Fest der Bundeslade in Kirjat-Jearim; vgl. KEEL/KÜCHLER, *Orte* 2,793–799.

N. 1. In vicesimo autem quarto miliario ab Ierusalem iuxta Hebron est fons, in quo baptizavit Philippus apostolus et evangelista eunuchum Candacis regine.

In loco vero, qui appellatur Terebinthus, ubi apparuerunt tres angeli Abrae, est puteus Abrae optimus et spelunce due lucidissime ubi abitavit; nam et altarium ibi positum est et ante se ecclesiam abet. Non longe autem inde mons est, usque quo deduxit Abraam angelos euntes in Sodomis.

2. Intus vero in Ebron domus consistit Davit, unde adhuc aliqua pars stat; nam cubiculum, ubi mansit, usque odie ibi ad orationem curritur. Non longe autem ab Ebron ad passus trecentos in loco, qui dicitur Abramiri, est domus Iacobi, ubi ecclesia sine tecto constructa est. Inde vero ad passus quinquaginta est sepulchrum sancti Chaleph. Item Abramiri vinea est, in qua est spelunca, ubi requiescunt

---

[41] Die Quelle befand sich bei Bet-Zur und wird auch erwähnt von EUSEBIUS, *onomast.* (GCS 11/1, Eusebius 3/1, 52), und *Itin. Burdig.* 599 (CCL 175, 20).

[42] Das Abrahamheiligtum in Mamre war von KONSTANTIN errichtet worden und wurde von Christen und Heiden gleichermaßen besucht; vgl. EUSEBIUS, *vit. Const.* 3, 51–53 (GCS, Eusebius 1/1, 105–107). Auch *Itin. Burdig.* 599 (CCL 175, 20) beschreibt den Bau und den Brunnen. Die Terebinthe selbst stand schon um 390 nicht mehr; vgl. HIERONYMUS, *onomast.* (GCS 11/1, Eusebius 3/1, 77). Die Kirche wurde 614 zerstört; vgl. zum Ganzen KEEL/KÜCHLER, *Orte* 2, 696–713. Die Erwähnung der zwei Höhlen ist problematisch: Die Höhle Machpela bei Hebron wird als Doppelhöhle angesehen (vgl. Gen 23, 9 LXX); möglicherweise ist der Ausdruck aus Egerias Beschreibung Hebrons in diesen Text „gerutscht", wobei die Begräbnishöhle nun als Wohnhaus Abrahams angesehen wird.

[43] *Beni Naim,* südöstlich von Hebron; vgl. HIERONYMUS, *epist.* 108, 11 (CSEL 55, 319), und KEEL/KÜCHLER, *Orte* 2, 743–746.

[44] Nach 2 Sam 2, 1 f hat David in Hebron gelebt. Das alttestamentliche Hebron lag auf dem *Dschebel er-Rumede* am Rande der heutigen Stadt. Die dortige Anlage *Der el-Arbain* scheint aus einer antiken befestigten Basilika entstanden zu sein, die noch Anfang des 20. Jh. für die Ruine der Burg Davids gehalten wurde; vgl. KEEL/KÜCHLER, *Orte* 2, 686 f.

N. 1. 24 Meilen aber von Jerusalem entfernt, in der Nähe von Hebron, liegt die Quelle, in der der Apostel und Evangelist Philippus den Eunuchen der Königin Kandake taufte (vgl. Apg 8, 36–38).[41]

An dem Ort, der „Terebinthe" genannt wird, wo dem Abraham drei Engel erschienen, befinden sich der — sehr gute — Abrahamsbrunnen und zwei überaus prächtige Höhlen, in denen er wohnte. Und auch ein Altar steht dort mit einer Kirche davor.[42] Nicht weit von dort liegt der Berg, bis zu dem Abraham die Engel führte, die nach Sodom gingen (vgl. Gen 18, 16).[43]

2. In Hebron selbst befindet sich das Haus des David, von dem noch ein Teil steht; denn in den Raum, wo er wohnte, geht man bis heute zum Gebet.[44] Nicht weit von Hebron, 300 Schritt entfernt, an dem Ort, der „Abramiri" genannt wird, steht das Haus des Jakob, wo eine Kirche ohne Dach errichtet worden ist.[45] 50 Schritt von dort befindet sich das Grab des heiligen Kaleb.[46] *Dies „Abramiri" ist ein Weinberg, in dem sich eine Höhle befindet, wo die*

---

[45] Noch in byzantinischer Zeit lag die Grabhöhle Abrahams außerhalb von Hebron. In der Kreuzfahrerzeit wandert das Zentrum der Stadt zum Haram, dem Heiligtum über der Grabhöhle; vgl. KEEL/KÜCHLER, *Orte* 2, 688 f. Der Ausdruck „Kirche ohne Dach" beschreibt die herodianische Umfassungsmauer der Höhle Machpela. Oberhalb der Höhle befand sich ein offener, säulenumstandener Hof, ähnlich dem Jerusalemer Tempelplatz, in dem sich heute die Kenotaphe der Patriarchen befinden. Vgl. auch schon *Itin. Burdig.* 599 (CCL 175, 20). In der Kreuzfahrerzeit ist aus der „Kirche ohne Dach" eine eingewölbte Kirche bzw. Moschee geworden; vgl. KEEL/KÜCHLER, *Orte* 2, 680–683.
[46] Gemäß Jos 14, 13 f war Hebron/Kirjat-Arba („Stadt der Vier") Erbbesitz des Kaleb. Die Christen zeigen deshalb auch sein Grab in Hebron: Er gilt neben Abraham, Isaak und Jakob als einer der „Vier"; vgl. HIERONYMUS, *epist.* 108, 11 (CSEL 55, 319); JEREMIAS, *Heiligengräber* 98 f. Möglicherweise ist das „Grab Kalebs" ein Vorgängerbau der unten erwähnten „eigenen Kirche", in der die Gebeine Josefs ruhen.

corpora undecim filiorum Iacob; ossa autem Ioseph separatim sepulta in sua ecclesia sunt. Non longe vero ab Ebron est sepulchrum Abner filii Ner.

P. 1. Qui autem ad Iordanem ire ab Ierusalem desiderat, per montem Oliveti descendit. A monte Oliveti Christus ascendit ad celum et ibi fecit Pater noster. Mons autem Syon a meridie est; ibi obiit sancta Maria et ibi Dominus cenavit cum discipulis suis et ibi misit Spiritum sanctum super discipulos.

In ecclesia vero, que est in Bethleem, est mensa in qua comedit sancta Maria cum tribus regibus Christum Dei filium requirentibus. Columne sunt intus ipsam ecclesiam sexaginta quadtuor; ibi requiescunt pueri pro Christo ab Erode interfecti.

2. Fundamenta vero murorum urbis Iericho, quos subvertit Iesus filius Nave adhuc ex parte parent. Arbor vero sycomori, in qua ascendit Zacheus, stat iusta domum Raab.

---

[47] Die Überlieferung vom Begräbnis der elf Söhne Jakobs in Hebron ist schon im 2. Jh. v. Chr. greifbar. Die frühen Christen dagegen suchen das Grab der Brüder Josefs bei dessen Grab in Sichem (vgl. Jos 24,32); vgl. auch R. Die Gebeine Josefs werden erstmals von *Anon. Plac.* 30 (CCL 175,144) mit Hebron in Verbindung gebracht; in der Kreuzfahrerzeit setzt sich bezüglich der elf Brüder Josefs die Hebron-Tradition durch; vgl. JEREMIAS, *Heiligengräber* 95f.

[48] Gemäß 2 Sam 3,32 wurde Abner in Hebron begraben. Auch die jüdische Überlieferung weiß erst im Mittelalter von einem solchen Grab; der Abschnitt stammt daher wahrscheinlich nicht von Egeria; vgl. JEREMIAS, *Heiligengräber* 99f.

[49] Egeria hatte allgemein von der Belehrung der Jünger in der Höhle von Eleona gesprochen; vgl. *Itin. Eger.* 33,2. Erst in frühislamischer Zeit wird daraus die Tradition von der Lehre des Vaterunsers, die der biblische Bericht in Galiläa ansiedelt (vgl. Mt 6,7–13 par.); vgl. dazu BALDI, *Enchiridion* Nr. 628f. Zu Eleona vgl. I und oben 63f.

[50] Das Mahl und der Marientod werden z. Zt. der Egeria noch nicht auf dem Zion lokalisiert; siehe oben 62.

[51] Der Tisch wird von HIERONYMUS, der Betlehem sehr genau be-

Leiber der elf Söhne Jakobs ruhen; die Gebeine des Josef aber sind getrennt davon in seiner eigenen Kirche begraben.[47] *Nicht weit von Hebron liegt das Grab des Abner, Sohn des Ner.*[48]

P. 1. Wer von Jerusalem zum Jordan gehen möchte, steigt über den Ölberg hinab. *Vom Ölberg aus stieg Christus in den Himmel auf, und dort schuf er das Vaterunser*[49]. *Der Berg Zion aber liegt im Süden; dort starb die heilige Maria, dort hielt der Herr Mahl mit seinen Jüngern, und dort sandte er seinen Geist über die Jünger.*[50]

In der Kirche, die in Betlehem steht, befindet sich der Tisch, an dem die heilige Maria mit den drei Königen speiste, die Christus, den Sohn Gottes, suchten. Die Kirche hat innen 64 Säulen; dort ruhen die an Christi Statt von Herodes getöteten Knaben (vgl. Mt 2, 16).[51]

2. *Die Fundamente der Mauern der Stadt Jericho, die Josua, Sohn des Nun, zum Einsturz brachte* (vgl. Jos 6), *sind noch zum Teil sichtbar.*[52] *Der Maulbeerfeigenbaum, auf den Zachäus stieg, steht neben dem Haus der Rahab.*[53]

---

schreibt, nicht erwähnt. Die Erwähnung der Anzahl von Säulen scheint ein Charakteristikum der späten Quelle zu sein; vgl. C 4 und WILKINSON, *Egeria's travels* 191 Anm. 3 und 4. Die Erwähnung der Gräber der von Herodes ermordeten Kinder paßt zu deren Fest, das von *Lect. Arm.* 55 (311–313 RENOUX) bezeugt wird; vgl. *Itin. Eger.* 42, und siehe oben 25. Eine der Höhlen neben der Geburtsgrotte gilt auch heute als „Grotte der unschuldigen Kinder".

[52] Davon berichten schon EUSEBIUS, *onomast.* (GCS 11/1, Eusebius 3/1,104), und *Itin. Burdig.* 596 (CCL 175,19).

[53] Der Maulbeerfeigenbaum des Zachäus scheint — wie heute — an verschiedenen Stellen gezeigt worden zu sein. Während das neutestamentliche Jericho (mit dem Baum) am Eingang des *Wadi Kelt* lag, wo dieser auch dem Pilger von Bordeaux gezeigt wird (vgl. *Itin. Burd.* 596 [CCL 175,18]), „wandert" er anscheinend später zum alttestamentlichen Jericho auf dem *Tell es-Sultan*, wo man dem Pilger von Bordeaux das Haus der Rahab zeigte; vgl. *Itin. Burd.* 596 f (CCL 175,19). Vgl. auch *Anon. Plac.* 15 (CCL 175,137).

Non longe autem ab Iericho est locus, unde Elias raptus est in celum. Trans Iordanem vero sunt montes excelsi valde, inter quos est altior unus, qui vocatur Nabau, in quo ascendit Moyses, quando vidit terram repromissionis, et mortuus est.

Gabaon non longe est ab Ierusalem, quam expugnavit Iesus. | Emmaus autem, ubi Dominus cum discipulis suis | 98 post resurrectionem comedit, sexaginta stadiis ab Ierusolimis distat. In turre autem Cades domus fuit Iacob, cuius fundamenta usque odie parent.

3. In Galilea autem est villa Some, de qua fuit Abisac Sunamitis et mulier, in cuius domo mansit Elyseus, que domus usque odie permanet. A monte vero Hermon, qui excelsus valde est, omnis Galilea videtur, in quibus nichil pulchrius est; nam cum sit planities grandis, aliud nichil est nisi vinee et oliveta. Ibi autem ager est, in quo Dominus cum discipulis suis comedit; ibi lapis est, in quo cubitum fixit Dominus, qui usque hodie videtur. Non longe vero ab

---

[54] Vgl. die Reise der Egeria zum Nebo (*Itin. Eger.* 10–12).
[55] Gibea wurde laut Jos 9 nicht erobert; der Irrtum wird eher auf PETRUS' späte Quelle als auf Egeria zurückgehen; vgl. WILKINSON, *Egeria's travels* 191 Anm. 10.
[56] Das neutestamentliche und byzantinische Emmaus (Nikopolis) war *Amwas*, 160 Stadien von Jerusalem entfernt — so auch manche Handschriften von Lk 24,13 sowie EUSEBIUS, *onomast.* (GCS 11/1, Eusebius 3/1,90). Erst in der Kreuzfahrerzeit wird *Abu Gosh*, 60 Stadien von Jerusalem entfernt, zu „Emmaus".
[57] Der „Herdenturm" in den Feldern östlich von Betlehem, der schon in jüdischer Tradition an Jakob erinnerte und mit messianischen Verheißungen verbunden war, wird von HIERONYMUS, *epist.* 108,10 (CSEL 55,318), und HIERONYMUS, *onomast.* (GCS 11/1, Eusebius 3/1,44), mit der Verkündigung des Messias an die Hirten in Verbindung gebracht; vgl. KEEL/KÜCHLER, *Orte* 2,641 f.
[58] Vgl. EUSEBIUS, *onomast.* (GCS 11/1, Eusebius 3/1,160), zu Sonam.

Nicht weit von Jericho liegt der Ort, wo Elija in den Himmel hinweggenommen wurde (vgl. 2 Kön 2). Jenseits des Jordans liegen sehr gewaltige Berge; unter ihnen ist ein sehr hoher, der Nebo genannt wird, auf den Mose stieg, als er das verheißene Land sah und (dann) starb (vgl. Dtn 34).[54]

Gibea, das Josua eroberte, liegt nicht weit von Jerusalem.[55] *Emmaus aber, wo der Herr nach seiner Auferstehung mit seinen Jüngern Mahl hielt (vgl. Lk 24, 28–30), ist von Jerusalem 60 Stadien entfernt.*[56] In Migdal-Eder aber stand das Haus des Jakob (vgl. Gen 35, 21), dessen Fundamente bis heute sichtbar sind.[57]

Galiläa und Samaria

3. In Galiläa liegt das Dorf Schunem, von wo Abischag stammte (vgl. 1 Kön 1, 3) und die Frau, in deren Haus Elischa blieb (vgl. 2 Kön 4, 8–10); dieses Haus ist bis heute erhalten.[58] Vom Berg Hermon[59], der sehr gewaltig ist, sieht man ganz Galiläa. Nichts ist schöner, denn da es eine große Ebene ist, gibt es dort nichts anderes als Weinberge und Ölbaumgärten.[60] Dort aber befindet sich das Feld, auf dem der Herr mit seinen Jüngern Mahl hielt; dort liegt der Stein, auf den der Herr den Ellbogen stützte (und) der bis heute zu sehen ist.[61]

---

[59] Gemeint ist nicht der „große Hermon", sondern — wie sich aus der Lage „gegenüber" dem Tabor ergibt (vgl. V 1) — der sogenannte „Kleine Hermon" der heutige More-Berg *(Dschebel Dahi)*. Die Benennung als Hermon geht auf Ps 89, 13 (Ps 88, 13 LXX) zurück, wo Tabor und Hermon in einem Atemzug genannt werden; vgl. auch HIERONYMUS, *epist.* 46, 13 (CSEL 54, 344) und 108, 13 (CSEL 55, 323). Die Aussicht bezieht sich auf die fruchtbare Jesreëlebene. Vgl. WILKINSON, *Egeria's travels* 192 Anm. 4.

[60] Die Fruchtbarkeit Galiläas preist auch *Anon. Plac.* 5 (CCL 175, 158).

[61] Es ist nicht sicher, ob hier auf die Geschichte vom Ährenraufen (Mk 2, 23) angespielt ist. Eine Lokalisierung von Feld und Stein ist bisher nicht gelungen. Einen Stein, auf dem sich Jesu Schulter abgedrückt haben soll, sieht THEODOSIUS, *terr. sanct.* 21 (CCL 175, 122), auf dem Ölberg.

eodem monte fons est, quem Salvator benedixit, qui fons ad omnes infirmitates valet.

4. In villa vero Naym in domum vidue, cuius filius resuscitatus est, nunc ecclesia est; sepultura autem, in qua ponere eum volebant, usque hodie est.

In Nazara vero est ortus, ubi Dominus fuit, postquam reversus est de Egypto.

R. Duo autem miliaria ecclesia ista distat ab eadem villa, que olim dicta est Sychem. A longe vero ab eadem ecclesia passus quingentos est ecclesia, in qua requiescit sanctus Ioseph.

T. Spelunca vero in qua habitavit, magna est et lucidissima, ubi est positum altarium, et ibi intra ipsam speluncam est locus, unde aquam tollebat. In eadem autem civitate, ubi fuit synagoga, nunc est ecclesia, ubi Dominus legit librum Esaye. Foris autem castellum fons est, unde aquam sancta sumebat Maria.

---

[62] Nördlich des More-Berges entspringt eine Quelle mit schwefelhaltigem Wasser *(Bir es-Scheich)*. Möglicherweise ist sie hier gemeint; vgl. WILKINSON, *Egeria's travels* 192 Anm. 6.

[63] Ein Kirchbau in Nain wird weder in byzantinischer Zeit noch von den frühen Kreuzfahrern erwähnt. Die meisten Pilger sahen Nain nur vom Tabor aus. Im 19. Jh. waren aber noch zwei Kirchen vorhanden, die in Moscheen umgewandelt worden waren. Wann sie erbaut wurden, ist unbekannt.

[64] WILKINSON, *Egeria's travels* 193 Anm. 1, sieht in dem Satz den Beginn der Beschreibung Nazarets durch Egeria. Als PETRUS bemerkt habe, daß bei Beda vor Nazaret noch Neapolis/Sichem sowie Tiberias und Kafarnaum beschrieben wurden, habe er diese Passage (Q–S) eingefügt.

[65] Das Grab Josefs bei Sichem/Neapolis wird weder von JOSEPHUS noch von den Rabbinen erwähnt, da es sich bis zum 4. Jh. in Händen der Samaritaner befand. Vgl. aber Joh 4,5f; Apg 7,15 sowie EUSEBIUS, *onomast.* (GCS 11/1, Eusebius 3/1,150.158), und *Itin. Burdig.* 587f (CCL 175,13f). Vgl. auch JEREMIAS, *Heiligengräber* 31–36.

[66] Wahrscheinlich ist die Grotte in der heutigen Verkündigungskirche gemeint; im 3. Jh. hat dort möglicherweise eine Synagogenkirche gestanden; um 400 entstand eine byzantinische Kirche. Auch diese könnte im Zusammenhang mit der Bautätigkeit des Comes Josef stehen; siehe

Nicht weit von jenem Berg befindet sich die Quelle, die der Erlöser segnete; diese Quelle hilft bei allen Krankheiten.[62]
4. Im Dorf Nain, im Haus der Witwe, deren Sohn auferweckt wurde (vgl. Lk 7,11–15), steht nun eine Kirche; das Grab aber, wo sie ihn hinlegen wollten, ist dort bis heute.[63]

In Nazaret aber befindet sich der Garten, wo der Herr sich aufhielt, nachdem er aus Ägypten zurückgekehrt war.[64]

R. Diese Kirche (mit dem Jakobsbrunnen) ist zwei Meilen von dem Landgut entfernt, das einst Sichem genannt wurde. 500 Schritt entfernt von dieser Kirche liegt die Kirche, in der der heilige Josef ruht.[65]

T. Die Höhle, in der sie (sc. Maria) wohnte, ist groß und überaus prächtig, wo ein Altar steht.[66] *Und dort innerhalb dieser Höhle befindet sich der Ort, von wo sie Wasser holte.*[67] *In derselben Stadt aber, (an dem Ort,) wo die Synagoge stand, steht nun eine Kirche — da, wo der Herr das Buch Jesaja las (vgl. Lk 4,16–30).*[68] *Die Quelle aber, von der die heilige Maria Wasser holte, liegt außerhalb des Kastells.*[69]

---

oben 47f Anm. 155.
[67] Hier scheint PETRUS die in der Kreuzfahrerzeit in eine Krypta einbezogene Quellhöhle von Nazaret — heute in der Gabrielskirche — fälschlicherweise mit der Höhle der Verkündigungskirche zu identifizieren. Das Wasserholen der Maria ist ein Motiv aus dem apokryphen Jakobusevangelium; vgl. *Protev.* 11,1 (FC 18,114f).
[68] Dem Pilger von Piacenza wurde 570 eine „Synagoge" gezeigt; vgl. *Anon. Plac.* 5 (CCL 175,30f); im 13. Jh. wird von deren Umwandlung in eine Kirche berichtet; vgl. BALDI, *Enchiridion* Nr. 28. Daraus schließt WILKINSON, *Egeria's travels* 193 Anm. 5, daß die Passage aus der späten Quelle stammt. Nicht unmöglich aber erscheint auch, daß es sich bei der erwähnten „Kirche" um eine (vom Comes Josef errichtete?) erste Kirche an der Stelle der heutigen „Synagogenkirche" oder „Josefskirche", 200 m nördlich der Verkündigungskirche, handelt. Dann könnte die Passage in ähnlicher Form bei Egeria gestanden haben: Auch in Kafarnaum besucht Egeria eine Hauskirche und nennt sie *ecclesia;* vgl. V 2.
[69] Im 7. Jh. lag der Ort noch innerhalb der Stadt; vgl. ADOMNANUS, *loc. sanct.* 2,26 (CCL 175,219). Im 12. Jh. lag die Gabrielskirche außerhalb der von den Kreuzfahrern zum Kastell ausgebauten Siedlung Nazaret.

V. 1. Valde autem est excelsior et altior quam Hermon; nam et Galilea omnis et mare Tyberiadis inde apparet; contra se vero positi sunt montes utrique.

In Endor est domus pythonisse, ad quam fuit Saul nocte, de qua domo adhuc fundamenta parent.

2. In Tyberyadis in eo loco nunc ecclesia est, in qua domus fuit apostolorum Iacobi et Iohannis. Ibi etiam iusta mare Tyberiadis est, super quem Dominus pedibus ambulavit.

In Capharnaum autem ex domo apostolorum principis ecclesia facta est, qui parietes usque hodie ita stant, sicut fuerunt. Ibi paraliticum Dominus | curavit. Illuc est et synagoga, in qua Dominus demoniacum curavit, ad quam per gradus multos ascenditur; que sinagoga ex lapidibus quadratis est facta. Non longe autem inde cernuntur gradus lapidei, super quos Dominus stetit.

3. Ibidem vero super mare est campus erbosus, habens fenum satis et arbores palmarum multas et iusta eas septem fontes, qui singuli infinitam aquam emittunt, in quo campo

---

[70] Der Besuch Egerias auf dem Tabor wird bezeugt durch VALERIUS, *epist.* (SCh 296,342f). Er gilt seit CYRILL, *cat.* 12,16 (2,22 REISCHL/ RUPP), als Ort der Verklärung. *Itin. Burdig.* 595f (CCL 175,18) bringt die Verklärung mit dem Ölberg in Verbindung.
[71] Siehe Anm. 59, oben 333.
[72] Der Comes Josef wollte auch in Tiberias eine Kirche bauen; vgl. EPIPHANIUS, *haer.* 30,12 (GCS 31, Epiphanius 2,347).
[73] MARAVAL, *Égérie* 95 Anm. 2, hält es für möglich, daß Egeria per Schiff von Tiberias nach Kafarnaum gefahren ist. Das würde die (merkwürdige) Reihenfolge erklären und zur Aussage des VALERIUS passen, Egeria habe „Meere überquert"; vgl. VALERIUS, *epist.* 4 (SCh 296,344).
[74] Die Ausgrabungen in Kafarnaum haben für das 4. Jh. eine „Hauskirche" wahrscheinlich gemacht, die tatsächlich im Wesentlichen aus dem umgestalteten Raum einer *insula* des 1. Jh. bestand. Im 5. Jh. trat an Stelle dieser (judenchristlichen?) Hauskirche eine achteckige byzantinische Kirche, die ihrerseits im 7. Jh. zerstört wurde; vgl. CORBO, *Church*, und STEMBERGER, *Juden und Christen* 69f. Der Ausdruck *apostolorum princeps* dürfte dagegen von PETRUS eingefügt worden sein.
[75] Die Reste dieser Synagoge aus dem 4. Jh., die auf einem älteren Fundament (aus dem 1. Jh.?) stand, sind noch zu sehen. Zur Synagoge

V. 1. (Der Berg Tabor) aber ist viel höher und gewaltiger als der Hermon; denn sowohl ganz Galiläa als auch das Meer von Tiberias ist von dort aus sichtbar.[70] Die beiden Berge liegen einander gegenüber.[71]

In En-Dor steht das Haus der Wahrsagerin, bei der Saul in der Nacht war (vgl. 1 Sam 28,7f); von diesem Haus sind die Grundmauern noch sichtbar.

2. In Tiberias steht jetzt an dem Ort, wo das Haus der Apostel Jakobus und Johannes war, eine Kirche.[72] Dort ganz in der Nähe liegt auch das Meer von Tiberias, über das der Herr zu Fuß wandelte (vgl. Mt 14,25).[73]

In Kafarnaum aber ist aus dem Haus des Apostelfürsten eine Kirche geworden; die Mauern stehen bis heute so, wie sie waren.[74] Dort heilte der Herr den Gelähmten (vgl. Mk 2,1–12). Dort steht auch die Synagoge, in der der Herr den Besessenen heilte (vgl. Mk 1,23–27) (und) zu der man über viele Stufen hinaufsteigt. Die Synagoge ist aus viereckigen Steinen errichtet.[75] Nicht weit von dort sind Steinstufen zu erkennen, auf denen der Herr stand.[76]

3. Dort liegt oberhalb des Meeres eine Wiese mit viel Gras und vielen Palmen und nahe dabei sieben Quellen, von denen jede einzelne ununterbrochen fließt.[77] Auf die-

---

und zur Situation zwischen Juden und Christen im Kafarnaum des 4. Jh. vgl. STEMBERGER, *Juden und Christen* 119–123.

[76] Gemeint ist wohl das Stehen bei seiner nachösterlichen Erscheinung am See Gennesaret (vgl. Joh 21,4). Alte Steinstufen finden sich südlich der Primatskapelle am Seeufer bei Tabgha. Die innerhalb der Kirche gezeigte *mensa Domini* ist nicht der im folgenden erwähnte Altar der Brotvermehrungskirche. Sollte Egeria die *mensa* erwähnt haben, könnte PETRUS die Passage als vermeintliche Doppelung ausgelassen haben. Anders WILKINSON, *Egeria's travels* 196 Anm. 6.

[77] Der heutige Name des Ortes, *Tabgha*, ist aus dem griechischen Ἑπτάπηγον (Siebenquell) entstanden; vgl. auch THEODOSIUS, *terr. sanct.* 2 (CCL 175,115). Die Fruchtbarkeit der Gegend mag zur Identifizierung mit dem Ort der Brotvermehrung, an dem es viel Gras gab (vgl. Joh 6,10), beigetragen haben. Möglich ist auch, daß der Ort ursprünglich nur eine Memorialstätte war, von der aus man den Ort der am Ostufer lokalisierten Brotvermehrung (vgl. Joh 6,1) sehen konnte.

Dominus de quinque panibus et duobus piscibus populum saciavit. Sane lapis, super quem Dominus panem posuit, nunc est factum altarium, de quo lapide frust[r]a tollunt venientes pro salute sibi et prodest omnibus.

Iusta cuius ecclesie parietes via publica transit, ubi Matheus apostolus theloneum habuit. Inde in montem qui iusta est, est spelunca, in qua ascendens beatitudines dixit Salvator.

4. Non longe autem inde est synagoga, quam Salvator maledixit; nam cum transiret Salvator et illam Iudei fabricarent, interrogavit eos dicens: „Quid facitis?" et illi: „Nichil." Et Dominus: „Ergo si nichil est, quod facitis, nichil erit semper." Quod usque hodie ita permanet. Postmodum enim, quotiens voluerunt illam Iudei fabricare, quicquid per diem faciebant, per noctem diruebatur et mane semper

---

[78] Die Handschrift hat hier das sinnlose *frustra*.

[79] An der Stelle der heutigen Brotvermehrungskirche stand im 4. Jh. eine kleine (durch den Comes Josef erbaute?) Kirche. Beim Neubau der byzantinischen Kirche ist der Altarstein dieser Kirche an den heutigen Platz verlegt worden, wie Ausgrabungen gezeigt haben; vgl. PIXNER, *Messias* 105f. Zum Nutzen von heiligen „Mitbringseln" vgl. *Itin. Eger.* 8,3. Zur Bedeutung von steinernen Reliquien vgl. auch MARAVAL, *Égérie* 96 Anm. 3.

[80] Spätestens nach 135 n. Chr. führte die öffentliche Römerstraße *(via publica)* an Heptapegon und Kafarnaum vorbei, wie die bei Kafarnaum gefundene Meilensäule beweist. Der Straßenverlauf mag die seltsame Form der byzantinischen Brotvermehrungskirche beeinflußt haben. Aber auch schon z.Zt. Jesu befand sich östlich von Kafarnaum die Grenze von Galiläa (Gebiet des Herodes Antipas) und der Gaulanitis (Gebiet des Philippus). Wo immer der Verbindungsweg genau lag, es wird hier eine Zollstation gegeben haben.

[81] Der Text spricht von einer *spelunca;* wegen des Zusammenhangs mit der Bergpredigt haben einige Forscher (u.a. GAMURRINI) in *specula* (Anhöhe) ändern wollen. Dafür gibt es keinen Grund. Zum einen sind

ser Wiese sättigte der Herr das Volk mit fünf Broten und zwei Fischen (vgl. Mk 6, 32–44 par.; 8, 1–10 par.; Joh 6, 1 bis 15). Und in der Tat, der Stein, auf den der Herr das Brot legte, ist nun zum Altar gemacht worden. Von dem Stein nehmen die, die kommen, kleine Stücke[78] für ihr Heil; und es nutzt allen.[79]

Nahe bei den Mauern dieser Kirche führt die öffentliche Straße vorbei, wo der Apostel Matthäus seine Zollstation hatte.[80] Dort auf dem Berg in der Nähe liegt die Höhle, zu der der Erlöser hinaufstieg und (wo er) die Seligpreisungen sprach.[81]

4. Nicht weit von dort steht eine Synagoge, die der Herr verfluchte. Denn als der Erlöser vorüberging und die Juden sie bauten, fragte er sie: „Was macht ihr da?" Sie antworteten: „Nichts." Darauf der Herr: „Wenn es also nichts ist, was ihr macht, wird es auch nichts bleiben." Das ist bis heute so geblieben. Denn später — immer wenn die Juden sie (weiter)bauen wollten — wurde das, was sie über Tag gebaut hatten, über Nacht zerstört, und morgens fand sich

---

in konstantinischer Zeit Höhlen bevorzugte Orte der Verehrung (Geburtsgrotte, Grabhöhle, Höhle auf dem Ölberg). Zum anderen gibt es oberhalb von *Tabgha* mehrere Höhlen. Die eine befindet sich im Bereich des kleinen „Bergklosters" aus dem 4./5. Jh., direkt oberhalb der Brotvermehrungskirche; sie wird von BAGATTI, *Cappella*, für die von Egeria erwähnte Höhle gehalten. Die andere befindet sich ca. 50 m weiter östlich und wird von PIXNER, *Messias* 92–98, mit Egerias Höhle identifiziert, zumal sich oberhalb der Höhle eine kleine Ebene befindet, zu der Egeria hinaufgestiegen sein könnte. Auch VALERIUS, *epist.* 3 (SCh 296, 342–344), erwähnt Egerias Besteigung eines Berges namens *Heremus*, auf dem Jesus die Seligkeiten lehrte; dieser Ausdruck geht auf das ἔρημος der Evangelien (vgl. Mk 1, 35. 45; 6, 31 f. 35 und Parallelstellen) zurück und bezeichnet die Gegend am See. HIERONYMUS, *epist.* 108, 13 (CSEL 55, 323), spricht von *solitudo* als Ort der Brotvermehrung.

in ea mensura inveniebatur fabrica eius, in qua fuerat tunc, quando maledicta est.

5. Inde autem non longe sunt montes Gelboe, ubi est et vicus Gebus, ubi mortui sunt Saul et Ionathas.

In Iezrael autem vinea, que fuit Naboth nunc puteus tantum est; ibi et fundamenta turris usque odie apparent. Sepulchrum vero Iezabel usque hodie ab omnibus lapidatur. Non longe autem a civitate est mons, in quo sedit Elias propheta, quando eum persequebatur Iezabel.

6. A longe autem est pars montis Carmeli; est locus ubi Elias altarium Domino consecravit.

Sebastia, que olim Samaria dicta est, continet ecclesiam, in qua requiescit corpus sancti Baptiste Iohannis et Helisei et Abdie. In secundo autem miliario mons est altissimus, in

---

[82] Die einzige bekannte antike Synagoge in der Gegend ist — neben der von Kafarnaum — die von Chorazin. Der Ort wurde auch von Jesus „verflucht" (vgl. Mt 11, 21). EUSEBIUS, *onomast.* (GCS 11/1, Eusebius 3/1, 174), berichtet von Chorazin als „Wüste". Die Baugeschichte der Synagoge ist nicht ganz geklärt; möglicherweise hatte ein Vorgängerbau der Synagoge aus der Zeit um 400, von der man heute noch Reste findet, nur von 320–350 bestanden; vgl. STEMBERGER, *Juden und Christen* 117–119. Die apokryph klingende Legende der Egeria ist ansonsten unbekannt und stammt wohl von lokalen Führern; von der antijüdischen Haltung solcher Führer berichtet HIERONYMUS, *comm. in Matth.* 4 zu Mt 23,34 (CCL 77,220).

[83] Vgl. EUSEBIUS, *onomast.* (GCS 11/1, Eusebius 3/1,72).

[84] Jesreël ist das heutige *Jisreel* bzw. *Zerin* östlich von *Tell Megiddo* und südöstlich von Afula. Der Ort wurde auch durch den Pilger von Bordeaux besucht; vgl. *Itin. Burdig.* 586 (CCL 175,13).

[85] Die „Steinigung" des Grabes ist jüdischer Brauch; zum Grab der Isebel bei *Zerin* vgl. JEREMIAS, *Heiligengräber* 28 f.

[86] Der Satz erinnert an *Itin. Eger.* 4,2. Man zeigte also sowohl am Horeb als auch auf dem Karmel eine Höhle und einen Altar; vgl. dazu WILKINSON, *Egeria's travels* 201 Anm. 5, und MARAVAL, *Égérie* 91. Möglicherweise ist aber auch das Versteck aus 1 Kön 18,4 gemeint, das an unterschiedlichen Orten lokalisiert wurde; vgl. V 6.

ihr Werk immer in der Höhe, wie es damals war, als es verflucht wurde.[82]

5. Nicht weit von dort liegen die Gilboaberge, wo auch das Dorf Jabesch liegt, wo Saul und Jonatan starben (vgl. 1 Sam 31,13).[83]

Vom Weinberg in Jesreël, der dem Nabot gehörte (vgl. 1 Kön 21,1–16), ist jetzt nur noch ein Brunnen übrig; dort sind bis heute auch noch die Grundmauern eines Turmes sichtbar.[84] Das Grab der Isebel wird bis heute von allen mit Steinen beworfen.[85] Nicht weit von der Stadt aber liegt der Berg, auf dem der Prophet Elija sich aufhielt, als ihn Isebel verfolgte (vgl. 1 Kön 18,4 bzw. 19,2–4).[86]

6. In einiger Entfernung liegt ein Teil des Berges Karmel, der Ort, wo Elija den Altar für den Herrn weihte (vgl. 1 Kön 18,30–32).[87]

Sebaste, das einst Samaria genannt wurde, besitzt eine Kirche, in der die Leiber des heiligen Täufers Johannes, des Elischa und des Obadja ruhen.[88] Zwei Meilen entfernt liegt

---

[87] Die am östlichen Ende des Karmel gelegene und *Muhraqa* genannte Stelle wird traditionell mit dem Opfer des Elija in Verbindung gebracht, da unterhalb der Kischonbach fließt und bei gutem Wetter das Meer zu sehen ist (vgl. 1 Kön 18,40.43).

[88] Das alttestamentliche Samaria wurde von Herodes I. in Sebaste (lat. *Augusta*) umbenannt, daher der arabische Name des Dorfes *Sebastije*. Das Grab des Johannes wird seit dem 4. Jh. bei Sebaste lokalisiert: Über römischen Grabkammern wurde im 4. Jh. die erste Kirche errichtet, von der noch Reste in der heutigen Johanneskirche/*Nabi Jahia* zu sehen sind. Die Grabkammer ist als Krypta ebenfalls erhalten. *Lect. Arm.* 66 (359 RENOUX) erwähnt ein Fest Johannes' des Täufers am 29. 8.; möglicherweise handelt es sich um das Kirchweihfest dieses Baus. Grund für die Lokalisierung mag eine Verwechslung des Herodes Antipas — der Johannes laut JOSEPHUS, *ant.* 18,5,2 (4,162 NIESE) in Machärus enthaupten ließ — mit Herodes I. sein, der oft in Sebaste residierte. Die jüdische Tradition verlegte auch das Grab des Elischa hierher; der Prophet Obadja wurde mit dem Palastvorsteher Obadja des Ahab (vgl. 1 Kön 18,3) identifiziert, deshalb lag eine Verbindung mit dessen Hauptstadt Samaria nahe. Vgl. HIERONYMUS, *epist.* 46,13 (CSEL 54,344); *epist.* 108,13 (CSEL 55,323), und JEREMIAS, *Heiligengräber* 30f.

quibus sunt due spelunce lucidissime, in quarum una absconditi sunt prophete sub Iezabel, in altera autem sedit sanctus Elias.

7. Miliario autem vicesimo a Sychem est templum destructum in Sylo, ubi est et sepulchrum Heli sacerdotis.

In Bethel autem, ibi constructa est ecclesia in eo loco, ubi Iacob, dum iret in Mesopotamiam, vidit scalam in celum usque tendentem, ibi est etiam et sepulchrum prophete, qui prophetavit adversus Ieroboam.

Miliario autem vicesimo secundo ab Ierusolimis inter Sochchot Iude et inter Zecara Mahel occidit Davit Goliam Phylisteum.

---

[89] In der Bibel ist von der Versorgung durch Obadja die Rede. Welcher Berg und welche Höhlen gemeint sind, ist unklar. Von der Besteigung des Berges berichtet aber VALERIUS, *epist.* 3 (SCh 296,344).

[90] Gemeint ist der 20. Meilenstein von Jerusalem aus. Die Pilgerin erreicht Schilo auf dem Weg von Norden über Sichem; vgl. WILKINSON, *Egeria's travels* 202 Anm. 1.

[91] Die Stadt Schilo blühte noch in byzantinischer Zeit, die Ruinen des Tempels wurden im 4. Jh. gezeigt; vgl. HIERONYMUS, *epist.* 108,13 (CSEL 55,322) und *comm. in Soph.* 1,15 (CCL 76a, 673). Die Ausgrabungen in *Seilun* haben keine Zeugnisse des Heiligtums zutage gefördert; das Grab des Eli — möglicherweise mit dem *Weli Sittin* zu identifizieren — wird, von dieser Stelle abgesehen, erst von jüdischen Schriftstellern des Mittelalters bezeugt; vgl. JEREMIAS, *Heiligengräber* 43.

[92] In Bet-El, 17 km nördlich von Jerusalem (heute *Beitin*), wurde im 4. Jh. eine Kirche errichtet. EUSEBIUS kennt die Kirche noch nicht; sie wird aber erwähnt bei HIERONYMUS, *onomast.* (GCS 11/1, Eusebius 3/1,7)

ein sehr hoher Berg, in dem sich zwei überaus prächtige Höhlen befinden. In einer von ihr versteckten sich unter Isebel die Propheten (vgl. 1 Kön 18,4), in der anderen aber hielt sich der heilige Elija auf.[89]

7. Am 20. Meilenstein, hinter Sichem[90], liegt der zerstörte Tempel von Schilo (vgl. Jer 7,12–14), wo sich auch das Grab des Priesters Eli befindet.[91]

In Bet-El aber ist an dem Ort eine Kirche errichtet worden, wo Jakob, als er nach Mesopotamien ging, die Leiter sah, die bis zum Himmel reichte (vgl. Gen 28,11 bis 19). Dort liegt auch das Grab des Propheten, der gegen Jerobeam weissagte (vgl. 1 Kön 13,1–22).[92]

Die Reise nach Ägypten

22 Meilen aber von Jerusalem entfernt, zwischen Socho in Juda und Sacharja Mahel, tötete David den Philister Goliat (vgl. 1 Sam 17).[93]

---

und *epist.* 46,12 (CSEL 54,344). Ein dort aufgehängter Vorhang mit dem Bild Christi oder eines Heiligen wurde zum Anlaß eines frühchristlichen Bilderstreits; vgl. HIERONYMUS, *epist.* 51,9 (CSEL 54,411f) — wobei der Brief in Wirklichkeit von EPIPHANIUS VON SALAMIS stammt. Das Grab des namenlosen Propheten wurde auch dem Pilger von Bordeaux in Bet-El gezeigt; vgl. *Itin. Burdig.* 589 (CCL 175,14). In der jüdischen Tradition erhält er den Namen Joad; vgl. JEREMIAS, *Heiligengräber* 51.
[93] Die Bibel lokalisiert das Ereignis in der Schefela zwischen Socho und Aseka. In byzantinischer Zeit ist der *Tell Aseka* nicht mehr bewohnt; der Ort ist in die Ebene gewandert und heißt Bet-Sachar(ja) — so auf der Madabakarte. 415 werden dort — wohl wegen der Namensgleichheit — die Gebeine des Propheten Sacharja/Zacharias entdeckt; vgl. KEEL/KÜCHLER, *Orte* 2,821–823. Anders *Itin. Burdig.* 585 (CCL 175,13), wo der Sieg über Goliat in Samaria lokalisiert wird. Ebenfalls in 20 Meilen Entfernung von Jerusalem in Richtung Aschkelon aber wird dem Pilger von Piacenza die Stelle gezeigt; vgl. *Anon. Plac.* 31 (CCL 175,168).

8. In Eleutheropoli autem loco Bycoyca, in qua est
sepulchrum Abbacuc prophete. Ab Eleutheropoli autem
quintodecimo miliario est sepulchrum sancti Hesdre prophete in loco, qui dicitur Asoa, et in miliario tertio in loco,
qui dicitur | Chariasati, quod ante dictum est Morastites,
est sepulchrum sancti Michee prophetae.
9. Taphnis est posita super ripam fluminis Nili; ibi est
palatium Pharaonis, ubi sanctus Moyses pro filio filie Pharaonis habebatur; ibi etiam et ca<m>pi Tanei sunt, ubi
sanctus Moyses coram Pharaone mirabilia fecit.

Y.1. Memphis vero adhuc palatium continet, ubi sanctus
Ioseph frequenter ingrediebatur. Inde ad miliarium sextum
contra ripam fluminis Nili est thronus Moysi et Aaron;
sunt autem praedicti throni in monte excelso, ubi sunt due
turricule, quae per gradus plurimos ascenduntur; una earum abuit tectum, alia autem sine tecto est. Ibi ascendebat
Moyses, quando loquebatur filiis Israhel, cum deprimeren-
tur, in alia vero orabat. Subtus autem in circuitu campus est,

[94] Das Grab wurde nach der Auffindung der Gebeine der Propheten
Habakuk und Micha um 385 (vgl. SOZOMENUS, *h. e.* 7, 29, 1 f [GCS 50,
345]) in Keila, 12 km östlich von Eleutheropolis (= Marescha), aber noch
im Gebiet dieser Stadt, gezeigt (heute *Hirbet Qila*); vgl. EUSEBIUS,
onomast. (GCS 11/1, Eusebius 3/1, 88.114), sowie JEREMIAS, *Heiligengräber* 81 f, und KEEL/KÜCHLER, *Orte* 2, 788 f. Die Bezeichnung *Bycoyca*
ist eine Entstellung des Namens Habakuk und folgt dem Muster der
Benennung von Orten nach Personen, wie es auch bei Betanien/Laza-
rium anzutreffen ist.
[95] JOSEPHUS, *ant.* 11, 5, 5 (3, 35 NIESE), berichtet vom Begräbnis des Esra
in Jerusalem. Die Erwähnung seines Grabes in Asoa ist singulär; der Ort
ist wahrscheinlich identisch mit *Eschwa*, 21 km westlich von Jerusalem;
vgl. JEREMIAS, *Heiligengräber* 74.
[96] Das alttestamentliche Moreschet lag wahrscheinlich auf dem *Tell
el-Dschudede* nordöstlich von Marescha. Die byzantinische Nachfolge-

8. In Eleutheropolis befindet sich an einem Ort (namens) Bycoyca das Grab des Propheten Habakuk.[94] 15 Meilen von Eleutheropolis entfernt aber befindet sich das Grab des Propheten Esra, an einem Ort, der Asoa genannt wird.[95] Und drei Meilen entfernt, an einem Ort namens Chariasati, der früher Moreschet genannt wurde, befindet sich das Grab des Propheten Micha.[96]

9. Tanis liegt am Nilufer; dort befindet sich der Palast des Pharaos, wo der heilige Mose als Sohn der Tochter des Pharaos wohnte. Dort sind auch die Felder von Tanis[97], wo der heilige Mose vor dem Pharao die Wunder wirkte (vgl. Ex 7–11; Ps 78,12: LXX Ps 77,12).[98]

Y.1. Memfis besitzt noch den Palast, wo der heilige Josef oft eintrat (vgl. Gen 41). Sechs Meilen von dort gegen das Nilufer hin steht der Thron des Mose und des Aaron. Die eben genannten Throne stehen auf einem gewaltigen Berg, wo zwei Türmchen sind, die man über sehr viele Stufen besteigt; der eine von ihnen hat ein Dach, der andere ist ohne Dach. Dort stieg Mose hinauf, wenn er zu den Kindern Israels sprach, als sie unterdrückt wurden, auf dem anderen betete er. Unten darum herum aber liegt das Feld,

---

siedlung hieß Kirjat-Satia (Chariasati) und lag 1,5 km südwestlich davon. Dort befand sich nach der Auffindung der Gebeine der Propheten Habakuk und Micha um 385 (siehe Anm. 94, oben 344) eine Kirche mit dem Grab des Micha, die auch auf der Madabakarte abgebildet ist; vgl. HIERONYMUS, epist. 108,14 (CSEL 55,324); JEREMIAS, Heiligengräber 82 bis 86, und KEEL/KÜCHLER, Orte 2,849–851.

[97] Die Handschrift hat hier capitaney. MARAVAL, Égérie 83, korrigiert — mit Verweis auf Ps 78,12 — sehr schlüssig in campi Tanei. Vgl. dazu auch HIERONYMUS, epist. 108,14 (CSEL 55,324): transeam ... campos Taneos. Anders WILKINSON, Egeria's travels 203 Anm. 3.

[98] Zu Tanis vgl. Itin. Eger. 9,5f, oben 158–161 mit Anm. 63.

ubi filii Israhel lateres faciebant. Inde autem ad mille passus villa est supra ripam fluminis, ubi sancta Maria cum Domino fuit, quando in Egyptum perrexit.

2. Inter Memphis vero et Babylonia milia sunt duodecim, ubi sunt pyramides plurime, quas fecit Ioseph ad frumenta recondenda. Eliopolis distat a Babylonia milia duodecim. In medio autem huius civitatis est campus ingens, in quo est templum Solis, et ibi est domus Petefre. Inter domum autem Petefre et templum est domus Asennec. Murus autem interior intra civitatem est antiquior lapideusque tantummodo templum cum domo Asennec et domo Petefre. Ibi vero est et viridarium Solis, ubi columna est grandis, quae appellatur Bomon, in qua Fenix post quingentos annos residere consuevit.

3. Egyptus autem cum sit ubertissima, loca tamen, que tenuerunt filii Israhel sunt meliora. Pars Arabie, que iungitur Palestine, inaccessibile iter habet; nam licet mansionibus quindecim iter habeat, loca tamen ipsa sine aqua sunt.

---

[99] Die Ausgrabungen des alten Memfis erlauben keine Identifizierung der hier erwähnten Örtlichkeiten mit konkreten Überresten. Zahlreiche Bauten aus Ziegeln und Ziegelfabriken bestehen noch; vgl. WILKINSON, *Egeria's travels* 204 Anm. 3. Die Tätigkeit des Mose wurde mit den Residenzstädten Tanis und Memfis in Verbindung gebracht; vgl. MARAVAL, *Égérie* 83 Anm. 3.

[100] Von anderen Autoren des 4./5. Jh. wird dieser Aufenthalt etwas weiter südlich in Hermopolis lokalisiert; vgl. z. B. PALLADIUS, *h. mon.* 8,6 (45 FESTUGIÈRE), und MARAVAL, *Égérie* 84 Anm. 1.

[101] Babylon war der Name des römischen *castrum* an Stelle des heutigen Alt-Kairo, ca. 20 km nördlich von Memfis; vgl. WILKINSON, *Egeria's travels* 204 Anm. 5.

[102] Diese Ätiologie der Pyramiden wird bei christlichen Autoren üblich; vgl. z. B. PALLADIUS, *h. mon.* 18,3 (115 FESTUGIÈRE).

[103] Heliopolis ist der griech. Name des biblischen On; vgl. Gen 41,45. Der Ort lag ca. 20 km nördlich von Babylon/Alt-Kairo. Daß hier und bei den Personennamen die Formen der LXX gewählt sind, die unverändert in die Vetus Latina der Egeria übernommen wurden, in Vg. aber geändert wurden, beweist die Herkunft dieser Passage aus dem Text der Egeria.

[104] On/Heliopolis galt als Stadt des (falkenköpfigen) Sonnengottes Re, dessen Symbol der Obelisk war, auf dem er sich niederließ. HERODOT,

wo die Kinder Israels Ziegel herstellten (vgl. Ex 1,14).[99] 1000 Schritt von dort liegt oberhalb des Flußufers das Anwesen, wo die heilige Maria mit dem Herrn lebte, als sie in Ägypten in der Fremde war.[100]

2. Zwischen Memfis und Babylon[101] sind es zwölf Meilen, wo es sehr viele Pyramiden gibt, die Josef gebaut hat, um Getreide aufzubewahren[102]. Heliopolis[103] ist von Babylon zwölf Meilen entfernt. In der Mitte dieser Stadt aber liegt ein überaus großes Feld, auf dem der Sonnentempel steht. Dort steht auch das Haus des Potifar. Zwischen dem Haus des Potifar aber und dem Tempel steht das Haus der Asenat (vgl. Gen 39,1; 41,45). Die innere Mauer in(nerhalb) der Stadt ist sehr alt und aus den gleichen Steinen (erbaut) wie der Tempel mit dem Haus der Asenat und dem Haus des Potifar. Dort liegt auch der Sonnengarten, wo eine große Säule steht, die Bomon genannt wird. Auf ihr pflegt der Phönix sich nach 500 Jahren niederzulassen.[104]

3. Ägypten aber ist schon sehr fruchtbar; trotzdem sind die Orte, die die Kinder Israels besaßen, noch besser.[105] Der Teil von Arabia, der die Verbindung nach Palästina darstellt, hat eine ungangbare Wegstrecke; denn obwohl die Wegstrecke 15 Rastplätze besitzt, so sind diese Orte doch ohne Wasser.[106]

---

historiae 2,73, hatte erstmals die Legende vom Vogel Phönix berichtet. Später hieß es, daß er sich in Heliopolis selbst auf einer Säule verbrenne, um erneuert aufzuerstehen. Für die Christen wurde die Geschichte zu einem Typos der Auferstehung Christi; vgl. erstmals *1 Clem.* 25f (FC 15,126–131). Auch CYRILL, *cat.* 18,8f (2,306–308 REISCHL/RUPP), verweist darauf.

[105] Vgl. *Itin. Eger.* 9,4.
[106] In *Itin. Eger.* ist einmal das Gebiet der Stadt *Arabia* gemeint, ein anderes Mal die römische Provinz *Arabia*. Für das zwischen der Stadt *Arabia* und *Pelusium* gelegene Gebiet — durch das der normalerweise benutzte Weg Palästina–Ägypten führt — bezeugt auch PLINIUS, *nat. hist.* 5,11; 6,29 (387f.498f IAN/MAYHOFF), die Wasserarmut und Unwegsamkeit; allerdings ist die Anzahl der von Egeria angegebenen Rastplätze für diesen Weg zu hoch; vgl. WILKINSON, *Egeria's travels* 205 Anm. 2; MARAVAL, *Égérie* 85f. Hier scheint deshalb die Sinaihalbinsel als Teil der Provinz Arabia gemeint zu sein.

4. Ab Ierusalem autem usque ad montem sanctum Syna sunt mansiones viginti duo. Pelusius vero metropolis est provincie Augustamnice, Augustamnyca autem provincia in Egypto est. A Pelusio autem usque ad montem Syna sunt mansiones duodecim.

5. Antequam vero pervenias ad montem sanctum Sina, occurrit castrum Clesma super mare Rubrum, ubi filii Israhel sicco pede transierunt mare. Vestigia autem currus Pharaonis in mediis arenis parent usque in sempiternum. Rote autem ipse inter se multo plus abent quam currus temporis nostri, qui nunc in Romano imperio fiunt; nam inter rotam et rotam viginti et quadtuor pedes et eo am|pli- |101 us fuerunt, orbitae autem ipse habent binos pedes in lato. Vestigia vero currus Pharaonis usque ad mare accedunt, ubi tamen ingressus est in mare, dum vult filios Israhel comprehendere. In eo autem loco, in quo ingressi sunt filii Israhel in mare, id est, quousque Pharaonis orbite parent in odie, duo signa posita sunt, unum in dextro et aliud in sinistro, id est ac si columnelle facte sunt. Locus autem ipse non longe a castro est, id est de Clesma.

6. Clesma autem ipsa in ripa est, id est super mare; nam portus est ibi clausus, qui intro castra ingreditur mare, qui portus mittit ad Indiam vel excipit venientes naves de India; alibi enim nusquam in Romano solo accessum habent naves de India nisi ibi. Naves autem ibi et multe et ingentes sunt; quia portus famosus est pro advenientibus ibi mercatoribus

---

[107] Das Lager Klysma lag etwas nördlich des heutigen Suez. Die Ortsbezeichnung *Qulsum* bewahrt den alten Namen. Das Wunder am Schilfmeer wurde zur Zeit Egerias bereits am Roten Meer lokalisiert; vgl. EUSEBIUS, *onomast.* (GCS 11/1, Eusebius 3/1, 44) zu Beelsephon. Vgl. auch *Itin. Eger.* 6, 4, oben 147 mit Anm. 42.

[108] Von den Wagenspuren berichtet auch *Anon. Plac.* 41 (CCL 175, 172). Bei ihm sind die Säulen zu Marmor gewordene Waffen des Pharaos. In Wirklichkeit wird es sich um Spuren von Wagen, mit denen Schiffe aufs Ufer gezogen wurden, und um Poller gehandelt haben; vgl. WILKINSON,

Die Reise zum Sinai (Beginn)

4. Von Jerusalem bis zum heiligen Berg Sinai sind es 22 Rastplätze. Pelusium ist die Hauptstadt der Provinz Augustamnica; Augustamnica aber ist eine der ägyptischen Provinzen. Von Pelusium aber bis zum Berg Sinai sind es 12 Raststätten.

5. Bevor man zum heiligen Berg Sinai gelangt, trifft man auf das Lager Klysma am Roten Meer, wo die Kinder Israels trockenen Fußes das Meer durchquerten (vgl. Ex 14,29).[107] Die Wagenspuren vom Wagen des Pharaos aber sind mitten im Sand für ewige Zeiten sichtbar. Diese Räder aber haben voneinander einen viel größeren Abstand als die Wagen unserer Zeit, die es jetzt im Römischen Reich gibt; von Rad zu Rad sind es nämlich 24 Fuß und mehr. Die Spuren selbst aber haben eine Breite von 2 Fuß. Die Wagenspuren vom Wagen des Pharaos führen bis zum Meer, wo er dann in das Meer hineinfuhr, als er die Kinder Israels ergreifen wollte (vgl. Ex 14,9). An diesem Ort aber, an dem die Kinder Israels ins Meer hineinzogen, das heißt, bis wohin die Wagenspuren vom Wagen des Pharaos noch heute sichtbar sind, sind zwei Zeichen aufgestellt, eines rechts, eines links. Sie sind wie kleine Säulen gemacht. Dieser Ort aber ist nicht weit vom Lager, das heißt von Klysma.[108]

6. Klysma selbst aber liegt am Ufer, das heißt direkt am Meer. Denn der Hafen dort ist ein geschlossener Hafen, der das Meer (sozusagen) ins Lager bringt. Dieser Hafen ist Ausgangspunkt Richtung Indien und nimmt auch die Schiffe auf, die aus Indien kommen; denn Schiffe aus Indien haben im Raum des Römischen Reiches keinen anderen Anlaufpunkt als diesen.[109] Dort gibt es aber viele und überaus große Schiffe, denn der Hafen ist berühmt für die indischen Kaufleute, die dorthin kommen. Auch jener Be-

---

Egeria's travels 205f Anm. 7 und 1.
[109] Zur Bedeutung von Klysma für den Indienhandel vgl. auch PLINIUS, *nat. hist.* 6,23 (472–475 IAN/MAYHOFF).

de India. Nam et ille agens in rebus, quem logotetem appellant, id est, qui singulis annis legatus ad Indiam vadit iussu imperatoris Romani, ibi ergo sedes habet, et naves ipsius ibi stant. Hic est locus, ubi pervenerunt filii Israhel fugientes a Faraone, quando de Egipto profecti sunt; hoc autem castrum postmodum ibi positum est pro defensione et disciplina pro incursione Saracenorum.

7. Locus autem ipse talis est, ubi totum heremi sint, id est campi arenosi, excepto monte illo uno, qui incumbit in mare, in cuius montis latere ex adverso conligitur marmor porphireticum; nam ex eo dicitur appellari mare Rubrum, quod hic mons, qui per spatium grande super mare Rubrum iacet, rosseum lapidem habeat vel porphireticum, nam et ipse mons quasi rosseo colore est. Qui tamen mons fuit in dextro filiis Israhel fugientibus de Egipto, ubi tamen ceperunt se ad mare appropinquare; nam venientibus de Egypto ad dexteram partem ipse mons est erectus valde et excelsus satis ac si paries, quem putes manu hominum excisum esse. Ipse autem mons aridus est penitus, ita ut nec fruticem in se habeat.

8. Filii autem Israhel exeuntes de Ramesse primum per medias harenas errando ambulaverunt; cum vero ad mare Rubrum appropiaverunt, tunc mons, de dextro illis qui apparebat, in proximo factus est; et iungentes se ipsi monti perveniunt ad mare, latus autem montis illius excelsi de dextro illis veniebat et mare de sinistro; tunc subito euntibus eis ante ipsos apparuit locus ipse, ubi mons in mare iungebat, immo ingrediebatur, ut promunctoria faciunt.

---

[110] Der Titel meint hier noch einen Handelsbeauftragten; später wird es der Titel des Kanzlers im (ost-)römischen Reich; vgl. WILKINSON, *Egeria's travels* 206 Anm. 4, und MARAVAL, *Égérie* 108 Anm. 5.
[111] *Saraceni* (vgl. *Itin. Eger.* 3,8) ist der Name für die arabischen Stämme, gegen die die Römer ihre Südostgrenze verteidigen.
[112] Gemeint ist der *Dschebel Ataqa* westlich von Klysma.
[113] *Itin. Eger.* 7,4 kommt auf diese Gegend zurück.

amte, den sie „Logothet"[110] nennen, das heißt der, der jedes Jahr als Gesandter im Auftrag des römischen Kaisers nach Indien geht, hat dort seinen Sitz, und seine Schiffe liegen (ebenfalls) dort.

Hier ist der Ort, wohin die Kinder Israels kamen, als sie von Ägypten aufgebrochen waren und vor dem Pharao flohen. Das Lager ist später dort errichtet worden zur Verteidigung und Abwehr der Sarazeneneinfälle.[111]

7. Diese Gegend aber sieht folgendermaßen aus: Die Umgebung besteht gänzlich aus Wüste, das heißt Sand-Ebenen, mit Ausnahme jenes einen Berges[112], der ans Meer heranreicht und an dessen rückwärtiger Seite Porphyr-Marmor abgebaut wird. Deshalb nämlich, sagt man, wird das Meer „Rotes Meer" genannt, weil dieser Berg, der sich über weite Strecken am Roten Meer entlangzieht, aus rotem Stein beziehungsweise Porphyr besteht; der Berg selbst ist sozusagen von roter Farbe. Diesen Berg also hatten die Kinder Israels zur Rechten, als sie bei der Flucht aus Ägypten begannen, sich dem Roten Meer zu nähern. Denn wenn man von Ägypten kommt, erhebt sich zur Rechten dieser Berg zu großer Höhe wie eine Mauer, von der man glaubt, sie sei von Menschenhand herausgearbeitet worden. Dieser Berg ist vollkommen unfruchtbar, so daß nicht einmal Buschwerk dort wächst.[113]

8. Als aber die Kinder Israels von Ramses wegzogen, irrten sie zunächst auf ihrer Wanderung mitten durch die Sandwüste.[114] Als sie sich dem Roten Meer näherten, kam der Berg, der auf ihrer rechten Seite sichtbar wurde, näher. Und indem sie dem Bergverlauf folgten, kamen sie zum Meer; die Breitseite jenes gewaltigen Berges kam von rechts auf sie zu, das Meer von links. Als sie so weiterzogen, erschien plötzlich vor ihnen dieser Ort, wo der Berg ans Meer heranreicht und sogar hineinragt, so daß Vorgebirge entstehen.

---

[114] Vgl. *Itin. Eger.* 7,2f.

9. Campus au|tem ipse, ubi filii Israhel nocte illa manse- |102
runt cum Moyse, infinitus est et planities eius ingens.
Distat vero locus, ubi incumbit mons in mare, a castro
Clesma passus quingentos. Inter castrum autem et ipsum
montem medius est locus a promunctorio montis, ubi in- 5
gressi sunt filii Israhel in mare et Pharao post eos. Traiectus
autem, ubi transierunt sicco pede mare Rubrum, habet octo
milia passus in lato.

10. Mare autem Rubrum non ob oc habet nomen, quia
rubra est aqua aut turbulenta, sed adeo est limpidus et 10
prelustris et frigidus ac si mare Oceanum. Ibi elecesse nimii
saporis et suavitatis sunt. Omne autem genus piscium in
eodem mare sunt tanti saporis ut pisces maris Ytalici. Deinde omnia, quecumque de mare desiderari solent, illic ad
cibum habundant. Ibi sunt bucine et conchilyi diversa 15
genera, sfondili vero et coclee diverse et ingentes; per litus
autem eius diverse res iacent, sed maiores et pulchriores
quam in nullo mari. Corallum vero in eodem litore plurimum est, ipse autem mare Rubrum pars Oceany est.

11. Desertum vero Sur heremus est infinite magnitudi- 20
nis, quantum potest umquam homo conspicere, et arena
solitudinis illius inestimabilis, ubi triduo ambulaverunt
sine aqua. A deserto autem Sur usque ad Maran est mansio
una per ripas maris. In Maran vero arbores palmarum

---

[115] Das Vorgebirge ist *Ras Adabiya*, das freie Feld ist die Ebene zwischen dem *Dschebel Ataqa* und Klysma, die Entfernung von 8000 Schritt stimmt mit der Breite des Roten Meeres vor *Ras Adabiya* überein. Nur die Entfernung von Klysma ist größer als 500 Schritt; vgl. WILKINSON, *Egeria's travels* 207 Anm. 1–4.
[116] Der „Ozean" ist in der antiken Kosmologie das Weltmeer, das die Erdteile umfließt. Der Atlantik galt (wie das Rote Meer, siehe Y 10) als Teil dieses Ozeans. Aus dem Vergleich mit dem Ozean hat man geschlossen, daß Egeria ihn gekannt hat und aus Galicien stammt; vgl. auch die Formulierung bei VALERIUS, *epist.* 5 (SCh 296, 346), und siehe oben 15 f.
[117] Das Wort *elecesse* kommt nur hier vor; vgl. BLAISE, *Dictionnaire* 302, der es vom griech. ἠληκατήνες ableitet und die Bedeutung „Thunfisch-Art" für möglich hält. Dagegen vermutet WILKINSON, *Egeria's travels*

9. Diese Ebene aber, wo die Kinder Israels in jener Nacht mit Mose rasteten, ist unendlich weit — ihre Fläche ist überaus groß. Der Ort, wo der Berg ans Meer reicht, ist 500 Schritt von Klysma entfernt. In der Mitte zwischen dem Lager und diesem Berg liegt an dem Vorgebirge der Ort, wo die Kinder Israels ins Meer hineinzogen und der Pharao hinter ihnen her. Der Weg aber, auf dem sie trockenen Fußes das Rote Meer durchzogen, hat eine Breite von 8000 Schritt.[115]

10. Das Rote Meer aber hat seinen Namen nicht deshalb, weil das Wasser rot oder trüb ist — im Gegenteil, es ist vielmehr klar, schillernd und kalt wie auch das Wasser des Ozeans[116]. Die Fische[117] schmecken überaus gut und süß. Jede Art von Fisch in diesem Meer schmeckt so gut wie die Fische des Italischen Meeres[118]. Alles, was man sich vom Meer zu wünschen pflegt, ist dort im Überfluß als Speise vorhanden. Dort gibt es Trompetenmuscheln, Austern verschiedener Art, Stachelmuscheln[119] und verschiedene übergroße Schnecken. An seinem Strand aber liegen die verschiedensten Dinge, jedoch größer und schöner als an jedem anderen Meer. Korallen gibt es sehr viele an diesem Strand; das Rote Meer selbst aber ist Teil des Ozeans.

11. Die Wüste Schur ist eine Wüste von solch unendlicher Größe, wie sie je ein Mensch nur sehen kann; und die Sandwüste, wo sie (sc. die Israeliten) drei Tage ohne Wasser unterwegs waren (vgl. Ex 15,22), ist unvorstellbar einsam. Von der Wüste Schur aber bis nach Mara liegt eine Raststätte am Meeresufer. In Mara selbst gibt es einige wenige

---

207 Anm. 6, die Bedeutung „Schalentier", wenn es von *helix* kommt, oder einfach „Fisch", wenn es mit *alac* in Verbindung steht.
[118] Der Ausdruck meint wahrscheinlich das Ligurische Meer vor der südfranzösischen Küste, das PLINIUS, *nat. hist.* 3,5 (261 IAN/MAYHOFF), *mare Gallicum* nennt; vgl. BLUDAU, *Pilgerreise* 237.
[119] Das Wort *sfondili* leitet sich wahrscheinlich vom griechischen σφόνδυλος ab; vgl. GEORGES, *Handwörterbuch* 2, 2772.

paucissimi sunt; sunt illic et duo fontes, quos indulcavit sanctus Moyses.

12. Inde autem per triduum de sinistro heremus est infinitus usque in locum, qui dicitur Arandara; Arandara autem est locus, qui appellatus est Helim. Ibi fluvius currit, qui tamen tempore aliquo siccatur, sed per ipsius alveum sive iusta ripam ipsius inveniuntur aque. Erba vero illic satis habundat, arbores autem palmarum illic plurime sunt. A transitu autem maris Rubri, id est Sur, non invenitur tam amenus locus cum tanta et tali aqua et tam habundante nisi istum. Inde ergo media mansio iusta mare est.

13. Demum vero apparent duo montes excelsi valde, a parte vero sinistra, antequam ad montes venias, locus est, ubi pluit Dominus manna filiis Israhel; montes vero ipsi excelsi et erecti valde sunt. Ab alia vero parte montium vallis planissima est ac si porticus, ducentos passus vallis ipsa in latitudine habens. Ab utroque autem latere vallis montes ipsi excelsi et erecti sunt. Ubi autem montes aperti sunt, est vallis sex milibus passibus lata, longitudinis autem satis plus habet.

14. Montes vero toti per girum excavati sunt, taliter autem facte sunt cripte ille, ut, si suspendere volueris vela, cubicula pulcherrima sint; unumquodque autem cubicu-

---

[120] Egeria folgt dem biblischen Bericht und verbindet ihn mit dem direkten Weg vom Roten Meer/„Schilfmeer" zum Sinai: Mara liegt deshalb für Egeria nördlich von Arandara/Elim (siehe die folgende Anm.). Das legt eine Identifizierung mit der Oase gegenüber vom *Ras Adabiya* nahe, die noch heute *Ayn Musa* heißt. Auch hier „erkennt" Egeria mit Hilfe ihrer „religiösen Geographie" den Ort, auch wenn die biblische Angabe von den drei Tagen offensichtlich nicht paßt. Sie selbst mag ihren Weg um den Golf von Suez als lange Wüstenwanderung erlebt haben; vgl. WILKINSON, *Egeria's travels* 207 Anm. 10.

[121] Der Ort Arandara/Elim lag im *Wadi el-Gharandal* und wird auch in *Anon. Plac.* 41 (CCL 175,172) als Surandala erwähnt; vgl. WILKINSON, *Egeria's travels* 208 Anm. 1.

[122] Dieser Rastplatz muß beim heutigen *Abu Zanima* gelegen haben; vgl. auch *Itin. Eger.* 6,1.

Palmbäume; dort liegen auch die zwei Quellen, die der heilige Mose süß machte (vgl. Ex 15,23-25).[120]

12. Von dort aus aber erstreckt sich zur Linken eine unendliche Wüste — drei Tagereisen groß — bis zu dem Ort, der Arandara genannt wird; Arandara aber ist der Ort, der Elim heißt (vgl. Ex 15,27). Dort fließt ein Fluß, der jedoch von Zeit zu Zeit austrocknet. In seinem Flußbett beziehungsweise an seinem Ufer findet man aber Reste von Wasser. Gras gibt es dort mehr als genug, auch Palmbäume gibt es dort sehr viele. Vom Ort des Durchzugs durch das Rote Meer, das heißt von Schur aus, findet man (auf dem ganzen Weg) keinen Ort, der so idyllisch ist, so gutes und so reichlich Wasser hat und solchen Überfluß bietet.[121] Von dort (aus) erreicht man auf halbem Weg einen Rastplatz direkt am Meer.[122]

13. Schließlich werden zwei sehr gewaltige Berge sichtbar.[123] Auf der linken Seite liegt, bevor man die Berge erreicht, der Ort, wo der Herr den Kindern Israels Manna regnen ließ (vgl. Ex 16,14).[124] Die Berge selbst sind gewaltig und erheben sich zu sehr großer Höhe. Auf der anderen Seite der Berge liegt ein ganz ebenes Tal wie ein Säulengang — dieses Tal selbst hat eine Breite von 200 Schritt. Auf beiden Seiten des Tales aber sind diese Berge, die sich zu sehr großer Höhe erheben. Wo aber die Berge sich öffnen, ist das Tal 6000 Schritt breit — und mehr als sehr lang.[125]

14. Die Berge im gesamten Umkreis sind ausgehöhlt; auf diese Weise aber sind Höhlen entstanden, so daß, wenn man sich die Mühe machen wollte, Vorhänge aufzuhängen, wunderschöne Zimmer entstehen würden. In jedem Zim-

---

[123] Wahrscheinlich der *Dschebel Nukhul* und der *Dschebel Samrah*, die sichtbar werden, bevor sich die Gegend vor *Abu Rodeis* weitet; vgl. WILKINSON, *Egeria's travels* 208 Anm. 3.
[124] Es könnte die Oase zwischen *Abu Zanima* und *Abu Rodeis* gemeint sein. Den Ort erwähnt auch VALERIUS, *epist.* 2 (SCh 296,340).
[125] Bei *Abu Rodeis* betritt Egeria das *Wadi Muqatteb*.

lum est descriptum lidteris hebreis. Aque etiam ibi bonae
et habundantes | satis in extrema valle sunt, sed non quales
in Helim. Locus vero ipse vocatur desertus Pharan, unde
missi sunt exploratores a Moyse, qui considerarent terram;
ab utrisque vero partibus locus ille munitus est montibus.
Non fert autem locus ille agros aut vineas nichilque aliut
illic est nisi aqua et arbores palmarum.

15. Prope vero ad vicum Faram ad mille quingentos
passus coangustantur montes illi, ut vix triginta passibus
lata ibi sit vallis illa. Ibi appellatur locus ille Raphidin, ubi
Hamalech occurrit filiis Israhel, et ubi murmuravit populus
pro aqua, et ubi Iethro socer Moysi ei occurrit. Locus vero,
ubi oravit Moyses, quando Iesus expugnavit Amalech,
mons excelsus est valde et erectus, imminens super Pharan;
ubi autem oravit Moyses, ecclesia nunc constructa est.
Locus autem ipse, quem admodum sedit et quemadmodum
lapides sub cubitu habuit, hodie parent. Ibi etiam Moyses
devicto Hamalech edificavit altare Domino. In tantum
autem locus iste usque ad quingentos passus erectus est, hac
si per parietem subeas.

16. De Pharan vero usque ad montem sanctum Syna
milia triginta quinque. Porro in Aseroth adhuc apparet,

---

[126] Das *Wadi Muqatteb* ist tatsächlich voll von Höhlen; die Inschriften sind jedoch meistenteils nabatäischen Ursprungs; vgl. MARAVAL, *Égérie* 114.

[127] Egeria erreicht über das *Wadi Muqatteb* das *Wadi Faran* und folgt ihm bis zur Oase *Faran*. Die Kundschaftergeschichte ist in der Bibel allerdings mit der Oase von Kadesch verbunden.

[128] Schon EUSEBIUS, *onomast.* (GCS 11/1, Eusebius 3/1, 142), lokalisiert Refidim in der Nähe von *Faran*. Den Berg und seine Besteigung erwähnt auch VALERIUS, *epist.* 3 (SCh 296, 342). Reste von verschiedenen Kirchen sind auf dem *Dschebel Tahouneh* nördlich von Faran noch zu sehen; vgl. SOLZBACHER, *Mönche* 417–420. Wahrscheinlich stammt auch aus diesem Teil des Berichtes eines der *Excerpta Matritensia* (vgl. CCL 175, 93 nach BRUYNE, *Fragments* 11): *Tanta inter se cumcordia vibunt sicut veri monaci, nihil similantes Amalacites, nam si exacrant nomina Amalacitarum, ut pro iuramentum dicant: Sic non corpus meum iaceat inter Amalacites.*

mer aber befinden sich Inschriften mit hebräischen Schriftzeichen.[126] Auch gutes und reichliches Wasser gibt es am äußersten Ende des Tales — allerdings nicht solches wie in Elim. Dieser Ort wird Wüste Paran genannt, von wo aus die Kundschafter durch Mose ausgesandt wurden, die das Land erkunden sollten (vgl. Num 13,2).[127] Auf beiden Seiten ist jener Ort von Bergen eingefaßt. Jener Ort aber bietet weder Felder noch Weinberge; es gibt dort nichts als Wasser und Palmbäume.

15. Nahe beim Dorf Faran — 1500 Schritt entfernt — verengen sich die Berge, so daß jenes Tal dort (nur) 30 Schritt breit ist. Jener Ort dort heißt Refidim, wo Amalek gegen die Kinder Israels antrat (vgl. Ex 17,8–13), wo das Volk murrend nach Wasser verlangte (vgl. Ex 17,1f) und Jitro seinem Schwiegersohn Mose begegnete (vgl. Ex 18). Der Ort, wo Mose betete, als Josua gegen Amalek kämpfte, ist ein gewaltiger Berg, der sich zu sehr großer Höhe erhebt und Faran beherrscht. Wo Mose betete (vgl. Ex 17,11), ist nun eine Kirche errichtet. Dieser Ort, so wie (er war, als) er saß, und so wie (er war, als) er die Steine unter seinen Ellbogen hatte, ist (noch) heute sichtbar. Dort errichtete auch Mose, nachdem Amalek besiegt war, einen Altar für den Herrn (vgl. Ex 17,15).[128] Der Ort aber ist auf einer Strecke von 500 Schritt so erhöht, daß man dort wie unten an einer Mauer entlanggeht.

16. Von Faran bis zum heiligen Berg Sinai sind es 35 Meilen.[129] In Hazerot (vgl. Num 11,35) sieht man noch, wie

---

„Sie leben untereinander in einer solchen Eintracht wie wahre Mönche und ahmen nicht die Amalekiter nach. So sehr verachten sie den Namen Amalekiter, daß sie beim Schwur sagen: Nie soll mein Leib bei den Amalekitern ruhen!"

[129] Egeria verläßt ca. 15 km östlich von der Oase *Faran* das *Wadi Faran* und gelangt durch das *Wadi Solaf* nach *Naqb el-Hawa* mit den „Lustgräbern". Sie verläßt auch das biblische Itinerar von Ex 15–18 und lokalisiert nun die in Num 11–13 geschilderten Ereignisse nach dem Verlassen des Berges Sinai.

quemadmodum fuit de lapide vallum ipsum, ubi abitave-
runt filii Israhel, cum reverterentur a monte Dei. Throni
etiam tres ibi sunt de lapidibus facti modice in editiori loco,
unus Moysi, reliqui vero Aaron et Iethro. Cella autem, ubi
separata fuit Maria Moysi soror septem diebus, usque hodie super terram duos pedes eminet.

17. Ab Aseroth autem usque ad montem sanctum Syna
inter montes ad dexteram et sinistram totum per vallem
ipsam monumentis plenum est. Prope vero montem
sanctum in loco, qui appellatur sepulchra concupiscentiae,
totum sepulchris plenum est.

steinig dieses Tal war, in dem die Kinder Israels wohnten, als sie vom Berg Gottes zurückkehrten. Dort gibt es drei einfache, steinerne Throne an einem herausragenden Ort, einen von Mose, die anderen von Aaron und Jitro. Der Raum aber, wo Mirjam, die Schwester des Mose, für sieben Tage ausgesperrt wurde (vgl. Num 12,14f), erhebt sich bis heute zwei Fußbreit über den Boden.

17. Von Hazerot aber bis zum heiligen Berg Sinai ist es zwischen den Bergen zur Rechten und Linken, das ganze Tal entlang, voll von Monumenten. Nahe am heiligen Berg, an dem Ort, der „Lustgräber" genannt wird (vgl. Num 11,34), ist es ganz voll von Gräbern.[130]

---

[130] Zu den „Lustgräbern" vgl. *Itin. Eger.* 1,1, oben 118f mit Anm. 1. Hier setzt das erhaltene Manuskript des Itinerariums der Egeria ein.

KARTEN UND PLÄNE

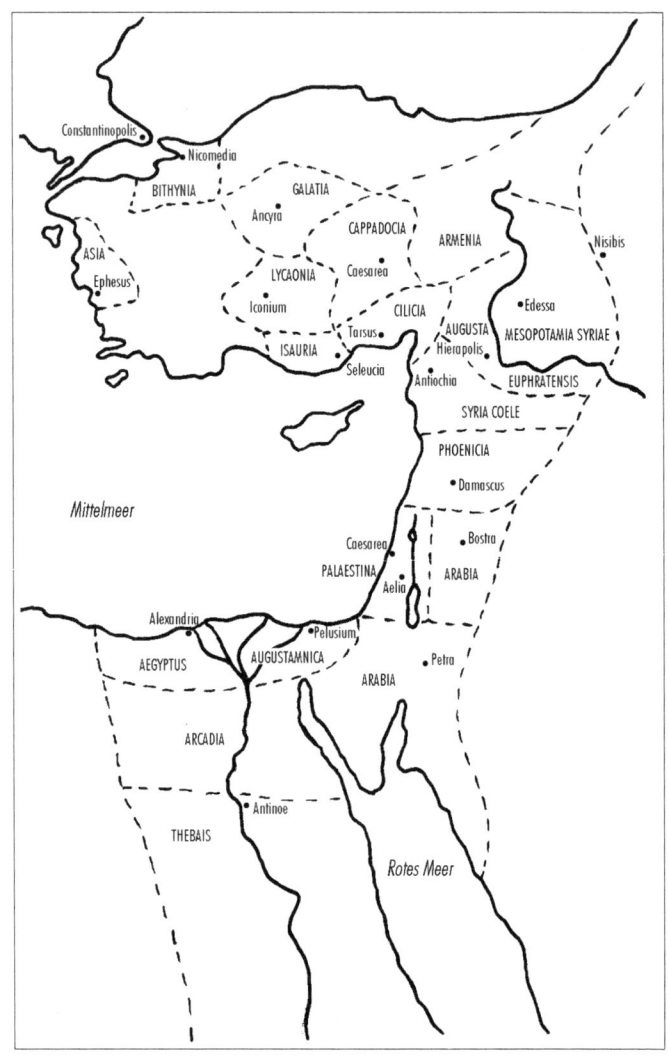

1. Der Vordere Orient und seine Provinzen

KARTEN UND PLÄNE 361

2. Das Nildelta und die Sinaihalbinsel

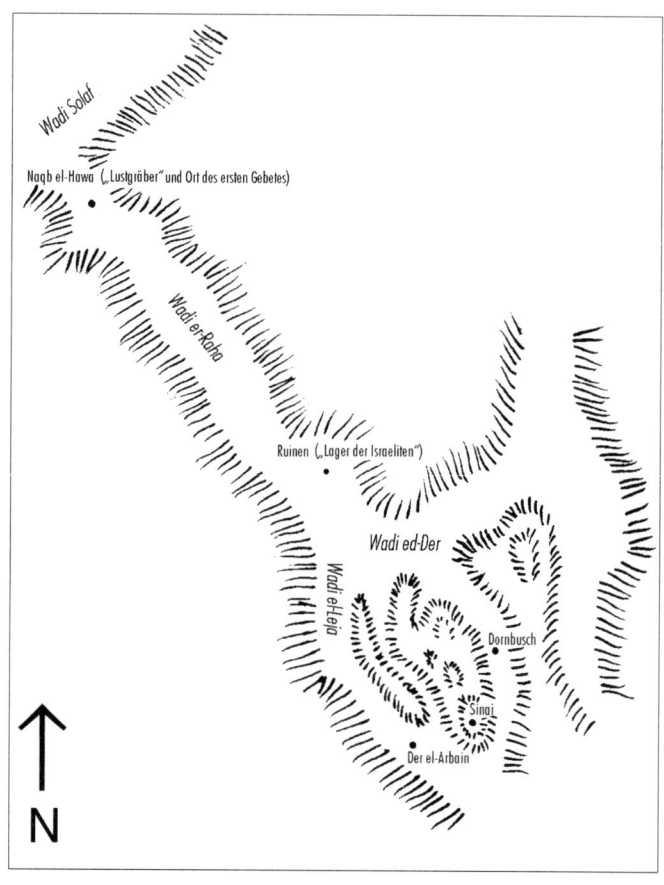

3. Das zentrale Sinaimassiv

KARTEN UND PLÄNE 363

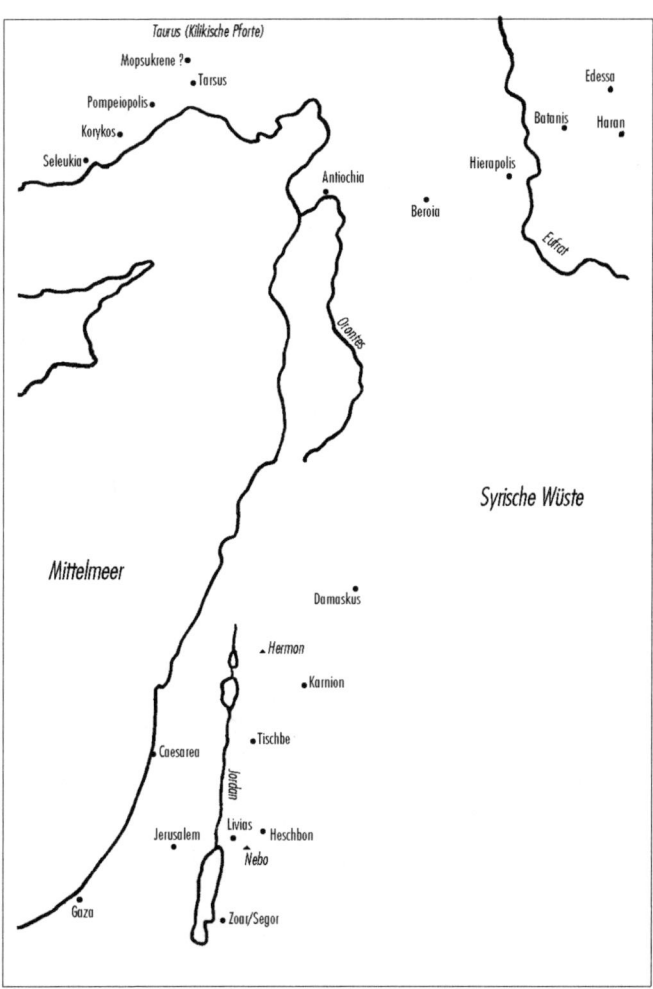

4. Der Großraum Syrien

5. Palästina (Orte und Straßen)

KARTEN UND PLÄNE 365

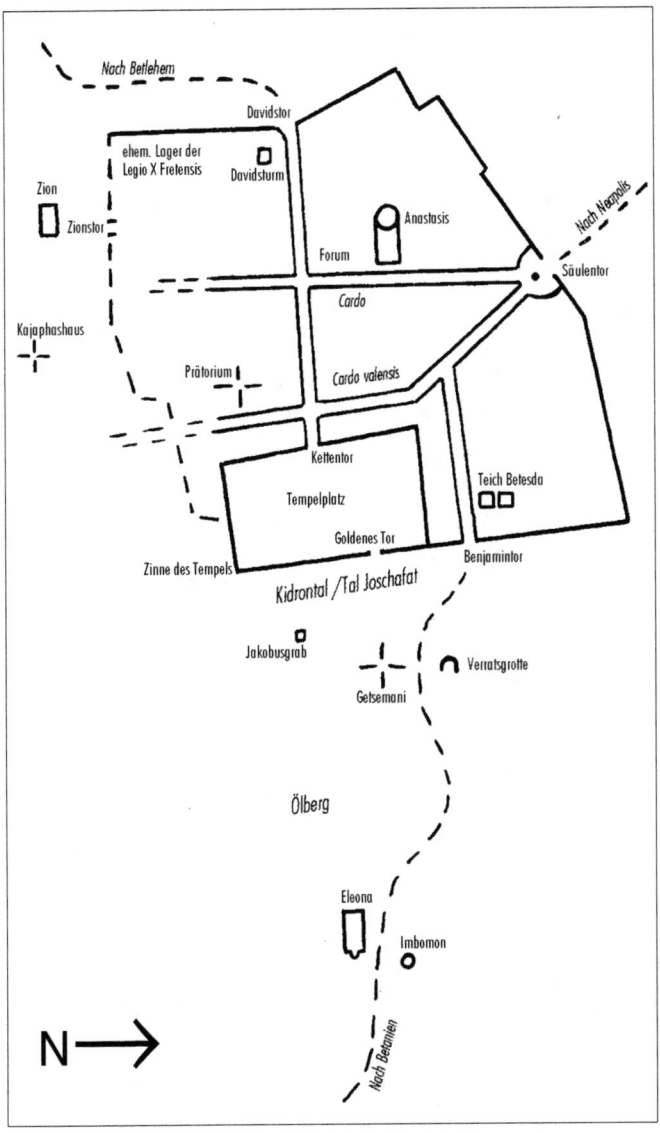

6. Jerusalem

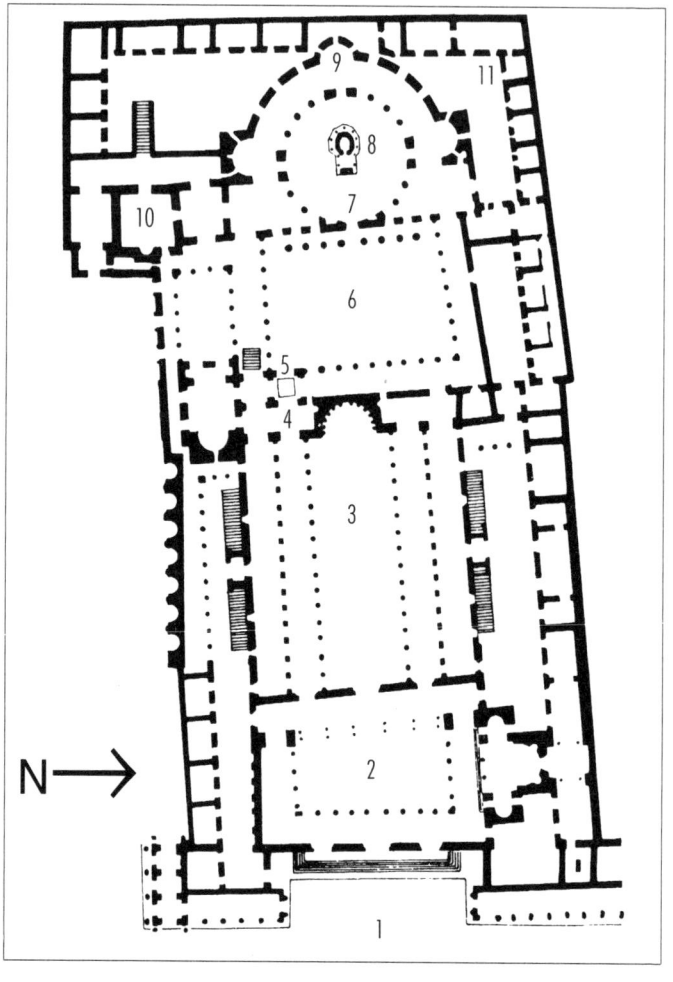

1 Cardo (quintana) 2 Atrium 3 Basilika (Martyrium,
4 Hinter dem Kreuz (post Crucem) 5 Golgotafelsen (Crux) ecclesia maior)
6 Atrium (ante Crucem) 7 Rotunde (Anastasis) 8 Grotte (spelunca)
9 Kapelle des Josef von Arimathäa 10 Baptisterium 11 Haus des Bischofs

7. Der Anastasiskomplex (nach Coüasnon, *Church*)

ABKÜRZUNGEN

Werkabkürzungen

Adomnanus
   loc. sanct.   de locis sanctis

Ambrosius von Mailand
   obit. Theod.   de obitu Theodosii oratio

Anonymus von Piacenza
   Anon. Plac.   Anonymus Placentinus

Basilius von Cäsarea
   epist.   epistulae

Basilius von Seleukia
   vit. Thecl.   de vita ac miraculis Theclae

Beda Venerabilis
   loc. sanct.   de locis sanctis

Breviarius de Hierosolyma
   Brev.   Breviarius de Hierosolyma

Cassius Dio
   hist.   historia Romana

Chronik von Edessa
   Chron. Edess.   Chronicon Edessenum

Clemens von Rom
   1 Clem.   epistula Clementis ad Corinthios / 1. Clemensbrief

Codex Theodosianus
   cod. Theod.   Theodosiani libri XVI cum Constitutionibus Sirmondianis

Constitutiones apostolorum
   Const. apost.   Constitutiones apostolorum

CYRILL VON JERUSALEM
    cat. catecheses illuminandorum
    epist. Const. epistula ad Constantium Imperatorem
    myst. cat. mystagogicae catecheses
    procat. procatechesis

DIDACHE
    Did. Didache XII apostolorum

EPIPHANIUS VON SALAMIS
    haer. panarion seu adversus lxxx haereses
    mens. de mensuris et ponderibus

EUSEBIUS VON CAESAREA
    d. e. demonstratio evangelica
    h. e. historia ecclesiastica
    onomast. onomasticon
    vit. Const. de vita Constantini

EXCERPTA MATRITENSIA
    Exc. Matrit. excerpta Matritensia

GERONTIUS
    vit. Mel. de vita Melaniae

GREGOR VON NYSSA
    epist. epistulae

HESYCHIUS VON JERUSALEM
    hom. homiliae

HIERONYMUS
    comm. in Matth. commentarii in Matthaeum
    comm. in Soph. commentarii in Sophoniam prophetam
    epist. epistulae
    hom. de nat. homilia de nativitate domini
    onomast. onomasticon
    tract. in Psalm. XCV tractatus in Psalmum XCV
    vit. Malch. de vita Malchi

ITINERARIUM BURDIGALENSE
    Itin. Burdig. Itinerarium Burdigalense

ITINERARIUM EGERIAE
    Itin. Eger. Itinerarium Egeriae

JOHANNES CASSIAN
    coll.   collationes patrum
    inst.   de institutis coenobiorum

JOHANNES CHRYSOSTOMUS
    hom. ad pop. Ant.   homiliae ad populum Antiochenum
    Stag.   adhortationes ad Stagyrium a daemone vexatum

JOHANNES RUFUS
    vit. Petr.   vita Petri Iberi

JOSEPHUS FLAVIUS
    ant.   antiquitates Judaicae
    bell.   bellum Judaicum

JUSTIN (DER MÄRTYRER)
    dial.   dialogus cum Tryphone Iudaeo

LEKTIONARE
    Lect. Arm.   Lectionarium Armenicum / Das Armenische Lektionar von Jerusalem
    Lect. Georg.   Lectionarium Georgicum / Das Georgische Lektionar von Jerusalem

MELITO VON SARDES
    pass.   homilia in passionem Christi

ORIGENES
    c. Cels.   contra Celsum

PALLADIUS
    h. Laus.   historia Lausiaca
    h. mon.   historia monachorum

PAULINUS VON NOLA
    epist.   epistulae

PETRUS DIACONUS
    loc. sanct.   de locis sanctis

PLINIUS
    nat. hist.   naturalis historia

PROTEVANGELIUM
    Protev.   Protevangelium des Jakobus

SOZOMENUS
   h. e.   historia ecclesiastica

TESTAMENT IJOBS
   TestJob   Testament Ijobs

THEODORET VON CYRUS
   h. e.   historia ecclesiastica
   h. rel.   historia religiosa

THEODOSIUS
   terr. sanct.   de situ terrae sanctae

THEOPHANES
   chron.   chronographia

VALERIUS VON BIERZO
   epist.   epistula beatissimae Egeriae laudae conscripta

ALLGEMEINE ABKÜRZUNGEN

add.	addit/-didit	LXX	Septuaginta
can.	canon	*n.*	numerus
cod.	codex	par.	parallele Stelle(n)
FS	Festschrift	praef.	praefatio
in marg.	in margine	*s./saec.*	saeculum
l./lin.	linea	u.ö.	und öfter
lat.	lateinisch	Vg.	Vulgata

BIBLIOGRAPHISCHE ABKÜRZUNGEN

AASF	Annales Academiae Scientiarum Fennicae
ACW	Ancient Christian writers
ADPV	Abhandlungen des Deutschen Palästina-Vereins
Aevum	Aevum. Rassegna di scienze storiche, linguistiche e filologiche, Mailand
ALW	Archiv für Liturgiewissenschaft, Regensburg
AnBoll	Analecta Bollandia, Brüssel

ABKÜRZUNGEN

Aug.	Augustinianum. Periodicum quadrimestre collegii internationalis Augustiniani (ab 10 [1970]: Periodicum quadrimestre Instituti Patristici „Augustinianum"), Rom
BECh	Bibliothèque de l'École des Chartes, Genf
BEL.S	Bibliotheca „Ephemerides liturgicae". Subsidia
Ben.	Benedictina. Fascicoli trimestrali di studi benedettini, Rom
BGL	Benediktinisches Geistesleben
BHG	Bibliotheca hagiographica Graeca, Brüssel 1895 ^{2}1909 ^{3}1–3, 1957 = 1986
Bib.	Biblica. Commentarii periodici ad rem biblicam scientifice investigendam, Rom
BKV	Bibliothek der Kirchenväter ^{1}1, 1869 – 80, 1888 ^{2}1, 1911 – 62/63, 1931 2. Reihe: 1, 1932 – 20, 1938
ByZ	Byzantinische Zeitschrift, Leipzig u.a.
Byz.	Byzantion. Revue internationale des études byzantines, Brüssel
CCA	Corpus Christianorum. Series Apocryphorum
CCL	Corpus Christianorum. Series Latina
CCM	Corpus Christianorum. Continuatio mediaevalis
Conc(D)	Concilium. Internationale Zeitschrift für Theologie, Einsiedeln u.a.
CQ	Classical quarterly, London u.a.
CSCO	Corpus scriptorum Christianorum Orientalium
CSCO.S	— Scriptores Syri
CSEL	Corpus scriptorum ecclesiasticorum Latinorum
CTePa	Collana di testi patristici, Rom
DACL	Dictionnaire d'archéologie chrétienne et de liturgie, Paris 1, 1903 – 15, 1953
ECl	Estudios clásicos, Madrid
EL	Ephemerides liturgicae, Rom
FC	Fontes Christiani
FKDG	Forschungen zur Kirchen- und Dogmengeschichte, Göttingen
GCS	Die griechischen christlichen Schriftsteller der ersten drei Jahrhunderte
GDK	Gottesdienst der Kirche. Handbuch der Liturgiewissenschaft
GIF	Giornale italiano di filologia, Neapel
Helm.	Helmantica. Revista de humanidades clásicas, Salamanca
HispSac	Hispania sacra. Revista de historia eclesiástica, Madrid u.a.
HSPh	Harvard Studies in Classical Philology, Cambridge, MA
HThR	Harvard theological review, Cambridge, MA
IP	Instrumenta patristica

JAC	Jahrbuch für Antike und Christentum, Münster
JAC.E	— Ergänzungsband
JLH	Jahrbuch für Liturgik und Hymnologie, Kassel
JLW	Jahrbuch für Liturgiewissenschaft, Münster
JSHRZ	Jüdische Schriften in hellenistisch-römischer Zeit
Kairos	Kairos. Zeitschrift für Religionswissenschaft und Theologie, Salzburg
KP	Der Kleine Pauly. Lexikon der Antike, Stuttgart 1–5, 1962 bis 1975
LCP	Latinitas Christianorum primaeva
Leit.	Leiturgia. Handbuch des evangelischen Gottesdienstes
LJ	Liturgisches Jahrbuch, Münster
LQF	Liturgiewissenschaftliche (23, 1928 – 31, 1939: Liturgiegeschichtliche) Quellen und Forschungen
LThK	Lexikon für Theologie und Kirche, Freiburg 1, 1930 – 10, 1938; ^{2}1, 1957 – 10, 1965 + Reg.Bd. 1965
MBTh	Münsterische Beiträge zur Theologie
MD	La Maison-Dieu, Revue de pastorale liturgique, Paris = Maison Dieu
MThA	Münsteraner theologische Abhandlungen
Muséon	Muséon. Revue d'études orientales, Louvain u. a.
NTOA	Novum testamentum et orbis antiquus
OCA	Orientalia Christiana analecta
OCP	Orientalia Christiana periodica, Rom
OLoP	Orientalia Lovaniensia periodica, Louvain
OrChr. NS	Oriens Christianus. Neue Serie, Rom
PIOL	Publications de l'Institut Orientaliste de Louvain, Louvain
PO	Patrologia orientalis
QLP	Questions liturgiques et paroissiales, Louvain
RAC	Reallexikon für Antike und Christentum, Stuttgart 1950 ff
RB	Revue biblique, Paris
RBen	Revue bénédictine de critique, d'histoire et de littérature religieuses, Abbaye de Maredsous
REArm	Revue des études arméniennes, Paris
REAug	Revue des études augustiniennes, Paris
RivAC	Rivista di archeologia cristiana, Rom
RMab	Revue Mabillon. Archives de la France monastique, Paris u. a.
RMP	Rheinisches Museum für Philologie, Bonn u. a.
RQ	Römische Quartalschrift für christliche Altertumskunde und für Kirchengeschichte, Freiburg
RQH	Revue des questions historiques, Paris
SBF.CMa	Studium Biblicum Franciscanum. Collectio maior

ABKÜRZUNGEN

SBFLA	Studii Biblici Franciscani liber annuus, Jerusalem
SCh	Sources chrétiennes
SE	Sacris erudiri. Jaarboek voor godsdienstwetenschappen, Steenbrugge u.a.
SeL	Storia e letteratura. Raccolta di studi e testi, Rom
SGKA	Studien zur Geschichte und Kultur des Altertums
StMon	Studia monastica, Barcelona
TaS	Texts and Studies. Contribution to biblical and patristic literature
TAVO	Tübinger Atlas des Vorderen Orients
TC	Traditio Christiana. Texte und Kommentare zur patristischen Theologie
ThH	Théologie historique
ThZ	Theologische Zeitschrift, Basel
TRE	Theologische Realenzyklopädie, Berlin 1976ff
VigChr	Vigiliae Christianae. Review of early Christian life and language, Amsterdam
ZDPV	Zeitschrift des Deutschen Palästina-Vereins, Wiesbaden u.a.
ZKG	Zeitschrift für Kirchengeschichte, Stuttgart u.a.

BIBLIOGRAPHIE

Quellen

ADOMNANUS
De locis sanctis:
— Adamnani De locis sanctis (hrsg. von L. BIELER): *Itineraria et alia Geographica* (CCL 175), Turnholt 1965, 175–234.
— Der Bischof Arkulf und der Abt Adomnanus (um 680) (Adamnani de locis sanctis libri tres): *Pilgerfahrt ins Heilige Land. Die ältesten Berichte christlicher Palästinapilger (4.–7. Jh.)* (übers. von H. DONNER), Stuttgart 1979, 332–421.

AMBROSIUS VON MAILAND
De obitu Theodosii oratio:
— De obitu Theodosii: *Sancti Ambrosii Opera 7* (hrsg. von O. FALLER = CSEL 73), Wien 1955, 369–401.

ANONYMUS VON PIACENZA
— Antonini Placentini Itinerarium (hrsg. von P. GEYER): *Itineraria et alia Geographica* (CCL 175), Turnholt 1965, 127–174.
— Der Pilger von Piacenza (um 570) (Antonini Placentini Itinerarium): *Pilgerfahrt ins Heilige Land. Die ältesten Berichte christlicher Palästinapilger (4.–7. Jh.)* (übers. von H. DONNER), Stuttgart 1979, 259 bis 314.

BASILIUS VON CÄSAREA
Epistulae:
— *Lettres,* 3 Bde. (hrsg. von Y. COURTONNE), Paris 1957. 1961. 1966.
— *Briefe,* 3 Bde. (übers. von W.-D. HAUSCHILD = BGL 32.3.37), Stuttgart 1990.1973.1993.

BASILIUS VON SELEUKIA
De vita ac miraculis Theclae:
— De vita ac miraculis Theclae: PG 85, 473–618.

BEDA VENERABILIS
De locis sanctis:
— De locis sanctis: *Itineraria et alia Geographica* (hrsg. von I. FRAIPONT = CCL 175), Turnholt 1965, 245–280.

BREVIARIUS DE HIEROSOLYMA
— Breviarius de Hierosolyma (hrsg. von R. WEBER): *Itineraria et alia Geographica* (CCL 175), Turnholt 1965, 105–112.
— Das Jerusalem-Brevier (um 550) (Breviarius de Hierosolyma): *Pilgerfahrt ins Heilige Land. Die ältesten Berichte christlicher Palästinapilger (4.–7. Jh.)* (übers. von H. DONNER), Stuttgart 1979, 232–239.

CASSIUS DIO
Historia Romana:
— *Dio's Roman History*, 9 Bde. (nach dem Text von H. B. FOSTER übers. von E. CARY = Loeb Classical Library), London 1968–1970.

CHRONIK VON EDESSA
— *Chronica minora 1. Chronicon Edessenum* (hrsg. und übers. von I. GUIDI = CSCO 1.2, CSCO.S 1.2), Louvain 1960.1955.

CLEMENS VON ROM
Epistula Clementis ad Corinthios (1. Clemensbrief):
— *Epistola ad Corinthios. Brief an die Korinther* (hrsg. und übers. von G. SCHNEIDER = FC 15), Freiburg 1994.

CODEX THEODOSIANUS
— *Theodosiani libri XVI cum Constitutionibus Sirmondianis*, Bd. 1/2 (hrsg. von T. MOMMSEN), Berlin 2. Aufl. 1954.

CONSTITUTIONES APOSTOLORUM
— Διαταγαὶ τῶν ἁγίων ἀποστόλων διὰ Κλήμεντος: *Didascalia et Constitutiones Apostolorum 1* (hrsg. von F.X. FUNK), Turin 1970, 2–595 (Paderborn 1905).
— *Les constitutions apostoliques*, 3 Bde. (hrsg. und übers. von M. METZGER = SCh 320, 329, 336), Paris 1985–1987.
— *Die sogenannten Apostolischen Constitutionen und Canonen* (übers. von F. BOXLER = BKV[1] 19), Kempten 1874.

CYRILL VON JERUSALEM
Epistula ad Constantium Imperatorem:
— L'épître de Cyrille de Jérusalem à Constance sur la vision de la Croix (von E. BIHAIN = BHG[3] 413): Byz. 43 (1973) 264–296.
Mystagogicae catecheses:
— *Catéchèses mystagogiques* (hrsg. von A. PIÉDAGUEL, übers. von P. PARIS), Paris 2. Aufl. 1988.
— *Mystagogicae Catecheses. Mystagogische Katechesen* (hrsg. und übers. von G. RÖWEKAMP = FC 7), Freiburg 1992.

Procatechesis et catecheses illuminandorum:
— Procatechesis et Catecheses illuminandorum: *Sancti Patris Nostri Cyrilli Hierosolymarum archiepiscopi opera quae supersunt omnia*, 2 Bde. (hrsg. von W. C. REISCHL / J. RUPP), Hildesheim 1967 (München 1848/1860), Bd. 1, 1–321. Bd. 2, 1–343.
— Einleitende Katechese und Katechesen an die Täuflinge 1–18: *Des heiligen Cyrillus Bischofs von Jerusalem Katechesen* (übers. von P. HAEUSER = BKV² 41), Kempten/München 1922, 16–360.

DIDACHE
— Didache. Zwölf-Apostel-Lehre: *Didache. Zwölf-Apostel-Lehre / Traditio Apostolica. Apostolische Überlieferung* (hrsg. und übers. von G. SCHÖLLGEN / W. GEERLINGS = FC 1), Freiburg 1991, 23–139.

DOCTRINA ADDAI
— *The Teaching of Addai* (hrsg. und übers. von G. HOWARD), Chico, CA 1981.

EPIPHANIUS VON SALAMIS
De mensuris et ponderibus:
— De mensuris et ponderibus: PG 43, 237–294.
Panarion seu adversus lxxx haereses:
— Panarion 1–33: *Ancoratus. Panarion 1* (hrsg. von K. HOLL = GCS 25, Epiphanius 1), Leipzig 1915, 151–464.
— Panarion 34–64: *Panarion 2* (hrsg. von K. HOLL = GCS 31, Epiphanius 2), Leipzig 1922.
— Panarion 65–80: *Panarion. De fide 3* (hrsg. von K. HOLL = GCS 37, Epiphanius 3), Leipzig 1933, 1–496.

EUSEBIUS VON CAESAREA
Demonstratio evangelica:
— *Die demonstratio evangelica* (hrsg. von I. HEIKEL = GCS 23, Eusebius 6), Leipzig 1913.
De vita Constantini:
— *Über das Leben des Kaisers Konstantin* (hrsg. von F. WINKELMANN = GCS, Eusebius 1/1), Berlin 1975.
— Des Eusebius Pamphili vier Bücher über das Leben des Kaisers Konstantin: *Des Eusebius Pamphili Bischofs von Caesarea ausgewählte Schriften, Bd. 1* (eingel. von A. BIGLMAIR, übers. von J. M. PFÄTTISCH = BKV² 9), München 1913, 1–190.
Historia ecclesiastica:
— *Kirchengeschichte. Kleine Ausgabe* (hrsg. von E. SCHWARTZ), Berlin 5. Aufl. 1955.
— *Kirchengeschichte* (übers. von P. HAEUSER = BKV² 2. Reihe 1), München 2. Aufl. (durchgesehen von H. GÄRTNER, hrsg. von H. KRAFT) 1981 (1932).

Onomasticon:
— *Das Onomastikon der biblischen Ortsnamen* (hrsg. von E. KLOSTER-
MANN = GCS 11/1, Eusebius 3/1), Hildesheim 1966 (Leipzig 1904).

EXCERPTA MATRITENSIA
— Nouveaux Fragments de l'Itinerarium Eucheriae (D. DE BRUYNE):
RBen 26 (1909) 481–484.

GERONTIUS
De vita Melaniae:
— *Vie de Sainte Mélanie* (hrsg. und übers. von D. GORCE = SCh 90),
Paris 1962.
— Das Leben der heiligen Melania von Gerontius (übers. von S. KROT-
TENTHALER): *Griechische Liturgien. Leben der heiligen Väter von
Palladius. Leben der heiligen Melania von Gerontius* (BKV² 5), Kemp-
ten/München 1912, 445–498.

GREGOR VON NYSSA
Epistulae:
— *Gregorii Nysseni Epistulae* (hrsg. von G. PASQUALI = Gregorii Nys-
seni Opera 8/2), Leiden 1959.

HERODOT
Historiae:
— *Historiae*, 2 Bde. (hrsg. von C. HUDE), Oxford 1982.1979 (3. Aufl.
1927).

HESYCHIUS VON JERUSALEM
Homiliae:
— *Les homélies festales d'Hésychius de Jérusalem*, 2 Bde. (hrsg. und
übers. von M. AUBINEAU), Brüssel 1978.1980.
— *Geschichten und Geschichte*, 2 Bde. (übers. von W. MARQ), Zürich/
München 2. Aufl. 1990.1983.

HIERONYMUS
Commentarii in Matthaeum:
— *Commentariorum in Matheum libri IV = Opera 1, Exegetica 7* (hrsg.
von D. HURST / M. ADRIAEN = CCL 77), Turnholt 1969.
Commentarii in Sophoniam prophetam:
— Commentarii in Sophoniam prophetam: *Opera 1, Exegetica 6: Com-
mentarii in prophetas minores* (hrsg. von M. ADRIAEN = CCL 76a),
Turnholt 1970, 655–711.
De vita Malchi:
— Vita Malchi monachi captivi: PL 23, 55–62.

Epistulae:
— *Sancti Eusebii Hieronymi Epistulae*, 3 Bde. (hrsg. von I. HILBERG = CSEL 54–56), Wien/Leipzig 1910–1918.
— *Des heiligen Kirchenvaters Hieronymus ausgewählte Briefe*, 2 Bde. (übers. von L. SCHADE = BKV² 16.18), Kempten/München 1936. 1937.
Homilia de nativitate domini:
— Homilia de nativitate Domini: *Opera 2, Homiletica* (hrsg. von G. MORIN = CCL 78), Turnholt 2. Aufl. 1958, 524–529.
— Homilie über die Geburt des Herrn: *Des heiligen Kirchenvaters Eusebius Hieronymus ausgewählte historische, homiletische und dogmatische Schriften* (übers. von L. SCHADE = BKV² 15), Kempten/München 1914, 210–218.
Onomasticon:
— *Das Onomastikon der biblischen Ortsnamen* (hrsg. von E. KLOSTERMANN = GCS 11/1, Eusebius 3/1), Hildesheim 1966 (Leipzig 1904).
Tractatus in psalmum XCV:
— Tractatus de psalmo XCV: *Opera 2, Homiletica* (hrsg. von G. MORIN = CCL 78), Turnholt 2. Aufl. 1958, 149–156.
— Über den Psalm 95: *Des heiligen Kirchenvaters Eusebius Hieronymus ausgewählte historische, homiletische und dogmatische Schriften* (übers. von L. SCHADE = BKV² 15), Kempten/München 1914, 202–209.

ITINERARIUM BURDIGALENSE
— Itinerarium Burdigalense (hrsg. von P. GEYER / O. CUNTZ): *Itineraria et alia Geographica* (CCL 175), Turnholt 1965, 1–26.
— Der Pilger von Bordeaux (333) (Itinerarium Burdigalense): *Pilgerfahrt ins Heilige Land. Die ältesten Berichte christlicher Palästinapilger (4.–7. Jh.)* (übers. von H. DONNER), Stuttgart 1979, 36–68.

ITINERARIUM EGERIAE
— *Die Pilgerreise der Aetheria* (hrsg. von H. PÉTRÉ, übers. von K. VRETSKA), Klosterneuburg 1958.
— Itinerarium Egeriae (hrsg. A. FRANCESCHINI / R. WEBER): *Itineraria et alia Geographica* (CCL 175), Turnholt 1965, 35–90.
— Itinerarium Egeriae: Origines du culte chrétien (hrsg. von L. DUCHESNE), Paris 1889, 510–542.
— Journal de voyage (Itinéraire) (hrsg. und übers. von P. MARAVAL): *Égérie. Journal de voyage (Itinéraire) / Valerius du Bierzo. Lettre sur la b^se Égérie* (hrsg. und übers. von P. MARAVAL / M.C. DÍAZ Y DÍAZ = SCh 296), Paris 1982, 7–319.
— *Peregrinatio ad loca sancta saeculi IV exeuntis edita, rossice versa, notis illustrata* (hrsg. von J. POMIALOWSKY / M. CHOLODNIAK = Scripta Societatis Rossicae Palestinensis), St. Petersburg 1889.
— *S. Hilarii Tractatus de Mysteriis et Hymni et S. Silviae Aquitanae Peregrinatio ad loca sancta* (hrsg. von G.-F. GAMURRINI = Biblioteca dell'Academia storico-giuridica 4), Rom 1887.

- S. Silviae, quae fertur. Peregrinatio ad loca sancta: *Itinera Hierosolymitana* (hrsg. P. GEYER = CSEL 39), Wien 1898, 35–101.
- Siluiae uel potius Aetheriae Peregrinatio ad loca sancta (hrsg. von W. HERAEUS): *Sammlung vulgärlateinischer Texte 1* (hrsg. von W. HERAEUS / H. MORF), Heidelberg 4. Aufl. 1939.
- *The Pilgrimage of S. Silvia of Aquitania to the Holy Places circa 385 A.D.* (hrsg. und übers. von J. H. BERNARD = Palestine Pilgrim's Text Society), London 1891.
- *Diario di viaggio* (übers. von C. DI ZOPPOLA, eingel. von A. CANDELARESI), Rom 1979.
- *Diary of a Pilgrimage* (übers. von G. E. GINGRAS = ACW 38), New York 1970.
- Die Nonne Etheria (um 400) (Peregrinatio Etheriae): *Pilgerfahrt ins Heilige Land. Die ältesten Berichte christlicher Palästinapilger (4.–7. Jh.)* (übers. von H. DONNER), Stuttgart 1979, 82–137.
- *Egeria. Diario di viaggio* (übers. von E. GIANNARELLI = Letture cristiane del primo Millennio 13), Mailand 1992.
- *Egeria. Pellegrinaggio in terra santa* (übers. und komm. von P. SINISCALCO / L. SCARAMPI = CTePa 48), Rom 2. Auflage 1992.
- *Egeria's travels to the Holy Land* (übers. von J. WILKINSON), Jerusalem/Warminster 2. Aufl. 1981.

JOHANNESAKTEN
- *Acta Iohannis: 1. Praefatio — Textus; 2. Textus alii — commentarius — indices* (hrsg. und übers. von E. JUNOD / J.-D. KAESTLI = CCA 1–2), Turnholt 1983.
- Johannesakten (übers. von K. SCHÄFERDIEK): *Neutestamentliche Apokryphen in deutscher Übersetzung 2: Apostolisches, Apokalypsen und Verwandtes* (hrsg. von W. SCHNEEMELCHER), Tübingen 5. Aufl. der von E. HENNECKE begründeten Sammlung 1989, 138–193.

JOHANNES CASSIAN
Collationes patrum:
- *Conférences*, 3 Bde. (hrsg. und übers. von E. PICHERY = SCh 42. 54. 64), Paris 2. Aufl. 1966. 1967. 1971.
- Des ehrwürdigen Johannes Cassianus vierundzwanzig Unterredungen mit den Vätern (übers. von K. KOHLHUND): *Sämmtliche Schriften des ehrwürdigen Joh. Cassianus 1* (BKV[1] 59), Kempten 1879, 280–600; *Sämmtliche Schriften des ehrwürdigen Joh. Cassianus 2* (BKV[1] 68), Kempten 1879, 9–428.

De institutis coenobiorum:
- *De institutis coenobiorum* (hrsg. von M. PETSCHENIG = CSEL 17), Wien/Leipzig 1888.
- Von den Einrichtungen der Klöster (übers. von J. ABT): *Sämmtliche Schriften des ehrwürdigen Joh. Cassianus 1* (BKV[1] 59), Kempten 1879, 15–271.

JOHANNES CHRYSOSTOMUS
Adhortationes ad Stagyrium a daemone vexatum:
— Oratio adhortatoria ad Stagirium ascetam a daemonio vexatum, libri III: PG 47, 423–494.
Homiliae ad populum Antiochenum:
— Homiliae XXI de statuis ad populum Antiochenum habitae: PG 49, 15–222.

JOHANNES RUFUS
Vita Petri Iberi:
— *Petrus der Iberer. Ein Charakterbild zur Kirchen- und Sittengeschichte des fünften Jahrhunderts* (hrsg. von R. RAABE), Leipzig 1895.

JOSEPHUS FLAVIUS
Antiquitates Judaicae:
— *Antiquitatum Iudaicorum libri XX*, 4 Bde. (hrsg. von B. NIESE = Flavii Iosephi opera 1–4), Berlin 1955.
— *Des Flavius Josephus Jüdische Altertümer*, 2 Bde. (übers. von H. CLEMENTZ), Köln 1959 (Köln 1899).
Bellum Judaicum:
— *De bello Judaico / Der Jüdische Krieg. Zweisprachige Ausgabe der sieben Bücher*, 3 Bde. (hrsg. O. MICHEL / O. BAUERNFEIND), Darmstadt 1959.1963.1969.

JUSTIN (DER MÄRTYRER)
Dialogus cum Tryphone Iudaeo:
— Dialogus: *Die ältesten Apologeten* (hrsg. von E. J. GOODSPEED), Göttingen 1984, 90–265 (1914).
— Des heiligen Philosophen und Märtyrers Justinus Dialog mit dem Juden Tryphon: *Des heiligen Philosophen und Märtyrers Justinus Dialog mit dem Juden Tryphon / Pseudo-Justinus Mahnrede an die Heiden* (übers. von P. HAEUSER = BKV² 33), Kempten/München 1917, 1–231.

LEKTIONARE
Das Armenische Lektionar von Jerusalem:
— *Le Codex arménien Jérusalem 121*, Bd. 2 (hrsg. und übers. von A. RENOUX = PO 168), Turnholt 1971.
Das Georgische Lektionar von Jerusalem:
— *Le grand lectionnaire de l'Église de Jérusalem (V^e–VIIIe siècle)*, 2 Bde. (hrsg. und übers. von M. TRACHNISCHVILI = CSCO 188/189. 204/205), Louvain 1959.1960.

MELITO VON SARDES
Homilia in passionem Christi:
— *Sur la Pâque* (hrsg. und übers. von O. PERLER = SCh 123), Paris 1966.
— *Vom Passa. Die älteste christliche Osterpredigt* (übers. von J. BLANK = Sophia 3), Freiburg 1963.

ORIGENES
Contra Celsum:
— Buch 1–4 gegen Celsus: *Die Schrift vom Martyrium. Buch 1–4 gegen Celsus* (hrsg. von P. KOETSCHAU = GCS [2], Origenes 1), Leipzig 1899, 49–374.
— Buch 5–8 gegen Celsus: *Buch 5–8 gegen Celsus. Die Schrift vom Gebet* (hrsg. von P. KOETSCHAU = GCS [3], Origenes 2), Leipzig 1899, 1–293.
— *Contre Celse*, 5 Bde. (hrsg. und übers. von M. BORRET = SCh 132. 136. 147. 150. 227), Paris 1967. 1968. 1969. 1969. 1976.
— *Des Origenes acht Bücher gegen Celsus*, 2 Bde. (übers. von P. KOETSCHAU = BKV² 52. 53), Kempten/München 1926. 1927.
— *Gegen Kelsos* (übers. von P. KOETSCHAU, ausgew. und bearb. von K. PICHLER = Schriften der Kirchenväter 6), München 1986.

PALLADIUS
Historia Lausiaca:
— *The Lausiac History of Palladius 2* (hrsg. von C. BUTLER = TaS 6/2), Hildesheim 1967 (Cambridge 1904).
— Des Palladius von Helenopolis Leben der heiligen Väter (übers. von S. KROTTENTHALER): *Griechische Liturgien. Leben der heiligen Väter von Palladius. Leben der heiligen Melania von Gerontius* (BKV² 5), Kempten/München 1912, 319–440.
Historia monachorum:
— *Historia monachorum in Aegypto* (hrsg. von A.-J. FESTUGIÈRE), Brüssel 1971.

PAULINUS VON NOLA
Epistulae:
— *Epistolae* (hrsg. von W. HARTEL = CSEL 29, Sancti Paulini Opera 1), Prag/Wien/Leipzig 1894.

PETRUS DIACONUS
De locis sanctis:
— Petri Diaconi liber de locis sanctis (hrsg. von R. WEBER): *Itineraria et alia Geographica* (CCL 175), Turnholt 1965, 93–103.
— Peter the Deacon's Book on the Holy Places: *Egeria's Travels to the Holy Land* (übers. von J. WILKINSON), Jerusalem/Warminster 2. Aufl. 1981, 179–210 (1. Aufl.: London 1971).

PLINIUS
Naturalis historia:
— *Naturalis historiae libri XXXVII*, 6 Bde. (hrsg. von L. IAN, neu hrsg. von C. MAYHOFF), Stuttgart 1967–1970.
— *Naturkunde* (hrsg. und übers. von R. KÖNIG in Zusamenarbeit mit G. WINKLER), München 1973 ff.

PROTEVANGELIUM DES JAKOBUS
— Protevangelium des Jakobus: *Apokryphe Kindheitsevangelien* (hrsg. und übers. von G. SCHNEIDER = FC 18), Freiburg 1995, 95–145.

SOZOMENUS
Historia ecclesiastica:
— *Kirchengeschichte* (hrsg. von J. BIDEZ / G.C. HANSEN = GCS 50), Berlin 1960.

TESTAMENT IJOBS
— *The Testament of Job* (hrsg. von R. A. KRAFT = Texts and Translations 5, Pseudepigrapha Series 4), Missoula, Montana 1974.
— Das Testament Hiobs (übers. von B. SCHALLER = JSHRZ 3/3), Gütersloh 1979.

THEODORET VON CYRUS
Historia ecclesiastica:
— *Kirchengeschichte* (hrsg. von L. PARMENTIER), Berlin 2. Aufl. (bearb. von F. SCHEIDWEILER = GCS 44 [19]) 1954.
— *Des Bischofs Theodoret von Cyrus Kirchengeschichte* (übers. von A. SEIDER = BKV² 51), Kempten/München 1926.
Historia religiosa:
— *Histoire des moines de Syrie. „Histoire philothée" 1–13* (hrsg. und übers. von P. CANIVET / A. LEROY-MOLINGHEN = SCh 234), Paris 1977.

THEODOSIUS
De situ terrae sanctae:
— Theodosii de situ terrae sanctae (hrsg. von P. GEYER): *Itineraria et alia Geographica* (CCL 175), Turnholt 1965, 113–125.
— Der Archidiakon Theodosius (zwischen 518 und 530) (Theodosii de situ terrae sanctae): *Pilgerfahrt ins Heilige Land. Die ältesten Berichte christlicher Palästinapilger (4.–7. Jh.)* (übers. von H. DONNER), Stuttgart 1979, 199–225.

THEOPHANES
Chronographia:
— *Theophanis Chronographia Bd. 1–2* (hrsg. von C. DE BOOR), Hildesheim 1963 (Leipzig 1883–1885).

VALERIUS VON BIERZO
Epistula beatissimae Egeriae laudae conscripta:
— La Lettre de Valérius aux moins de Vierzo sur la bienheureuse Aetheria (von Z. GARCÍA): AnBoll 29 (1910) 377–399.
— Lettre de Valérius du Bierzo sur la bienheureuse Égérie (hrsg. und übers. M.C. DÍAZ Y DÍAZ): *Égérie. Journal de voyage (Itinéraire). Valérius du Bierzo. Lettre sur la b^{se} Égérie* (hrsg. und übers. von P. MARAVAL / M. C. DÍAZ Y DÍAZ = SCh 296), Paris 1982, 321–349.

— Brief zum Lobe der hochseligen Aetheria, gerichtet von Valerius an seine Brüder, die Mönche von Vierzo (übers. von K. VRETSKA): *Die Pilgerreise der Aetheria (Peregrinatio Aetheriae)* (hrsg. von H. PÉTRÉ, übers. von K. VRETSKA), Klosterneuburg 1958, 262–271.

LITERATUR

ALBRECHT, R., *Das Leben der heiligen Makrina auf dem Hintergrund der Thekla-Traditionen. Studien zu den Ursprüngen des weiblichen Mönchtums im 4. Jahrhundert in Kleinasien* (FKDG 38), Göttingen 1986.

ARBESMANN, R., Fasten: RAC 7, 473–474.

—, Fastenspeisen: RAC 7, 494–500.

—, Fasttage: RAC 7, 500–524.

AUF DER MAUR, H., *Feiern im Rhythmus der Zeit 1: Herrenfeste in Woche und Jahr* (GDK 5), Regensburg 1983.

—, Feste und Gedenktage der Heiligen: AUF DER MAUR, H. / HARNONCOURT, P., *Feiern im Rhythmus der Zeit 2,1. Der Kalender. Feste und Gedenktage der Heiligen* (GDK 6,1), Regensburg 1994, 65–357.

BAGATTI, B., La cappella sul monte delle Beatitudini: RivAC 14 (1937) 1–91.

BALDI, P.D. (Hrsg.), *Enchiridion Locorum Sanctorum. Documenta S. Evangelii respicientia*, Jerusalem 2. Aufl. 1955.

BALDOVIN, J. F., *The Urban Character of Christian Worship. The Origins, Development, and Meaning of Stational Liturgy* (OCA 228), Rom 1987.

BARAUT, C., Bibliographia Egeriana: HispSac 7 (1954) 203–215.

BASEVI, C., Vocabulario liturgico del Itinerarium Egeriae. El campo semántico de la oración y del tempo: Helm. 36 (1985) 9–38.

BASTIAENSEN, A., L'„Itinéraire d'Égérie". Observations à propos d'une nouvelle édition: REAug 30 (1984) 136–144.

—, *Observations sur le vocabulaire liturgique dans l'Itinéraire d'Égérie* (LCP 17), Nimwegen 1962.

—, Sur quelques passages de l'Itinerarium Egeriae: AnBoll 108 (1990) 271–277.

BAUMSTARK, A., Das Alter der Peregrinatio Aetheriae: OrChr.NS 1 (1911) 32–76.

—, Das Gesetz der Erhaltung des Alten in liturgisch hochwertiger Zeit: JLW 7 (1927) 1–23.

—, *Liturgie comparée*, Chevetogne 3. Aufl. 1953.

—, *Nocturna laus. Typen frühchristlicher Vigilienfeier und ihr Fortleben vor allem im römischen und monastischen Ritus* (aus dem Nachlaß hrsg. von O. HEIMING), Münster 1957.

—, Weihnachten und Himmelfahrt im alten Jerusalem: ByZ 24 (1923/24) 329–335.

BERNAL, J., Primeros vestigios de lucernario en España: *Liturgica 3* = Scripta et Documenta 17, Montserrat 1966, 21–49.

BERSCHIN, W., *Biographie und Epochenstil im lateinischen Mittelalter 1*, Stuttgart 1986.

BERTONIÈRE, G., *The Historical Development of the Easter Vigil and Related Services in the Greek Church* (OCA 193), Rom 1972.

BIEBERSTEIN, K. / BLOEDHORN, H., *Jerusalem. Grundzüge der Baugeschichte vom Chalkolithikum bis zur Frühzeit der osmanischen Herrschaft*, 3 Bde. (Beihefte zum TAVO, Reihe B Nr. 100, 1–3), Wiesbaden 1994.

BLACKMAN, D.R. / BETTS, G.G. (Hrsg.), *Concordantia in Itinerarium Egeriae. A concordance to the Itinerarium Egeriae* (Alpha-Omega. Reihe A, 96), Hildesheim 1989.

BLAISE, A., *Lexicon latinitatis medii aevi. Dictionnaire Latin-Français des auteurs du moyen-âge* (CCM), Turnholt 1975.

BLATZ, B., Das koptische Thomasevangelium: *Neutestamentliche Apokryphen 1: Evangelien* (hrsg. von W. SCHNEEMELCHER), Tübingen 6. Aufl. 1990, 93–113.

BLUDAU, A., *Die Pilgerreise der Aetheria* (SGKA 15,1–2), Paderborn 1927.

BOHL, H., *Kommunionempfang der Gläubigen* (Disputationes theologicae 9), Frankfurt 1980.

BONNET, H., *Reallexikon der ägyptischen Religionsgeschichte*, Berlin 1952.

BRADSHAW, P.F., *Daily Prayer in the Early Church*, London 2. Aufl. 1983.

BROX, N., Das „irdische Jerusalem" in der altchristlichen Theologie: Kairos 28 (1986) 152–173.

BRUYNE, *Fragments*, siehe Quellen: Excerpta Matritensia.

BUSSE, H., Tempel, Grabeskirche und Ḥaram aš-Šarīf. Drei Heiligtümer und ihre gegenseitigen Beziehungen in Legende und Wirklichkeit: BUSSE, H. / KRETSCHMAR, G., *Jerusalemer Heiligtumstraditionen in altkirchlicher und frühislamischer Zeit* (ADPV), Wiesbaden 1987, 1–27.

CAMPOS, J., Sobre un Documento hispano del Bajo Imperio: La ‚Peregrinatio Egeriae': Helm. 18 (1967) 273–289.

CARDMAN, F., The Rhetoric of Holy Places. Palestine in the Fourth Century: *Studia Patristica 17,1* (hrsg. von E. A. LIVINGSTONE), Oxford u. a. 1982, 18–25.

CASSON, L., *Reisen in der Alten Welt*, München 1976.

CONDE, A.L., El monacato feminino entre la clausura y la peregrinación: en torno a Egeria: StMon 34 (1992) 29–40.

CORBO, V., *Il Santo Sepolcro di Gerusalemme*, 3 Bde. (SBF.CMa 29), Jerusalem 1981–1982.

—, The Church and the House of St. Peter at Capharnaum: *Ancient Churches Revealed* (hrsg. von Y. TSAFRIR), Jerusalem 1993, 71–76.

COÜASNON, C., *The Church of the Holy Sepulchre, Jerusalem*, London 1974.

CRAMER, W., Harran: RAC 13, 634–650.

CURTIUS, E.R., *Europäische Literatur und lateinisches Mittelalter*, Bern 5. Aufl. 1965.

DEDDENS, K., *Annus liturgicus? Een onderzoek naar de betekenis van Cyrillus van Jeruzalem voor de ontwikkeling van het kerkelijk jaar*, Goes 1975.

—, Cyrille de Jérusalem et l'Année liturgique: QLP 56 (1975) 41–46.

DEKKERS, E., De Datum der Peregrinatio Egeriae en het Feest van Ons Herr Hemelvaart: SE 1 (1948) 181–205.

DEVOS, P., Approches de Pallade à travers le Dialogue sur Chrysostome et de l'Histoire Lausique: AnBoll 107 (1989) 243–266.

—, Egeriana II: AnBoll 105 (1987) 415–424.

—, Egeriana III: AnBoll 109 (1991) 363–381.

—, Egeriana IV: AnBoll 112 (1994) 241–254.

—, Égérie à Bethléem. Le 40e jour après Pâques a Jérusalem, en 383: AnBoll 86 (1968) 87–108.

—, Égérie à Édesse. St. Thomas l'Apôtre. Le roi Abgar: AnBoll 85 (1967) 381–400.

—, La date du voyage d'Égérie: AnBoll 85 (1967) 165–194.

—, La „servante de Dieu" Pœmenia: AnBoll 87 (1969) 208–212.

—, „Lecto ergo ipso loco". A propos d'un Passage d'Égérie (Itinerarium III, 6): *Zetesis. FS de Strycker*, Antwerpen 1973, 646–654.

—, Perlustris/Praelustris: Égérie et l'eau: *Eulogia, FS A.P. Bastiaensen* (hrsg. von G.J.M. BARTELINK u.a. = IP 24), Steenbrugge/Den Haag 1991, 77–88.

—, Une nouvelle Égérie: AnBoll 101 (1983) 43–47.

DÍAZ Y DÍAZ, *Lettre*, siehe Quellen: Valerius.

DOBLHOFER, E., Drei spätantike Reiseschilderungen: *FS Karl Vretska* (hrsg. von D. ABLEITINGER / H. GUGEL), Heidelberg 1970, 1–22.

DONNER, H., *Pilgerfahrt ins Heilige Land. Die ältesten Berichte christlicher Palästinapilger (4.–7. Jahrhundert)*, Stuttgart 1979.

DONNER, H. / KÜPPERS, H., *Die Mosaikkarte von Madeba*, Wiesbaden 1977.

DRIJVERS, H.J.W., Abgarsage: *Neutestamentliche Apokryphen 1: Evangelien* (hrsg. von W. SCHNEEMELCHER), Tübingen 6. Aufl. 1990, 389 bis 394.

—, *Cults and Beliefs at Edessa*, Leiden 1980.

—, Thomasakten: *Neutestamentliche Apokryphen 2: Apostolisches, Apokalypsen und Verwandtes* (hrsg. von W. SCHNEEMELCHER), Tübingen 5. Aufl. 1989, 289–367.

ELLIOTT, K.J., Jerusalem II. Neues Testament: TRE 16, 609–612.

ESBROECK, M. VAN, *Les plus anciennes homéliaires géorgiennes. Étude descriptive et historique* (PIOL 10), Louvain 1975.

—, Une homélie sur l'Église attribuée à Jean de Jérusalem: Muséon 86 (1973) 283-304.

FELBECKER, S., *Die Prozession. Historische und systematische Untersuchungen zu einer liturgischen Ausdruckshandlung* (MThA 39), Altenberge 1995.

FÉROTIN, M., Le véritable auteur de la „Peregrinatio Silviae". La vierge espagnole Aetheriae: RQH 74 (1903) 367-397.

FINKELSTEIN, I., Byzantine Remains at Jebel Sufsafeh (Mount Horeb in Southern Sinai: *Ancient Churches Revealed* (hrsg. von Y. TSAFRIR), Jerusalem 1993, 334-340.

FISCHER, B., Das älteste armenische Lektionar als Zeuge für den gottesdienstlichen Schriftgebrauch im Jerusalem des beginnenden 5. Jh.: Conc(D) 11 (1975) 93-96.

GAMURRINI, *Peregrinatio*, siehe Quellen: Itinerarium Egeriae.

GEORGES, K. E., *Ausführliches lateinisch-deutsches Handwörterbuch*, 2 Bde., Hannover 1985 (8. Aufl. 1913).

GEYER, P., *Kritische Bemerkungen zu S. Silviae Aquitanae peregrinatio ad loca sancta*, Augsburg 1890.

GIANNARELLI, *Egeria*, siehe Quellen.

GINGRAS, G. E., „Missa ad tertia". A textual Problem in the „Itinerarium Egeriae" XLVI, 4: *Kyriakon. FS Johannes Quasten* 2 (hrsg. von P. GRANFIELD / J. A. JUNGMANN), Münster 1970, 596-603.

GONZÁLES-HABA, M., El „Itinerarium Egeriae", un testimonio de la corriente cristiana de oposición a la cultura clásica: ECl 20 (1976) 123-131.

GORCE, D., Gastfreundschaft: RAC 8, 1061-1123.

—, *Les voyages, l'hospitalité et le port des lettres dans le monde chrétien des IVe et Ve siècle*, Paris 1925.

HEID, S., Der Ursprung der Helenalegende im Pilgerbetrieb Jerusalems: JAC 32 (1989) 41-71.

HILTBRUNNER, O., Herberge: RAC 14, 602-626.

HUNT, E. D., *Holy Land Pilgrimage in the Later Roman Empire, AD 312-460*, Oxford 1982.

JENSEN, A., *Thekla — die Apostolin. Ein apokrypher Text neu entdeckt*, Freiburg 1995.

JEREMIAS, J., *Heiligengräber in Jesu Umwelt (Mt 23,29; Lk 11,47). Eine Untersuchung zur Volksreligion der Zeit Jesu*, Göttingen 1958.

JUNGMANN, J. A., *Missarum sollemnia. Eine genetische Erklärung der römischen Messe*, 2 Bde., Wien 5., verbesserte Auflage 1962.

KALSBACH, A., Diakonisse: RAC 3, 917-928.

KEEL, O. / KÜCHLER, M., *Orte und Landschaften der Bibel. Ein Handbuch und Studien-Reiseführer zum Heiligen Land*, 2 Bde., Zürich 1984. 1982.

KETTENHOFEN, E., Einige Beobachtungen zu Heroonpolis: OLoP 20 (1989) 75–97.
KIRSTEN, E., Edessa: RAC 4, 552–597.
KLAUSER, T., Taufet in lebendigem Wasser. Zum religions- und kulturgeschichtlichen Verständnis von Did 7,1–3: ders., *Gesammelte Arbeiten zur Liturgiegeschichte, Kirchengeschichte und christlichen Archäologie* (JAC.E 3), Münster 1974, 177–183.
KLEIN, R., Die Entwicklung der christlichen Palästinawallfahrt in konstantinischer Zeit: RQ 85 (1990) 145–181.
KLÖCKENER, M., Die „Feier vom Leiden und Sterben Jesu Christi" am Karfreitag. Gewordene Liturgie vor dem Anspruch der Gegenwart: LJ 41 (1991) 210–251.
KÖHLER, C., Note sur un manuscrit de la bibliothèque d'Arezzo: BECh 45 (1884) 141 f.
KÖTTING, B., Die Stellung des Konfessors in der Alten Kirche: JAC 19 (1976) 2–23.
—, Fußspuren als Zeichen göttlicher Anwesenheit: ders., *Ecclesia peregrinans. Das Gottesvolk unterwegs (Gesammelte Aufsätze)* 2 (MBTh 54,2), Münster 1988, 34–39.
—, Gregor von Nyssas Wallfahrtskritik: ders., *Ecclesia peregrinans. Das Gottesvolk unterwegs (Gesammelte Aufsätze)* 2 (MBTh 54,2), Münster 1988, 245–251.
—, *Peregrinatio religiosa. Wallfahrten in der Antike und das Pilgerwesen in der alten Kirche* (Forschungen zu Volkskunde 33/34/35), Münster 2., durchgesehene Aufl. 1980.
KRETSCHMAR, G., Abendmahlsfeier I. Alte Kirche: TRE 1, 229–278.
—, Die frühe Geschichte der Jerusalemer Liturgie: JLH 2 (1956) 22–46.
—, Die Geschichte des Taufgottesdienstes in der Alten Kirche: Leit. 5 (hrsg. von K. F. MÜLLER / W. BLANKENBURG), Kassel 1970, 1–348.
—, Festkalender und Memorialstätten Jerusalems in altkirchlicher Zeit: BUSSE, H. / KRETSCHMAR, G., *Jerusalemer Heiligtumstradition in altkirchlicher und frühislamischer Zeit* (ADPV), Wiesbaden 1987, 29–111.
—, Himmelfahrt und Pfingsten: ZKG 66 (1954/55) 209–253.
KROLL, G., *Auf den Spuren Jesu*, Leipzig 8. Aufl. 1979.
KUBITSCHEK, W., *Itinerarstudien* (Akademie der Wissenschaften Wien. Phil.-hist. Klasse Denkschriften 61,3), Wien 1919.
KÜCHLER, M., Die „Füße des Herrn" (Eus., DE 6,18) Spurensicherung des abwesenden Kyrios an Texten und Steinen als eine Aufgabe der historisch-kritischen Exegese: *Jerusalem. Texte — Bilder — Steine*, FS O. Keel (hrsg. von M. KÜCHLER / C. UEHLINGER = NTOA 6), Fribourg/Göttingen 1987, 11–39.
LAGES, M. F., Étapes de l'evolution du carême à Jérusalem avant le Ve siècle: REArm 6 (1969) 67–102.
LAMBERT, A., Apotactites: DACL 1/2, 2604–2626.

—, Egeria. Notes critiques sur la tradition de son nom et celle de l'Itinerarium: RMab 26 (1936) 71–94.

—, Egeria, sœur de Galla: RMab 27 (1937) 1–42.

LÖFSTEDT, E., *Philologischer Kommentar zur Peregrinatio Aetheriae. Untersuchungen zur Geschichte der lateinischen Sprache*, Darmstadt 1970 (Uppsala 1911).

MARAVAL, *Égérie*, siehe Quellen.

MATEOS, J., La vigile cathédrale chez Égérie: OCP 27 (1961) 281–312.

MEIJER, L.C., Some Remarks on Itinerarium Egeriae 28,4: VigChr 28 (1974) 50–53.

MEISTER, K., De Itinerario Aetheriae abbatissae perperam nomine S. Silviae addicto: RMP 64 (1909) 337–392.

MIAN, F., „Caput vallis" al Sinai in Eteria: SBFLA 20 (1970) 209–223.

MILANI, C., I grecismi nell'Itinerarium Egeriae: Aevum 43 (1969) 200 bis 234.

MOHRMANN, C., Égérie et le Monachisme: *Corona Gratiarum 1, FS E. Dekkers*, 2 Bde., Brügge 1975, 163–180.

—, Missa: VigChr 12 (1958) 67–92.

—, Pascha, passio, transitus: dies., *Études sur le latin des chrétiens 1* (SeL 65), Rom 2. Aufl. 1961, 205–222 (EL 66 [1952] 37–52).

MORIN, G., Un passage énigmatique de saint Jérôme contre la pèlerine espagnole Eucheria?: RBen 30 (1913) 174–186.

NATALUCCI, N., Egeria e il monachesimo feminile: Ben. 35 (1988) 37–55.

—, L'epistola del monaco Valerio e L'Itinerarium Egeriae: GIF 35 (1983) 3–24.

OORDE, W. VAN, *Lexicon Aetherianum*, Hildesheim 1963 (Amsterdam 1929).

OTTO, E., *Jerusalem — die Geschichte der Heiligen Stadt. Von den Anfängen bis zur Kreuzfahrerzeit* (Urban-Taschenbücher 308), Stuttgart 1980.

PÉTRÉ/VRETSKA, *Pilgerreise*, siehe Quellen: Itinerarium Egeriae.

PICCIRILLO, M., Il pellegrinaggio di Egeria al Monte Nebo in Arabia: *Atti del convegno internazionale sulla Peregrinatio Egeriae, Arezzo, 23–25 ottobre 1987*, Arezzo 1990, 193–214.

—, Una chiesa nell' wadi 'Ayoun Mousa ai piedi del monte Nebo: LASBF 34 (1984) 307–318.

PINELL I PONS, I., Orationes aptae diei et loco: *Atti del convegno internazionale sulla Peregrinatio Egeriae, Arezzo, 23–25 ottobre 1987*, Arezzo 1990, 231–242.

PIXNER, B., *Wege des Messias und Stätten der Urkirche. Jesus und das Judentum im Licht neuer archäologischer Erkentnisse* (hrsg. von R. RIESNER / C.P. THIEDE = Studien zur Biblischen Archäologie und Zeitgeschichte 2), Gießen 2., erweiterte Aufl. 1994.

PLANK, P., *Phos hilaron. Christushymnus und Lichtdanksagung der frühen Christenheit* (Diss.), 2 Bde., Würzburg 1985.

PUZICHA, M., *Christus peregrinus. Die Fremdenaufnahme (Mt 25,35) als Werk der privaten Wohltätigkeit im Urteil der Alten Kirche* (MBTh 47), Münster 1980.

RADKE, G., Itineraria: KP 2, 1488–1490.

RENOUX, A., *Codex arménien*, Bd. 2, siehe Quellen: Lektionare.

—, *Le codex arménien Jerusalem 121*, Bd. 1 (PO 163), Turnholt 1969.

—, L'Epiphanie à Jérusalem au IVe et au Ve siècle: REArm 2 (1965) 343–359.

RENOUX, C., La quarantaine pré-pascale au 3e siècle à Jerusalem: MD 196 (1993 bis 1994) 111–129.

—, Les ministres du culte à Jérusalem au IVe et au Ve siècle: *L'assemblée liturgique et les différents rôles dans l'assemblée* = BEL.S 9, Rom 1977, 253–267.

RORDORF, W., *Sabbat und Sonntag in der Alten Kirche* (TC 2), Zürich 1972.

—, Sainte Thècle dans la tradition hagiographique occidentale: Aug. 24 (1984) 73–81.

RÖWEKAMP, G., *Cyrill*, siehe Quellen.

—, *Israel. Ein Reisebegleiter zu den heiligen Stätten von Judentum, Christentum und Islam*, Freiburg 2. Aufl. 1995.

RUBIN, Z., Sinai in the Itinerarium Egeriae: *Atti del convegno internazionale sulla Peregrinatio Egeriae, Arezzo, 23–25 ottobre 1987*, Arezzo 1990, 177–191.

SANDERS, G., Égérie, saint Jérôme et la Bible. En marge de l'*Itin. Eg.* 18,2, 39,5 et 2,2: *Corona Gratiarum 1, FS E. Dekkers*, 2 Bde., Brügge 1975, 181–199.

SCHMITT, G., Die Heimat Hiobs: ZDPV 101 (1985) 56–63.

SCHNEEMELCHER, W., Paulusakten: *Neutestamentliche Apokryphen in deutscher Übersetzung 2: Apostolisches, Apokalypsen und Verwandtes* (hrsg. von W. SCHNEEMELCHER), Tübingen 5. Aufl. 1989, 193–241.

SCHWARTZ, J., The Encenia of the Church of the Holy Sepulchre, the Temple of Salomon and the Jews: ThZ 43 (1987) 265–281.

SEGAL, J.B., *Edessa, the blessed City*, Oxford 1970.

SINISCALCO/SCARAMPI, *Pellegrinaggio*, siehe Quellen: Itinerarium Egeriae.

SIVAN, H., Holy Land Pilgrimage and western audiences. Some reflections on Egeria and her circle: CQ 38 (1988) 528–535.

—, Who was Egeria? Piety and pilgrimage in the age of Gratian: HThR 81 (1988) 59–72.

SMELIK, K., „Aliquanta ipsius sancti Thomae": VigChr 28 (1974) 290–294.

SMIRAGLIA, P., Il testo di Egeria: problemi di struttura: *Atti del convegno internazionale sulla Peregrinatio Egeriae, Arezzo, 23–25 ottobre 1987*, Arezzo 1990, 93–108.

SOLZBACHER, R., *Mönche, Pilger und Sarazenen. Studien zum Frühchristentum auf der südlichen Sinaihalbinsel — Von den Anfängen bis zum Beginn islamischer Herrschaft* (MThA 3), Altenberge 1989.

SPITZER, L., The Epic Style of the Pilgrim Aetheria: ders., *Romanische Literaturstudien 1936–1956*, Tübingen 1959, 871–912.
STAROWIEYSKI, W., Bibliografia Egeriana: Aug. 19 (1979) 297–318.
STEMBERGER, G., *Juden und Christen im Heiligen Land. Palästina unter Konstantin und Theodosius*, München 1987.
STERNBERG, T., *Orientalium more secutus. Räume und Institutionen der Caritas des 5.–7. Jh. in Gallien* (JAC.E 16), Münster 1991.
STUIBER, A., Eulogia: RAC 6, 900–928.
TAFT, R., *The Liturgy of the Hours in East and West. The Origins of the Divine Office and Its Meaning for Today*, Collegeville, Minn. 1986.
TARBY, A., *La prière eucharistique de l'église de Jérusalem* (ThH 17), Paris 1972.
TAYLOR, J.A., The cave at Bethany: RB 94 (1987) 120–123.
THIBAUT, J.-B., *Ordre des offices de la Semaine Sainte à Jérusalem du IVe au Xe siècle. Etudes de liturgie et de topographie palestinienne*, Paris 1926.
TURNER, V. / TURNER, E., *Image and Pilgrimage in Christian Culture. Anthropological Perspectives*, New York 1978.
TZAFERIS, V., The Early Christian Holy Site at Shepherd's Field: *Ancient Churches Revealed* (hrsg. von Y. TSAFRIR), Jerusalem 1993, 204–206.
VÄÄNÄNEN, V., *Le Journal-épitre d'Égérie (Itinerarium Egeriae. Étude linguistique)* (AASF 230), Helsinki 1987.
VACCARI, A., „Itinerarium Egeriae": ders., *Scritti di Erudizione e di Filologia*, Rom 1958, 259–269.
VERMEER, G. F. M., *Observations sur le vocabulaire du pèlerinage chez Égérie et chez Antonin de Plaisance*, Nimwegen 1965.
WALKER, P.W.L., *Holy City, Holy Places? Christian Attitude to Jerusalem and the Holy Land in the Fourth Century*, Oxford 1990.
WEBER, C., Egeria's Norman Homeland: HSPh 92 (1989) 437–456.
WEIGAND, E., Zur Datierung der Peregrinatio Egeriae: ByZ 20 (1911) 1–26.
WILKINSON, J., *Egeria's travels*, siehe Quellen.
—, Jerusalem IV. Alte Kirche: TRE 16, 617–624.
—, *Jerusalem Pilgrims before the Crusades*, Warminster 1977.
—, L'apport de saint Jérôme à la topographie: RB 81 (1974) 245–257.
WINKLER, G., Über die Kathedralvesper in den verschiedenen Riten des Ostens und Westens: ALW 16 (1974) 53–102.
WOLTER, H., Petrus Diaconus OSB: LThK^2 8, 360 f.
ZERFASS, R., *Die Schriftlesungen im Kathedraloffizium Jerusalems* (LQF 48), Münster 1968.
ZIEGLER, J., Die Peregrinatio Aetheriae und das Onomastikon des Eusebius: Bib. 12 (1931) 70–84.
—, Die *Peregrinatio Aetheriae* und die Hl. Schrift: Bib. 12 (1931) 162–198.
ZILLIACUS, H., Anredeformen [Nachtrag zum Reallexikon für Antike und Christentum (RAC)]: JAC 7 (1964) 167–182.

REGISTER

BIBELSTELLEN

ALTES TESTAMENT

Gen
1, 1 – 3, 24   278
1, 1–3.24   262
1, 28 – 3, 20   85
2, 9   156
6, 9 – 9, 17   262
11, 22–24   208
11, 26   208
11, 28   211
11, 31   204 209
12, 1–9   205
14, 1–9   181
14, 2   172
14, 18   179
15, 18   193
18, 1 – 19, 30   264
18, 16   329
19   173
19, 22   172
19, 26   173
22, 1–18   92 267 278
22, 22f   208
23, 9 LXX   328
24   209
24, 15–20   205
24, 15   208
25, 20   210 214
28, 11–19   343
28, 2–5   211
28, 2.5–7   214
28, 5   210
29, 1–30   211
29, 1–14   213
31, 19.34   215
33, 18 LXX   181
35, 21   333
36, 32f LXX   177
36, 39   175
39, 1   347
41   345
41, 45   346–347
45, 10   148–149
46, 28f   153

46, 28   152
46, 34   149
47, 6   149 155 158
47, 11   148
49, 28   164
50, 3   164

Ex
1, 11   148 153
1, 14   347
3, 1 – 4, 17   137
3   121 137–138
3, 5   137 139
7–10   345
9, 26   148
12, 1–24   278
12, 13.23.27   90
12, 37   148
12, 42   96
12, 43–49   151
13, 20   151
14, 2   151
14, 9   151 349
14, 24 – 15, 21   85 278
14, 29   349
15–18   357
15, 22   353
15, 23–25   355
15, 27   355
16, 13–26   141
16, 14   355
17, 2   357
17, 5–7   166
17, 5f   140
17, 6   133
17, 8–13   357
17, 15   357
18   357
19–31   138
19, 2   121
19, 18–20   123
19, 18f   127
24, 9–14   135
24, 18   121
32–40   138

32, 1–20   139
32, 1–6   121
32, 19   131 139
32, 20   141
32, 27   141
33, 22   129
34, 4–7   131
40, 1–33   143

Lev
12   86

Num
10, 12   146
11–13   357
11   138
11, 1f   141
11, 4   141
11, 5   158
11, 7–9   141
11, 24   141
11, 31–35   119
11, 34   143 359
11, 35   357
12, 14f   359
13, 2   357
13, 22   158
20, 7–13   166
21, 21–35   175
21, 26   174
21, 33   174
22, 2   175
23, 14 – 24, 25   175
23, 14   175
31, 12   163
32, 36   163
33, 16–37   147
36, 13   163

Dtn
3, 10   174
3, 29   174
4, 46   174
31, 30 – 32, 43   165
32   161

32, 49f   161
33   165
34   333
34, 1–3   172
34, 6   169–170 174
34, 8 LXX   161 165
34, 9   165

Jos
1, 1–9   279
3f   163
5, 2f   327
6   331
9   332
13, 12   174
13, 20   174
13, 26   194
13, 26 LXX   153
14, 13f   329
22, 10–34   163
24, 30   327
24, 32   330
24, 33   327

Ri
11f   185
11, 34 LXX   185
12, 1 LXX   185
12, 7 LXX   185

1 Sam
6, 21   327
17   343
28, 7f   337
31, 13   341

2 Sam
2, 1f   328
3, 32   330
6   318
23, 14–16   325

1 Kön
1, 3   333
2, 10   325
8   319
8, 65   102
13, 1–22   343
17, 1   185
17, 6   187
18, 3   341
18, 4   340 343
18, 31   341
18, 40.43   341
19   133
19, 2–4   341
19, 9.13   133
21, 1–16   341

2 Kön
2   162 333
2, 1–22   279
4, 8–10   333
18, 17–25   325
25   319

2 Chr
6, 12–42   305
6, 13   230
24, 20–22   319 323

Jdt
1, 9   194

1 Makk
4, 56   304
4, 59   103
5, 43   176

2 Makk
12, 21   176

Ijob
1, 1   177
2, 8   188
38, 2 – 40, 5   299
38, 2–28   279
42, 17 LXX   177

Ps
30   254
51   79
63   79 226
65   98
73, 12 LXX   317
78, 12   345
89, 13   333
110   180
110, 1   274
113   96
118   85 91 96 237 259–260
118, 26   85 239 261
119, 62.147.164   78
132, 8   63
141   81 228
142   81

Spr
1, 2–19   85
1, 2–9   262
1, 10–19   264
9, 1–11   262

Weish
12, 3   45

Jes
1, 16–20   299
3, 9–15   276
7, 10 – 8, 10   299
7, 10–17   85
9, 4–6   85
11, 1–9   85
35, 3–8   85
40, 1–17   262
40, 10–17   85
41, 1–6   92 267
42, 1–8   85
45, 16–26   299
50, 4–9   276
52, 13 – 53, 12   276
53, 1 – 54, 5   299
60   97
60, 1f.5–13   278–279
63, 1–6   276

Jer
7, 12–14   343
11, 18–20   276
38, 31–34   279
39, 19–44   299

Ez
5, 5   317
11   65
18, 20–23   299
37, 1–14   279 299

Dan
3, 1–35   85 279
7, 2–27   299

Hos
9, 10   174

Joël
3, 1–5   60

Am
6, 13   176
8, 9–12   276

Jona
1, 1 – 4, 11   278

Mi
5, 1–6   85

Zef
3, 8 LXX   56

Sach
11, 11–14   264 276
14, 4–21   64
14, 4   63 65
14, 5–11   276

Mt
1, 18–25   240
2, 1–12   85
2, 16   331
3   162
4, 5   321
6, 7–13   330
11, 21   340
14, 25   337
20, 17–28   262
21   91 260
21, 1–11   259
21, 1   258
21, 4–9   323
21, 9   261
21, 12–17   261
21, 12   260
21, 15   258
23, 34   340
23, 35   319 323
24, 1 – 26, 2   91 262
24, 4   263
26, 3 – 26, 16   264
26, 3–16   92 265
26, 17–30   92 267
26, 31–56   269
27, 1–56   276
27, 51   54 318
28, 1–20   279

Mk
1, 23–27   337
1, 35.45   331 339
2, 1–12   337
2, 23   333
6, 31f.35   339
6, 32–44   339
8, 1–10   339
11, 1–11   321
11, 1   62 325
11, 11   69
14, 12–26   93
14, 26.32   68
14, 27–72   94
14, 32   62
14, 33–42   269
14, 53–65   94
15, 1–41   276
15, 1–20   94
15, 33–42   94
15, 33   275
16, 1f   232
16, 2   77
16, 4   51
16, 19   289

Lk
1, 8–10   319
2, 4.11   325
2, 8–20   85
2, 21   86
2, 22–40   242
2, 22   86
4, 16–30   335
7, 11–15   335
9, 28   65
14, 33   218
19, 28–48   320
22, 1–65   93 267
22, 39–46   93
22, 41   66 269
22, 44   325
24, 1   82
24, 13   332
24, 28–30   333
24, 50   62

Joh
3, 23   183
4, 5f   334
4, 21–24   109
5, 2   321
6, 1–15   339
6, 1   337
6, 10   337
10, 22–42   305
10, 22   103 304
11, 1–35   255
11, 55 – 12, 11   254
12, 1–11   255
12, 1   69 89 257
12, 12   90
13, 16 – 18, 1   267
14, 15–24   102
14, 25–31   287
16, 5–14   289
18, 28 – 19, 16   271
19, 16–37   276–277
19, 20   50
19, 38 – 20, 18   233 279
19, 38–42   277
19, 41   55
19, 42   50
20, 1   51
20, 5   51
20, 14–17   317
20, 19–25   283
20, 19   98 321
20, 22   100
20, 25   283
20, 26–31   285
20, 26   99 321
20, 29   197
21, 4   337

Apg
1, 1–14   289
1, 3   99 281
1, 12   62 64
1, 13   60 102 289
1, 15–26   92 267
2   100
2, 1–21   287 289
2, 15   101 287
2, 17–21   60

3, 1–10   321
7, 15   334
8, 36–38   329
8, 36   184
9, 30   215
12, 10   321

Röm
5, 6–11   276
6, 1–14   97
6, 3–14   299
8, 17   112

1 Kor
1, 18–31   276
8, 5 – 9, 23   299
10, 1–11   97
11   93
11, 23–35   267
11, 23–32   92
12, 1–27   299
15, 1–28   299

15, 1–11   279
16, 2   77

2 Kor
12, 3   38 212

Gal
3, 24–29   87 242
3, 27   98
6, 14–18   276

Eph
3, 14 – 4, 13   299

Phil
2, 5–11   276
3, 10   112

Kol
2, 8 – 3, 4   299

1 Thess
4, 13–18   254

1 Tim
3, 14–16   299–300 305
6, 13–16   276

Tit
2, 11–15   85 240

Hebr
1, 1 – 2, 1   299
2, 11–18   276
5–7   180
9, 11–28   276
10, 19–31   276
11, 1–31   299
11, 9   171
13, 12   50

Offb
1, 10   77
6, 9   189

Ortsnamen

ANTIKE UND BIBLISCHE

Abarim   161
Adma   172
Aelia   45 160–161
Afula   340
Ägypten   11 30–32 48 bis 49 66 87 108 130–131 141 149 153–161 218 307 312–314 335 343 347 351
Aila (Eilat)   44
Alexandria   31 84 87 131 159 313–314
Anatot   31 312 326 bis 327
Änon   162 181–183
Antiochia   22 30 33 73 191 193 215
Aquileia   30

Arabia   32 84 148 bis 149 153–163 177 347
Arabot   161 165
Arandara/Elim   354 bis 355
Arles   30
Arsinoë   147
Aschkelon   30–31 312 343
Aseka   343
Asien   221
Asoa   344–345
Augusta Euphratensis   192–193
Augustamnica   349
Ausitis   177

Baal-Pegor   174
Baal-Zefon   147 150 bis 151 348
Babylon (Kairo)   31 313–314 346–347

Baschan   175
Batana   194
Batanäa   176
Batanis   23 194–195
Bevoia (Aleppo)   34
Bet-El   31 312 342–343
Bet-Haran   163
Bet-Pegor   174
Bet-Sacharja   343
Bet-Schean/Skythopolis   32 178
Bet-Zur   312 328
Betanien   28 62 69–70 89 255 257 324 bis 325 344
Betfage   62 70 258 324
Betlehem   24–25 31 41–42 45 61 71 bis 72 84–85 100 111 237 243 281 285 bis 286 312 314 325–326 330–332
Betonim   194

REGISTER

Bithynien 30 221
Bordeaux 34
Bosporus 220
Botnia 153
Bycoyca 344–345

Carrhae/Karrai siehe
  Haran
Cäsarea 30 43 45
Chaldäa 33 204
Chalkedon 30 220–221
Chariasati siehe Kirjat-
  Satia
Chorazin 31 312 340

Dannaba 177
Damaskus 44 184
Daphnae siehe Taphnae
Dinhaba 177
Diospolis siehe Lydda

Edessa 23 26 33–34
  39 190–195 198 bis
  199 205 210
Edom 175
Edrei/Adra 174
Eleutheropolis 312
  344–345
Elim 354–355 357
Elteke siehe Tekoa
Emmaus/Nikopolis
  30 332–333
En-Dor 337
Ephesus 33 38 221
Eremos 31
Esbus siehe Heschbon
Etom 150–151
Eufrat 15 190–195 211

Fadana 214–215
Faran 32 48 123 144
  bis 147 356–357
Fogo/Pagu 175

Gadara 184
Gadez 30
Galatien 30 221
Galiläa 31 37 43 47
  bis 48 312 314 330
  333 337–338
Galicien 15–16 30 352

Gallien 113
Garizim 109
Gaulanitis 338
Gaza 312
Gennesaret (See) 31
  314 337
Gibea 31 312 327
  332–333
Gilboaberge 31 312
  341
Gilgal 163
Gomorra 172
Goschen 31–32 148
  bis 149 152–155
  158–161

Haran 23–24 33 40
  49 194 204–213
Harranu 204
Hazerot 357
Hebron 31 36 43
  312 314 328–331
Heliopolis/On 31 313
  346–347
Heptapegon 31 311
  bis 312 337–339
Hermon 31 187 312
  333 337
Hermopolis 346
Herodeion 312 327
Hero/Heroonpolis
  152–153
Heschbon 174
Hierapolis 192–193
Horeb 32 38 132 bis
  135 166 340

Idumäa 177
Indien 195
Isaurien 217

Jabesch 341
Jakobsbrunnen 314
  335
Jericho 31 161–163
  171–172 175 312
  314 331 333
Jerusalem 11 22–27
  29–35 37–38 40 bis
  52 54 56–60 62 bis
  64 66 69 71–75

  78–81 83–90 92 bis
  93 96–97 99 101
  bis 105 107 109 bis
  111 113–114 159
  bis 160–163 175
  177 180–181 184
  190–193 215 217
  236 239–245 255
  258 261 273 278
  287 290 307 311
  bis 312 314 316 bis
  321 325–333 342
  bis 344 349
  Anastasis 78–83
    85–86 91 94 bis
    96 98–99 101
    bis 224–236 239
    bis 267 270 275
    bis 287 291–305
    316–317
  Benjamintor 260
  Betesda 47
  Davidsgrab 60
  Davidstor 316–317
  Davidsturm 48
  Eleona 63–68 86
    90–91 93–94
    99 101 241
    259 263–268
    280–283 288 bis
    291 307 324
    330
  Forum 44 290
  Getsemani 29 62
    66–68 89 94
    268–271 324
  Goldenes Tor 320
  Golgota 45–46 50
    bis 52 54 57 bis
    59 224 230
    235–241 245
    257 272–274
    296 305 317
    bis 319
  Imbomon 64–65
    67–68 93–94
    99 101 258 bis
    259 267 269
    281 283 288 bis
    289
  Kalvarienberg 319

vor dem Kreuz 56
 231 271 275
 278
hinter dem Kreuz
 56 92 231 235
 237 245 257
 267 273
Martyrium 37 54
 56 83 85–86
 92–96 98 101
 bis 102 234–236
 245 257–267
 277–283 287
 290–291 295 bis
 299 304–305
 307 316
Ölberg 24 28–29
 45–49 62–68
 70 86 90 92
 94 98–99 101
 108 172 241
 258–260 268
 286 289 307
 314 319–320
 323–324 331
 333 336 339
Prätorium 94 270
 bis 271
Schöne Pforte 320
Tempelplatz 44 46
 103–104 317 bis
 318 322–323
 329
Verratsgrotte 68 bis
 69 323
Zion 27 48 59–62
 80 86 89 93
 95 98–99 101
 bis 102 227
 237 241 247 bis
 249 253 255
 266 271 274
 280–287 293
 295 314 321
 330–331
Jesreël 31 312 333
 340–341
Jordan 162–165 171
 bis 173 177–178
 181–187 314 331
 333

Joschafat (Tal) 323
Juda 325 343

Kadesch-Barnea 147
 166 356
Kafarnaum 31 311 bis
 312 334–340
Kalykadmos 216
Kanaan 161
Kappadokien 30 49
 bis 50 219 221
Karmel 31 340–341
Karnajim 176
Karnion 27 32 36
 176–177 184 188
 bis 189
Kerit 185–187
Kidron 62 260 321
 323
Kilikien 30 215–219
Kirjat-Arba 329
Kirjat-Jearim 30–31
 312 327
Kirjat-Satia 345
Kischon 341
Kleinasien 11 216 bis
 218
Klysma 31–32 145 bis
 151 313 348–353
Konstantinopel 15 30
 33 38 193 215
 219–221
Korykos 216–217

Lazarium 28 70 86
 241 255 281 344
Livias 163 166–167
 171
Lydda/Diospolis 30

Madaba 42
Mailand 30 57
Maiuma 312
Mamre 31 45 311
 314 328
Mara 353–354
Marescha siehe Eleu-
 theropolis
Memfis 31 158 313
 bis 314 345–347

Mesopotamien (in Sy-
 rien) 11 22 33 38
 191–195 207 214
 307 343
Migdal-Eder 333
Migdol 150–151
Mizpa 185
Moab 161–165
Mopsukrene 219
Moreschet 344–345

Nain 31 312 334–335
Nazaret 31 312 314
 334–335
Neapolis siehe Sichem
Nebo 27 32 36 38
 49 161 166–169
 172–175 332–333
Negev 149 161
Nikomedien 30
Nikopolis siehe Em-
 maus
Nil 31–32 314–345
Nisibis 21 210–211
Nizäa 45

On siehe Heliopolis
Orontes 30

Paddan-Aram 214
Palästina 13 27 37 40
 bis 41 43 45 48
 50 84 113 130 bis
 131 160–161 172
 189 303 313 347
Paran (Wüste) 146 357
Parthenisches Meer
 131 313
Pegor 175
Pelusium 30–32 151
 158–161 313 347
 349
Persien 201 211
Petra 166
Phacusa 148
Pi-Hahirot 150–151
Pi-Sopd 154–155
Pitom/Pithona 152–153
Pompeiopolis 216–217

Ramot 187

REGISTER

Ramses 19 32 148 bis
157 160–161
Refidim 356
Rom 53 102 319 323
Rotes Meer 131 147
bis 151 313 348 bis
355

Sacharja Mahel 343
Salem/Salumias 32
162 178–181 184
Salumias siehe Salem
Samaria 30–31 43 47
312 333 341 343
Schefela 343
Schilfmeer 32 151 354
Schilo 31 312 342–343
Schiloach 47
Schunem 31 312 333
Schur 353 355
Sebaste 312 341
Sedima 32 178–181
184
siehe auch Salem
Segor siehe Zoar
Seleukia 33 39 215 bis
218
Seph(e) 185
Serdica/Sofia 30
Serug 194
Sichem/Neapolis 31
312 327 330 334
bis 335 342–343
Sinai 11 21–22 31–32
34 37–38 48 100
118–132 141 144
bis 149 160–161
311–314 347 349
354 357
Sirmium 30
Skythopolis siehe Bet-Schean
Socho 343
Sodom 172 181 329
Soloi 216
Sonam siehe Schunem
Späherfeld 175
Sukkot 150–151
Surandala siehe Elim
Syrien 77 130 191 bis
193 210 307

Tabgha siehe Hepta-pegon
Tabor 31 312 314
333–337
Tanis 158–161 313
345–346
Taphnae 31–32 158 bis
160
siehe auch Tanis
Tarsus 30 33 215–219
Tathnis siehe Tanis
Taurus 30 219
Tekoa 312 327
Thebais 23 31 157
159 307 313
Theben 31 155
Tiberias 31 312 334
bis 337
Timnat-Serach 31 327
Tischbe 185 187
Totes Meer 171–175
312 314 327
Turin 30
Tyrus 30

Ur 33 204 211
Uz 177

Zafon 185
Zebojim 172
Zoan 158
Zoar/Segor 172–173
306

MODERNE

Abu Gosh 327
Abu Rodeis 355
Abu Zanima 354–355
Adschlun 185–186
Aleppo 192
Aqaba 132
Ayn Musa 167 175
354

Beitin 342
Beni Naim 328
Bir Daud 325

Bir es-Scheich 334
Birket Ibrahim 198
Birket Zulha 198
Bitterseen 152

Der el-Arbain 125 328
Der er-Rawat 326
Der Mar Juhanna 162
Dera 174
Dschebel Ataqa 350
352
Dschebel Dahi 333
Dschebel er-Rumede
328
Dschebel Musa 123
126 129 132
Dschebel Nukhul 355
Dschebel Qaterin 123
Dschebel Safsafeh 132
Dschebel Samrah 355

el-Azariye 70 254
el-Muqqayyar 211
Eschwa 344

Faqus 148 154

Göksu 216
Gülek Boğazı 219

Harranu 204
Hirbet Ayn Musa 174
bis 175
Hirbet el-Hedamus 185
Hirbet Qila 344
Hirbet Siya 327
Hirbet Tequa 326
Hirbet Tibne 327

Jarmuk 184
Jisreël 340

Kadiköy 220
Kizkalezi 216
Krokodilsee 148

Lisdib 185

Membiğ 192
Meriamlik 217
Muhraqa 341

398 REGISTER

Nabi Jahia 341
Naqb el-Hawa 118 357
Negev 149 161
Nusaybin 210

Qantir 148 154
Qulsum 348

Ramtha 187
Ras Adabiya 352 354
Ras es-Siyaga 168

Saft el-Henne 154–155
Sahrat Eyyub 189
San el-Hagar 159
Scheich Saad 176 188
Sebastije 341
Seilun 342
Selçuk 221

Silifke 216
Sirbonischer See 151
Suez 31 132 147 348
Suruç 194

Tabgha 31 311–312
 337–339
Tell Aseka 343
Tell Defenneh 158–159
Tell el-Dschudede 344
Tell el-Farama 160
Tell er-Rameh 163
Tell es-Sultan 331
Tell Feddan 214
Tell Megiddo 340
Tell Schalem 182
Top Dağı 196

Urfa (Sanliurfa) 190 205

Viranşehir 216

Wadi ed-Der 121–123
 136
Wadi el-Gharandal 354
Wadi el-Jabis 184–186
Wadi el-Leja 122 125
Wadi er-Raha 32 118
 121–122
Wadi Faran 118 356
 bis 357
Wadi Kelt 331
Wadi Muqatteb 355 bis
 356
Wadi Solaf 118 357
Weli Sittin 342

Zerin 340

Personen

BIBLISCHE UND
APOKRYPHE

Aaron 135 155 345
 359
Abgar 33 39 190 bis
 191 196–203 322
Abischag 333
Abner 330
Abraham 33 36 80
 92 112 181 194
 198 204–211 328
 bis 329
Adam 59 318
Ahab 187
Ahas 133
Amalek 357
Amos 326–327
Arauna 323
Asenat 347

Balak 175
Barachias 319 323
Beor 175
Berechja siehe Barachias

Betuël 40 208–210
Bileam 175

Christus 96–98 109
 bis 110 127 219
 221 286 319–323
 327 331 343

David 59–61 84 318
 325 328–329 343

Eleasar 327
Eli 343
Eliëser 205
Elija 48 97 133 162
 185 187 341
Elischa 333
Esra 345

Gad 163
Goliat 343

Habakuk 27 344–345
Hananias 191 199 203
Hanna 243
Herodes I. 327 330–331

Herodes Antipas 163
 241 338 341
Hiskija 325

Ijob 27 32 36 38 97
 176–177 188–189
Isaak 96–97 209 329
Isebel 341 343

Jakob 61 73 84 153
 164 211–215 329
 bis 333 343
Jakobus 321 337
Jeremia 97
Jerobeam 343
Jesaja 335
Jesus 36–37 45–47 49
 bis 52 54 62–71 75
 84–87 90–91 93–95
 99 108–110 113 bis
 114 161–162 182
 bis 183 190–191
 196 199 203 221
 257–263 267 275
 319–320 324 339
 bis 340

Jiftach 185
Jitro 357 359
Joad 343
Jobab 177
Johannes (Apostel) 33
 80 221 223 337
Johannes der Täufer
 129 162 182–185
 341
Jojada 319
Jona 97
Jonatan 341
Josef 153 164 243
 277 330–331 335
 345 347
Josef von Arimathäa
 51
Josua 139 163 165
 327 331 357
Judas 67–68 92 265

Kajaphas 270
Kaleb 329
Kandake 329
Kedor-Laomer 181

Laban 210–211 215
Lazarus 28 69–70 89
 bis 90 255
Lot 40 173 209

Manasse 163
Manu 197 201
Maria 48 69–70 86
 243 317 320–321
 331 335 347
Maria (Schwester des
 Lazarus) 255
Marta 69–70
Matthäus 263 319 339
Melchisedek 178–185
Micha 27 344–345
Mirjam 359
Mose 27 32 36 48
 86 119–123 129
 131 135–144 147
 155 159 161 165
 bis 172 175 179
 333 345–346 355
 bis 359

Nahor 40 208–209
Ner 331
Nun 139 163 165 327

Obadja 341–342
Og 175

Paulus 212 215 218
Penuël 243
Petrus 80 321
Philippus 329
Pilatus 47 94 270 bis
 271 277
Pinhas 327
Potifar 347

Rahab 331
Rahel 211–215
Rebekka 205 208 211
Ruben 163

Sacharja/Zacharias 27
 319 322–323
Salomo 58 103 273
 bis 274 305 318–323
Sarai 209
Saul 337 341
Secharja 319 322–323
Sihon 175
Simeon 243 319
Stephanus 27 66 324
 bis 325

Terach 209 211
Thaddäus 190–191
Thekla 33 39 215 bis
 219
Thomas 26–27 33 39
 190–191 194–195
 283–285

Veronica 323

Zachäus 331
Zacharias siehe Sacharja
Zacharias (Vater des Johannes) 319
Zippor 175

ANTIKE UND
MITTELALTERLICHE

Abgar IX. 191
Abgar V. Ukkama 191
Abraham von Batanis
 23
Adomnanus 41 55
 310 316 335
Alexander von Kappadokien 49
Ambrosius von Mailand 57
Antoninus Pius 44
Aphrodite 44 51
Arculf 41 310
Artemia 9
Augustus 163

Basilius von Cäsarea 49
Basilius von Seleukia
 217
Beda Venerabilis 11
 310 334

Cassius Dio 44 77
Chariton 125
Clemens von Rom 347
Constantius 57 219
Cyrill von Jerusalem
 27 42 50 53–60
 71 74 89–91 94 bis
 95 97–98 100 105
 bis 107 111 113
 173 195 273 278
 294–302 316–318
 323 336

Diokletian 44 220

el-Hakim 316
Epiphanius von Salamis
 46 48 60 218 336
 343
Eudokia 324
Eulogius von Edessa 23
Euphemia 220–221
Eusebius von Cäsarea
 25–26 28 39–40
 43–46 49 51–52
 54 57–60 63 69

73 87 102 132 bis
133 147 153 163
166 168 172–179
182 184 190 196
199 203 221 240
291 304 316 320
bis 321 325–328
331–334 340–344
348 356
Eustochium 9 41 49

Fabiola 9

Galla Placidia 15 20
Gerontius 30 50 66
67 78–79 82 88
112 324
Gregor von Nyssa 35
50 109

Hadrian 43–44 51 60
325
Hegesipp 73
Helena 45 50 57 63
66 240
Helpidius 206–207
Heraklius 104
Herodot 346
Hesychius von Jerusalem 85 87 89 96
Hieronymus 9 13 26
27–28 30–31 34
39 41 43–44 48 bis
51 55 60 67 69 bis
71 84 87–89 106
bis 107 111 132 bis
133 173 175 178
180–181 272 303
324–333 339–345

Irenäus 87

Johannes Cassian 35
49 82
Johannes Chrysostomus
27 194
Johannes Rufus 64 66
171
Johannes II. von Jerusalem 28 42 61
Josef von Arimathäa 50

Josef, Comes 48 334
bis 338
Josephus Flavius 59
177 180 334 341
344
Jovinian 21
Julian (Kaiser) 210
Julian Sabas 126
Justin (der Märtyrer) 71
Justinian 22 72 136

Konstantin 44–45 50
52 71 184 220
239 241 328

Livia 163

Makarius 45
Manu IX. 197
Markus 46
Marthana 33 217
Melania d. Ä. 9 13 30
48 50
Melania d. J. 9 48 66
112 324
Melito von Sardes 49
52 90 97
Mohammed 319
Monomachos 316

Narcissus 46
Nebukadnezzar 319
Necho 152
Nero 13

Origenes 49 71 183

Palladius 12 50 66
88 112 346
Paula 31 49–50 111
Paulinus von Nola 65
bis 66
Petrus Diaconus 10 bis
11 29–32 34 37
55 61 66 85 118
bis 138 142–151
155–162 198 319
309–359
Pilger von Bordeaux
10 30 34 36 40
44–45 47 58 60

63 65 67–69 71
94 268 272 274
278 304 320–322
325 328–331 334
336 340–343
Pilger von Piacenza
41 49 54–55 65
114 228 274 330
bis 335 343 348
Plinius 347 349 353
Polycrates von Ephesus
73
Protogenes von Haran
23

Ramses II. 148 188
Rufinus von Aquileia
12
Rusticus 9

Sapor II. 206
Sardanapal 13
Silvia/Silvania 9–10
12 22
Seleukos I. 190
Sozomenus 344

Theodoret von Cyrus
126 128 208
Theodosius I. 15 29
47 61–62 66 68
Theodosius II. 54
Theodosius, Archidiakon 41 58 69
173 261 269 333
337
Theophanes 55
Tiberius 323
Trajan 147 152 161

Valens 23
Valerius 12 14–16 20
bis 21 29 31–32 96
112 336 339 342
352 355–356
Vespasian 319

Zenobius 52

REGISTER

MODERNE

Albrecht, R. 217
Arbesmann, R. 89
  244–245 248 250
  253
Aubineau, M. 87 89 96
Auf der Maur, H. 37
  57 77 80 84–85
  88 90 96 98 101
  bis 102 113 189 244

Bagatti, B. 339
Baldi, P.D. 330 335
Baldovin, J. 110
Bastiaensen, A. 14 24
  bis 25 74 79 83
  225 243 269 298
  302–305
Bauernfeind, O. 59
Baumstark, A. 22–23
  25 73 78 93 100
  224 234
Bernal, J. 80
Bernard, J.H. 170
Berschin, W. 17–18
Bertonière, G. 96
Bieberstein, K. 28–29
  43–45 48 51 53
  60–63 66–70 258
  321–324
Bihain, E. 57
Blatz, B. 195
Bloedhorn, H. 28–29
  44–45 48 51 53
  60–63 66–70 258
  321–324
Bludau, A. 14 16 18
  83 193 353
Bohl, H. 92
Bonnet, H. 155
Bradshaw, P.F. 79–81
Brox, N. 48
Bruyne, D. de 185
  188 356
Busse, H. 56
Butler, C. 50 66 88
  112

Campos, J. 22 149 210
Cardman, F. 110

Cary, E. 44 77
Casson, L. 34–35
Cholodniak, M. 288
Conde, A.L. 15
Corbo, V. 53 336
Coüasnon, C. 53
Courtonne, Y. 49
Cramer, W. 206
Curtius, E.R. 18

Dekkers, E. 25
Devos, P. 13 15 23
  25–28 31–32 61 65
  bis 66 100 124 128
  145 161 169 176
  198–199 207 288
Díaz y Díaz, M.C. 12
Doblhofer, E. 17 36
  125
Donner, H. 15–16 19
  24 39–41 43 59
  114 119 123 127
  132 139–140 146
  bis 148 153–163
  167 170 bis 174
  177–178 185–189
  192 194 197 199
  205 207 211 214
  bis 220
Drijvers, H.J.W. 191
  195 209
Duchesne, L. 246

Elliott, K.J. 75
Esbroeck, M. 304

Férotin, M. 12 14 16
Festugière, A.-J. 346
Finkelstein, I. 119 132
Fischer, B. 75
Franceschini, A. 10
  128 165 170 246
  253 274 288 310
Funk, F.X. 77 79 81
  88 90 99 101

Gamurrini, J.F. 9–10
  12–13 22 235 246
  252 338
García, Z. 12
Georges, K.E. 290 353

Geyer, P. 12 129 134
  165 170 178 246
  252 286
Giannarelli, E. 171 258
Gingras, G.E. 171 299
Goodspeed, E.J. 71
Gorce, D. 35 125

Heid, S. 58 104 305
Heraeus, W. 247 253
Hiltbrunner, O. 35
Hunt, E.D. 15 45 47
  49–50 59 75 103
  110–113

Ian, L. 347 349 353

Jensen, A. 219
Jeremias, J. 48 325 bis
  330 334 340–344
Jungmann, J.A. 37 229

Kalsbach, A. 217
Keel, O. 45 48 71 85
  162–163 173 326
  bis 329 332 343 bis
  345
Kettenhofen, E. 152
Kirsten, E. 27 190 199
Klauser, T. 184
Klein, R. 46
Köhler, C. 15
Kötting, B. 25 49–50
  63 155 206 217
Kretschmar, G. 51–54
  56–57 73 91 93
  101 104–106 225
  274 278 296–297
  317–318
Kroll, G. 69
Kubitschek, W. 30
Küchler, M. 45 48–49
  63 65–66 71 85
  162–163 173 326
  bis 329 332 343 bis
  345
Küppers, H. 43

Lambert, A. 13 20 27
  218

Löfstedt, E. 17–18 22 130 140 145 154 165 170 190

Maraval, P. 10 13–15 22–24 26 39 82 bis 83 103 127 155 161 170–171 174 bis 175 195 206 209 211 224–227 237 246–247 252 bis 253 272 306 312 325 336–340 345–347 350 356
Mateos, J. 78 82 235
Mayhoff, C. 347 349 353
Meijer, L.C. 16 253
Meister, K. 18 22 252 bis 253
Mian, F. 121
Michel, O. 59
Milani, C. 18
Mohrmann, C. 15 20 48 74 89–90 127 bis 128 227
Mommsen, T. 76 218
Morin, G. 27

Natalucci, N. 12 15
Niese, B. 59 177 180 341 344

Oorde, W. 18
Otto, E. 44–45 52–53 61 317–318

Pasquali, G. 35 50 109
Pétré, H. 12 140 171 252 288
Piccirillo, M. 27 161 167 169
Pinell i Pons, I. 108
Pixner, B. 28 47 59 61 182 270 338 bis 339
Plank, P. 81
Puzicha, M. 35 125

Raabe, R. 64 66 171
Radke, G. 10
Reischl, W.C. 28 42 50 53–57 59–60 67 71 89 91 94 bis 95 97 100 105 110 113 195 273 294 bis 298 301– 302 316–318 323 336 347
Renoux, A. 22 25 44 62 68 70 81 83 bis 85 91–96 98–99 101–102 104–106 232 236–237 240 242 254 257–271 276 279–289 299 304–305 326–327 331 341
Renoux, C. 76 87–88
Rordorf, W. 77 216
Röwekamp, G. 74 97 105 278 294–301
Rubin, Z. 125 131 146
Rupp, J. 28 42 50 53 bis 57 59–60 71 89 91 94–95 100 105 110 113 195 273 294–298 301–302 316–318 323 336 347

Sanders, G. 221
Scarampi, L. 14 24 171
Schmitt, G. 177 189
Schneemelcher, W. 219
Schwartz, E. 25 43–44 46 49 60 73 87 102–103 321
Schwartz, J. 176 190 196
Segal, J.B. 190 202
Siniscalco, P. 14 24 171
Sivan, H. 14–15
Smelik, K. 195
Smiraglia, P. 11 38 149

Solzbacher, R. 15 22 24 34 48–49 119 bis 126 129 131 137 144 146 356
Spitzer, L. 17–18 114
Stemberger, G. 27 46 bis 48 178 181 322 336–337 340
Sternberg, T. 35
Stuiber, A. 129

Taft, R. 79–81
Tarby, A. 74
Taylor, J.A. 70
Thibaut, J.-B. 67 92
Trachnischvili, M. 25 67 85 98 237 270
Turner, E. 113
Turner, V. 113
Tzaferis, V. 326

Väänänen, V. 10 17 22
Vaccari, A. 10 13
Vermeer, G.F.M. 125 129 149 206–207
Vretska, K. 12 140 171 288

Weber, C. 128 165 170
Weber, R. 10 246 253 274 288 310
Wilkinson, J. 24 26 35 39–40 44–45 55 57 73 79–80 103 119 123 133 153–155 171 187 189 198 200 217 231 272 310–311 323–327 331–337 340 342 345–355
Winkler, G. 80–81
Wolter, H. 310

Zerfass, R. 37 73 75 78 82 135
Ziegler, J. 26 39 164 175
Zilliacus, H. 141 221

REGISTER

SACHEN

Abendmahl 59 62–64
92 108 323
Advent 113
Ägypter 151
Altäre 133 135 163
189 299 325 338
bis 340
Amalekiter 356–357
Amoriter 175
Ämter 75
Antiphonen 79 185
225–233 237 243
249 255 259 261
267 277 283 289
bis 293 303
Aphrodite siehe Venus
Apokryphe Schriften
19 39
Apotaktiten 89 217
251 281–285 293
307
Aramäer 210
Aramäisch 73 303
Archidiakon 76 93
255 257 265 289
Arkandisziplin 105
Asketen 83 167
Aton 152
Atrium 52–54 63 69
Auszug aus Ägypten
siehe Exodus

Baal 174
Bach 141 185–187
323 341
siehe auch Fluß
Balsam 159
Baptisterium siehe Taufe
Bäume 129 155 177
253 331
Bekenner siehe *confessor*
Berge 31–32 62 119
161 175 333 337
bis 342 345 355–356
Bergpredigt 339
Bibel 17 20 38–39 112

Bild 21 110 215 322
bis 333
siehe auch Statuen
Bischof 19 23 25 35
40 45 49 64 73
75 79 86 91 103
105 108 181 189
195 205 213 217
227 229 233 235
239 243 245 249
255 259–263 267
bis 275 279–283
287–291 295–299
303 307
Breviarius de Hierosolyma 41 54 57–59
322
Brief 9 11 33 35 38
191 195 203
Brot 253
Brunnen 205 211 213
325 339
Bundeslade 318–319
327

cancelli siehe Gitter
Cardo 43–44 51 53
290
cathedra siehe Sitz des Bischofs
Chaldäer 211
Chanukka/Tempelweihe 76 86 103
confessor 23–24 195
197 205
Credo siehe Glaubensbekenntnis

Decumanus 43
Diakon 75 79 82 225
229–235 259 273
Diakonisse 33 217
Dienstag 91 263 281
Donnerstag 88 249
257 265 275 281
285
Dornbusch 121 137
bis 139

Edomiter 147 177
Einsiedler/Einsiedeleien
125 129 153 167
185 217
siehe auch Mönche/Mönchtum
Einzug in Jerusalem
siehe Palmsonntag
Entlassung 227 231
235 237 241–245
249 251 255–259
263–267 277–283
287 289 293 301
Epiphanie 32 71 75
bis 76 84 157 239
243 307 326
40. Tag nach Epiphanie 86 243
Erlösung 91
Esel 35 169 321 325
Eucharistiefeier 37 56
73 83 85 92 97
101 129 133 137
189 235–237 247
bis 249
Eulogien 129 185 213
Evangelium 233 265
Exegese 19
Exodus 32 108 97
141 351–353
Exorzismus 105 297

Fasten 74 87 94 96
113 251–253 269
285 293
Fastenspeise 89 253
Fastenzeit 87 243
bis 253 295
Fasttage 77 88
Wochenfasten 74
251
Fische 199 352–353
Fluß 163 183 185 199
siehe auch Bach
Freitag 74 80 88 89
99 247 249 255
267 281 285 295
Friedensbriefe 35

Führer 35–36 119 340
Fürbittengebet siehe
  Gebet

Gärten 68 66 137
  159 183 317 325
  329 335 347
Gastfreundschaft 35
  125 167 214
Gebet 37 66 81–82
  107 119 127 133
  137 141 165 167
  171 179 183 195
  205 213 217 219
  225 227 239 249
  261–271 275–285
  289–295 301 303
Geburt Jesu 71 84
Geißelungssäule 60
  95 108 271–273 317
Gesetzestafeln 131 139
Gitter 54 227 229
  233 237 265 279
  301
Glauben 297 301
Glaubensbekenntnis
  45 63 297 301
Gnade 20 125 221
Goldenes Kalb 121
  139 141
Götterbilder siehe Bild
Grab/mal 27–28 32 bis
  33 36 38 40 47
  50 52 56 60 64
  69 97 111 169
  177 185 191 203
  211 215 321 340
  bis 345
Griechisch 18 26 64
  73 183 303
Grotte siehe Höhlen
Gründonnerstag 56
  92 108 114 265

Hafen 349
Hand (des Bischofs)
  79 227 231 233
  237 293
Händler 261 349
Hathor 155
Hauskirche 337

Hebdomadare 88 251
Heilige 119
Heiliges Land/Heilige
  Stadt 45
Heilige Schrift 36 112
  157 181 205 209
  bis 213 235 297 bis
  301
Herberge siehe Hospiz
Himmelfahrt Jesu 24
  bis 25 63 90 99
  100 101 191 259
  267 281 289
Hohepriester 47 73
  92 94 103
Höhlen/Grotten 36
  63 71 93 99 129
  133 185 259 267
  281 285 291 307
  323 325 329 335
  338–340 343 355
Homilie siehe Predigt
Horn 273
Hospiz 35 50 239
Hymnen 79 225–231
  235 241–245 249
  255 259–269 275
  bis 293 299–303
Hypapante siehe
  40. Tag nach Epiphanie

Inschrift 189 273 357
Israeliten 121 135
  139–143 146–169
  174–175 327 345
  bis 355
Itinerarium (Gattung)
  9–10 16–18 39

Juden/Judentum 36
  43 46 73 80 86
  101–102 104 263
  271
Judenchrist/entum 46
  bis 47 76
Jünger 263 269 281
  bis 285
Jungfrauen 14 225
Juno 51
Jupiter 51

Kamel 35 145 205
Karfreitag siehe
  Ostern, Große Woche
Karsamstag siehe
  Ostern, Große Woche
Karwoche siehe
  Ostern, Große Woche
Katechesen siehe Taufe
Katechumenen 87 227
  229 235 239 263
  bis 267 273 277
  283 285 291 293
  301 303
  siehe auch Taufe
Kerzen 229
Kinder 91 229 259
  269 279 323
Kirchweihe 76 102
  305–307
Kodex 36 165 263
Kommunion 83 92
  129 191 219 251
  267
Könige von Juda 274
  325
Konzil 45 48 61
Kreuz 57 97 104 111
  271 273 317
Kreuzauffindung
  57 305
Kreuzerhöhung 104
Kreuzesholz 273
Kreuzinschrift (titulus) 57 273 317
Kreuzverehrung
  56 273
Kreuzweg 113–114
Krippe 71 111

Laien 78 83 225 243
Lampen 81–82 96
  229 231 239
Laster 295
Lateinisch 16 73 303
Lazarus-Samstag 70 89
Legio X Fretensis 43
Leiden 112 275 289
  307

REGISTER

Lektionare 75 85
  Armenisches Lektionar 29 42 67 85 92–96 104
  Georgisches Lektionar 85
Lesungen 37 73 75 78 82 85 91 95 bis 96 107 165 169 183 241 249 255 259 263 267 271 275 277 283 289 291 303
Leuchter 229 231 269 291
Leviten 140
Lichter 239
Logothet 350–351
Lucernar 78 80 96 101 229 237 241 247 249 253 257 261 281–285 291 295
Lucernarpsalmen 81

Madabakarte 42 225 290 316 343 345
mansiones siehe Rastplätze
Martyria/um 26 36 bis 37 49 54 153 191 207 219 221
  zum Martyrium der Grabeskirche siehe auch Ortsregister
Märtyrer/Märtyrerfeste 207 247
  siehe auch Martyrium
Mimesis siehe Nachahmung
Minerva 51
missa 74 240
  siehe auch Entlassung
Mitte der Welt 316–317
Mittwoch 74 80 88 91 99 247 265 281 285 295
monasterium siehe Einsiedler/Einsiedeleien und Mönche

Mönche/Mönchtum 14 19–20 25 36 40 48 50 78–79 125–129 151 153 157 167 181–191 197 205 207 213 217 225 233 239 243 255 307
  siehe auch Einsiedler/Einsiedeleien
Montag 91 247 261 281
Morgenlob 78–79 83 85 101 227 235–237
Mosaik 54 241
Mütter 295 297 301

Nabatäer 356
Nachahmung 82 91 97 108
Non 78 80 227 237 247 249 261 279 295

Oktav siehe Ostern und Epiphanie
Öl 253
Ölbäume 66 261
Opfer 135 189 249 253 255 265 267 275 279 287 289
Ostern 75–76 82 86 96 98 183 207 243 257 279 285 307
  Große Woche 89 bis 96 257–279
  Osteroktav 98 281 bis 283
  Ostervigilien 85 96 279
  Sonntag nach Ostern 283
  40.Tag nach Ostern 23 25 71 99 285 287
Ozean 16 352–353

Palast 60 33 181 197 199

Palmen 259–261 323 337 355 357
Palmsonntag 65 70 90 108 113 257
Passion 275
Paten 105
Perser 19 22 33 199 201 211
Pesach 76 90 96 108 141
Pfingsten 60 63–64 75–76 89 98 100 113 237 285 287
Phönix 348
Photizomenat siehe Taufe
Pilger 49–50 111
Planetenwoche 76
Porphyr 357
Post 34
Predigt 83 86 101 108 235 241 243 287
Priester 37 40 75 79 82 86 125 127 167 179 225 229 231 235 243 249 257 265 287 289 295 303
Propheten 110 275
Psalm 37 79–80 85 91 96 98 107 135 165 169 181–185 205 213 225–229 233 237 239 249 253 255 275 281 291
Pyramiden 346–347

Quellen 167 183 199 201 328–329 335 337 355
quintana 290–291

Rastplätze 34 145 bis 149 155 157 160 177 191–195 211 215 219 347 349
Re 346
Reliquien 57–58

Ring des Salomo 58
273 317
Römer 151 159 349
bis 351
Ruinen 19 36 60
Rundbau 53 55 66

Sabbat 76–77 80 88
Sacramenta 74 243
Salbhorn 58 273 317
Samaritaner 334
Samstag 74 88 125
245 251 255 257
279 281 293
Sarazenen 19 131 153
313 351
Säulen 40 53 173 271
331 348–349 355
Schiff 195 336 348
Schöpfung 77 91 97
108 262
Segen 73 79–81 83
165 191 205 227
229 237 255 263
267 291 293 301
Senat 43
Sext 78 80 95 227
237 241 247 261
265 279 285 295
Shavuot/Wochenfest
76 100 102
Sitz des Bischofs 273
295–299
Sodomiter 173
Soldaten 35 149 151
195 199
Sonntag 74 77–78 80
88 105 231 245
251 281 287 293
Sprache 16 18 20 302
bis 303
Stadttor 51 199 203
269 291
Statuen 19 44 155 197
siehe auch Bilder

Straßen 34 338
Sukkot/Laubhüttenfest
76 102
Sünde 91 264
Synagogen 60–61 334
bis 340
Syrer 210–211 215
Syrisch 73 303

Taufe 89 97–98 104
110 183 279 295
Absage 97
Baptisterium/Tauf-
brunnen 97 279
Katechesen
vor der Taufe
105 297
nach der Taufe
(mystagogi-
sche) 74 95
(des Cyrill) 97
bis 98 106
110 301
Katechumenat 104
bis 105 295–301
Photizomenat 104
Rückgabe des Glau-
bensbekenntnis-
ses 106 299–301
Salbung 97
Taufe Jesu 84 87
Taufvorbereitung
104 106 295 bis
301
Übergabe des Glau-
bensbekenntnis-
ses 105–106
297
Zusage 97
Tempel 44 46 51–52
58 63 71 86 91
102–104 243 316
bis 317 320–321
343 347

Tempelgottesdienst
73 79
Terz 78 80 95 247
261 265 279 299
Throne 60 345 359
Tiere 34 145 179
titulus siehe Kreuzin-
schrift
Tod und Auferstehung
Jesu 95 110 233
275–279
Tribun 189 195
Türme 345

Unschuldige Kinder
25 71–72 100

Väter 295 297 301
Venus 44 51
Vergegenwärtigung 76
108
Verrat durch Judas 67
bis 68
Vigilien 78 82 95
101 225 231 249
253 271 279 285
287 293

Wagen 34 113 348 bis
349
Wallfahrtsandachten
20 37 39 107
Weihnachten 75 84
113
Weihrauch 82 233
Weinberg 159 177
329 333 357
Woche 76
Wüste 145 147 151
351–355

Zelt (der Offenbarung)
143
Zisterne 57